김대중 내란음모의 진실

김대중 내란음모의 진실

김 대 중 外

문이당

서 시

오월의 양심

문익환

당신만이
오직 당신만이
오월의 양심이어요
육칠월의 양심 팔월 대보름의 양심이
당신일 수는 없어요
크리스마스의 종소리 초파일 연등 행렬이
당신일 수는 없어요
그건 사치예요 놀이에 지나지 않아요
보랏빛 향기 뿜어내는 오동나무 무더기 꽃이
오월의 꽃이라고 해서
당신일 수는 없어요
짙어가는 설악의 녹음 지리산의 녹음
그 속에서 맑은 물소리 구슬처럼 부서진다고 해서
당신일 수는 없어요
동서고금 인류의 희망으로 아침마다
눈 덮인 산등성이에서 또는
푸른 바다 하늘 끝에서
이글거리는 눈망울 하나로 솟는 해도
당신일 수는 없어요
그건 찬란한 영광으로 하늘과 바다에 잠깐 비꼈다가
사라지는 허세에 지나지 않아요
수십억 광년 어둠을 뚫고 날아와

흐르는 냇물에 쏟아지는
임마누엘 칸트의 별빛들도
당신일 수는 없어요
그건 한낱 감상이어요 관념이어요
핏대를 세우며 목청을 높이는 무슨 주의 무슨 사상
그것도 모두 위선이어요
당신 앞에서 그 짙은 화장이 벗겨지면
본색이 드러나는 게 보이지 않아요
아니어요 아니어요
당신일 수가 없어요
갈비뼈 앙상한 그 야윈 가슴
숭숭 뚫리며
포화 속을 걸어가는
걸어가다 쓰러지는
당신이 아니어요
쓰러졌다 일어서는
일어서서 자유의 깃발로 나부끼는
당신이 아니어요
당신일 수가 없어요

문익환(1918~1994)
한빛교회 목사
민주통일민중운동연합 의장
전태일 기념사업위원장
저서로는 「꿈을 비는 마음」 「문익환 전집」(전12권)

책 머리에

'김대중 내란음모사건' 이후 꼭 20년을 넘기고, 사건관련자들이 각자의 글 하나씩을 갖고서 한 권의 책 출판을 형식삼아 다시 만난 셈입니다. 20년이나 지나니 그 사이에 돌아가신 분들도 계시고, 이런저런 사유로 글을 안 쓰신 분들도 계십니다. 교도소에 갇혀 있을 때와는 달리 우리 중 몹시 바쁜 분들도 생겼습니다. 그러던 중 책 한 권을 내기가 쉽지 않다는 것을 감지한 이종옥 여사가 사건관련자들에게 일일이 전화해 원고를 쓰라 하고, 책을 내기 위한 회의에 우리를 불러모았습니다. 고생에 찌든 우리 나라를 끈질기게 참으며 버티게 한 사람이 여성이듯, 우리 경우에도 이른바 '가족'이 출판을 서둘렀습니다.

삶이란 힘든 것 아니겠습니까? 왜 힘이 듭니까? 사람이 약해서입니다. 사람이 약한 것은 범죄와는 다릅니다. 군법회의가 말한 우리가 지었다는 죄, 김대중 내란음모는 물론 무죄입니다. 그러나 이 범죄의 무죄가 다음 두 가지의 약함을 지워주지는 않습니다.

하나의 약함은 1980년에 취조받았을 때 무죄한 김대중 씨를 내란의 괴수로, 그리고 우리 스스로를 내란자로 허위자백한 것입니다. 혹독한 고문에 의한 것이지만 비록 죽더라도 안 한 것을 안 했다고 말하지 않은 것이 약함입니다. 즉 살아남은 것이 죄인 것입니다.

또 하나의 약함은 폴란드, 체코슬로바키아, 러시아, 남아프리카공화국 등과는 달리, 구체제가 무너졌는데도 오랫동안 재야활동을 했다는 우리가 그 즉시 수평적 정권교체를 못 이루어냈다는 점입니다. 이것도 살기만 한 죄입니다.

그러나 죄 많은 곳에 신의 은총도 많다는 것을 그간 우리는 몸소 겪었습니다. 다행히 우리가 견고하게 참아서, 재래의 관행으로는 도저히 볼 수 없었던 일들을 해내게 되었습니다. 제가 여기서 재래의 관행에서 보지 못했던 일이라고 말하는 것은 오늘의 동양 관료조직 문화권에서의 관행을 말하는 것이기도 하며, 우리 역사의 관행을 말하는 것이기도 합니다. 하나는 아시아에서 처음으로 우리 국민이 수평적 정권교체를 이룩한 일입니다. 정치 수준이 높다는 일본만 해도 자민당이 연이어 집권하고 있습니다. 다른 하나는 쿠데타 정부에 의해 냉전체제만을 세뇌당해 왔던 우리 국민이 남북공존을 긍정하기 시작한 일입니다.

이러한 놀라움이 이제 우리 사건관련자들에게 하나의 큰 숙제를 남기고 있습니다. 그것은 이런 큰일을 해낸 국민에게 걸맞은 민주주의를 이 땅에 정착해 나가는 일입니다. 솔직히 말해봅시다. 우리는 김대중 대통령과 죽음을 같이한 사람들이니, 우리가 무욕(無慾)을 수업하지 않을진대, 어떻게 도덕적 기반 위에 선 정의로운 민주제도를 굳혀나갈 수 있겠습니까? 이 점에서 이 책은 우리 스스로를 다짐하는 책입니다.

끝으로 이 책의 출판을 맡아주신 문이당출판사 임성규 사장님께 감사드립니다.

2000년 10월
이문영, 한승헌, 이해동, 송기원, 설훈

차 례 / 김대중 내란음모의 진실

서시 | 문익환
책 머리에

제1장 서울의 짧은 봄, 긴 겨울, 그리고……

다시는 정치보복이 없어야 한다(법정 최후진술) | 김대중 ──── 13
5·17과 오늘 | 이문영 ──────────────────── 25
자술서 아닌 자술서 | 송건호 ─────────────── 57
민주투사들을 제물로 삼아 | 예춘호 ─────────── 79
군화발에 짓밟힌 민주화의 봄 | 김종완 ─────────── 107
그날 그 자리 | 이호철 ────────────────── 135
그날 0시 이후 | 고 은 ────────────────── 147
5·17사건과 나 | 한승헌 ───────────────── 163
내 잔이 넘치옵니다 | 이해동 ────────────── 191
내가 겪은 80년, 그리고 광주 | 김상현 ─────────── 209
60일간의 지하공화국 | 이택돈 ──────────── 227
서울의 짧은 봄, 긴 겨울, 그리고…… | 한완상 ─────── 245
희망으로 되살아난 5·17의 피와 눈물 | 김옥두 ─────── 267

서울의 봄과 군사재판 | 한화갑 ──────── 305
오래 지워지지 않는 부끄러움 | 송기원 ──────── 323
아버지가 지신 십자가 | 김홍일 ──────── 341
영원히 잊지 못할 그 모습 | 설 훈 ──────── 347
20년간 못다 한 이야기 | 이석표 ──────── 359

제2장 죽음을 넘어

죽음을 넘어 | 이희호 ──────── 381
1980년 5월을 생각하면서 | 조영창(고 김녹영 부인) ──────── 407
아버지의 이름으로 | 김학민(고 김윤식 아들) ──────── 412
편지로 못다 한 옥바라지 이야기 | 김정완(고 유인호 부인) ──────── 425
가족일기 | 박용길 · 김석중 · 이종옥 ──────── 439

제3장 '5·17 김대중 내란음모사건'의 진실과 그 역사적 의의

'5·17 김대중 내란음모사건'의 진실과 그 역사적 의의 | 이만열 ──────── 475

제1장

서울의 짧은 봄, 긴 겨울, 그리고……

다시는 정치보복이 없어야 한다
― 법정 최후진술

김대중

대통령
2000년 노벨평화상 수상
UN 인권협회 인권상
Philadelphia 자유메달
아·태민주지도자회의 공동의장
국제고문희생자구원위원회 고문
아시아유럽정상회의(ASEM) 의장
미국 Robert Kennedy 인권상위원회 고문
저서 「대중경제」「평화를 위하여」
「독재와 나의 투쟁」「나의 삶 나의 길」
「세계사의 대전환과 민족통일의 방향」

다시는 정치보복이 없어야 한다
― 법정 최후진술

김대중

　최후진술을 하기 위해 이 자리에 서자 생각나는 것이 하나 있다. 나는 11월 5일 박 대통령의 국장(國葬)을 집에서 단 1초도 빼놓지 않고 지켜보았는데 아직도 내 기억에 깊게 남아 있는 것은 김수환 추기경이 말씀한 「우리 모두에게 박 대통령의 죽음의 뜻을 하느님께서 깨닫게 해주십시오」라는 말이었다. 박 대통령의 죽음은 그 개인으로 보자면 더 이상의 불행은 없을 것이나 유신이 가고 새로운 민주시대가 다가오는 역사적인 계기였다. 우리에게는 민주주의에 대한 거대한 희망이 봇물 터지듯 솟아올랐다. 그러나 5·17 계엄령의 전국 확대로 우리의 민주주의는 심상치 않은 시련을 맞이하였다.
　나는 10·26 이후 많은 사람들의 낙관론에도 불구하고 일관되게 80년대에는 민주시대가 될 것은 틀림없으나 당장에는 여러 가지 시련이 있을 것 같아 우려를 표명해 왔다. 우리 나라는 18년간의 박 대통령 집권으로 무시 못할 유신 지지세력이 남아 있으나 이 세력으로는 민주주의를 이룩할 수도 없고 또 공산주의와 싸워서 이길 수도 없다. 그렇다고 나는 유신세력의 제거를 주장한 적은 한 번도 없다. YWCA '민족혼' 강연 때는 차관급 이하는 그냥 두어야 한다는 주장을 한 적도 있고 유신세력인 김종필 씨와도 선거를 통해 정정당당하게 싸워 국민의 심판을 받아야 한다고 생각했다.

10·26사태가 없었다면 부마사태는 아마 전국으로 확대되었을 것이다. 그러나 10·26이 나는 바람에 민주와 유신 간에 승자도 패자도 없는 상황이 만들어졌다.

나는 기독교 신자이기 때문에 모든 것을 하느님의 섭리와 결부시켜 생각하는데 10·26은 곧 유신세력과 민주세력이 협력해서 이 나라를 이룩해 나가라는 하느님의 섭리라고 보았다.

나는 10·26 이후 무엇보다도 국가안보, 경제안정, 민주회복이 중요하다고 생각했으며 이를 위해서는 최규하 과도정부와도 협력해야 한다고 판단했다. 나는 일관되게 정치보복 없는 국민화해를 주장했으며 이런 의미에서 최 정권에 대화도 요청하고 나의 납치사건에 관련된 사람들을 용서하겠다고 말했다. 또한 정국의 안정이 필요하다고 주장했는데, 이는 혼란이 야기되면 민주제도 문제도 문제이지만 우리 국민들이 이제는 혼란을 통하지 않고서도 민주주의를 얻을 수 있다는 판단과 만일 계엄하에서 혼란이 일어날 경우 군과의 충돌이 불가피하며 이렇게 되면 민주화를 바라지 않는 세력에 역이용당할지 모른다는 우려 때문이었다. 이러한 나의 주장과 우려에도 불구하고 5·17이라는 불행한 사태가 오고 말았는데 그 1차적인 책임은 물론 정부에 있다.

10·26 이후 한국 국민은 세계적으로 칭찬받을 만큼 자제심을 발휘했다. 그 동안 많은 주한 외국대사와 만나보았는데 이들 모두가 우리 국민의 자제력에 찬사를 보내왔다. 우리 국민은 민주주의를 위해 싸울 용기와 함께 자제할 수 있는 슬기도 발휘했던 것이다. 그런데도 정부는 국민의 여망을 무시하고 혼란을 자초하였다.

예를 들어 첫째, 계엄령의 경우 최규하 대행이 대통령에 취임하여 그 존재 이유가 없어졌음에도 끝까지 이를 해제하지 않음으로써 국민의 의혹을 일으켜 오히려 혼란을 부르는 결과가 되었다.

둘째, 정부는 과도내각이라 하면서도 분명한 정권이양 일정을 밝히지 않아 정치 일정에 대한 국민의 의혹을 불러일으켰다.

셋째, 헌법개정에 있어서 국민은 대통령 직선과 국회의원 소선거구제를 원하고 국회에서 개헌안을 마련 중임에도 불구하고 정부는 별도로 개헌심의기구를 만들어 이원제니 중선거구제니 하는 모호한 태도를 보였고, 이러한 정부의 의심스러운 태도 때문에 결국 학생들이 거리로 나오게 된 것이다. 그렇지만 나는 학생들의 가두진출에는 결코 찬성할 수 없었고 지금도 그때 학생들은 최 내각의 태도와 국회의 계엄해제 결의를 기다려보았어야 옳았다고 여기고 있다.

나는 학생들이 교내 데모에 국한하기로 결의해 놓고, 어째서 13일 가두로 나왔는지 알 수가 없고 그 배후에 무엇이 있었는지 의혹을 품고 있다. 어쨌든 과도정부가 국민의 의혹을 풀지 못하고 여야에 그렇게 국회 개최를 촉구했으나 그 아까운 시간을 허비함으로써 오늘날의 사태를 빚고 만 것이다.

이 나라에는 분명히 전두환 대통령을 중심으로 한 유신세력이 있는 반면 민주주의를 지향하는 다수의 민주세력이 존재하고 있다. 그 어느 한쪽 세력도 다른 세력을 억누르고서는 이 나라를 이끌어 갈 수 없다고 나는 확신한다. 우리 국민은 민주주의를 해야 하고 또 할 수 있는 능력을 이미 갖고 있다. 두 번 다시 불행이 없게 하기 위해서는 이 양대 세력이 서로 대화하고 토론하고 관용해야 한다. 이것만이 공산주의에 이길 수 있는 길이다.

이번 사건을 김대중 일당 내란음모사건이라 했는데 나 한 사람이 다수의 학생, 국민을 선동하고 동원할 수 있는 능력을 갖고 있다고 판단했다면 왜 정부는 학생의 자제를 요망한 나의 성명서나 동아일보의 요청에 따라 쓴 기고문을 보도조차 못하게 했는가? 그리고 왜 정부는 나의 대화 요청에 응하지 않았는가?

내가 중요시했던 것은 민주주의의 실현이었지 내가 대통령이 되는 것은 아니었다. 때문에 나는 우선 민주주의의 실현을 위해 모든 노력을 다했을 뿐이다. 검찰에서는 내가 정상적인 방법으로는 정권을 잡을 수 없어 학생 데모를 통해 집권하려 했다고 공소장에서 말하고 있으나, 나는 총 한 방 쏠 줄 모르는 사람이다. 내가 제일 바랐던 것은 선거였으며 선거만 순조롭게 이루어진다면 집권할 수 있거나 그렇지 못하더라도 적어도 4년 후를 대비한 튼튼한 기반을 구축할 수 있을 것이라고 생각했다. 그러나 혼란이 오면 집권은커녕 지극히 곤란한 상태에 처하게 되어 사실은 오늘날 같은 사태가 올 것도 예견하고 있었다.

나는 비폭력주의자이다. 그렇다고 무저항주의자는 아니므로 나는 비폭력 저항주의자이다. 검찰은 내가 해방 후 좌익단체에 가입했었다는 것으로, 그 이후에도 계속 공산사상을 보지(保持)해 왔던 것으로 몰아붙이는데 이는 극히 유감이다.

해방 당시 20세였던 나는 해방 후 건국을 한다기에 건국준비위원회에 가담해서 심부름 좀 했고(스무 살짜리가 심부름밖에 할 일이 있는가?) 좌우합작을 한다기에 해방이 되었는데 왜 둘로 나뉘어 싸우는가 생각하고 있었으므로 신민당에 가입하였으나 들어가 보니 그 단체가 좌익이라서 싸우고 1946년 여름에 나왔다. 그 이후 지금까지 두 번 조사를 받고 무혐의로 풀려난 적은 있으나 한 번도 좌익이라고 기소된 적은 없으며 1947년에는 이미 우익에 가담해서 6·25 때는 공산당에 의해 구속되었다가 처형 직전 구사일생으로 탈옥하기도 했다.

1967년 선거 당시 '임자도' 거점 간첩 정태묵과 접촉했다고 하나 당시 정태묵은 합법적으로 목포 시내를 활보하고 염전을 경영하고 있어 누구도 그를 공산주의자로 여기는 사람이 없었다. 후에 검거되었을 때 당시 김형욱(金炯旭) 중앙정보부장이 잠시 물어볼 것이 있다고 해서 세종호텔에서 만나 30분 가량 얘기했는데, 김 부장이 김 선생은 관계없지만 조사과정에서 이름이 나와 연락했다며 관계없음을 확인했고 정태묵은 공판장에서 도리어 「김대중을 포섭해 보려고 했으나 연설하는 것을 들으니 씨가 먹힐 것 같지 않아 포기했다」라고 진술했다는 얘기를 들었다.

한민통 관계는 이것이 지금 내 목숨을 앗아가려는 중대한 문제가 되어 있는데 공소내용과 사실이 다르다. 나는 1972년 박 대통령이 유신헌법을 공포했을 때 유신체제를 중대한 국헌 위반이라고 비판했다. 그러나 국내에서는 그 반대 활동이 불가능했기 때문에 부득이 망명을 하였다. 나는 해외에서의 활동이 어떻게 기소되었는지 그 이유를 모르겠다.

나는 합동수사본부 지하실에서 60일간 해도 하늘도 못 보면서 조사관과 24시간 생활을 같이하면서 조사를 받았는데, 이런 상황에서는 김상현(金相賢) 동지도 말했듯이 공산주의자가 아닐지라도 공산주의자로 만들 수 있을 것이다. 옆방에서는 고문당하는 소리가 들리고 옷이 발가벗겨지고 공포 속에서 조사를 받았다. 조사과정에서 조사관은 나에게 반국가단체 수괴문제는 배경설명이지 문제가 되지 않는다고 말한 바 있어, 나는 내란음모죄로만 기소되는 것으로 알았는데 나중에 보니 국가보안법도 포함되어 있었다.

일본에서 납치된 후 연금이 해제될 때 내가 성명서를 발표한다는 소식을 듣고 중앙정보부 이용택 국장이 집으로 찾아와, 이제 김 선생 사건을 마무리해야 하지 않겠는가 하며 박 대통령을 만나고 오는 길인데 몇 가지 사항만 합의해 주시면 해외에서의 활동은 불문에 부치고 부인과 3남과 함께 출국을 허가하겠다는 언약을 박 대통령이 했다고 전해왔다. 대략 합의하여 성명서를 낸 후로 한국 외무부장관이 김대중 사건은 일단락되었으며 해외에서의 활동은 불문에 부친다고 발표하였고, 곧 출국 준비를 하라는 연락도 받았다. 얼마 후 일본 외무성에서도 김대중 사건은 일단락되었고 한일 양국 간에 김대중의 해외활동은 문제삼지 않기로 합의하였다고 발표하였다. 그로부터 지금까지 이 문제는 일절 거론되지 않았다. 그런데 이제 보니 어느 사이에 이 문제가 나와 나의 목숨을 앗아가는 문제로 되어 있었다.

국가보안법 제1조의 반국가단체는 정부를 참칭하거나 국헌을 문란할 목적을 가져야 하나 나는 대한민국을 절대 지지하였으며 미국 한민통 결성준비회 때는 망명정부 수립을 주장하는 사람의 제안을 철회시켰던 사람이다. 한민통 내부에 조총련 관계자가 있었는지 모르나 그 모든 사람의 신분에 대해서 내가 보장할 수는 없는 것이다.

내가 접촉했던 네 명 중, 김재화(金載華)는 7대 국회 때 불순자금 문제로 구속수사를 받은 적이 있으나 무죄로 석방되었고 8대 국회 때는 정부의 아무런 이의를 받지 않고 10월 유신까지 국회의원을 했으며, 배동호(裵東湖)는 1971년 민단 단장선거에 출마했고 그 전에도 민단 간부로 활동한 사람이며, 조활준(趙活俊)은 수사기관에서도 사상적인 면에서는 의심치 않는 사람이고, 정재준(鄭在俊)은 한일회담 후 민단과 조총련이 교포쟁탈전을 벌일 때 민단에서 앞장서서 활동한 공로로 대한민국으로부터 훈장을 받은 사람으로 의심할 여지가 없는 사람들이다.

공소장에는 내가 한민통으로부터 조총련 불순자금 1천8백만 엔을 받은 것으로 되어 있으나 최고 금액은 후쿠다(福田) 전수상과 친한 일본인 실업인으로부터 6백만 엔, 그 다음은 본인의 국민학교 동창이며 당시 아무런 단체에도 가입하지 않은 김종충으로부터 5백만 엔을 받은 것이고 한민통에서 지원받은 것이 있다면 배동호가 나 몰래 호텔비 4백만 엔을 대납한 것뿐이다.

검사가 김재화 불순자금 사건에 대한 정보부 수사결과 발표문을 보도한 1967년의 신문기사를 갖고 많은 질문을 했는데, 우선 나는 그것을 본 기억도 없지만 보았다 하더라도 김재화가 무죄로 석방되었으므로 그 기사는 정부에의 불신감의 한 요인이 되었지 다른 의미는 없다. 또한 그때 배동호가 조총련의 배후조종을 받는다는 것이 확실했다면 왜 민단에서 그때 그를 제명치 않고 1971년에야 제명했는가?

나는 한민통이 정식 구성되기 전에 납치되어 강령이나 인사문제에 전혀 관여한 바 없고, 그 후 나를 의장으로 추대했다고 하나 나는 이를 수락한 적도 없으며 김녹영(金綠永), 송원영(宋元英), 이태영(李兌英) 씨 등을 통해 의장직에서 내 이름을 빼달라고 요청했었다. 만약 몇 명이 정당을 구성하기로 합의를 하고, 그 중 한 명은 도저히 그 자리로 되돌아오지 못하는데 그를 당수로 한다면 본인의 취임승낙서가 없기 때문에 등록이 되지 못할 것이다.

1973년 1월 문명자(文明子) 여사로부터 전화를 받고「한민통 일본지부 의장 취임을 승낙한 적이 있는가」라는 질문에 나는「받기로 한 바도 없고 승낙한 적도 없으며, 따라서 지금도 의장이 아니다」라고 답하면서「그들이 임창영(林昌榮), 윤이상(尹伊桑) 등과 회합을 하고 미군철수를 주장했다니 도저히 용납할 수 없다」고 화를 냈더니, 일본인 기자를 통하여「다른 뜻이 있는 것이 아니고 박정희 씨도 미군철수에 찬성을 하여 우리도 했을 뿐이다」라는 변명이 왔으나 일언지하에 되돌려보낸 적이 있다.

납치 이후 지금까지 일본 한민통 지부의 활동에 대해서는 아는 바 없다. 왜냐 하면 6년 중 3년은 감옥에서, 3년은 연금상태였기 때문이다. 그러나 주일 한국대사관의 공사가 미국으로 망명하여「한민통이 조총련의 배후조종을 받는지 내사를 해보았으나 아니다라는 결론을 얻었다」라고 말했고 이것이 일본 신문에 크게 보도된 적이 있다는 소식을 들은 바 있다.

그리고 나의 해외에서의 발언에 대해 여러 가지가 공소장에 포함되어 있는데, 연설 전문의 뜻을 파악하지도 않고 여기저기서 뜯어 모아놓아 문제점이 있는 것처럼 해놓았다. 예를 들어「이북에는 자유는 없으나 빵은 보장이 되는데, 남한은 빵도 자유도 보장이 되지 않는다」라고 내가 마치 이북이 반은(50퍼센트) 좋은 것으로 말한 것처럼 되어 있으나, 실제로 나의 뜻은 '이북은 배급제 등을 하니 먹고 살 수가 있다. 그런데 이남의 가난한 사람은 먹고 살 수가 없으니 그래 가지고야 어떻게 공산주의에 이길 수 있겠는가'라는 뜻이다.

내란음모 부분에 있어서 나는 엉뚱하게 몰린 느낌을 갖고 있다. 내가 10·26 이후 만난 몇만 명 중에서 데모하자고 종용하거나 정부를 전복하자고 얘기한 사람은 한 사람도 없다. 적어도 내란음모를 했다면 어떤 활동의 흔적이 있어야 함에도 불구하고 과도정부 역할을 맡기로 했다는 민주제도연구소는 그간 두 번의 모임을 가졌을 뿐이다. 이런 허술한 내란음모가 있을 수 있는가? 그리고 여기 60세가 넘은 사람도 있고 나도 60을 바라보는데 학생 한 명이 얘기했다고 이를 아무 논의 없이 승낙할 수 있는가? 학생 데모가 일어났을 때 나의 비서나 나의 사조직인—사조직이란 말을 써서 미안한데, 공소장에 그렇게 되어 있으니 그냥 쓴다—정치문화연구소나 헌정문제연구소 측 누구 한 사람 데모에 가담한 사실이 없다. 내란을 모의했다면 학생 데모에 앞장서고 선동했어야 하지 않는가?

나는 학생 데모가 절정에 올랐던 5월 13, 14, 15일에 성명을 발표하여 데모의 자제를 호소했다. 내란음모란 상상도 할 수 없으며 나 개인으로 보아도 그러한 사태는 불리할 뿐이다. 물론 내가 팸플릿을 만들어 배포한 일이 있어 이것이 계엄법에 위반된다면 처벌을 기꺼이 받겠고 또 얼마간의 달러를 가지고 있던 것이 외환관리법을 위반한 것이라면 처벌을 달게 받겠다. 처벌이란 받을 사람이 납득할 수 있어야 하는 것이다.

당국이 나의 형을 집행하려 한다면 불가능한 일은 아니겠으나 이것이 과연 법의 정의에 합당하며 민주국가로서 옳은 일인가 심사숙고해 주시기 바란다.

나는 나에 대한 관대한 처분보다는 다른 피고들에 대한 관용을 바란다. 결국 이분들에 대한 혐의의 책임자는 나이기 때문이다.

나는 전두환 대통령이 국민총화의 분위기 속에서 민주세력과 관용으로 토론해 나가기를 바란다. 나는 그저께 구형을 받았을 때 의외로 차분한 마음이었다. 그리고 그날은 물론 공판장에 나왔기 때문이기도 하겠지만 평소보다 더욱 잘 잤다. 이것은 내가 기독교 신자로서 하느님이 원하시면 이 재판부를 통하여 나를 죽이실 것이고, 그렇지 않으면 이 재판부를 통하여 나를 살리실 것이라고 믿고 모든 것을 하느님께 맡기고 있기 때문이라고 생각한다.

마지막으로 여기 앉아 계신 피고들에게 부탁드린다. 내가 죽더라도 다시는 이러한 정치보복이 없어져야 한다는 것을 유언으로 남기고 싶다. 어제 한완상(韓完相) 박사가 예언자적인 사명과 제사장적인 사명이 있다고 말씀하셨는데 나는 이를 사회구원과 개인구원으로 부르고 싶다. 나는 기독교 신자로서 민주회복을 통한 사회구원 민족구원을 생각했다.

재판부, 국선·사선변호인, 교도소 관계관, 내외신 기자의 노고에 감사드린다. 그리고 검찰부에서 한 노고 그 자체에는 감사를 드린다.

(1980년 11월 9일 11시 45분)

5·17과 오늘

이문영

1927년 서울 출생
현 경기대 석좌교수
아·태평화재단 이사
정부조직개편심의위원회 고문 역임
현 제2의 건국 범국민추진위원회 공동위원장
저서 「행정학」 「민주사회를 위하여」
「논어맹자와 행정학」

5·17과 오늘

이문영

5·17 직전

전두환 육군보안사령관이 중앙정보부법에 의하여 겸직이 금지된 중앙정보부장 서리에 취임한 1980년 4월 14일부터 내가 끼인 김대중 내란음모사건 관련자들이 중정 지하실에 불법으로 끌려간 5월 17일까지를 나는 '5·17 직전'으로 이름한다. 이 5·17 직전에 내가 무엇을 했는가를 알기 위하여 내 일기를 간추려 옮기기로 한다. 여기서 간추린다는 말은 4월 14일 일기가 보여주는 것같이 하루하루가 바빴고, 하루의 일기가 적어도 2백 자 원고지 서너 매 되는 분량인데, 그것을 약 1매 이내로 줄여보겠다는 뜻이다. 날짜 뒤 괄호 안에 쓴 글은 1990년 1월호《신동아》별책부록으로 나온「80년대 민족·민주운동」일지에서 따온 것이다.

나는 좀 오래 전부터 아침마다 화장실에서 하루 전의 일기를 한 장 한 장씩 써서 기관원에게 빼앗기지 않게 독 속에 숨겨뒀다. 물론 내란음모 취조 때나 재판 때 내란음모가 아닌 비폭력적이며 평화적인 민주화운동을 했다는 것을 일기를 제시함으로써 밝힐 수 있다고도 생각했었다. 그러나 나는 그렇게 하지 않았다. 진실을 밝히는 재판이 아닌 정치재판인 것을 알고 있어서였다. 그러나 지금은 진실을 좀 드러내보겠다.

4. 14 (월)
08:00 문익환, 예춘호, 김종완과 서울호텔 11층서 만나다.
09:00 문익환, 예춘호와 서대문구치소에 가서 수감 중인 양순직, 박종태, 양관수, 임채정, 박종렬, 백기완 등을 만나다. 생각보다 건강들 하다.
12:00 뉴욕에서 온 김정순이 참석하여 진여(음식점 이름)에서의 조직 검토 모임.
　　참석자 : 한완상, 박세경, 김병걸, 심재권, 고은, 예춘호.
14:00 예춘호와 제일교회 박형규 방문. *
17:00 동교동에서 이희호와 이야기. **
18:00 쎄실에서 서남동, 백낙청, 리영희와 저녁식사. ***

* 나는 말했다. 「해위(윤보선 씨의 아호가 海葦이다)가 이런 말 하고 문익환이 저런 말 하고 이 말들을 조정하는 일만을 재야가 할 수는 없다. 재야는 재야의 할 일만을 해야 하는데…….」
** 칼라일의 〈영웅수배론〉과 김상협의 〈기독교민주주의……〉를 이 여사에게 빌려드리다. 한완상이 신당에 들어갈 인물로 자신의 이름을 뺀 7인이 추천된 것을 알다. 문동환, 이우정, 서남동, 이문영, 한정일, 장을병, 김용준 등의 이름이.
*** 학원문제 성명서는 마침 현직교수가 활성화하고 있으니 복직교수들은 침묵하자. 그러니까 무위(無爲)가 철학이다. 후광(김대중 씨의 아호가 後廣이다)의 전법도 무위여야 한다. 자신이 하면 남이 안 하기 때문이다. 신당을 서둘러도 안 되고 명

단을 내면 더욱 안 된다. 명단에 없는 사람은 안심하고 밖에 있을 것이 아닌가. 손정석 건은 서남동이 총장을 만나기로 한다.

서울대에서 학생들이 최규하를 규탄하는 벽보를 내다. 최규하의 망언 / 전두환의 중정부장 서리 반대 / 신현확의 망언 등을 파헤친 글이다. 저쪽(전두환)은 마음껏 못난 짓을 하고 있는데……

4. 16 (수)

명상의 집에서 안병직, 서남동과 함께 기상한다. 현직교수인 안병직이 와서 기쁘다.

15:30 수유리 아카데미에서 후광이 한승헌, 서남동, 고은, 이문영과 민주제도연구소 이사 명단 작성을 의논하다. 이 모임에서 신당 신중론을 문익환, 서남동, 김병걸이 펴다.

4. 17 (목)

중앙대와 총회신학교 두 곳에서 맡은 강연으로 국민연합 상임중앙위원회의에 참석 못하다. 학교 강의는 데모로 휴강이다. 유진오는 라디오에서 후광이 신당 만들면 안 된다고 단언하다. 나는 두 곳 강연에서 후광의 민주정통성을 강조해 민주개국론을 말하다. 다만 다음과 같은 조건이 있다고. ① 재야가 업적을 낼 것, ② 계엄령이 풀릴 것, ③ 신민당이 정풍(당의 개혁)을 못하는 경우, ④ 후광이 거산(김영삼 씨의 호가 巨山이다)보다 인기가 좋을 것 등.

4. 18 (금)

(서울평화시장 노사분규 11일 만에 극적 타결 후 청계 피복노조 '8백만 노동자에게 보내는 메시지' 발표.)
동교동에서 후광, 예춘호, 김종완, 정대철, 이문영 등이 만나다.

예춘호 말이 문익환, 한완상이 흔들리고 있다고 한다. 김기수와 민주제도연구소를 방문한다. 후광이 신당 안 만든다고 석간에 발표하다.
　　13:50~17:00 충북대에서 강연.

4. 19 (토)
　　13:00~14:45 부산대에서 거산계 학생들의 방해가 있었는데도 약 1천5백 명에게 '4·19와 부활' 강연.
　　비행장에 배웅 나온 학생이 내 신앙을 묻다. 「혼자 있을 때는 하느님을 사랑하고, 둘이 있을 때는 이웃을 사랑한다」고 답하다. 집에서 고려대 법대 교수 열한 명에게 저녁을 대접하다. 화기애애한 분위기다.

4. 20 (일)
　　14:30 갈릴리교회에서 '회개도 감옥도 아닌 길'을 설교하다. 회개의 기준은 평범한 사람이 아닌 것을 회개하는 것이다. 비일상성이 판치는 독재정권 아래에서는 양심 있는 자가 감옥에 안 갈 뿐만 아니라 악에게 승리해야 한다. 일상성의 반대는 비일상성인데, 비일상성은 독재에 대한 승리를 통하여 일상성으로 돌아간다. 이런 전제로 승리하는 체제를 말한다.

4. 21 (월)
　　(사북사태 발생, 강원도 사북광업소 광부 7백여 명 어용노조에 반발, 농성 중 경찰과 충돌.)
　　10:00 5가(기독교빌딩을 지칭함)에 가서 도쿄대학에서 온 초청장을 복사하다.

12:00 한강(음식점 이름)에서 김종순, 한완상과 식사하다. 김종순 말이 여름에 한완상을 미국에 초청하자고 한다. 서울에 와서 인권운동의 주 라인이 박형규, 김관석이 아닌 것을 확인했다고.

14:00 ~ 15:30 반공연맹에서 소양교육 받다. 가든호텔에서 후광 연설을 한완상, 예춘호, 조세형, 이문영이 돕다.

4. 22 (화)

07:00 문익환, 계훈제를 픽업해서 고은 집에 가다. 예춘호가 와 있다. 국민회의 사무국에 이현배, 심재권, 장기표 등을 임명하다. 사무실을 계훈제가 소개하기로 하다. 성명서를 계훈제가 함세웅과 의논하기로 하다. 우리 집에서 저녁에 기독교민주동지회 모임을 갖다. 박형규, 김관석, 이우정, 조남기, 이경배, 이해동, 서남동, 이문영, KSCF 총무 등이 출석하다. 총무, 서기, 산업선교 쪽 김용복, 한완상 등 불참. 5월 1일에 복직교수 환영 조찬기도회 열기로 하다.

4. 23 (수)

07:30 동교동에서 민주제도연구소의 입회원서를 예춘호, 문익환, 한승헌, 김종완, 박세경, 김병걸, 서남동 등에게 받아오게 하다.

16:00 가든호텔에서 후광의 연설 연습을 듣다. 송원영, 조세형, 한승헌, 이문영 등 참석. 나는 후광이 재야의 중심임을 강조할 것을 말하다. 동원 탄광난동 표면화. 한미국방장관회의 무기 연기. 과도정부가 약하다.

4. 24 (목)

(서울지역 14개 대학교수 361명, '학원사태에 대한 성명서'를 발표
하고 대학의 민주화가 시급하다고 강조.)
16:00 가든호텔에서 장을병, 송원영, 박영록, 김상현 등과 모의
기자회견을 하다.
18:00 기장선교교육원 월례 모임.

4. 25 (금)

박찬기가 거산을 재야가 헐지 말라 한다. 김성식이 교수로 있으려면 후광과 가까이 하지 말라 한다. 김용준은 서남동이 신학자인데 오늘 밤 관훈클럽 토론회에 방청을 가면 웃길 거라고 말한다. 이렇게 모두가 후광을 기피하고 있다. 밤에 관훈클럽 토론회에서 후광이 악의에 찬 기자들의 질문 앞에 선 것을 보다. 한완상, 김승훈, 서남동, 장을병, 박영록, 박용길, 김병걸, 고은, 이태영, 예춘호 등 참석. 문익환, 박형규 불참.

4. 26 (토)

오랜만에 식구들과 느티나무 밑에서 쉬고 집에서 저녁식사를 하다. 저녁 식탁에서 시편 23편이 인생의 과정인데 우리의 경우 5절을 모색하는 단계라고 말한다. 「주께서 내 원수의 목전에서 내게 상을 베푸시고 기름으로 내 머리에 바르셨으니 내 잔이 넘치나이다.」 지난 주일 갈릴리교회 설교에서 비일상성의 반대가 승리라는 개념을 나는 끈질기게 찾고 있는 것이다.

4. 27 (일)

15:00 ~ 17:00 대전 YMCA 3층 약 60명 앞에서 유영소 목사 민중교회 주관 강연회에서 '잔치의 신학'을 강연하다. 어제 저녁 식구들에게 한 이야기를 연장한 설교이다. 강사료를

안 받다.

4. 28 (월)
중앙정보부의 배종철이 내가 도쿄대학에 가는 것이 불허라고 한다. 여섯시 세종문화회관에서 열린 김상협의 〈지성과 이성〉 출판기념회에 가다. 유진오를 만나다. 「신문에서 자주 봤지」가 그분 말이다. 3·1사건 때는 병이라고 증언을 안 나온 사람이 여기서는 멀쩡히 서서 「김상협 총장은 학교에만 머물 사람이 아니다」라고 말한다. 출옥한 한 학생이 「반동들이 얼마나 모였는가를 보러 왔어요」라고 말한다.

4. 29 (화)
(동국제강 부산공장 종업원 1천여 명, 임금인상을 요구하며 농성중, 출동한 경찰과 투석전.)
11:30 프라자에서 중정 제3국장이 나에게 도쿄대학 방문 목적을 묻는다.
12:00 프라자 21층에서 이한빈 경제부총리가 네 명의 경제관료와 더불어 나에게 복지정책에 관하여 묻는다.
16:00 강원룡이 장충동 사무실에서 나에게 하는 말이 후광이 거산보고 대통령직과 당수 중 택일하게 한 후 거산을 밀어주자고 한다. 누군가 강 박사에게 와서 부탁한 것도 같다.

4. 30 (수)
07:30 문익환 댁에서 중앙상임위 모임. 참석자 : 문익환, 고은, 계훈제, 김승훈, 이문영, 국장 세 명. 후광, 김녹영(통일당수 대리)이 제의한 '범야권 전선'을 의논하다. 「비록 국민연합은 비정당이지만 민주화를 위하여 정당과 협력하자」고

결의하다.
10:00 일곱 명 중 고은만 빼고 이를 해위에게 가서 보고하니 반대다. 이유는 '국민연합은 순수해야 하기 때문'이라고.
12:00 고대 교수회의에 불참하다. 계훈제가 빠지고 후광 댁 방문.「해위와의 관계를 말할 위치가 아니다. 결정을 연기하자」가 후광의 답이다.
16:00 계훈제, 문익환과 함석헌 방문하다.「문제별로 정당과 협의하는 것이 좋다」고. 이때 함 옹의 한 말씀.「어차피 변화가 일어나고 있는데 후광은 초조해 하면 안 된다. 서남동이 왜 관훈클럽에 갔는가를 말하는 사람이 있더라.」

5. 1 (목)
(계엄사령부 전국지휘관회의는 사북사태, 학원사태 논의 후 국가안보적 차원에서 단호한 조치를 결의.)
08:00 기독교회관 강당에서 기독민주동지회 첫 모임을 복직교수 환영으로 56명이 모인다. 조남기 사회, 박형규 설교. 동교동에서 문익환, 이우정, 한완상, 이문영, 김병걸, 김승훈, 고은, 예춘호, 박세경, 김종완, 세 국장들이 모여서 민주제도연구소를 발족한다. 이사장에 예춘호, 소장에 이문영, 국민연합에서 세 의장을 고문으로 모시기로 한다. 5월 5일 열두시에 필동에서 비당권파 신민당과 만나기로 한다.

5. 2 (금)
(서울대, 13일까지 민주화 투쟁기간으로 정하고, 충남대생 3천여 명은 계엄령 철폐를 요구, 최초로 가두시위.)
08:00 고은 집에서 국민연합 상임중앙위원회 개최. 3의장을 고문으로 모시는 규약을 예춘호, 계훈제, 장기표가 손질하기

로 한다. 학원문제 성명서를 계훈제, 예춘호가 초안잡기로 한다.

16:00 NCC 인권위 재편하다. 위원장 조남기, 부위원장 조승혁·이문영, 서기 이대용, 회계 김상근, 감사 오충일.

19:00 경향에서 오재식을 맞기 위한 안재웅 씨 모임. 참석자 김찬국, 김용준, 조요한.

　　석간에 해위는 국민연합이 후광을 따르는 것을 반대한다고. 오늘 1만 2천 명 서울대생이 계엄령 해제를 요구하며 데모하다. 서울대가 학생운동의 리더이다. 조요한은 화제를 학원으로 돌린다. 복직해서나 정당에서 감투쓰지 말자고 말한다. 김찬국은 모임을 끝내고 나오는 길에 김동길 수필이 들어 있는 《주부생활》을 구입하러 책가게에 들어간다. 김찬국은 김동길 누님에게 해직교수들이 편지 보내는 것을 반대했던 생각이 뇌리를 스친다. A(실명을 숨긴다)는 1988. 12. 12. 성명 때 자신의 아들이 의무관 시험 본다고 불참했고, B는 서명 받으러 간 한완상보고 「내 이름을 빌려줄 수도 있는데……」라고 해 아니꼬워서 그냥 나왔었다. 이 사람은 좀 있다가 남북적십자회담 고문이 되었다.

5. 3 (토)

　　김상협을 치켜세운 4월 28일 유진오의 발언, 후광을 비난하는 어제 해위의 발언, 그리고 복직된 자리에 연연하는 어제의 모습이 나를 우울하게 한다. 언젠가 후광이 국민연합에서 나가야 한다고 말한 문익환도 걸리고, 후광이 고은과 소곤거리는 것이 싫었다는 모 시인의 생각, 안병무의 문익환에 대한 불만 등이 주마등같이 내 머리를 스친다. 혼인잔치에 초청을 받았는데 나는 내 일이 있다는 격이다.

5. 4 (일)

월간 《샘터》 광고에 법정이 사람이 산다는 것은 거슬러 올라가는 데 있다고. 그런데 왜 법정은 70년대에 안 거슬러 올라갔는가? 말하기는 쉽다는 것인가? 이상국이 와서 하는 말이 고급공무원과 군인 들은 반김대중이라고 말한다. 공덕귀(남편이 삐딱해서인가? 내각제가 되면 대통령을 원해서인가?), 이우정(오늘 출국), 안병무, 문익환(병결), 문동환(출국)이 갈릴리교회에 불참이다. 3·1사건 제2심재판 때에 교도소 버스 안에서 A가 나보고 왜 그렇게 심하게 법관에게 대들었냐고 나무라던 생각이 난다. B는 잔치에의 초대에 응해야 한다고 방금 설교했는데, 나에게는 내일 낮 열두시 필동 모임에 꼭 가야 하는가를 묻는다. 나는 내 결점을 못 본다. 요 며칠 사이에 우리는 허덕허덕 숨이 차며 힘들어하고 있다.

5. 5 (월)

11:00 한강, 함 신부관에서 중앙상임위 회의. 전일에 결정한 3의 장 고문추대 규약 통과. 정치단체와의 연대는 상정하지 않고(왜냐 하면 함 신부와 계훈제가 정치화를 반대해서) 시국선언만 내기로 한다. 문익환은 함 신부를 용하다고 칭찬한다. 자신은 열두시 회의에 안 가겠다고 하더니 참석한다.

12:00 후광 처남 댁에서 재야와 신민당 비당권파의 합동회의. 참석자 : 후광, 서남동, 고은, 문익환, 한완상, 이문영, 예춘호, 송원영, 이용희, 조세형, 박영목, 정대철, 천 모, 최 모, 한건수 등.

각 측이 금주 내에 시국선언을 내고, 후광은 모레 회의에서 민주화촉진위원회를 발족해 달라고 부탁, 문익환은 열한시 회의결과에 따라 시국선언 후 따로 모이라고. 후광은 화를 내고 불안해한다.

왜냐 하면 후광이 재야와 협의 없이 국민연합을 중심으로 민주화 촉진을 하였다고 이미 말했기 때문이다. 또한 회의에서의 협의 없이 기자에게 동교동 저녁모임 이야기를 했기 때문이 아닐까? 이렇게 일을 저지르고는 고홍문을 만나서는 신민당을 거점으로 하자는 생각을 한 것은 아닐까?

저녁에 한완상 집에서 자신의 형이 거산과 연결된 것 같아 불안하단다. 부인이 정치하지 말라 해서 며칠 전에 부인과 싸웠단다.

21:00 동교동에 들러 예춘호, 김동완, 김대중, 이문영 회동.

5. 6 (화)

07:00 김승훈 신부관에서 중앙상임위. 함세웅, 예춘호, 계훈제, 문익환, 김승훈, 이문영 참석(고은 결석). '민주화촉진국민선언' 초안 작성.

15:00 계훈제, 예춘호, 이문영이 백범연구소에 모여서 함석헌 방문해 서명 받다.

17:00 예춘호, 계훈제, 이문영, 문익환, 김승훈, 함세웅, 이현배, 심재권 등 해위를 방문해 함세웅의 지혜로 해위의 서명을 받다.

18:00 이현배를 뺀 전원이 동교동에 가 후광이 서명을 하다. 저녁식사. 쎄실에서 서남동 서명.

22:20 예춘호, 문익환, 이문영이 한완상 댁에 가서 서명 받다. 문익환, 이문영이 김관석에게 갔으나 서명을 거절당함. 안병무는 시간이 없을뿐더러 병이 있는 그를 다시 옥고를 치르게 하지 말자고 서명 받기를 포기하다.

5. 7 (수)

오늘 성명서 '민주화촉진국민선언'을 발표하기에 앞서 신변정리를 하다. 도장을 현아 엄마에게 맡기고 감옥에 넣을 책 20여 권을 고르다. 이렇게 감옥 가는 것을 불사하고 내는 선언의 요점은 일곱 가지인데, 요약하면 민주주의 하자는 것이다. ① 계엄령 해제, ② 신현확 총리의 사퇴, ③ 전두환의 공직사퇴, ④ 민주인사들의 복직, ⑤ 언론·방송에 대한 각성촉구, ⑥ 유정회와 통일주체국민회의의 해체, ⑦ 정부개헌심의위원회의 해체 등이다.

07:00 동대문성당에서 고은, 이태영, 김종완, 김윤식, 김병걸이 서명(단 이태영은 김종완이 받아옴).
08:20 중앙상임위원이 5가 현관에서 기자들 약 20명과 만나다. 발표할 장소가 없어서 서명한 성명서를 뿌리다.
10:00 해위 댁에 가서 성명서 발표를 보고하다. 딴 행동을 못하시게(문익환, 김승훈, 고은, 계훈제, 이문영).
16:00 고려대 구내에 대자보로 국민연합성명서가 공고되다. 성명서를 보고 있던 어느 학생 말이 국민연합을 민주화운동의 총본부로 결의해야 한다는 것이다. 그런데 석간에는 단 한 줄도 안 난다. 재야가 단결하는 것을 정권이 싫어해서이다. 중앙석간에 백지부분이 꽤 크게 나와 있는데 짐작컨대 성명서 기사일 것이다. 서명자는 22명이다(그 중 5·17사건으로 가톨릭 인사 5명은 아예 기소가 안 되고, 나머지 16명 중 내란음모 5명, 계엄령 위반 5명 그리고 불구속이 6명이다).

5. 8 (목)

(외대교수 일동, '현 시국에 대한 우리의 입장' 발표.)
09:30 함석헌 사모님 추도식에 참석(한승헌, 안병무의 서명 받음).
11:00~13:00 문익환이 한강성당에서 오태순, 김택암, 정덕필의 서명을 받음.

13:00 충정로 선교교육원에서 원본을 복사하고 송건호, 문익환, 서남동과 점심식사.
14:00 대법원 판사에 아카데미사건 진정서를 내기 위하여 대법원 방문(서남동, 변형윤, 조남기, 박경서, 김승환, 이경배 등).
15:30 쎄실에서 예춘호, 문익환, 심재권과 만남.
16:00 서대문구치소에 있는 백기완, 서경석을 예춘호, 문익환과 함께 방문.

정부가 못난 짓을 해서 오히려 스스로 손해를 보고 있다. 예를 들어 나를 중정이 일본에 못 가게 한 대신 어제 같은 성명서가 나왔다. 어제 집회허가를 안 해주니까 이 점을 함세웅이 언급해 해위가 정부에 대해 화를 내고 서명을 했다. 어제 성명서 일부를 김상협 고려대 총장에게 주면서 개헌심위의 부위원장을 사임하라고 한 것도 작은 득이다. 아카데미사건으로 진정서를 오늘 대법원에 낸 것도 하나의 득이다.

5. 9 (금)
(전국금속노련 산하 조합원 1천여 명, 금속노련 1980년도 정기대의원총회장 점거.)
06:00 충정로 선교교육원에서 지식인선언준비위원회 모임. 변형윤, 김철수, 리영희, 유인호, 이호재, 현영학, 장을병, 홍성우, 김용준, 이호철, 김병걸 등 포함 열다섯 명 참석. 문동환은 미국에 갔고 백낙청은 연구실을 지키겠다고 하고 성내운은 피신 중이다. 이 회의를 서남동과 내가 잘 가동해서 재야에 붙여야 할 텐데…….

5. 10 (토)
(정부가 제헌공청회를 취소. 최규하 대통령, 사우디·쿠웨이트를 공

식 방문하기 위해 중동 향발. 전국 23개 대학 총학생회장이 비폭력 교내시위원칙을 발표. 동국대 교수 198명이 민주화와 학원자율화를 요구해 시국선언문 발표.)

09:00 동교동에서 후광이 예춘호, 문익환, 이문영과 스케줄을 의논하다. 국민연합이 '촉진운동'을 해달라, 동학제에 오라 등을 제의.

12:30 YWCA 조남기 아들 결혼식에서 김용복, 이재정, 김상근으로부터 지식인선언 서명 받음. 문익환은 동학제에 안 가는 것을 확인. 나 혼자만이라도 갈까를 묻는다. 「그런 곳에 가면 해위와의 관계가 어려워진다」가 그의 말이다. YWCA에서 만난 김관석 부인은 후광이 경주에서 제복 입은 것을 비난한다. 김관석은 5월 7일 서명을 거절하면서 사건이 일어나면 조정하는 일을 하겠다고 문익환과 나에게 말했는데, 그의 부인은 이런 고루한 생각으로 남편을 잘 도울까?

14:00 정동회관에서 김병걸 딸 결혼. 고은이 동학제에 안 간단다. 결혼식에 온 이희호 여사가 실망한다.

16:00 문익환, 계훈제, 이문영, 심재권이 해위 댁 방문. YWCA 사건 지지와 구속자 석방을 요구하는 성명서 건으로. 우리가 갔는데 거산이 와 있다. 그의 말에 영향 받은 듯 해위가 「학생들 중에 공산주의자는 없을까요? 학생들이 더 심하게 안 나왔으면 좋겠는데……」라고 말한다. 아무도 동학제에 안 간다. 저녁에 나는 고려대 이종범 교수 댁에 간다. 총장 내외와 법대 교수들이랑. 이렇게 나는 동학제라는 잔치에는 안 가고 동료 교수네 잔치에 간다.

5. 11 (일)

쉬고 싶고 지쳤다. 어제 잔치에 못 간 좌절감이 크다. 6인 설교자 중 문익환과 나만 갈릴리교회에 참석하다. 저녁 뉴스에 후광이 재야와 협의해서 거산에게 입당을 권유하겠단다.

5. 12 (월)
15:30 ~ 01:00 북악파크호텔에서 재야 열다섯 명이 모인다. 안병무, 박세경, 문익환, 한승헌, 이문영, 계훈제 등이 정당에는 안 들어가겠단다. 한 박사 모친 작고하다.

5. 13 (화)
(고려대 교수 236명, 교수협의회 발족. 연세대생 주축으로 시내 여섯 개 대학 2천5백여 명의 학생들이 광화문에서 '계엄철폐'를 외치며 야간 시위.)
09:00, 13:00 ~ 16:00, 20:00 ~ 23:00 한완상 모친 상가 댁에서 재야 사람들이 만나다.

5. 14 (수)
(전국 27개 대학 총학생회장단 가두시위 결의.)
07:00 국민연합 중앙상임위 회의. 문익환, 예춘호, 이문영, 계훈제, 조성우, 장기표, 김영남 참석. 3개 행동강령을 결의함. ① 리본을 단다, ② 군대불복종운동, ③ 20일 장충동 집회. 성명서 초안을 NCC 인권위에서 타이프 치다.
12:00 김승훈 신부관에서 함세웅이 행동강령에 반대한다. 과격한 책임을 이쪽이 지게 된다고.
14:00 시립대 강연 약속을 데모로 못 지킨다. 집에서 쉬다. 문익환으로부터 전화가 와 나간다. 5가에서 사회안정법공청회에 참석. 리영희, 문익환이 신민당 공격. 끝나고 사모아에

서 함세웅의 안을 검토. 북한 이야기하는 것이 불필요해서 차라리 내지 않기로 함.
22:30 예춘호, 계훈제, 문익환과 함께 광화문에 가 데모 학생들을 본다. 대규모 데모이며 가두진출의 둘째날이다. 예춘호 말 「A는 안되겠구만. 윤보선을 지지해. 그래서 전에 서명을 안 했어. 고은은 이 때문에 화가 났어.」 걱정이다.

5. 15 (목)
(서울 시내 30개 대학 7만여 명, 도심서 밤늦게까지 시위.)
8:30 함 신부관에서 문익환, 예춘호, 계훈제, 이문영, 김승훈, 함세웅, 장기표, 심재권이 두 개 안을 합친다.
11:00 문익환, 예춘호, 계훈제, 이문영과 함께 해위 댁 방문. 행동을 시작하는 시한을 안 넣기로 한다. 점심 후 동교동 방문. 서남동, 이해동이 이미 와 있다. 후광이 행동강령 2, 3을 부드럽게 고친다. 군이 무력사용하지 말 것을 종용하되 시청 앞 집회도 말 것, 행동일도 늦출 것 등이다. 내일 아홉시에 동교동에 거산이 와 민주화를 위해 후광과 협력 다짐을 한단다.
17:00 문익환·예춘호·이문영이 함석헌을 방문하여 서명.
20:00 문익환, 예춘호와 데모 구경. 서울역 앞에서 남대문, 옛 명지대 앞길, 중앙일보, MBC를 걷다. 남대문 길이 학생과 시민으로 메워져 있다. 남대문 옆에서 페퍼백자동차가 불타고 있다. 군인 트럭이 남쪽으로 질주해 간다. 문익환의 손을 잡고 뛴다. 곳곳에서 숨이 막힐 정도로 가스에 시달리다.
20:00~22:00 셋이서 저녁. 문 목사 말이 「이 박사가 맥주 마시는 것이 처음이다」라고 한다. 나는 전두환의 양동작전에

말려든 대학생 데모가 불안했고, 내 몸은 몹시 지쳐 있
었다. 밤에 동교동에서 전화. 내일 아홉시에 예 의원과
배석해 달라고.

5. 16 (금)
(최 대통령 일정 앞당겨 귀국. 전국총학생회장단 가두·교내시위 일
단 중단키로.)
09:00 후광, 거산의 여섯 개항에 걸친 공동결정에 배석한다. 재
　　　야 이문영·예춘호, 신민당 박일·박권흠.
16:00 수산대 약 350명 앞에서 강연.
19:30 영락교회 청년학생회에서 강연.
23:00 침대차로 귀경.

5. 17 (토)
(전국 55개 대학생 대표 95명, 회의 도중 대다수 연행됨.)
　이날 일기는 비어 있다. 새벽에 서울역에 닿았을 것이며, 그날 생각이 안 난다. 생각이 난다 해도 여기에 쓸 수도 없다. 5월 18일 아침에 써야 했기에 5월 17일 일기는 없다. 다만 한마디는 쓸 수 있다. 나는 5월 18일 0시를 기해 비상계엄 확대, 정치활동 중지, 대학휴교령이 발표되기 직전인 5월 17일 밤 열한시경에 집에서 중정 직원 세 명에 의해 끌려간다.

5. 17
　나는 열일곱 번째 강제연행에 당황하지 않았다. 다행히 나를 데리러 온 중정직원이 나에게 선하게 대했다. 2층 서재에 그 부하직원 두 명이 올라가 갖고 갈 증거물을 찾아 뒤지고 있는 사이에, 담당은 나에게 뭐 감출 것이 있으면 감추라고까지 말했다. 그러나 나는 윗저

고리를 입으면서 안주머니에 있는 수첩을 오히려 꺼내지 않았다. 취조할 때 나는 드러내지 못할 것이 없는 당당한 일을 했으니까 일정이 적혀 있는 수첩이 필요하다고 생각해서였다. 내 큰딸 현아는 중정직원에게 차 대접을 했고, 내 마음을 가라앉히라고 음악 '사계'의 음반을 틀었다. 작은딸 선아가 연행되어 가는 자동차 뒤의 번호판 사진을 찍느라고 플래시 터뜨리는 빛을 나는 끌려가는 자동차 안에서 감지했다.

나는 빛이 없는 어두운 데로 갔다. 남산에 있는 중정 지하에 여러 층이 있는 것 같았다. 그 중 한 층, 약 세 평쯤 되는 취조실이 쭉 연이어져 있었다. 거의 끝에 있는 방이 내 방이었다. 55일간을 갇혀 있었는데, 담당이 나에게 심하게 대하지 않았다. 나는 이놈들이 우리를 어떻게 할 것인가를 더듬어야 했다. 육군교도소에 옮겨지기 직전엔 감시원이 없고 내 방이 비어 있었다. 고려대 졸업생이라는 사람이 들어와서 「광주에서 사람이 많이 죽어서 사형당하지는 않을 것입니다」라는 말이 나에게 직접 전해진 정보였다. 그러나 55일간은 나에게 정보를 주는 이가 없었다. 다만 여름이라 방문을 열고 있어서 복도에서 취조관들이 서로 말하는 것을 들었고, 내 양 옆방에서 한승헌과 이해동을 툭하면 두들기는 소리를 들었고, 멀리서 비명소리도 들었다.

복도나 방안을 살펴 동료들의 표정을 확인할 수가 있었다. 누가 잡혀왔다는 것도 알게 되었다. 화장실 갔을 때 김동길을 만났는데, 아마 그로부터 광주에서 사람 많이 죽인 것을 들었던 것 같다.

실컷 두들겨팬 사람들이 세 그룹인 것을 알 수 있었다. 하나는 내 양 옆방에 있는 이해동, 한승헌 두 분이다. 이해동의 조사관이 그 건너편 한완상 취조실에 가서 한완상의 조사관보고 「나는 애국심까지는 몰라도 애향심이 있습니다」라고 말하는 소리를 들었다. 한승헌, 이해동이 호남 사람이니까 대구 사람인 전두환이 겸직을 법으로 금지한 중정부장의 대리를 하면서까지 우리를 잡아들인 의도를 알 만하였다.
　다른 하나는 정치인들이 호되게 매맞은 것을 알았다.「때렸다고 이택돈 몸이 어떻게 그렇게 튀어 올라오지?」「별거 아니던데」라고 자기네끼리 주고받는 말을 들었다. 예춘호도 많이 맞았을 것이 걱정되었다. 끝으로 진보적인 사상을 가진 사람이 호되게 다뤄진 것을 나는 알았다. 서남동이 취조받는 방이 바로 화장실 앞방이었는데, 서남동이 나를 보고도 못 본 체할 뿐 아니라 눈알이 죽은 사람의 눈같이 움직이지 않는 것을 보았다. 서남동을 공산주의자로 몰고 있는 것을 직감했다.
　얼마 뒤, 이 사람들이 후광을 죽이려 하는 것을 알았다. 하루는 조사관이 중정부장 대리의 훈시가 있어서 나갔다 와서는 나보고 부장 대리가 역사를 만드는 방향으로 일하라는 말을 했다고 전했다. 그러니까 후광을 죽이라는 것이 방향인 것이다. 나는 민주화운동을 하는 사람이다. 이놈들이 후광을 죽이더라도 운동이 되도록 죽이게 해야 한다는 것이 내 생각이었다.
　단순히 전라도 사람으로 죽이게 만들어선 안 되고, 정치욕에 환장한 사람으로 사건을 조작케 해서도 안 되고, 그렇다고 공산주의자로 조작하게 해서도 안 되며, 다만 재야사람으로 죽게 해야 한다는 생각이 들었다. 어차피 어두운 세상임을 직감했다. 다만 재야사람이라야 국제적인 연대가 가능하고, 솔제니친의 말과 같이, 국제적인 관심만이 악한 체제 밑에서 박해받는 사람을 살려낼 수도 있다고 믿었다.
　내 조사관이 북한 노동신문 5개년분을 대상으로 해서 쓴 내 박사논문을 갖고서 한참을 끙끙거리더니 나를 공산주의로 모는 조사를 결국 포기한 것 같았다. 어차피 내 연구는 5개년을 두 시기로 나누어서 비교한 것인데 후기가 전기보다 나빠졌기 때문에 나를 북한 고무찬양으로 몰 수도 없는 논문이었다. 이 논문은 권위형 통치의 원형을 찾는 글로서 원래는 노동신문이 아니라 서울신문을 갖고서 쓰려던 것이었다. 나는 내 논문의 모델에 따라서 그 후 서울신문을 분석해 「권력과 지성」이라는 글을 썼고, 이 제목으로 나는 고려대 총학생회에서 강연하기도 했다.

　나는 취조관이 하도 안 때려서 걱정되기 시작했다. 만일에 죄가 없다고 나가라고 하면 큰일이라는 생각이 잠깐 머리를 스쳤다. 그러나 안심했다. 왜냐 하면 4월 14일에 불법으로 전두환이 중정부장 대리가 된 이유가 바로 우리를 잡기 위해서이며, 내가 도쿄대학에 다녀오도록 여권 내주기를 이한빈 부총리에게 부탁했는데 부결된 것도 다 미리부터 나를 포함시키려는 각본에 의한 것이라는 생각이 들어서였다. 멀리서 매맞아 소리지르는 비명을 계속 들었다. 학생들이라고 생각했다. 재야가 내란음모했다고 조작하고 있음을 감지했다. 나는 취조관의 약이 오르게 일부러 깐죽거렸다.

　내 조사관이 자리를 비웠다. 그 사이에 때리는 사람이 들어와 「네가 말이 많다면서……」 하면서 무조건 침대 받침봉으로 나를 아무데고 닿는 대로 때렸다. 나는 비명을 안 질렀다. 몸에 짝 붙는 바지에 비단 셔츠에 금목걸이를 했고 수제구두를 신은, 얼굴이 좀 길고 검은 사람인데 후에 나와서 들으니 서남동도 담당조사관이 안 때리고 이 사람이 때렸단다. 이 사람은 나를 한 시간 정도 때린 후에 아무 말 않고 나갔다. 또 때리러 들어올 줄 알았는데 때리는 것은 그것으로 끝냈다.

　한참 있다가 조사관이 들어왔다. 내 손도장을 찍게 하여 조작한 허위사실은 5월 12일 밤 북악파크호텔에서 각목을 준비한 격렬한 가두시위를 모의했다는 것이다. 나는, 그날 밤 모임은 단 한 사람도 앞으로 정치하겠다는 재야가 없는 것을 확인한 회의였음을 말했다. 「왜 다들 그랬다는데 당신만 아니라고 해? 정신을 못 차리고 있군」이라고 조사관이 말했다. 또 맞을까 봐 겁이 났다. 긴 옥신각신 끝에 묵시

적 동의를 나타내는 어휘를 그가 골랐고, 이 글에 나는 손도장을 찍었다.

이렇게 나는 형편없는 사람이었다. 나는 이 손도장을 찍은 후 죽음의 그림자를 느꼈다. 매 맞는 것이 죽는 것보다 더 무섭다는 것도 느꼈다. 그리고 무엇보다도 내 생각만을 했다. 후광이 나 때문에 죽는다는 것보다는 내가 죽을지 모른다는 생각만을. 육군교도소에 옮겨진 후 면회 온 집사람으로부터 계엄령 위반자는 서대문구치소에 보내졌고 육군교도소에는 소위 내란음모자만 보내진 것을 알았다. 학생들을 55일간 실컷 때려서 내란음모를 조작해 어른들보고 시인케 했던 것이다. 집사람한테「여기 온 몇 사람은 죽인데요」라는 말도 들었다.

우선 내 마음에 아무 자랑이 없었다. 찬송가 중에서 부를 만한 노래가 없었다. 찬송가에 나오는 십자가를 지겠다는 가사를 노래할 기운이 나지 않았다. 점차로 내가 남을, 후광을 죽게 한 것을 인식했다. 그러던 어느 날 면회소에 갔다가 구내에 서 있는 큰 은수원사시나무를 보고서, 이 큰 나무도 나무를 심어서 자라게 한 것이 아니라 종자를 심어서 그 종자가 땅속에서 썩어서 움터 자라난 것이라고 생각하니 좀 마음이 편해지는 듯했다. 민주주의라는 나무도 그럴 것이라고 생각했다. 집사람과 면회소에서 이런 말도 나눴다.

그 후로 나는 이런 저런 자괴를 지금까지도 하고 있다. 2000년 7월 어느 날, 대통령이 된 후광이 사건관련자들 내외를 모두 청와대에 부른 적이 있다. 이때 집사람이 내 남편은 죄 없는 선생님을 매 맞게 하고 손도장 찍은 것을 늘 부끄러워하고 있다고 여러 사람 앞에서 말했다.

재판 첫날 나는 재판관을 향해서 손을 들었다. 재판관이 멋도 모르고 내 발언을 허용했다.「재판 일정을 정하는 데 관계된 발언을 하겠습니다」로 말을 시작했다. 재판관이 내 발언을 제지하지 않았다.「조사받을 때 내 양쪽 방에 한승헌, 이해동이 있었는데」하고 나는 말을 끊었다. 그리고 그 뒷말을 다음과 같이 쏟아냈다. 「이분들은 저와는 달리 무지하게 고문을 당해 몸 사정이 나쁘니 재판을 천천히 하십시오.」 뒤에 앉아 있던 외신 기자가 이를 받아 적어 고문으로 조작된 사건임을 보도했다. 내신은 죽어 있었다. 후광을 죽도록 손도장을 찍어준 약한 사람이지만 재판정에서 나는 다행히 담대했다. 이 점을 나는 하느님의 은총으로 알고 감사한다. 나보고 재판관이 앞으로 정치하겠느냐고 물었다. 「정치를 하고 안 하고는 국민의 고유 권리이며 사적인 것인데 왜 묻습니까? 내가 정치를 않는다고 말하면 군인들이 들어서서 정치하려고 묻는 겁니까?」라고 별들 앞에서 말했다. 다행이었다. 어떤 계엄령 위반 정치가는 이제는 집에 가서 아이들이나 돌보겠다고까지 말했는데…….

검사의 신문과 변호사의 반대신문 도중 나는 내 말만을 하지 않고 후광에 대해서도 이야기했다. 후광을 김 선생님이라고 칭했다. 재판관이 「피고를 존칭으로 언급하지 마십시오」라고 말했다. 「김대중 선생을 — 나는 여전히 김대중 선생이라고 말했다 — 특별히 존경하는 것은 여러분도 마찬가지 아닙니까? 그분에게만 깔고 앉을 방석을 주고 있지 않습니까?」라고 말하며 나는 재판관을 놀렸다. 교도소를 향하는 버스 안에서 후광은 「이 박사, 나는 다리가 아파서 담요를 받고 있는데 그렇게 말해 이것마저 빼앗기면 어떻게 해요?」라고 말했다. 나는 「그렇게 되면 내놓으라고 말하죠」라고 답했다.

나는 무기형에서 20년형으로 줄었다. 그런데 후광은 사형이 선고되었다. 교도관이 입회하는 면회에서 집사람에게 국제적 연대가 어찌 되었는가를 물어볼 수가 없었다. 암호가 은연중에 발달했다. 예를 들어 「홍걸이네와 옥자네 결혼이 안 될 것 같다」고 말하면 「후광 문제로 전두환과 일본 간의 관계가 나빠지고 있다」는 식으로. 전두환이 레이건 대통령의 첫 국빈으로 미국에 간다는 것을 알았다. 나는 그 후 마음을 놓았다. 후광이 드디어 무기형으로 감형되었다.
 나는 김해교도소에 있었는데 내가 석방되는 것을 이런 식으로 미리 알았다. 나를 지키러 들어온 한 교도관에게 나는 「일본 놈들이 나쁜 놈이죠」라고 말했다. 후광 문제로 한일관계가 나빠지니까 전두환 정부가 반일운동을 부추기는 것을 교도소 라디오를 통해서도 알 수 있었다. 천안의 독립기념관도 이 운동의 일환으로 생겨난 부산물이었다. 구내방송을 통해 재소자들로부터 독립기념관 세우는 데 5백원씩을 갹출했다. 그러던 어느 날 교도관에게 또다시 「일본 놈들이 나쁜 놈들이죠」라고 말했다. 그랬더니 교도관 말이 「나쁜 것을 일본 놈들이 알기는 아는 모양입니다. 특사가 온답니다」라는 것이었다. 나는 이 말을 듣자마자 감방 안에 내 짐을 정리했다. 교도관이 왜 그러냐고 물었다. 「나도 나갈 날이 있지 않겠어요.」 이 교도관은 나중에 나를 내보내면서 내 예견을 놀라워했다.

5·17과 오늘

 오늘을 규정짓고 오늘을 잉태한 종자가 5·17의 어디에 있었으며, 오늘을 바로잡는 교훈 역시 어디에 있었는가를 더듬어보는 차례이다. 적어도 다음 세 가지의 실로 짜여진 직물이 오늘이라는 직물이라고 나는 생각한다.

 첫번째는 후광이라는 실이다. 후광은 정당성 없는 정권에 의하여 박해받은 유일한 정치가였다. 재야 중에서도 후광은 유일하게 우리를 이끌었다. 김대중 내란음모사건에서 비록 고문에 의한 것이라고는 하나 동지라는 사람들이 그가 내란을 했다고 손도장을 찍었을 때 그는 애처로운 희생양이었다. 그가 박해받았다는 사실 하나가 바로 그가 재야의 구심점이어야 한다는 당위였다.
 그러나 박해받았다는 것은 단순히 당위의 근거만을 만드는 것이 아니다. 실천은, 즉 행동하는 양심은 이론을 만들며 실용성 자체이기도 했다. 후광은 재야시절에 유난히도 비폭력투쟁을 역설했다. 이 점 때문에 간디를 존경해 마지않았던 함석헌과 국민연합의 공동의 장을 함께했을 것이다. 후광은 반대를 위한 반대가 아니라 대안을 지닌 반대자였다. 후광이 낸 대안은 뭐니뭐니 해도 1970년대에 후광이 책으로 집필하기도 한 '대중경제론'과 '남북공존론'이었다.

'대중경제론'을 더욱 다듬어 그는 미국 망명시절 하버드대학 출판부에서 한 권의 교과서로 만들기도 하였다. 민주주의와 경제성장을 함께 이룩하자는 이 이론을 역대정권이 경청하지 않아 IMF 경제위기를 맞는 비극을 초래했다고 볼 수 있으며, 이런 이론을 지닌 후광이었기에 IMF 경제위기를 극복해 냈다고 생각한다.

'남북공존론'을 후광이 펴게 된 심층적 동기를 나는 아직도 그에게 물은 적이 없다. 다만 내가 짐작하기로는 박해받는 정치가로서 특히 지역차별을 내세웠던 정권에 의하여 고통을 겪으면서 나라 안에서는 동서가 화합해야 하고, 한반도 내에서는 남북이 공존해야 한다는 생각을 굳혔을 것이라고 생각한다. 이 점에서 어머니의 사랑은 아이를 출산할 당시의 고통과 동일한 것이라는 것을 상기하게 된다.

두 번째는 어두운 색의 실인데, 이 실은 약한 정부라는 실이다. 이 실은, 박정희 사후 너무나 늦게 찾아온 민주화가 그것을 박해했던 주역과 공동으로 정권을 수립하여 간신히 수평적 정권교체를 이룬 약한 정부라는 실이다.

돌이켜볼 때에, 지난 세기말 많은 구체제들이 무너지고 경쟁적 정당들이 집권했다. 바웬사의 폴란드, 하벨의 체코, 옐친의 러시아, 만델라의 남아프리카공화국 등이 이런 나라들이다. 그런데 우리는 박정희 이후 쿠데타로 전두환 정권이 들어왔고, 전두환을 이어 노태우 장군이, 노태우를 이어서는 노태우에게 항복하고 들어간 김영삼이 들어선 다음에서야 수평적 정권교체를 이룩했다. 박정희 사후 18년 만의 일이다.

왜 이렇게 늦었고 왜 정부가 약한가? 정부는 국민이 만드는 것이기에 약한 정부를 만든 책임을 한두 사람에게만 물을 수는 없다. 오늘도 이 약한 정부라는 실의 현존을 보여주는 한 예를, 정치 1번지라는 서울시 종로구에서 찾을 수 있다. 이 글을 쓰는 해인 2000년 4월 총선에서, 나를 바로 5·17사건으로 기소했던 육군대위 검사가 당당하게 국회의원으로 당선된 나라가 내 나라이다. 다만 여기에서는 5·17 전후의 상황이 이런 약체정부를 어떻게 잉태했었는가를 다음 몇 가지로 검출해 보고자 한다.

1. 80년 4월 14일에 해위는 그를 찾은 박영숙(안병무 부인), 이종옥(이해동 부인), 김석중(내 아내)에게 어느 미국서 온 사람의 말이라 하며 두 사람 중 한 사람 — 후광을 두고 하는 말 — 은 사상이 나쁘니까 죽여야 한다고 말했다. 5월 16일 양 김씨 공동선언의 기초작업에 후광 측으로 참가했던 나는, 거산이 전두환에게 중정부장 서리 겸직을 사임하라고 요구하는 것을 꺼려한다는 것을 확인했다. 아니나다를까 해위는 전두환이 정권을 잡자마자 곧 변절했다. 그는 우리가 교도소에 있을 때 그를 방문한 이해동 부인과 내 아내 앞에서 텔레비전에 비치는 전두환의 얼굴을 가리키면서 「사람이 악하지는 않게 생겼죠」라고 말했다.

2. 정치가들의 생각이 이 정도인데, 정치가들에게 비판적이어야 할 언론인이 정치가들보다 더욱 고루하다는 것을 확인한 곳이 바로 4월 25일의 관훈클럽 토론장이었다. 나는 이 토론 참석 이후 왜 십계명에 증거 없이 이웃을 비방하지 말라는 계명이 있는가를 생각하게 되었다. 독재체제 밑에서 시달렸던 유대인들이 바로 이 터무니없는 비

방에 시달렸을 것이 자명하다. 후광을 공산주의자로 매도하고 이것만으로 안 되니까 전라도 사람으로 매도했던 것이다.

3. 학계는 어떠했나? 기자를 길러내는 대학의 총장이나 총장을 지낸 사람들은 어떠했나? 자기 밑의 학장을 시켜 나의 복직조건을 한 번도 아니고 여러 번 저울질했던 고려대 총장은 피 흘린 정권의 초대 총리가 되었다. 이 총장이 학계에만 있을 사람이 아니라고 예언한 헌법학자 유진오는 피 흘린 정권의 국정자문위원이 되었다. 뭔가 이 두 사람이 이상하다고 마음에 걸려 일기에 적어놨더니 과연 내가 교도소에 있는 동안 각각 제 길로 가고들 말았다.

4. 초강경 정권, 그 중에서도 정치군인들이 이렇게 여러 가지로 깨어 있지 못한 국민을 향해서 구체적으로는 대학생을 향해서 5·17 직전에 한 일이 무엇이었나? 학생 데모를 학생들이 자발적으로 한 것처럼, 대학마다 교문을 활짝 열게 하고 학생들이 대거 거리로 쏟아져 나오게 한 양동작전을 한 것이 전두환의 군부였다. 학생들은 데모를 자제할 자세가 있었고, 특히 5월 16일에 전국총학생회장단이 가두·교내시위를 일단 중단하기로 하였지만, 이상하게도 대학마다 교문이 아예 열려져 있었다. 5월 16일은 금요일이었고, 주말만 지나면 개회하기로 한 국회에서 계엄령 해제가 의결될 전망이 있었던 때에 오히려 과격한 시위가 생겼던 것을 우리는 의심과 걱정의 마음으로 바라보았었다.

5. 한편, 늦게서야 오늘을 맞이한 우리 쪽에도 이유가 있다. 그것은 우리가 단결을 못 해서였다. 국민연합의 세 의장 중 해위는 같은 의장 중 한 사람인 후광이 아니라 정권의 박해 대상도 아닌 거산과 손잡고 뒤틀어댔다. 1980년 3·1절을 기해서 국민연합이 성명을 냈을

때도 해위는 성명서에도 없는 「양 김씨를 조정하겠다」는 엉뚱한 말을 했다. 「거산을 민주화운동하도록 종용하겠습니다」가 아니라, 거산을 높이고 양 김씨의 분열을 도모하는 과도정권의 페이스에 해위는 장단을 맞췄다.

김정순 장로의 염려와 같이 김관석, 박형규는 소극적이었다. 이들은 NCC를 못 떠나는 듯했다. 문익환은 후광에게 힘을 실어주기보다는 뭔가 독자노선을 갖고 있었다. 한번은 신문 조간에 예춘호가 후광의 비서실장이고 내가 연구실장이라고 보도된 것을 보고 문익환은 나에게 후광을 떠나라고 말했다. 「저놈들이 후광을 박해하는데 어떻게 떠납니까? 박해받은 자를 버리고 무슨 재야가 있고, 순수한 재야가 무엇 때문에 필요합니까?」라며 나는 단호히 대답했다. 문익환은 출옥 후 선민주가 아니라 선통일 노선으로 고정되었다. 그러나 큰사람 문익환은 자신이 홀로 그의 말에 책임을 지는 선통일론자였다. 그는 혼자서 거듭 옥고를 치렀다. 5월 12일 회의에서 보듯 정치하겠다는 재야는 나를 포함해 한 사람도 없었다. 5월 10일 토요일에 나는 동학제라는 '잔치'에 가자고 친구들을 불러댔으나 아무도 응하지 않았고, 나는 지치고 피곤해서 그 다음날 일요일에 집에서 누웠다. 그렇게 분주하게 다니던 내가. 그러나 나는 이 재야의 정치기피증을 오늘에서야 이해한다. 재야운동까지 한 사람들을 담아내는 민주제도가 제시되지 않는데 어떻게 정치를 한다고 나설 수가 있었겠는가. 봉사하는 정치가 아닌, 한자리하는 정치를 하기에는 우리가 너무 순수했다고 보아야 하지 않을까?

나는 어쨌든 이 툭하면 갈가리 찢기는 운동체를 어떻게 하나로 만들까를 고심했다. 이러한 내 고심을 후광이 아는 듯했다. 나에게 후광은 「이 박사를 사람들이 좋아합니다」라는 말을 자주 했다. 그러나 그날, 5·17은 벼락같이 우리에게 다가왔던 것이다.

6. 후광은 1982년 12월 23일부터 1985년 2월 8일까지 미국에 망명 중이었다. 후광이 한국에 없는 2년 2개월 동안 거산이 움직였다. 후광 망명 약 5개월 후 어느 날 거산이 무기한 단식에 들어갔다. 이때 재야는 회의를 거듭해 동조 단식을 해도 안 잡혀갈 정도의 인물로 함석헌, 문익환, 예춘호, 이문영을 정해 동조 단식을 했다. 우리는 단식에 들어가자마자 곧 잡히는 갔지만 그날 밤으로 풀려났으니 재야회의의 예측이 맞았던 것이다. 이렇게 재야는 거산을 도왔다. 그러나 단식투쟁의 성공을 거산은 자신의 세력기반 구축의 기회로 삼았다. 거산은 수차례 나를 만나 자신을 도와달라 했다. 나는 후광을 앞세워 함께하는 데에만 참여할 것을 말해 거산의 청을 거절했다.

1984년 5월에 민주화추진협의회가 발족되었을 때 문익환, 예춘호, 이문영은 이 협의회가 양 김의 단합을 의미하는 것으로 기대해 김상현을 후광 쪽 대표로 지명했다. 그러나 동조 단식했던 보람도 없이 거산이 점점 벌어져 나가 드디어는 노태우 정당에 들어가 대통령이 되었고, 대통령이 된 후로는 동조 단식한 5인 중 한 사람, 홍남순을 빼고는 다 남과 같이가 아니라 더 나아가 적과 같이 대했다.

함석헌 옹이 돌아가시고 그의 기념사업회 허가를 내고자 했으나 불허당했다. 문익환은 오랜 시일 옥중에 있었다. 청와대에서 YH사건 관련자를 불렀을 때 거산은 고은과 나를 초청하지 않았다. 이와는 좀 다르게 후광은 집권 후 거산 때의 고위공직자들을 그대로 기용했다. 그러나 후광 때도, 후술할 민주제도의 결핍 때문에 유진산 이전에 보았던 신익희, 조병옥, 장면, 김도연 등의 거물들이 합의해서 정치하는 '위인들의 정치'는 못 열었다.

마지막으로는 빛 바랜 색깔의 실인데, 민주제도가 결핍된 민주주의라는 실이다. 이 실은 민주제도가 있어야 제 빛을 내는 실이며, 제 색을 내는 이 실이 후광이라는 실과 또 약한 정부라는 실과 합쳐지면 멋진 직물이 될 수 있는 가장 요긴한 실이다. 정권교체를 한 정부가 구세력 사람들과 함께 일한다는 것은 민주제도만 있다면 오히려 정권의 관용성을 보이는 것이기에 화사한 정치문화를 열게 되는 일이다. 또한 민주제도의 틀 속에서는 함께 정치하는 사람들의 불법·부당을 단속할 수 있는 장점도 갖게 된다.

이 경우 민주제도란 권력을 쥔, 그래서 권력남용을 할 수 있는 여당 내의 제도를 말하는 것인데, 여당이 당내 민주주의와 행정부 내 민주주의를 함을 그 내용으로 한다. 후광은 대선 전에 자신이 준비된 대통령임을 강조했고, 그 한 징표로 좋은 평가를 받은 국회의원 수가 자신의 당에 많다는 것을 말했었다. 그런데 막상 집권 후에는 당 소속 국회의원들을 잘 활용하지 않았다. 당의 일을 당에게 맡기고 있지도 않아, 국회의원의 공천은 지역구 내 당원들이 선출하고 있지도 않다. 금년 9월 UN회의에 참석하기 전 김 대통령이 3인의 기자와 TV에 중계되는 회견을 했을 때, 정치는 국회에 맡겨야 한다고 말했다. 그러나 여당의 정치는 여전히 총재가 임명한 최고위원의 관여를 못 벗어나고 있다. 행정부 내에는 대통령과 청와대를 벗어난 자율성이 안 보인다. 장관들 중에 김대중 씨만큼 신명나게 일하며 대통령을 가르칠 만한 장관이 보이지 않는다. 행정관료들은 일본의 관료 정도만큼이라도 전문성을 발휘해야 할 터인데, 우리의 공무원은 아직도 먼 옛날의 '아전' 전통을 잇고 있는 듯 보인다.

나는 정권교체만 되면 민주주의가 저절로 되는 것인 줄 알았는데, 잘못 알고 대비하지 않았던 책임이 1980년에 민주제도연구소장을 맡았던 나에게도 있다. 나아가 오늘날 민주제도 결핍증의 조짐이 5·17 직전의 후광에게도 있었다는 것이 나의 판단이다. 위에 적은 5·17 이전을 돌이켜볼 때에 후광이 마치 자기가 부릴 아랫사람 찾듯이 재야사람들에게 정치하자고 열심이었던 것이 바로 이 '수평적 정권교체 후 민주제도 결핍증'의 초기 징후였다. 그 수많은 회동에서 후광은 '새 나라의 민주제도에는 당내 민주주의와 행정부 내 민주주의가 있으니 함께 일합시다'라고 권하지를 않았다.

위와 같은 민주제도가 없으면 정치를 무엇을 갖고서 하게 되나? 불공정한 측근을 갖고서 일하게 된다. 오늘날의 과제는 경상도 사람까지도 여당에 투표하는 세상을 만드는 일이다. 경상도 사람들이 생각할 때 대통령 주변 인물 어떤 사람을 찔러봐도 사사로움이 안 통하고 공정하다고 느낄 때에만 경상도 표가 여당에게 올 것이다.

예전 공화당 집권 때에 읽었던 〈African Democracy〉가 생각난다. 맨발로 다니며 이도 안 닦는 문맹인 아프리카 사람들도 자기네 추장이 정직한지 돈을 먹었는지를 마치 개가 냄새 맡듯이 잘 안다는 내용이었다. 지금은 IMF 초기 때의 민심, 서랍 속에 있는 1달러짜리를 내다 팔았던 민심이 없어졌다. 아이의 돌반지까지 가져다줬던 서민들의 민심이 뭔가 이상한 냄새를 맡아 이반했다고 보아야 한다.

1997년 대선에서 승리한 후광이 일산 자택 한옥대문을 나서면서 했던 첫마디는 「이제부터 나는 민주주의 하겠습니다」였다. 민주주의의 실이 밝은 빛으로 바꾸어질 때에 비로소, 공동으로 정치하는 타당 사람도 올바른 길을 가게 되고, 그리고 무엇보다도 후광만이 내놓은 업적―IMF 경제위기 극복과 남북공존―을 계속할 수가 있을 것이다. 또한 이 실은 역대 정권에서도, 오늘날 야당에서도, 그리고 나아가 같은 아시아 정치문화권인 일본에서도 찾아볼 수 없는 귀한 실이다. 후광이라는 실, 공동정부라는 실, 그리고 민주주의라는 실이 모두 살아 있어서 전체 직물의 화려함을 유지하게 하는 것이 5·17에서 죽을 뻔했던 우리들, 오늘이라는 직물을 짜는 직인(職人)들의 의무라고 생각한다.

자술서 아닌 자술서

송건호

1927년 서울 출생
조선일보·한국일보 논설위원 및
동아일보 편집국장 역임
한겨레신문 초대 사장 및 회장 역임
저서「한국민족주의의 탐구」
「현실과 이상」「한국 현대언론사」
「한국 현대인물사론」

자술서 아닌 자술서

송건호

1979년도 저물어가게 되었다. 해마다 10월만 되면 10·24 기념 행사가 있다. 이 해도 10·24 기념 행사를 가졌는데, 지금 생각해도 납득이 안 가는 것은 '박정희 이후의 시대'에 대한 정세 평가를 한 점이다. 물론 그때 박 정권은 엄존해 있었고 민주화운동에 대해서도 전에 비해 더욱 '단호하게' 힘으로 탄압하고 있었다. 민중의 힘으로 박 정권을 쓰러뜨릴 것 같지는 않았다. 공화당 사람들은 자신만만하기만 했다. 그런데 참 이상한 일이었다. 이때 해직기자들은 거의 이구동성으로 박 정권 후의 일을 생각하고 있었으니 말이다. 박 정권은 머지 않아 쓰러질 것으로 보았다. 물론 뚜렷한 증거가 있는 것은 아니었다. 공화당은 자신만만하고 자기들이 망하리라고는 상상조차 않고 있었다. 그런데 10·26이 오고 박은 죽고 공화당 정권은 쓰러지고 말았다. 사람에게는 육감이라는 것이 있다. 기자들의 육감은 더욱 날카롭다. 현직에 있지는 않았으나 오랜 동안 기자생활 속에서 단련된 그들의 육감은 보통 사람보다 몇 갑절 민감한 것이었다.

10월 27일 새벽 난데없이 전화가 걸려왔다. 친구로부터의 전화였다. 방송을 들어보았느냐는 것이다. 박 대통령이 아무래도 사망한 것 같다는 것이었다. 26일 저녁 한 방의 총성과 함께, 한때 산천초목조차 떨게 하던 유신대통령이 사망하였다. 바로 그 시간에 나는 나를 찾아온 R와 저녁을 먹고 있었다. 그렇게 엄청난 사건이 그 시간에 일어나고 있으리라고는 상상도 못하고 있었다.

오랜 동안의 유신 철권정치에 자유를 갈구하던 민중에게 봄이 찾아온 것이었다.

10·26 이후 나에게는 여기저기에서 강연 요청이 쇄도하기 시작했다. 내가 학교에서 마지막 강연을 할 수 있었던 것은 1977년 봄으로 기억된다. C 대학 호국단에서 강연 의뢰가 왔다. 그때 학생단체는 호국단밖에 없었으므로 학생들의 초청은 호국단 이름으로 왔다. 내가 대학에 가서 강연을 하기 시작한 것은 아마 1964년 전후부터로 기억된다. 그 후 학교에서 심심찮게 강연 초청이 왔다. 강연 스타일은 사람마다 다른데, 나는 어느쪽인가 하면 강의조 강연이었다. 강연을 하기 전에 꼭 미리 메모를 해서 강의할 때처럼 충실하게 했다. 하여간 수시로 대학에 가서 강연을 했다. 그러나 1977년 C 대학에서의 강연을 마지막으로 나의 강연은 일절 금지되었다. 그때 C 대학에서도 금지당했으나 학생들의 투쟁으로 겨우 강연을 할 수 있었다고 들었다. 그 후 대학에서의 강연은 거의 3년간 못하다가 10·26 이후 강연 의뢰가 많아졌다. 전국을 누비다시피 많은 강연을 하고 다녔다. 10·26 이후엔 원고를 쓸 기회가 없었다.

관훈클럽 주최로 정치인 두 K씨의 강연이 있었으나 두 경우 모두 지방강연 관계로 듣지 못했다. 정국은 이른바 '안개정국'이라는 말이 있었듯이 민주 일정을 밝히라는 여론이 비등하였으나 계엄당국의 태도는 무언가 석연치 않다는 인상을 주었다.

국민여론이 한결같이 바라는 그 민주 일정을 당국은 어물어물하면서 분명히 밝히지 않았다. 학교에서는 민주화를 요구하는 학생 데모가 연일 격렬하게 벌어졌으나 당국은 계엄령을 해제할 눈치도 안 보이고 도대체 앞날이 불투명하기만 하여 '안개정국'이라는 말이 돌았던 것이다. '지식인 134인 시국선언'이 발표된 것도 이러한 시대상황 속에서였다. 시국선언문은 중론에 의해 내가 쓰게 되었다. 신문에서 사설을 많이 써보았기 때문에 필자로서 적임자라는 것이었다.

  나는 비교적 짧게 썼다. 첫째는 민주 일정을 밝혀 민심을 안정시킬 것과 그 밖에도 그 당시 사회여론이 주장하는 몇 가지 요구사항을 썼다. 준비위원들의 요구사항을 반영시킨 것이다. 2백자 원고지 10여 매 정도의 분량이었다. 이 선언문 관계로 변호사, 교수, 문인, 언론인, 목사 등 15, 6명 정도가 어느 경양식집에서 수차 만났다. 그러나 이것이 계엄하에 허가 없이 정치집회를 한 죄가 되어 구속될 줄은 상상도 못했다. 5월 15일에 선언문이 발표되었다. 그러나 엄중한 계엄하의 언론통제 속에서 이 선언문은 전혀 신문에 반영되지 않았다. 학생들은 민주화를 요구하며 13일부터 15일까지 격렬한 데모를 했다.

  5월 15일엔 심한 고문으로 거의 폐인이 되었다고 소문이 자자했던 P씨를 한양대병원으로 면회 갔다. 16일에는 덕성여대에 가서 강연했고 17일에는 한글학회에 가서 강연했다. 사회 분위기가 심상치 않았다.

  학생들의 데모는 일단 끝나고 당국의 반응을 기다리고 있었다. 5월 17일 밤 열시를 기해 계엄령이 제주도에까지 확대되면서 일제 검거가 시작되었다. 그때까지 민주화운동을 하고 다닌 모든 지식인, 청년, 학생운동 주동자 들 수백 명이 체포되었다.

  밤 열시쯤 되었을까. 대문을 요란히 두드리는 소리가 들렸다. 나는 직감적으로 나를 연행하러 온 기관원임을 알아차리고 집을 빠져나왔다. 그러나 내가 무엇 때문에 수사관의 추적을 받아야 하는지 알지 못했다. 나는 민주주의와 민족주의를 위한 강연을 하고 그에 관한 글을 쓴 일밖에 없었다.

  우리나라 국시가 민주주의이므로 그 민주주의를 지키자고 주장했고, 참된 민족의 자주와 민족의 긍지를 위해 좀더 주체적이 되자고 주장한 말밖에 없었다.

  이 땅에서 생을 받고 이 땅에서 죽어갈 내가 이 민족을 사랑하는 것은 당연하다. 내가 무엇 때문에 추적을 당해야 하는가를 어두운 밤길을 걸으며 생각하니 이 나라의 현실이 기막히고 마음은 한없이 무겁고 답답했다.

  나는 3일 만에 추적하는 기관원에게 잡히고 말았다. 나중에 안 일이지만 시골의 친척이나 사돈의 팔촌까지 수사대상이 되어 있었다. 나는 무엇 때문에 체포되고 연행되는지도 모른 채 기관원의 차에 태워져 서울역을 지나 삼각지를 향해 달리다가 모 기관에 끌려 들어갔다. 내가 수사를 받은 것은 5월 20일부터 6월 7일까지 만 19일간이었다. 나는 그때의 체험을 통해 고백한다. 인간이란 육체적 고통을 참는 데는 한계가 있다는 것을. 만약 노련한 수사관이 연행해 온 피의자한테 모종의 자술을 받고자 한다면 100퍼센트 가능하다는 것을 체험했다. 수사관은 내가 전혀 알지도 못하고 하지도 않은 일을 시인하라고 강요했다. 물론 나는 완강히 거부했다. 그러나 그 거부는 오래가지 못했다. 4일 만엔가 나는 그들이 요구하는 대로 모든 것을 허위로 자백했다. 그렇게 하지 않으면, 나는 그곳에서 맞아 죽거나 평생 불구자가 될 것 같았다. 사실 나는 그들이 자백을 강요한 그러한 행동을 하라고 해도 못할 위인이다.

  나는 「이것은 거짓이다. 그러나 당신들이 필요로 하니 자술하겠다」고 하며 그들이 원하는 대로 자술서 아닌 자술서를 썼다.

  그 후 나는 어느 지하실에 수감되어 K 시인의 자술서라는 것을 읽어보았다. 어느 수사관이 던져주며 읽으라고 했다. 내용은 자기가 「공산주의자이며 대한민국을 한없이 증오한다」는 내용이었다. 내가 알기에 그는 독실한 가톨릭 신자로 알려진 시인인데 얼마나 당했기에 이런 자술서를 썼을까 싶었다. 고문이란 여자를 남자로 만드는 일 외에는 못할 일이 없겠다는 생각이 들었다. 고문을 규탄하는 소리가 높다. 그래서 헌법에 만약 자백이 피의사실의 유일한 증거일 때에는 이의 증거능력을 인정하지 않는다는 조항이 있는 이유도, 또 그런데도 고문이 없어지지 않고 있는 이유도 충분히 이해할 수 있을 것 같다. 수사 당국의 입장에서 볼 땐 이처럼 편리한 수사방법이 없다 보니 민주주의가 소생하기 전에는 고문이 없어질 수 없는 것이다.

나는 이 자리를 빌려 이른바 양심선언이라는 것을 하고 싶다. 앞으로 내가 만약 수사기관에 연행되어 평소의 내 주장과 다른 주장이나 행위를 했다고 진술해도 그것이 내 본심에서 나온 것이 아니며 필시 육체적 고통에 못 견뎌 허위진술한 것이라고 말이다.

나는 60이 되도록 글로 강연으로 내 사상을 이미 다 밝혔다. 나는 자신을 숨기지 않는다. 이 이상의 사상이나 행동은 누가 권해도 응하지 않는다. 나는 내 사상에 대해서만 책임을 질 것이다.

필리핀은 지금 민주화가 되고 있는데, 그 나라를 한없이 부러워하는 사람이 있는가 하면, 어떤 사람들은 그곳과 한국은 사정이 다르다고 기를 쓰고 강조한다. 강조하는 품이 부자연스러울 정도로 말이다. 그런데 이 필리핀의 마닐라 어느 호텔에서의 일이다. 한 한국 언론인이 가방 속에 2백 달러를 넣어둔 채 탐방 외출을 했다가 돌아와 보니 그 돈이 없어졌다. 조사해 보니 그 방에 들어간 사람은 청소부밖에 없었다. 의심이 그 청소부에게 가는 것은 당연하다. 그러나 필리핀 경찰은 그가 훔쳐갔다는 증거가 없다며 조사조차 하려고 하지 않았다. 자백을 유일한 증거로 삼는 수사태도와 비교가 되는 태도였다.

허위자백을 하고 나니 그 집요하기만 한 수사도 없어졌다. 나는 두꺼운 창문 밖으로 멀리 삼각지를 쳐다보았다. 기적소리를 내며 기차가 지나갔다. 유유히 지나가는 시민들이 신선처럼 부러워 보였다.

그 사람들은 얼마나 행복한가, 얼마나 자유스러운가. 만약 나에게 죄가 있다면 민주주의를 하자고 주장한 죄밖에는 아무리 생각해도 다른 범법행위가 생각나지 않았다. 민주주의를 싫어하는 사람들이 있는 한, 앞에서 애국을 말하고 뒤에서 도적질하는 사람들이 없어지지 않는 한, 나의 수난도 그치지 않을 것만 같았다. 유유히 길을 걷는 저 시민들이 한없이 부럽기만 했다.

한 가지 위안은 그곳을 경비하던 보충병들이 내 이름을 알고 있고, 심지어 내 강연을 들었다는 젊은이도 있어 나를 위로해 주는 것이었다. '이 새끼! 개새끼!' 소리를 들어가며 인간 이하의 대우를 받고 있는 그러한 상황 속에서는 마음이 약해지고 조그마한 인간적인 대우조차 눈물이 나올 정도로 고마운 법이다. 지옥과 같은 그때 19일간 학생들이 보여준 조그마한 위로가 일생토록 잊혀지지 않으며, 이름도 성도 모르나 나에게 다소 인간다운 대우를 해준 어느 수사관을 잊을 수가 없다.

1980년 6월 7일 담당수사관이 선생님은 이제 댁으로 돌아가십니다, 선생님 같은 저명인사는 운운하며 나를 위로했다. 수사관들에게는 하나의 특징이 있다. '이 새끼, 개새끼' 하다가도 금방 '선생님, 선생님' 한다. 보통사람이 모방할 수 없는 변화라고 할까.

그러나 한두 시간 후 갑자기 태도가 바뀌며 나가라고 했다. 얼굴을 수건으로 가리고 차에 태우고는 어디론가 달렸다.

잘은 모르나 올라가는 것 같았다. 이윽고 쾅 하는 철문소리와 함께 컴컴한 모처로 끌려가 그곳에서 수건을 풀었다. 그곳 기관원에게 인계하고는 20일 가까이 낯익은 담당수사관은 사라지고 지하 2층으로 끌려가 어느 캄캄한 방에 수감되었다.

이곳에 수감되어 있으면 낮도 밤도 모르고 비가 오는지 해가 떴는지도 모르는 캄캄한 지하감방이다.

아아! 생각하면 기가 막혔다. 내가 무슨 죽을죄를 지었단 말인가?

민주주의를 하자는 죄밖에 더 있나? 좀더 떳떳이 한 민족으로서 자주적으로 살아보자고 민족주의를 주장한 죄밖에 더 있는가? 파리 한 마리도 죽이지 못하는 심약한 내가 무슨 죄를 지었다고 이렇게 하는가.

  6월 7일 수감된 후 7월 14일까지 거의 40일간 이곳에 수감되어 있었다. 며칠 후 옆방에 문인이 있고, 반대쪽 옆방에 시인 K가 수감되어 있음을 알았다.

  K의 다음 방에는 Y 대학의 K 교수가 수감되어 있었다. 수사는 이미 이곳에 옮겨오기 전에 다 끝나 있었으므로 이곳에서는 비교적 한가로웠다. 기약 없는 지하실 생활이 시작되었다. 수사가 끝나자 더 좁고 답답한 다른 지하감방으로 옮겨졌다.

  수사관을 따라 이불을 메고 지나가며 옆방 L 문인을 슬쩍 곁눈질하니 그는 담당수사관과 묵묵히 앉아 있었다.

  침구 외에는 아무것도 없는 좁은 방. 한없이 외롭고 숨이 막히게 답답했다. 낮과 밤을 분간 못하니 날짜 가는 것을 알 수가 없었다. 나는 천장에 있는 무늬를 세어 식사 횟수를 계산하며 날짜를 헤아렸다. 제일 고통스러운 것은 수면 조절을 못하는 일이었다. 한숨 자다 일어나면 그것이 밤인지 낮인지 알 수가 없었다. 주위가 쥐죽은듯 조용한 것을 보면 밤은 밤인 것 같은데 그것이 새벽인지 초저녁인지를 알 수가 없었다. 감방 안엔 침구 외에 아무것도 없어 소변은 천상 밖에 나가 볼 수밖에 없었다. 육중한 나무문짝이라 아무리 두들겨도 소리가 나지 않았다. 멀리 떨어져 있는 감시반원은 잠을 자다 화를 내며 문을 열어주었다. 하기야 그들도 무리가 아니다. 한두 번도 아니고 조금 있으면 또 문을 열어달라고 한다. 잠을 청하려고 하면 또 문을 두드리니 그들은 화를 버럭 냈다. 눈을 비비는 그들에게 어쩌다 「지금 몇 시입니까?」 하고 물으면 어떤 친구는 「그건 알아 무엇 해!」 하고 핀잔을 주며 대꾸도 하려 하지 않았다.

마음씨가 정말 고약하다. 간혹 친절히 대해주는 감시원도 있었다. 개중에는 내 이름을 알고 동정을 표시하는 친구도 있었다. 날짜 가는 것을 알지 못하는 생활, 낮인지 밤인지도 알 수 없는 지루하고 암담한 생활이 계속되었다.

지하감방에 있은 후부터 머리카락 빠지는 정도가 점점 심해졌다. 머리카락을 움켜쥐고 한 번 훑으면 한 줌씩 나왔다. 이러다간 머리카락이 없어져 중대가리가 될지도 몰랐다. 몇 년이 지난 지금도 그 어두운 지하감방 안 어느 구석에는 그때 빠진 내 머리카락이 굴러다닐지 모른다. 머리카락 말이 났으니 말이지 서대문으로 온 뒤에도 매일같이 한 줌씩 빠졌다. 그래서 가족이 영치해 준 책갈피 속 222페이지에 한 올씩 넣어두기로 했다. 지금도 어쩌다 그때 내가 안에서 읽던 책 그 페이지를 펴보면 머리카락이 그대로 남아 있는 것을 발견한다.

그 답답한 감방 안에도 즐거움은 있었다. 하루 한 번씩 의사가 소위 왕진을 온다. 괴로운 곳은 없느냐는 것이다. 환자보고 아픈 곳 없느냐고 묻는 것과 같다. 없는 것이 아니라 아픈 곳투성이다. 제일 고통스러운 것이 불면증과 소화불량이다. 수감자들 공통의 병이다. 그래서 너나없이 수면제를 달라는 요구다. 그러나 수면제는 주지 않는다. 한 알 두 알 모아두었다가 10여 개가 되면 그것을 한꺼번에 삼키고는 자살을 시도하는 예가 있기 때문이라 한다. 하기야 이런 생활을 기약 없이 계속하느니 차라리 죽어버리는 편이 좋겠다고 생각할 만도 한 것이다.

숨이 막힐 듯 좁은 방, 아무것도 없는 방!

이곳으로 옮기기 전에는 다섯 명의 수사관이 따라붙어 항상 감시하고 신문하는 생활이라 고통 속에서나마 시간 가는 줄을 알 수 있었다. 그러나 이곳에서는 할 일이 없었다. 철저하게 할 일이 없었다. 좁은 방안을 왔다갔다하다가 누웠다가 이런 일 저런 일, 밖에 있을 때의 일을 생각하다가 그것도 끝나면 정말 할 일이 없었다. 무료한 하루하루의 연속이었다. 그러다간 수사관이 와서 이런 것 저런 것을 묻고 간다. 수사는 계속되는 것 같았다. 하루는 세수를 하러 나갔다가 같은 사건으로 들어와 있는 K 대학 L 교수를 만났다. 변소를 가나 세수를 하러 가나 수사관이 한 사람씩 따라다니니까 동료와 만날 기회도, 더욱이 말할 기회도 없었다. 그런데 정말 우연히 L 교수와 마주쳤다. 그렇게 반가울 수가 없었다. 평소에는 별로 가까이 할 기회도 없던 사람이지만 같은 사건에 연루되고 보니 갑자기 정이 들었다. 묘한 것이었다. 그 L 교수가 지나가며 한마디 남기고 갔다. 「우리 죄명이 내란음모죄랍니다.」

나는 귀를 의심했다. 상상도 못할 일이었다. 분명 '내란음모'라고 했겠다. 아무리 생각해도 납득이 가지 않았다. 자기 딴에는 그래도 사회를 안정시켜 보려고 한 것인데 '내란음모'라니, 그것이 도대체 어떻게 된 것인가 알다가도 모를 일이었다.

내가 완전 밀폐된 이 감방에 갇힌 후 보름쯤 되었을까, Y 대학의 K 교수와 H 대학의 L 교수가 갑자기 없어졌다.

그렇게 허전할 수가 없었다. 나중에 안 일이지만 그들은 각각 출소한 것이었다. 세상에 그렇게 부러울 수가 없었다. 밖으로 나간다. 자유의 몸이 된다. 꿈만 같은 이야기였다. 그러나 남아 있는 우리에게는 아무런 소식도 없었다.

통방이라는 것이 있다. 쥐구멍만한 구멍을 내다보며 수화로 대화를 한다. 잘 보이지 않아 눈을 부릅뜨고 아무리 저쪽 수화를 주시해도 잘 보이지 않을 땐 정말 미칠 것만 같았다. I 목사는 그때까지도 수시로 끌려나가 조사를 받았다. 앞방의 I 목사하고는 통방을 자주 시도했으나 번번이 실패했다. 두 사람이 통방에 성공한 것은 이 밀폐된 방에서 닭장처럼 된 곳으로 옮기자고 합의한 것뿐이었다. 이리하여 보름 만에 I 목사와 나는 그 답답한 밀폐실에서 닭장 감방으로 옮길 수 있었다.

닭장 감방은 감시에 편리하도록 약간 기역자형으로 되어 있어 통방하기에도 편리했다. 여기에는 공범들이 있어 마음의 위안이 되었다. 우선 옆방에 I 목사, K씨, K 전의원 등이 있어 심심치 않았다.

수감날이 점점 끝나갔다. 일부는 출소했지만 일부 남아 있는 우리는 어디로 갈 것인가. 1980년 5월 20일 연행되어 온 지 거의 두 달 만인 7월 14일 나는 서대문구치소로 이감되었다.

압수당했던 보따리를 도로 물려받고 밖으로 나오라고 해서 오랜만에, 실로 오랜만에 지상으로 나왔다. 지프에 실렸다.

헌병은 내가 이제까지 수감되었던 장소를 보지 못하게 하려고 눈을 가린 채 차에 태우더니 거의 차바닥까지 머리를 짓눌렀다. 얼굴이 눌려 어디가 어딘지 분간할 수 없었다. 그러다가 머리를 들어도 좋다기에 창 밖을 내다보았다. 40여 일 만에 처음 대하는 지상의 천지는 눈이 부셔 거의 볼 수가 없었다. 그곳은 서울역이었다.

늘 왔다갔다하던 영천거리, 그러나 지금은 같은 길을 가기는 하되 집 쪽이 아니라 서대문구치소 쪽이었다. 수없이 이 앞을 왔다갔다 하면서도 나하고 저곳하고는 아무런 관계도 없는 곳이라 여겼었고, 그래서 거의 관심조차 두지 않았던 곳이 바로 내가 수감될 곳이 되었다.

수속을 밟는 곳에서 입고 온 옷을 전부 벗고 소지품을 전부 맡기고 그곳에서 주는 푸른 죄수복을 입고 가슴팍에 내 이름표를 크게 붙이고 이쪽 저쪽으로 사진을 찍혔다. 지하감방에서도 사진을 찍히고 이곳에 와서도 사진을 찍혔다. 신문지상에서 가끔 간첩 혐의자들이 이런 몸차림으로 찍힌 사진을 보았는데, 나도 이제 같은 신세가 된 것이다. 수속이 일단 끝난 다음 교도관에 끌려 9사로 안내되었다.

교도관의 첫말이 재미있었다.

「책만 계속 들어오더니 이제는 아예 저자까지 들어오는구먼요.」

9사 북방 하층 33호실이 내가 수감될 방이었다. 한 평도 안 되는 좁은 방에 변기와 세숫물 담아놓는 양동이, 음료수 담아두는 주전자가 가지런히 놓여 있었다.

7월 14일, 무더운 여름철이라 변기를 열어보니 구더기가 조금 과장해 한 말쯤은 들끓고 있었다. 기겁을 한 나는 교도관에게 부탁해 일단 구더기를 청소했다.

학생이 수감되어 있다가 10여 일 전에 출소한 방이라고 한다. 찌는 듯이 더운 여름철 변기의 구더기가 득세하는 것도 무리가 아니었다. 9사는 1910년대에 조선의 식민지화에 성공한 일제가 항일투사들을 잡아 가두기 위해 세운 감옥이라고 했다.

항일투쟁의 피 어린 전통에 빛나는 서대문구치소에 수감되는 신세가 되었다.

멍하니 앉아 있으니 만감이 교차했다. 지난 5월 중순부터 바깥 세상을 모르고 살아온 두 달 간의 감금생활. 그간 세상은 엄청나게 변한 모양이었다. 천지가 뒤바뀐 것 같았다. 한 평도 못 되는 좁은 방, 이 구석 저 구석을 살펴보니 오랜 감옥생활을 한 수용 죄수들의 고통스러운 흔적이 남아 있었다. 어떻게 구했는지 연필낙서 자리가 참 많았다. 두꺼운 마룻바닥에는 무료를 달래기 위해선지 장기판이 새겨져 있었고 연필로 날짜를 기록해 놓은 흔적도 있었다. 아마 출소의 날을 하루씩 적어두며 기다렸을 어느 수인의 초조한 심정이 상상되었다. 수많은 항일투사들이 거쳐갔을 감방들. 이 33방은 일제 때 지하투쟁하던 모 거물이 수용되어 있던 감방이라고도 했다. 저녁밥은 오후 4시면 먹는다. 8시면 취침해야 한다. 잘 시간을 알리는 나팔소리가 처량하게 들린다. 새벽 4시에 잠에서 깨어난다. 구치소 뒤쪽에 있는 산에 오른 새벽 등산객의 야호 소리가 들린다. 아아, 자유인의 소리가 들린다. 내가 아침마다 새벽 등산생활을 오래 계속한 탓인지 그 야호 소리를 들으니 미칠 것같이 밖이 그리워졌다. 왜 내가 이런 고생을 해야 하나? 내가 무슨 잘못을 했나? 내란음모의 일당이 되었다니, 생각할수록 기가 막히고 알 수 없는 일이었다.

그러나 두 기관을 거쳐온 나에게 서대문구치소 생활은 낙원이나 진배없었다. 뒤쪽 철창으로 내다보면 푸른 하늘이 보이고 앞쪽 철창을 내다보면 앞줄 감방에다 2층 감방까지 보인다.

내 앞줄 감방에는 P라고 하는 역시 내란음모 혐의로 수감되어 있는 장군 칭호를 받는 사람이 있었다. 실례가 되겠지만 이름도 처음 들어보고 더욱이 얼굴도 알 수 없는 사람이었다. 아무리 유의해 보아도 낯선 사람이었다. 그런데 내란음모 혐의라고 했다. 내 옆으로 두 번째 방에 H 변호사가 수감되어 있었다. 바로 위의 2층에는 K 전 의원이 수감되어 있었다. 헌병이 배치되어 일상생활을 엄중히 감시했다. 일어서지도 못하게 했다. 앉아 있으라는 것이었다.

이곳 구치소에 와서 제일 고통스러운 것은 식사 때였다. 들락날락하는 몇 명이 이미 먹고 간 수저로 밥을 먹어야 했다. 대나무로 만든 수저는 뭇 죄수들의 입 안을 들락거리는 사이에 때가 끼고 고춧가루까지 묻어 정말 더러워 먹을 용기가 나지 않았다. 식기로는 감방마다 사용되는 역시 때문은 공기가 서너 개 있었다. 더러운 데다 냄새까지 나는 수저와 식기로는 도저히 밥을 먹을 마음이 안 났다. 게다가 변기가 바로 옆에 있어 여름철의 변기 냄새가 코를 찔렀다.

그러나 이것도 하루 이틀이다. 점점 시일이 지나면서 더러운 것도 구린내 나는 것도 모르게 되었다. 빠삐용처럼 나무문짝 아래 구멍으로 넣어주는 김이 무럭무럭 나는 관식이 구수하기조차 하고 먹을 만해졌다. 사람에게는 누구나 놀라운 적응력이 있다는 것을 또 한 번 깨달았다.

처음에는 더럽기만 하던 관식도 콩이 들어 있어 나중엔 구수한 맛조차 났다.

어느 날 담당관한테서 기쁜 소식이 왔다.

가족과의 연락이 가능하다는 것이었다. 그리고 아내가 넣어준 담요도 들어왔다. 담요를 어루만지며 나는 울었다. 2개월간 생사조차 모르던 가족들이 그간 얼마나 궁금해했을까. 세탁물도 내어놓으라는 것이었다. 가족에게 전해준다는 것이었다. 5월 17일 집에서 입고 나와 거의 3개월간 이곳 저곳 수사관의 손을 거치는 동안에 땟국물에 전 옷을 둘둘 말아 담당관에게 맡겼다.

아내가 이 옷을 받아들고 얼마나 기막혀 할까 싶었다. 구치소 당국의 이러한 배려는 거저 얻어진 것이 아니었다. 왜 가족면회를 안 시켜주느냐고 구치소 당국에 항의해 겨우 얻어낸 소득이었다. 구치소 당국이 보여준 자발적 배려가 아니었다.

담요를 만져보니 아내의 얼굴을 대하는 것 같았다. 아마 이때처럼 가족이 반갑고 아내가 고마운 적이 없었다.

7월 14일에 서대문구치소로 옮겨온 지 거의 2주 만엔가 가족면회가 허용되다. 헌병에게 인솔되어 접견실에 나가니 아내가 기다리고 있었다. 가운데엔 구멍이 뚫린 유리창이 있고 안과 밖에는 철망이 쳐 있어 손을 만져보기는커녕 말소리조차 잘 들리지 않았다. 이쪽 저쪽에 마이크 장치가 있어 마이크로 겨우 대화가 가능했다. 그렇게도 궁금하고 그렇게도 보고 싶었던 가족인데도 막상 만나니 멍해질 뿐이었다.

옆에 있는 교도관은 교도관대로 헌병은 헌병대로 대화내용을 한 자 한 말도 빠뜨릴세라 열심히 적었다. 그래서 두 달간이나 생사도 모르다가 모처럼 만난 아내였건만 한 말도 없이 시간이 지나버렸다. 시간이 다 되었다고 독촉이 성화같아 아내는 나가고 수감자인 나는 헌병에게 끌려 들어왔다. 만나면 이렇게 아무런 할말도 없으면서 매일같이 이 시간이 기다려졌다. 구치소의 교도관이 박봉에 허덕이며 고생하는 것은 수감자와 거의 다를 것이 없다. 그들의 대부분은 이곳을 빠져나가는 것이 하나의 꿈이었다. 서기급 공무원 시험에 응시하고자 밤낮을 가리지 않고 공부하는 교도관이 많았다. 우리는 나이도 있고, 사회에서의 지위도 있고, 이름도 다소 알려진 수감자라 별일 없었으나 옆방에 수감된 소년범들은 교도관들에게 심한 구타를 당하는 일이 종종 있었다. 개 패듯 하는 것을 보면 분노가 치솟을 때가 많았다. 물론 소년범의 대부분은 강도, 절도, 폭행 등 주로 파렴치범이 많아 보통 점잖게 다루어서는 안 된다는 반론도 있을 수 있겠으나, 개 패듯 맞는 소년범들의 비명을 들을 땐 가슴이 미어지듯 아팠다. 이뿐 아니라 한 평 넓이도 안 되는 좁은 방에 4, 5인의 수감자들이 들어앉아 있으니 소년 수감자들끼리 싸움을 벌이는 일도 잦았다.

옆방에서 격투가 벌어질 때에는 벽이 무너질 듯 쿵쿵 소리가 났다. 이럴 땐 있는 힘을 다해 교도관을 불러 몇 호 방에서 싸움이 벌어졌다고 알려주곤 했다. 한 평도 안 되는 좁은 방안에서 싸움이 벌어지면 피하지도 못하고 맞아 죽는 일이 종종 있다고 한다. 기운 센 자가 약한 자를 사정없이 차고 치고 결국 죽이는 일까지 있다고 한다. 사회에서 나쁜 짓을 하다 들어온 소년들이 바른 사람이 되어 나가는 것이 아니라 도리어 더욱 나쁜 짓을 배워 나가는 예가 많다고 한다.

지금은 수용자가 많아져 어떤지 알 수 없으나 그땐 정치범은 전부 독방에 수감되었다. 합방자에게 나쁜 영향을 미칠 염려가 있기 때문이라 하였다. 처음에는 독방이 고통스러우나 좀 있어보면 합방보다 독방이 훨씬 좋다는 것을 깨닫게 된다.

밖에서는 바빠 독서할 시간이 없던 사람들에게 형무소 안은 더없이 좋은 독서공간이다.

그러나 넣어주는 책을 보안과에서 일일이 검열해 넣기 때문에 검열에 통과 안 되는 책이 많았다. 학생 같으면 이런 기회를 이용해 어학 공부하는 것도 좋을 것이다. 그때그때 정치 사정에 따라 다르기는 하나 우리 땐 가족면회가 매일 허용되었다. 앞방에 수감되어 있던 P 장군은 대단한 애처가였다. 자기도 수감된 몸이면서 부인 건강 걱정이 대단했다.

장군은 아침식사가 끝나면 한복으로 갈아입고 면회 연락 오기를 기다렸다. 면회가 끝날 시간쯤 되면 운동시간이었다. 옛날엔 한 울안에 10여 명씩 수감자를 넣고 운동을 시켰다 하나 우리 때에는 특히 정치범의 경우 한 울안에 한 사람씩 수용시켜 20여 분간 운동을 하게 했다.

독립문에서 버스를 타고 지나다 보면 서대문구치소는 정문만 보일 뿐 규모가 얼마나 되는지는 짐작할 수가 없다. 그러나 이곳 구치소에는 엄청난 인원이 수감되어 있다.

구치소 안에는 여성 죄수들도 작업을 위해 가끔 열을 지어 지나갔다. 젊은 여성들이었다. 무엇 때문에 들어온 여성들인가 알아보았더니 대부분이 곗돈을 떼먹었거나 간통죄로 들어온 여자들이었다.

서대문구치소에 수감된 후, 처음 연행되어 수사당할 때 고문당한 허리에 통증이 생겨 점점 고통스러워졌다. 구치소 안에도 의무실이 있긴 했다. 나도 그곳에서 약을 얻어먹었다. 불면증은 가셨으나 소화불량 증세는 여전했다. 그래서 식후에는 열심히 뛰고 단전호흡을 하고 실내에서 가능한 모든 운동을 다 했다. 앞방의 P 장군은 특히 열심히 운동을 하는 축에 속했다. 땀을 뻘뻘 흘리면서 30분 이상 매일 운동을 하는 수감자였다.

해병대 출신이라 건강도 남달리 좋았던 것으로 기억된다. 그런데 이 P 장군은 출소한 후 제일 먼저 세상을 떠났다. 그는 수감 중이면서도 자기보다 부인을 더 걱정했는데 그가 죽었다는 소식에 문상을 가서 애통해하는 부인을 보니 P 장군 생각이 더욱 간절히 떠올랐다.

1980년 8월 14일부턴가 공판이 시작되었다. 여러 번 출정을 해 재판을 받고 나는 3년 반 형을 구형받았다. 어처구니가 없었다. 내가 무엇을 했다고 3년 반이나 받나. 정치인 K씨는 사형이 구형되었다.

그의 마지막 진술은 거의 백 분 정도 계속되었다. 나는 그의 마지막 진술을 들으며 울었다. 3년 반을 구형받은 나도 충격이 이렇게 큰데 사형을 구형받은 K씨의 심정은 어떨까. 인간이면 누구나 죽는 것을 싫어한다. 사형이 구형된 K씨의 심정을 생각하니 한 인간으로서 동정이 가지 않을 수 없었다. 선고도 구형과 거의 같았다. 모든 재판이 척척 진행되어 갔다. 가끔 재판부에 쪽지가 내려오기도 했다.

9월이 되면서 날씨가 선선해지기 시작했다. 같은 9사지만 남쪽과 북쪽 난방의 온도차가 4, 5도나 된다고 했다. 나는 겨울을 지낼 준비를 해야 했다. 아내에게 부탁해 옛날에 입던 명주 바지저고리에 솜을 툭툭히 넣어달라고 했다. 그리고 교도관과 싸우다시피 해 남쪽 감방으로 옮겼다.

9사 남쪽에 위치한 그 감방은 옛날 도산 안창호가 수감되었던 감방이라고도 하고 박 대통령을 살해한 김재규 중앙정보부장과 한패인 박 모 대령이 사형집행될 때까지 수감되었던 감방이었다고도 했다. 벽에 이런 낙서가 적혀 있었다.

「아아! 인생은 허무하다. 길어도 결국 죽어야 하는 인생, 이래도 한 세상 저래도 한 세상.」

대단히 비관적이며 절망적인 이 낙서는 아마 박 모 대령이 사형집행을 기다리는 사이에 써놓은 낙서가 아닌가 싶었다. 2사 남쪽 감방으로 옮기니 다른 수감자들이 운동하는 모습이 창 아래로 보였다. 광주사태 기사를 썼다가 문제가 되어 재판을 받는 S도 보였다. 내가 광주사태에 대해 구체적으로 들은 것은 8월 14일 재판장에서가 처음이었다. 같이 재판을 받고 늦게 들어온 동료들 입을 통해서였다. 좀 늦게 들어온 친구들은 내용을 대체로 알고 있었으나 우리같이 일찍부터 구속된 사람들은 내용을 거의 알 수 없었다. 구치소 안에 있으니 제일 궁금한 것이 바깥 세상에 관한 소식이었다. 굶주린 이들에게 뉴스가 없으니 유언비어가 대단했다.

재소자 간에는 통방이 대유행이고 수화가 고도로 발달되어 있었다. 8월 15일엔가는 대통령 취임이 있다고 사과 두 개가 들어왔다.
　예정대로 시국은 발전되어 가는 것 같았다.
　9월의 어느 날, 추석을 맞게 됐다. 사과, 배를 사서 남쪽을 향해 제물을 하여놓고 돌아가신 아버지, 어머니를 위해 제사를 지냈다. 예전 같으면 고향으로 성묘를 가는 날이다.
　수사관한테 조사받을 때 망부의 이름을 대라고 할 때처럼 가슴이 아플 때가 없었다. 만약 아버지, 어머니가 살아계셔 내가 수사기관에서 이렇게 조사받고 있는 것을 아신다면 얼마나 걱정하실까 싶어 가슴이 미어지는 듯 아팠다. 추석을 맞으니 으레 지내야 할 다례며 성묘 생각이 나서 견딜 수 없었다. 간소하나마 제물을 차려놓고 무릎을 꿇고 절을 하니 하염없이 눈물이 흘러 주체할 수가 없었다.
　무릎을 꿇은 채 한참 눈물을 흘리고 나니 마음이 다소 가벼워지고 죄송한 마음도 조금 가라앉았다. 날이 점점 서늘해지고 재판도 진행되어 갔다.
　9월이 가고 10월이 지나고 11월 4일엔가 2심 선고가 있었다. 징역 2년이 선고되었다. 무엇 때문에 2년간의 징역살이를 해야 하는지 나 자신도 납득이 되지 않았다.
　재판을 끝내고 뒤를 돌아보니 가족들의 아우성 소리가 들렸다. K씨에 대해 2심에서도 역시 사형선고를 내린 데 대한 항의였다. 퇴장 당하면서도 그들의 항의 소리는 길게 길게 메아리쳤다. 나의 2년이란 사형선고에 비하면 아무것도 아니었다. 거론의 대상조차 안 되는 것이었다. 그러나 선고가 있은 뒤 가족석을 돌아보니 아내의 표정이 몹시도 우울해 보였다. 용산 군법정에서 서대문구치소로 와 늦게 점심을 들고 나니 육군교도소로 옮긴다는 소식이 전해졌다. 9사에 남아 있는, 특히 나와 마주보이는 곳에 수감돼 있는 K하고는 헤어지는 인사도 했다. 그는 겨우 갓 30세에 지나지 않았으나 교도소 경험이 세 번이나 되는 점에서는 단연 나의 선배였다. 이불을 짊어지고 육군교도소로 가는 차를 기다리는 장소에서 모처럼 같은 사건의 연루자들을 만날 수 있었다. Y 교수 얼굴이 몹시도 창백해 보였다. 일부는 집행유예로 석방되었고 우리들만 육군교도소로 가게 된 데서 받은 충격이었는지도 모른다.

N 형무소는 서대문구치소와는 딴판이었다. 외부 세상과 완전히 차단되어 숨이 막힐 정도로 답답했다. 가족들은 매일같이 이 먼 곳까지 면회를 왔다.

면회실이 따로 있고 한 방에서 만날 수 있는 것이 서대문보다 좀 좋아졌으나 이곳은 가족면회소에 몇 사람의 군인 직원들이 감시하고 있었다.

서대문구치소에 큰딸이 면회 왔을 때 29세가 된 딸의 운명을 생각하고 울었다. 그러나 다행히 약혼이 성립되어 12월로 날짜를 잡았다. 아슬아슬한 29세에 하는 결혼이었다. 딸 결혼 날짜를 생각하니 밤잠이 오지 않았다.

11월 5일은 내 생일이었다. 떡을 해와 구속자 가족들끼리 나누어 먹고 나에게도 넣어주었다. 아내가 넣어준 떡을 이곳 형무소 경비 병사에게 나누어주었다.

내가 석방된 날은 11월 6일이 아니었던가 한다. 꿈에 그리던 석방, 구치소의 출소, 그러나 막상 출소하는 심정은 담담하였다. 아직 수감되어 고생하는 사람들이 많이 남아 있기 때문인지도 몰랐다.

서대문구치소로 온 후 허리가 좋지 않아 약을 복용했다고는 앞에서 이야기했다. 구치소에서 나온 후에도 건강상태가 좋지 않아 지금은 고인이 된 이장규 박사의 진단을 받았으나 별 이상은 없다고 했다. 골병의 일종인데 이런 것이 엑스레이에 나타날 리가 없었다.

이장규 박사는 동아일보의 해직기자에 대해서도 각별한 관심을 보여주었다. 이 박사는 기자들이 동아일보에서 폭력으로 축출당한 후에 한 사람씩 전원의 건강진단을 해준 일이 있고 1979년에 옥고를 치른 동아투위 열 명에 대해서도 출옥 후 전원 건강진단을 해주었다. 그러나 1984년인가 불행하게도 폐암으로 돌아가셨다. 그때 미아리까지 조화를 들고 문상을 간 일이 있었는데, 그분의 은혜는 지금까지 잊을 수가 없다.

출옥 후 제일 신경을 쓴 것이 건강관리였다.

무슨 모임이 있을 때 나는 늘 졸았다. 가족들은 나를 '고사리'라고 별명을 붙여 웃어대기까지 했다 한다.

이런 소문이 알려졌기 때문인지 해직된 언론계 후배들의 특별 배려로 처와 나는 입원을 하고 종합진찰을 받았다. 동아투위 후배들이 자주 와서 보살펴주었다. 처와 나는 난생처음으로 종합진찰이라는 것을 받았다. 입원하고 있는 내내 후배들에게 미안한 마음 금할 수 없었다.

여러 가지 진찰을 해도 큰 탈이 없다는 말을 들었으나 무슨 까닭에서인지 지금도 허리와 팔이 아파 세수하는 데 불편을 느낀다. 아마 의학으로는 치료되지 않는 병인지도 모르겠다. 하여간 나는 매일 새벽 등산을 하고, 1982년부터는 일요일 등산을 하기로 하고 문인 L씨의 주선으로 '거시기 산악회'에 참가하였다. 여름에는 아침 7시, 겨울에는 9시, 이렇게 매 일요일마다 10여 명이 등산을 했다. 회원은 가지각색이었다. 교수, 화가, 변호사, 언론인, 세무사. 이날 하루는 즐거웠다. 등산이란 건강에도 좋을 뿐 아니라 심리적 발산처로서도 다시없이 좋았다. 일주일 내내 집 안에 박혀 있으면 답답증도 생기고 마음이 우울해지기도 하나 이날 하루 동안 웃고 떠들고 허튼소리를 하고 나면 답답했던 가슴속이 한결 후련해졌다.

이제는 그렇게 좋아하던 등산은 생각조차 할 수 없게 되었다. 일요일이면 등산 외에는 어떤 약속도 하지 않으려 했는데, 지금은 일주일 내내 그저 자리에 누워 있을 뿐이다. 출옥 후 뚜렷한 병명을 찾지 못한 채 어쩌면 혼자서 몸에 이상이 오고 있다는 것을 느낀 건지도 모르겠다.

1980년 5월 20일 연행되어 생사조차 모르고 보낸 2개월여 동안 그렇게 참혹한 생활을 하리라고는 감히 생각지도 못했다. 시간과 역사 속에 묻혀버렸을지도 모를 당시의 상황을 이 글을 통해서 많은 사람들이 알게 되길 바란다. 그리고 역사의 진실은 후세가 밝혀주리라는 것을 믿는다.

지금은 누워서 무슨 생각을 하고 있는지. 힘들고 끔찍했던 모진 고문의 기억 대신 이 산 저 산을 오르며 가슴 후련했던 때를 생각하며 위안을 받길 바라는 마음이다.

1980년 5월 17일 이 나라의 민주인사 검거 열풍이 휘몰아닥쳤다. 추적하는 기관원에 연행된 후 2개월여 동안 생사조차 모른 채 마음 졸이는 세월을 보냈다. 그러던 중 7월 중순경 '김대중 내란음모사건'이란 어마어마한 사건에 연루되어 서대문구치소에 수감 중이란 소식을 듣고부터 가족의 옥바라지는 시작되었다.

남영동 대공분실에서 모진 고문후유증으로 지금의 파킨슨증후군이란 병을 얻게 되었다. 1992년 가을부터 신체에 이상이 생겨 투병 중에 있다가 급기야 1997년 7월 합병증이 생겨 지금은 말도 못하고 식사는 위에 직접 호스로 투여하는, 신체를 움직일 수 없는 중병으로 투병 중이다.

편집자 주) 이 글은 송건호 선생이 고문후유증으로 생긴 병으로 인해 투병중이므로, 선생의 회갑 논문집 「苦行 12년, 이런 일 저런 일」의 원고를 토대로 선생의 부인이 재작성했다는 사실을 밝힌다.

민주투사들을 제물로 삼아……

예춘호

1927년 부산 출생
전국회의원
국민연합 상임위원
민주화추진협의회 발기대표 부의장
한겨레사회연구소 이사장
한국사회과학연구소 이사장
저서 「그 어둠의 증인이 되어」
「서울의 봄, 그 많은 사연」

민주투사들을 제물로 삼아······

예춘호

10·26사태 이후 금방이라도 민주사회가 실현될 것 같은 우리들의 바람은 겨울이 다 가고 봄이 성큼 다가서고 있는데도 이루어질 기미는커녕 안개정국을 지켜보고만 있어야 하는 것이 안타까울 뿐이었다.

그간 재야의 핵심이던 국민연합이 중심인물들의 수감으로 중대 사태에 효과적으로 기민하게 대처하지 못하다가, 이문영 등이 풀려나자 조직을 정비하여 보다 조직적이고 체계적인 활동을 하기로 뜻이 모아졌다.

3월 10일 윤보선 댁에서 국민연합의 회합이 있었다. 윤보선을 비롯하여 함석헌, 안병무, 문익환, 이문영, 문동환, 서남동, 이우정, 이해동, 계훈제, 고은, 김종완, 서경석 등과 나를 포함한 열 명이 참석하여 시국을 분석하고 의견을 모으는 한편 국민연합을 재편하였다.

규약은 개정 보완하고 기구 또한 개편 보강했으며 소위원회를 상임위원회로 강화하였고 공동의장은 종전대로 윤보선, 함석헌, 김대중을, 유임 상임위원은 문익환, 이문영, 함세웅, 김승훈, 계훈제, 고은,

예춘호 등 일곱 명을 선임하여 국민연합의 활동방침은 물론 조직에 관한 모든 일이 이들에게 일임되었다.

이날 비로소 김대중이 국민연합회의에 참석하였다. 그는 언론에 오르내리던 그의 거취에 관하여 신민당 입당 포기를 전제하고, 시류에 관한 그의 견해를 비롯하여 1979년 5월에 있었던 신민당 전당대회 전후 김영삼과의 협력관계 당시 합의된 신민당의 재야 영입방침, 10·26사태 이래 긴급조치가 해제되고 복권이 되기까지의 양자관계 그리고 최근에 있은 입당을 둘러싼 줄다리기와 절충 등을 소상하게 설명했다.

그리고 더 이상 이 문제를 가지고 왈가왈부한다면 모두 함께 국민의 지탄을 크게 받을 것이므로 자기는 신민당 입당을 단념하고 앞으로 국민연합에서 계속 민주회복을 위해 전념하겠다는 뜻을 밝혔다.

윤보선은 그런 중대한 문제를 이 시점에서 결심하지 말고 더욱 자중하면서 절충을 계속해야 한다는 의견을 제시하였다. 이어서 여타 참석자들도 각각 의견을 진술하였는데, 하나같이 할 수 있는 일은 다 한 것 같으며 이 이상 입당문제에 관해 주고받다가 서로 입게 될 상처를 생각하면 차라리 지금 입당을 포기하는 것이 좋겠다는 의견이었다.

그러고도 계속 의견들이 교환되다가 국민연합은 그의 신민당 입당 포기를 전폭적으로 지지하고 앞으로 국민연합과 함께 민주투쟁을 계속하게 되는 것을 환영한다는 성명서를 발표하기로 결의했다.

이문영과 고은에게 성명서 초안작성이 위임되었고, 그것이 작성되는 동안 우리는 시류에 관한 정보교환을 계속했다. 잠시 뒤에 초안이 작성되어 고은에 의해 낭독되었고 별 이견이 없어서 곧 옆방에 대기하고 있던 기자들에게 발표되었다.

그러고 나서 한참 동안 국민연합의 당면 활동방침을 토의하고 있던 중 별안간 윤보선이 자기는 방금 발표한 성명 요지에 전적으로 반대한다고 말함으로써 한때 방안이 긴장되었다. 여러 사람이 발언을 하여 장시간 협의 끝에 얻어진 결론을 가지고 성명서 초안을 잡은 뒤 다시 낭독하여 이견 없이 발표한 것임을 재확인하고 윤보선의 양해를 구했지만 윤보선의 표정은 굳어진 그대로였다. 멋쩍은 분위기였지만 침묵이 계속되다가 그 자리는 그대로 넘겼다. 그러나 우리들이 자리를 뜨고 나서 윤 선생은 다시 기자들에게 자기는 국민연합 성명에 반대한다는 의사를 기어이 밝히고 말았다.

이 문제에 관한 한 김대중의 처지도 그럴 수밖에 없는 실정이었지만, 사실 개헌 합방이나 정치 일정이 불투명한 시점에서 민주 진영의 양대 지주가 이유 여하간에 분열되어서는 안 된다는 윤보선의 주장에도 일리가 있다는 것은 뒷날 전개된 실정으로 증명된다.

이런 일이 있은 뒤 윤보선과 김대중 간에는 서로 얼굴에 어두운 그늘을 보이게 되었다. 1980년 3월 초 복권을 축하하고 그간의 고생을 위로하기 위하여 이문영과 내가 안내하여 윤보선이 함석헌과 함께 노구를 무릅쓰고 김대중 댁을 방문했을 때의 영상이 떠오르면 몹시 마음이 아프다.

그날 저녁 김대중의 초청으로 평창동에 있는 북악파크호텔에 일행들이 모였다. 식사를 하는 동안 화제는 시국문제에 집중되었고 계엄해제, 정치 일정 확정, 국회 주도 개헌, 언론자유, 학원자유 등이 논의되었으며 이런 일에 재야의 모든 역량이 집중되어야 한다고 강조되었다.

상임위원들은 별도로 협의를 계속하여 사무국을 두기로 하고 우선 총무국, 조직국, 홍보국의 발족을 보았으며 총무국장에 이현배, 조직국장에 장기표 그리고 홍보국장에 심재권을 각각 선임 발령하여 실무를 맡게 하였다.

4월에 들어서자 김대중은 기자회견을 통해 신현확의 유신체제 비호 발언과 최규하의 이원집정제에 관한 시상 등을 지적하면서 앞으로의 정국이 매우 불투명하므로, 지금은 무엇보다 계엄해제, 유신 청산, 정부가 하고 있는 개헌기구 해체, 정치 일정의 구체적인 제시, 구속자 석방 등에 총력을 기울여야 한다고 강조했다.

김영삼이 지구당 개편대회를 위해 전국을 누비며 대중 앞에 얼굴을 내밀고 있을 때 김대중 또한 지난 YWCA 강연에 이어 4월 11일에는 대전 가톨릭 농민회관에서 민주농성이라는 제목으로 두 번째의 대중 강연을 하였으며 16일엔 또다시 한국신학대학에서 도덕정치의 구현이라는 제목으로 대중 강연을 거듭했다. 광고를 할 수 없었고 그럴 시간적인 여유도 없었으며 강연장이 외딴 곳인데도 의외로 수만 명의 청중들이 모여들어 그들의 열광적인 환호를 받았다. 이에 양 김씨는 국민의 열광적인 지지를 받기에 서로 대항이라도 하듯 신바람이 나 있었다.

이런 가운데에서도 무슨 음모의 진척을 시사하듯 14일 이희성 참모총장의 발표가 있었고 이어서 중앙정보부장 서리에 보안사령관 전두환이 겸임 발령되었다. 이것은 명확한 헌법 위반이었기에 국민연합에서는 전두환의 겸임 발령을 철회하든지 아니면 한쪽을 전임하라는 성명서를 발표하고 그 부당성을 천명하였다.

신학대학에서 강연이 끝나자 무슨 약속이 있던 것도 아닌데 이심전심으로 재야인사들이 김대중과 함께 어울려서 차라도 함께하자며 그 근방에 있는 크리스챤 아카데미를 찾아들었다. 마침 점심때라 몇몇은 식사를 하고 몇몇은 차를 마시면서 한참 동안 삼삼오오로 이야기를 나누고 있었는데, 김대중이 오늘의 청중으로 미루어 국민들이 얼마나 민주화를 갈구하고 있는지 알 것만 같다고 전제하고 머지않아 유신체제가 청산되면 우리 현실에 알맞는 민주제도가 확립되어야 하겠는데 그때를 대비하여 우리들 재야가 연구소라도 하나 만들면 어떨까 하고 제안하였다.

이야기는 급진전하여 재야를 망라한 50여 명의 이사 후보 명단이 거명되고 신설될 연구소의 명칭을 민주제도연구소로 하여 불원 정식으로 발기 총회를 갖는다는 것에 합의한 뒤 그곳을 뒤로하였다.

이후 김대중은 나에게 뜻밖의 제의를 했다. 그는 여러 가지로 생각한 끝에 하는 당부라며 비서실장이 되어 측근에서 자기를 도와달라는 것이었다. 나는 한참 망설였다. 아무리 생각해도 성정이 비서직에 적임이 아니며 김대중 주변 사정에 어둡기 때문에 그것을 감당할 수 없을 것이라 생각하여 일단 사양하였다. 재야인사 간에 김대중을 돕자는 합의도 있고 해서 비서실장말고는 어떤 일이라도 맡아서 돕겠다고 하고는 헤어졌다.

그 뒤에도 한두 번 더 그런 이야기를 들었으며 이미 짜여져 있던 비서진과 경호 요원들까지 포함된 명단을 건네주기까지 하였으나 나는 망설이고 있었다. 그러다 어느 날 그것을 기정사실로 한 불쾌한 일을 당함으로써 나는 마침 잘되었다는 생각으로 내가 그런 것을 맡은 일도 없고 할 생각도 없다며 그곳을 떨쳐나온 일이 있었는데 그날 밤 비가 내리는 가운데서도 수소문을 해가면서 김대중이 내 집에 찾아왔다.

그는 나더러 비서실장을 맡아서 모든 일을 도와달라고 진지하게 청했지만, 나는 그런 것보다는 오히려 재야나 정치인들 사이에서 자유로이 민주투쟁을 하면서 그를 돕는 것이 보다 효과적이라는 뜻을 굽히지 않았다. 내가 무엇을 하거나 김 선생을 돕는 마음에는 변함이 없다는 말만 반복하였으며, 그 뒤 나는 그와 같은 입장에서 일을 하였다.

1980년 3월의 학원은 긴급조치로 해직되었던 24명의 교수들과 373명의 학생들이 복직 복교되어 한동안 전례 없이 활기를 띠었다. 유신체제에 의해 사정없이 짓밟혔던 학원이 조용하게 있을 리가 없었다. 학원의 비민주적 적폐를 시정할 적기가 성숙한 데다 과도체제가 장기화되면서 안개정국에 대한 불신 등이 커져, 3월 27일 조선대

학생들의 데모를 시발로 학원시위는 서울과 지방으로 요원의 불길처럼 번져나갔다.

학생들의 구호는 '학원 내 언론자유 보장' '어용교수 퇴진' '유신잔당 축출' '학생자치회 부활' '학도호국단 해체' '계엄령 해제' '민주화일정 단축' '재단운영 개선' 등을 내세우다가 4월 중순부터 병영 집체훈련의 폐지를 새로운 쟁점으로 내걸고 교내 데모 양상에서 교외로 번지며 점차 과격해지고 있었다.

학생들의 시위는 4월에 들어서면서 더욱 격렬해졌다. 정국이 계속 어수선했고 정부가 개헌기구를 신설한다든가 권력구조를 이원집정제로 기도한다는 소문까지 퍼져 학생들의 민주화운동은 날이 갈수록 대형화, 과격해지고 있었다.

4월 한 달 내내 전국에 걸쳐 격렬하던 교내시위가 5월에 들어 더욱 격화되기 시작했다. 5월 1일 동국대와 충남대가 거리로 뛰쳐나와 학생시위는 새로운 양상을 띠어갔다. 그것은 어느새 학원문제에서 '유신세력 물러가라' '계엄령 철폐하라' '이원집정제 철회하라'는 시국문제를 내걸게 되었고 가두시위로 바뀌었다. 2일에 고려대와 서울대가 교내에서 철야농성을 시작했고 전북대는 중심가에서 경찰과 충돌하여 많은 부상자를 내기에 이르렀다. 이때부터 노동3권 보장, 부정축재물 환수, 언론계 각성 등의 구호를 외쳐 주목을 끌었다.

2일에는 서울 시내 각 대학 학생회장들이 정부에 조속한 민주화를 촉구하는 시국선언을 했다. 이날에도 전국에 가두시위와 교내농성이 파급되어 나갔다.

학생들은 교내시위를 통해 정부에 계엄해제와 조속한 국회 주도의 개헌 등을 촉구하면서 9일에 전국 23개 대학 총학생회장회의를 열어 당분간 시류를 관망하고 평화적 학생운동을 전개할 것을 결의했다. 그러나 다시 정부의 새로운 모종 조치설이 나돌자 13일 고려대에서 서울시내 27개 대학 대표회의를 열어 14일부터 일제히 가두시위를 벌일 것을 결의했고 14일 수십만 명의 학생들이 줄기찬 빗속에 종로, 광화문, 시청 앞 등 도심에서 가두시위를 했다. 부산을 비롯한 지방에서도 똑같은 양상으로 학원시위는 고조되어 가고 있었다.

전국적인 격렬한 데모는 16일까지 연 3일 동안 이어졌고, 특히 15일에는 경찰과의 심한 충돌로 전경 한 명이 사망하고 많은 학생 또한 부상을 당했다. 16일 전국 55개 대학 총학생회장들은 이화여대에서 장장 20여 시간에 걸친 회의 끝에 과격시위가 정부에 어떤 빌미를 줄 우려가 있다고 판단하고 17일부터 정상수업을 받기로 원칙을 세우는 등 학생운동의 새로운 방향을 위해 철야토의를 했다.

이렇듯 학원가가 학원민주화라는 쟁점에서 정치적인 쟁점으로 격화되어 소용돌이치다가 스스로 학교로 돌아가고 있을 때 재야는 사실 안도의 숨을 돌리고 있었다. 그것은 학생들의 시위가 간교한 정부당국에 제발 말려들지 않았으면 하는 바람이 있었기 때문이다. 한마디로 그것은 10·26사태에서 지금까지 아무 이유도 없이 계엄이 계속되고 12·12사태나 전두환의 겸직 등 알 수 없는 사태가 연발하는데도 여러 가지 루머만 있을 뿐 기분 나쁠 만큼 침묵이 계속되는 데 대한 염려 때문이었다.

이런 가운데 김대중은 동국대와 정읍에서 강연을 연속 개최했고 여전히 많은 청중의 환영을 받았다. 나는 그때마다 김대중의 동행 요청을 받았지만 사양했다. 그것보다는 국민의 진정한 바람이 무엇인지를 알아보기 위해 그들 청중 속에 파고들어 그들 속에서 소리를 듣고 또 소리 없는 소리 또한 들어야 한다는 생각이었다. 청중 속에서 그들이 한결같이 하루 속히 민주회복의 실현만을 기다리고 있음을 실감할 수 있었다.

그 전의 정국 못잖게 물가 또한 심상치 않은 조짐을 보이고 있었다. 나는 개헌특위가 잠시 쉬고 있는 동안 재경위에 출석하여 물가 문제 등을 다루고 있었다. 뜻밖에 박종규가 만나자고 전화를 걸어왔다. 나는 수화기를 놓기가 바쁘게 박종규 댁으로 향했다. 그는 나를 보자마자 자기 생각이라며 당분간 조용히 지내는 것이 좋겠다고 말하고는 그만 입을 다물고 말았다. 무슨 일이 있느냐고 다그쳐도 묵묵부답이었다. 그 집을 나서고도 여러 가지 생각을 해봤지만 짚이는 것이 없었는데 5·18사태가 일어나고 모진 고문을 당할 때에야 비로소 떠오르는 것이 있었다.

 4월 말에 김대중을 따라 예산 충의사에 참배하고 다시 덕산의 윤봉길 의사 추모제에 참석하여 수많은 시민의 열광적인 환호를 받았다. 다음날 아침 기자회견을 통해 「지금 민주화를 열망하는 국민의 열기가 절정에 달해 있는데도, 최규하 정부는 계엄통치를 계속하면서 유신체제를 찬양하는가 하면 이원집정제를 흘려보는 등 온갖 장난을 하고 있어 이 현실을 더 이상 묵과할 수 없다. 빠른 시일 내에 계엄을 해제하고 정치 일정을 제시하며 개헌은 국회 주도로 단행하고 유신 청산을 과감하게 실현해야 한다. 그렇게 하지 않으면 국민운동본부를 구성하여 민주화 촉진을 위한 범국민운동을 대대적으로 전개하겠다」고 발표하였다.

 기자회견이 끝나자 그길로 나는 부산에 들렀다가 30일 밤에 서울에 돌아와 자고 나서 충정로에 있는 기독교문화연구원에서 국민연합의 회의가 있다기에 참석하였다. 문익환, 이문영, 계훈제, 고은 그리고 이현배, 장기돌, 심재권 등이 와 있었으며, 28일 김대중의 덕산 발언을 전적으로 지지하고 구체적인 실행을 위해 하오에 김대중 댁에서 회동할 복안을 마련했으면 하는 것이 주의제였다.

 여러 가지 의견을 종합한 끝에 국민운동은 국민연합이 주도하여 우선 각계각층이 망라된 범국민적인 조직체를 만드는 데 총력을 다하고 활동방침은 그때그때 사정에 따라서 정하기로 합의를 하였다. 또한 YH사건에 이어 사북사태 동국제강사태 등 노사문제도 심각해지고 있으니 야당과 보조를 맞추어 이들의 진상을 정확하게 조사하여 국회에서 거론토록 하고 국민 일반에게도 알려서 여론화하며 국제사회에도 호소해야 한다고 의견을 모았다.

5월 1일 밤 김대중 댁에는 함석헌, 이태영, 박세경, 김관석, 문익환, 이문영, 고은, 한완상, 계훈제, 서남동, 김병걸, 이우정, 김승훈, 김종완, 이현배, 장기표, 심재권 등이 모였다. 김대중이 먼저 덕산 발언의 배경을 설명했다. 정부의 허튼수작이 날로 심해지고 있는데 더 이상 묵과할 수 없으니 시한부로 계엄해제, 정치 일정 제시, 국회 주도 개헌, 유신 청산 등을 촉구하고 성의가 없을 때는 즉각 국민운동본부를 조직 구성하여 대대적인 국민운동을 벌이겠다는 것이었다. 이어서 여러 사람이 동조 발언을 하였으며 별다른 이견 없이 만장일치로 국민운동본부를 구성하여 민주화를 촉구하는 범국민운동을 대대적으로 전개할 것을 결의하고 그것을 국민연합이 주도하여 추진키로 결정하였다.

다음에는 역시 김대중의 제의로 지난번 크리스챤 아카데미에서 논의된 민주제도연구소 발족을 위한 구체적인 협의를 했다. 다가오는 정치 계절을 위한 민주제도연구소의 필요성에는 아무도 반대하지 않았다. 김대중은 그간 이 문제에 대해서 상당한 준비를 했던 모양으로 반대 의견이 없는 것을 확인한 뒤 미리 준비한 이사 취임 의뢰서와 이사 취임 승낙서를 배포했다.

당일 회의에 참석한 사람은 즉석에서 승낙서에 서명하여 이사 취임에 동의했으며 나머지는 각각 분담하여 빠른 시일 내에 동의를 받도록 했다. 이어서 김대중이 금회 정국의 추이로 미루어 연구소 활동이 시급하므로 정관이나 기구는 다음으로 미루고 그런 것을 포함하여 연구소 일을 구체화하기 위해서는 이사장과 소장은 오늘 정해야 하겠다며 의견을 물었다.

워낙 일들이 급진전했기에 멍하게 듣고만 있을 뿐 아무도 함부로 의견을 내놓을 수 없었다. 그러다 보니 김대중의 독무대가 될 수밖에 없었는데 그는 좋은 의견이 없으면 자기가 지명해 보겠다며 느닷없이 이사장은 예춘호, 소장에는 이문영이 어떻겠느냐고 물었다.

다른 사람들의 의견이 나오기 전에 이문영이나 나나 적임이 아니라는 이유로 사양했지만 김대중의 결심은 이미 굳어져 있어 우리는 마지못해 그 일을 각각 맡게 되었다. 그는 이문영과 나에게 인선문제며 기구 등에 대한 자기 의견을 제시한 뒤 가급적 서둘러서 실현시켜 달라고 당부했다.

다음날 화곡동에 있는 고은 댁에서 국민연합 상임위원회가 소집되었다. 문익환, 이문영, 계훈제, 예춘호 그리고 사무국의 이현배, 장기표, 심재권이 참석했고 함세웅과 김승훈은 불참했다. 문익환이 이유는 말할 수 없지만 국민운동본부를 구성할 수 없다고 발언하였다. 뜻밖의 말에 좌중은 숨을 죽이고 있었다. 긴장된 분위기가 잠시 계속되다가 이유를 밝히라는 사람도 있었고 하룻밤 새 번복될 일을 왜 결의했느냐고 윽박지르는 사람도 있었다.

좌중 몇 사람은 문익환의 말에 따르는 눈치였고 다수는 못마땅해 하는 눈치였지만 흑백은 가릴 수도 없을뿐더러 중요한 시기에 동기 간에 균열이 생겨서도 안 되겠기에 얼버무려 넘기기로 했다. 결국 상당 시간의 격론 끝에 궁여지책으로 범국민적 시국선언이라도 해야 한다는 것으로 절충하여 결의하게 되었다.

우리들 사이에 다소 언짢은 분위기가 없는 것도 아니었지만 연일 만나서 시국선언문 작성에 몰두했다. 몇 차례 모임을 통해 의견이 종합되고 다시 이문영에 의해 최종적으로 문장이 손질되어 '민주화촉진국민선언'이 다듬어졌다.

문익환, 이문영과 나는 함석헌, 윤보선, 김대중 순으로 각각 자택을 방문해서 그분들의 의견을 첨가하여 서명을 받고 또 나머지 사람들의 서명을 받기 위해 관계기관원의 감시 미행을 피하고 따돌리며 갖은 신고를 겪어야만 했다. 믿었던 사람이 서명을 거절했을 때에는 이루 말할 수 없는 비애를 느껴야만 했다. 서명을 끝내고 김승훈이 그것을 복사하여 7일 종로5가 기독교회관에서 뉴욕타임스 서울특파원 심재훈 등 국내외 기자 30여 명에게 발표하였다. 이 선언문이 5·18 때 내란음모극을 조작하는 데 각본이 되리라고는 상상도 못했지만, 이 선언문이 발표된 뒤 학생들의 가두시위가 심해질 것에 대해서는 염려되었다.

선언문을 발표하고 나서 문익환, 이문영과 함께 우리는 몹시 심한 핍박을 받았으며 행동할 때는 기관원을 달고 다녀야 했다. 12일 저녁엔 김대중의 요청으로 북악파크호텔에서 모임이 약속되었다. 이문영과 나는 서울대로 한완상을 찾아갔다가 학생들로부터 군이 움직이기 시작했다는 소식을 들었지만, 설마 하고 셋이 함께 북악파크호텔로 향발하였다.

그날 저녁 북악파크호텔에는 김대중, 문익환, 이문영, 한완상, 한승헌, 김종완, 서남동, 이해동, 계훈제, 이현배, 장기표, 심재권 등이 참석했으며, 국민운동본부 결성결의 후부터 5·7 선언 제지의 시국에 관한 의견 교환이 주의제였다.

먼저 심재권과 장기표로부터 학원소식을 들었는데 전국 학생회장 45명이 11일 15시부터 12일 9시까지 서울대 학생회관에서 회의를 계속하여 앞으로 교내시위만을 하되 다만 휴교령을 발동할 때는 단호하게 맞서 투쟁하기로 하고 16일 다시 이화여대에서 회의를 열어 당면문제를 계속 협의하기로 했다고 전했다.

이런 상황으로 미루어 정부의 실권을 잡고 있는 유신잔당들이 민주화를 외면하고 정권을 계속 유지하려는 음모를 꾸미고 있는 것이 분명하므로 무엇보다 먼저 이들의 음모를 분쇄하고 반독재 민주회복을 위해 민주화운동을 보다 효과적으로 철저하게 추진한다는 의견을 모았다.

다음에는 김대중이 국민운동본부 결성은 어떻게 진척되고 있느냐고 질문하였고 장기표가 그것은 그만두기로 했다고 답변하자 김대중은 화를 벌컥 내었으며 몹시 못마땅해하였다. 마침 옆에 있던 김종완이 장기표에게 따지고 든 것이 불씨가 되어 한동안 좌중이 찬물을 끼얹은 듯했는데 그런 광경을 지켜보던 김대중이 화가 치밀었던지 인사말도 제대로 하지 않고 자리를 뜨고 말았다.

우리들 상임위원들끼리는 민주화촉진국민선언으로 대신한다고 양해가 되어 있었지만 5월 1일 회의에 참석했던 사람들 대부분에게는 그것을 알리지 않았고, 김대중에게도 그런 경위들이 전달되지 않았기에 그들로서는 화가 날 수밖에 없었다.

뒤에 안 일이지만 김대중은 그날 옆방에 박영록, 이용희, 송원명 등 그를 따르는 야당의원들을 대기시키고 있었다. 국민운동본부와 야당 간 상호협조 관계를 위하여 인사를 교환함으로써 국민운동의 원활화를 기할 생각이었던 모양인데, 그것마저 헛되게 되었으니 그토록 화가 났던 모양이었다.

김대중이 퇴장한 뒤 우리는 시국에 관한 이런 저런 이야기를 주고받고 있었는데 한완상이 어머니가 위독하다는 급보를 받고 먼저 자리를 떴다. 한참 뒤에 한 교수가 전화로 모친이 숨을 거두었다고 전한 뒤 방금 들은 소식이라며 군이 행동을 개시하여 중요 기관에 진입 중이라고 하면서 어떤 사태가 벌어지고 있는 것이 분명하다고 덧붙였다.

장내는 삽시간에 긴장되었고 사태를 정확하게 파악해야 한다며 누가 먼저라고 할 것 없이 앞다투어 자리를 떴다. 문익환, 이문영, 계훈제, 장기표와 함께 나는 한 교수 생가에 가서 밤을 새울 겸 소식을 듣기로 했다가 다시 다음날 새벽 상가에서 만나자고 하고 일단 헤어졌다.

다음날 새벽 한 교수 상가에는 문익환, 이문영, 조성우, 장기표, 심재권 등이 와 있었다. 젊은 사람들은 입을 모아 5·7 국민선언이 저

간에 특히 학생들 사이에 좋은 반응을 얻고 있다고 평가하고 선언에서 요구한 사항에 대한 정부의 성의 있는 답변을 촉구하며 그 관철을 위하여 국민연합이 합동 일시와 장소를 정하여 학생, 근로자, 공무원, 종교인 등 범국민적으로 대대적인 군중집회를 개최하는 것이 좋겠다고 제의하였다.

우리는 한참 동안 의견을 교환한 뒤 그렇게 하기로 합의하였고 다음날 다시 이곳에서 만나기로 하고 그때까지 젊은 사람들이 구체적인 계획을 준비해 오기로 하였다.

14일 다시 이문영, 문익환, 계훈제, 심재권, 장기표 등과 젊은 사람들이 함께 준비해 온 계획을 검토하였다. 그 요지는 '5·7 국민선언의 요구사항에 대하여 19일까지 정부의 명확한 답변을 촉구하고 행동강령으로서 모든 시민이 유신체제를 종결짓는 민주화투쟁에 동참한다는 의사표시로 검은 리본을 달자. 비상계엄령은 무효이므로 우리 국군은 비상계엄령에 근거한 일절 지시에 복종하지 말 것이며 언론은 검열과 통제를 거부하고 전국민은 집회와 평화적 시위를 통한 민주화투쟁을 과감히 전개한다. 정당, 사회단체, 종교단체, 근로자, 농민, 공무원, 중소상인과 모든 민주 애국시민 들은 5월 19일 정오에 장충공원에서, 지방은 시청 앞 광장에서 민주화촉진국민대회를 개최한다'라고 되어 있었다.

그길로 문익환, 이문영, 계훈제, 함세웅, 김승훈, 윤반웅, 장덕필, 김택암 등과 동대문성당에서 다시 회동하여 초안을 검토한 뒤 함세웅의 의견을 받아들이기로 하였다. 다음날 한강성당에서 문익환, 이문영, 함세웅, 김승훈, 계훈제, 장기표, 심재권 등과 나는 다시 만나 원안과 함세웅이 만들어온 초안을 검토한 뒤 민주화의 길을 채택하지 않는 한 현재의 난국은 극복될 수 없다는 것, 현재의 학원사태는 유신잔당의 음모에 그 원인이 있다는 것, 학원사태와 관련하여 구속된 학생을 석방하라는 것 등을 첨가하고 제목을 '민주화촉진국민대회선언'으로 결정하였다.

　같은 날 이문영, 문익환과 나는 윤보선의 자택을 방문해 그로부터 결행시기를 20일로 수정하여 서명을 받고 이어 함 선생의 서명도 받았다. 김대중의 말에 따라, 행동강령 중 군대명령 불복 부분을 삭제하고 국민과 더불어 우리의 요구를 관철하는 민주투쟁을 전개하여 파생되는 모든 책임은 정부당국에 있음을 경고하는 것을 첨가하고 결행시기 또한 22일로 수정하여 서명을 받았다.

　우리는 협의를 거듭하여 발표를 16일에 하기로 결정하였는데 그날 아침에 김대중의 연락을 받고 이문영과 내가 그 댁에 가게 되어 문익환이 혼자 발표하였다.

　이문영과 내가 김대중 댁에 가서 알았지만 그간 김영삼과 김대중은 내왕을 계속하여 그날 공동으로 기자회견을 하게 되었기에 우리에게 배석해 달라는 것이었다. 덧붙여 두 사람 사이 합의 본 것은 계엄해제, 정치 일정 제시, 국회 주도 개헌 등인데 나에게 전두환의 겸직 해제를 첨가하도록 주장해 주었으면 하는 것이었다.

　그것이 포함되어 양 김씨의 공동기자회견은 화기애애한 가운데 이루어지고 그 요구가 관철되지 않을 때는 두 사람이 힘을 모아서 민주화투쟁에 앞장선다고 하였다. 아이로니컬하게도 5·17을 하루 앞두고 두 사람 사이에는 뜻밖의 결속이 또 한 번 이루어졌다.

　17일 아침 북악파크호텔에서 또 회동하였다. 김대중, 문익환, 이문영, 서남동, 한승헌, 고은과 내가 참석하였으며 식사를 하면서 문익환이 민주화촉진국민대회선언을 발표한 경위를 이야기하였다. 그래도 정부가 성의 있는 조치를 하지 않고 불투명하게 일관할 때는 그 선언에 따라 민주투쟁을 적극적으로 전개한다는 데 의견을 모았다.

　김대중이 재야에 전념한다고 하였으나 실제의 일과는 재야보다 정치판에 더 기울어져 있었는데 그는 그날 아침에 모인 사람들에게 꼭 어떻게 해달라는 것은 아니었으나 앞으로의 정국에 자기와 함께 행동해 주었으면 좋겠다고 은근히 요청하였다. 그 누구도 적극적으로 함께하겠다고 의사를 표시한 사람은 없었다. 그러나 그가 하는 일을 어떤 형식으로든 도우면서 민주투쟁을 한다는 데는 이견이 없었다.

그길로 나는 문익환, 이문영과 국민연합의 활동문제를 한참 협의했으며 국회에 들러 시간을 보낸 뒤 오랜만에 저녁시간에 퇴가하였다. 저녁을 먹고 부산에 내려갈 준비를 하고 있는데 학생이라며 어떤 이가 전화를 걸어왔다. 그리고는「지금 여기저기에서 민주인사들이 연행되고 있는데 선생님도 빨리 피신하십시오」하는 것이었다.

내가 따지고 물어볼 겨를도 없이 전화는 끊어졌다. 12일부터 소문으로 나돌던 새 사태가 이제 왔는가 하고 생각하면서도 어떻게든 되겠지 하고는 부산 갈 준비를 서둘렀다.

열한시 차이기에 열시쯤 되어서 집사람과 함께 서울역에 나가 열차에 올랐지만 이렇다 할 이상을 느끼지 못했다. 다소 불안했지만 애써 눈을 감고 잠을 청하였다. 한잠 푹 자고 깨어보니 열차가 부산역에 들어가고 있었다. 열차에서 내려 출구를 향해 나가는데 웬일인지 젊은 사람들이 상당수 역 구내에 늘어서 있었다. 그때 부산에 있던 내 비서가 앞으로 나서면서 말은 못하고 눈짓으로 방향을 바꾸라는 듯 재촉을 했다. 그러나 그때는 이미 젊은 장정들이 열차 승객들이 지켜보고 있는 가운데 나를 꼼짝달싹 못하게 둘러싸기 시작한 후였다.

집사람이 옆에 있었는데도 말 한마디 못 건네고 나는 검정 차에 실려졌고 어디론가 20여 분쯤 달리다가 어떤 건물에 들어갔다. 지하실인 듯한 곳에 끌려 들어가면서 왜 이러느냐고 고함을 연발 질렀지만 그들은 아무 대답도 하지 않았다. 얼마 동안 머뭇거리다가 거기서 다른 장정들에게 인계되어 한참 뒤에 비행기에 끌려 들어갔다. 이놈들도 역시 말 한마디 하지 않았지만 앞의 놈들보다 더 거칠게 나를 다루었다.

김포공항에 착륙하자 또 인계되어 다시 차에 실렸는데 양쪽에서 머리를 누르고 팔을 비틀고 한 채 어디론가 차를 몰았다. 국회의원이고 무엇이고 도무지 사람 취급이라 할 수 없는 수모를 당했다. 한참 뒤 다시 머리를 아래로 짓눌린 채 어디론가 끌려갔다. 긴 복도를 얼마간 걸어서 대여섯 평 남짓한 방에 가두어졌는데 워낙 공포분위기에 시달렸기에 부산에서 여기까지 오는 데 몇 시간이 걸렸는지조차 짐작할 수가 없었다.
　방에 들어서자 모든 사유물, 심지어 혁대까지 몰수당했으며 말쑥한 젊은 놈들이 왔다갔다할 뿐 한참 동안은 나 혼자 내버려두었다. 천장과 사면의 벽이 모두 흰색이고 방안에는 침대 하나, 모서리라는 모서리는 죄다 고무로 감겨진 책상 하나에 의자가 두 개 있을 뿐, 드나드는 출입문말고는 문이라고는 없는데 백열등만 훤하게 밝혀져 있었다. 나도 모르게 밤낮과 시간에 대한 관념이 흐려져 가고 있었다.
　몇 시간이나 지났는지 나이가 좀 든 놈과 중년 또래 둘과 젊은 놈 셋이 자주 드나들다가 나이 든 놈만 남고 모두 자리를 뜨고 없었다. 그때 지휘봉을 든, 키가 작은 편이나 꽤 뚱뚱한 놈이 들어왔는데 지키고 앉았던 나이 든 놈이 벌떡 일어서며 경례를 붙이는 것으로 미루어 제법 계급이 높은 모양이었다. 그놈은 방에 들어서자 첫마디로 「이 새끼가 예춘호가」하더니, 이어 「이 새끼 땅바닥에 앉히지 않고 의자엔 와 앉히나」하고는 의자를 차 밀어붙인 뒤 내 멱살을 잡고는 땅바닥에 앉혔다. 내가 일어서려고 하자 그놈은 사정없이 내 얼굴을 구둣발로 찼다. 나는 눈앞이 캄캄해지는 것을 느꼈지만 「이놈 무슨 짓이냐」하고 고함을 질렀다.
　그놈은 다소 수그러지면서 그 방에 있던 나이 든 놈에게 지독한 경상도 사투리로 꾸짖으면서 옷을 벗기라는 지시를 하고는 나가버렸다.

그때부터 나는 입을 다물고 어떤 놈이 뭐라 하더라도 상대하거나 응하지 않기로 결심하였다. 물론 밥을 가지고 와도 먹지 않았다. 그렇게 2, 3일이 지나자 나는 탈진상태에 빠져들고 말았다. 그 상태가 심해지자 놈들은 의사와 간호사를 불러들여 혈압을 재는 등 몹시 당황해하였다. 나는 힘들었지만 내친김이라 단식을 계속하다가 4일째 되던 날 지쳐서 음식을 받아들였다. 그놈은 지금까지 이름도 모르며 당시 무슨 단장이라고만 들었을 뿐 그 후론 한 번도 얼굴을 내밀지 않았다.
  인정사정없는 그놈들도 그런 사정으로 3, 4일은 조사를 못 하고 있다가 내가 기력을 되찾자 다시 시작하였는데 처음부터 내가 한 일을 조사한다기보다 미리 짜여진 어떤 각본에 수사를 짜맞추고 있었다.
  그들의 조사 초점은 내가 김대중의 비서실장으로서 그의 지시를 받아 학생들이나 재야를 충동질해서 어떤 일을 꾸며댄 것처럼 모는 것이었다. 처음 나에게 내민 것은 조직계보를 청사진화한 것인데 김대중 이름 아래 비서실장 예춘호, 그 밑에 20여 개의 단체명이 나열된 것으로, 모든 사건이 김대중으로부터 지시된 것으로 짜여져 있었다. 그들은 김 모, 박 모 등 학생운동을 하던 사람의 진술에서 확인된 것이라며 인정하라고 강요하였다.
  내가 아는 것은 국민연합뿐이라고 해도 막무가내로 강압하면서 그들의 각본을 사실화하려는 데는 미칠 지경이었다. 그때까지는 매질 같은 것은 없었고 고함소리로 윽박지르고 입에 못 담을 욕설을 퍼붓곤 하였다. 그 날조된 청사진 한 장을 부인하는 데도 아마 며칠 걸렸던 것 같다. 그것은 말로써 표현할 수 없는 수모와 곤욕이기도 하였다. 결국 청사진화하여 계획하고 준비했던 것으론 아무리 꾸며대도 사건화가 불가능한 것을 깨달았는지 이번에는 10·26사태 이후 국민연합의 일련의 활동과 복학생들과 관련지은 학생시위운동 그리고 지식인의 시국선언 등 상호 아무 관계가 없는 일들을 김대중의 정치활동과 결부시켜 사건을 조작하고 그것을 내란음모로 확대하여 몰기 시작하였다.

이렇게 조작하는 사건에서 내 역할을 김대중의 비서실장으로 즉, 운동권과 단체에 김대중의 지시를 전달하는 역할, 특히 재야운동권과 정치권의 고리쇠 역할로 옭아매려고 들면서, 그들은 내가 김대중의 비서실장을 한 일이 없다는 데 몹시 부심하는 눈치였다. 그로부터 5일간쯤 자술서쓰기를 강요당하며 조사를 받았다. 나는 처음부터 그들에게 강조했지만, 민주화에 대한 신념이 확고했기에 사실 그대로 내가 한 일을 당당하게 이야기할 뿐 숨기거나 거짓을 꾸며댈 필요가 없으므로 하지 않았던 일이나 내가 모르는 일에 대해선 아예 이야기할 것이 없다고 하였다.

조사는 자는 시간을 빼고 하루 17, 8시간씩 강행되었다. 그들이 옭어매려 하는 사건들이 불과 1년 남짓한 기간 내에 일어난 기억이 생생한 일들이어서 간단하다면 아주 간단한 일인데, 그들이 강요하는 방향으로 진술이 따르지 않을 때면 으레 고성과 욕설에다 매질이 가해졌다. 그렇다고 안 한 짓을 했다고 할 수는 없는 일이어서 처음부터 조사하는 측의 방향과 조사받는 사람의 진술은 엉뚱하게 다를 수밖에 없었다.

나는 내가 국회의원 신분이고 특히 국회가 개회를 공고하고 있는 데다 개헌특위위원으로서 개헌안 심의를 하고 있는 중이기 때문에 현행범이 아닌 것도 그렇거니와 인격 이하로 취급당하는 것 또한 부당하다는 항의를 여러 번에 걸쳐 했지만 계속 무시되었다.

나중에야 안 일이지만 55일간을 정보부 지하실에서 조사를 받은 셈인데, 그들도 끼워맞추기가 안 되었던 모양으로 처음 계획을 번복하여 결국 국민연합을 중심으로 한 3월부터 2개월여의 성명서와 집회 중심으로 내란음모죄가 조작되어 우리들은 육군교도소로 옮겨졌다. 나는 남산 정보부 후문을 나와 남산터널을 지날 때에야 비로소 그 동안 남산에 있었다는 것을 알게 되었다.

　55일 중 그들의 각본에 따라 진술서라는 것을 쓰도록 강요당하고 그것에 따라 조서가 조작된 것은 20여 일 동안이고 그때 이후부터는 그들의 공소를 위한 의견서라는 것을 작성하면서 몇 번씩이나 고쳐 쓰는 데 시간이 소비되었다. 공소내용은 군의 심판관들로부터 그때그때 지시를 받는 모양으로, 그럴 때면 조사관 놈들이 처음부터 다시 고쳐 써야 하니까 진땀을 흘리다가 저도 모르게 욕설을 퍼부었고 그때마다 우리들의 진술을 다시 받아야 하니까 우리들 또한 곤욕을 치러야 했다.

　내가 심통해하고 부심한 것은 모진 매에 시달리고 심한 곤욕을 치렀을 때이기도 했지만 다른 사람을 걸고 드는 진술을 강요당할 때와 뒤에 잡혀온 학생들과 조서내용이 상충될 때이기도 했다. 그리고 조사과정에서도 여러 번 그랬지만 육군교도소에서 공판정에 나올 때 전후 몇 차례, 김대중의 혐의 중 무엇이라도 하나만 시인하면 풀어주겠다는 회유를 뿌리치는 것 또한 몹시 힘들었다.

　내가 이감되어 간 곳이 육군교도소라는 것은 남산 정보부 취조실을 뒷문으로 해서 남산터널을 빠져나와 상당 시간 지난 뒤 성남 육군교도소에 들어서면서 알았다. 뒤에 알게 된 사실이지만 수감된 감방은 김재규 일행이 얼마 동안 여기 있을 때 말끔히 손질된 곳으로 한 평 남짓했다. 여기 와서도 남산에서 내란음모 괴수로 몰리고 있을 때의 불안이 말끔히 가신 것은 아니었지만 우선 조사에 시달리지 않아서 한결 편했다. 그러나 이때부터 나에게는 이상한 현상이 일어나고 있었다. 하나는 이명(耳鳴)이고 또 하나는 멍하게 망상을 하게 된 것이다.

　확실치는 않지만 7월 하순에 접어들면서 검취를 받게 되었다. 느닷없이 수갑을 차고 헌병들에 의해 버스에 실려졌다. 조금 뒤에 이문영이 끌려왔다. 그를 만나는 순간 몸에 경련을 느꼈다. 3, 4개월

만의 첫 해우였다. 너무 궁금했던 얼굴이라 눈시울이 뜨거워지고 있었다. 목이 메어 말이 잘 나오지 않았다. 그도 선뜻 말이 나오지 않는 모양이었다.
　차에 올라서고 한참 뒤에야 비로소 첫마디가 서로 「괜찮소」였다. 그는 생각보다 당당하고 명랑했다. 지금 고난을 받고 있는 우리는 행복하다는 복음의 믿음과 어떤 고난에도 구약의 욥은 꺾이지 않았다는 그의 말에서 신념의 화신 같은 것을 느낄 수 있었다. 그와 함께 하고부터는 나도 모르게 힘이 솟아올랐다. 그간 풀이 죽어 있던 것이 한없이 부끄러웠다. 그간의 투쟁경력이 그로 하여금 앞을 내다보는 혜안을 갖게 했고 바른 것은 꺾일 수 없다는 확신을 갖게 했다는 것을 느낄 수 있었다.
　우리는 그간 쌓이고 쌓인 회포풀기를 그칠 줄 몰랐다. 검취를 끝내고 돌아올 때까지 계속된 그 흐뭇한 기분은 감방까지 이어졌다. 또 내일 그를 만난다는 것이 그렇게도 기다려질 수가 없었다.
　3, 4일 계속된 검취 분위기로 어쩌면 날조된 부분이 바로잡혀진 것 같기도 하고 강요된 날조 부분이 그대로 넘어간 것 같기도 하고, 검취기간에 있었던 일은 생각하면 할수록 알쏭달쏭하기만 했다. 그것은 검찰관의 노회하고 교묘한 조사요령 때문이었다.
　검취가 끝나고부터는 엄한 교도소생활이 상당 부분 완화되었다. 그러나 교도소의 부당한 처사는 누그러지지 않았기에 8월 초에는 처음으로 우리 일행들이 단식투쟁을 하기에 이르렀다. 이것은 우리들이 체포된 이래 처음으로 벌인 공동투쟁이었고 교도소 측의 사과와 규제완화로 3, 4일 뒤에 풀었다. 그리고 8일경 5·17 이후 처음으로 가족들을 면회하게 되었다.
　당일 면회 차례가 돌아올 때까지 일각이 여삼추라는 말을 실감했다. 11시쯤에야 헌병들의 부축을 받으며 면회소에 갔다. 얼마 안 되는 거리인데도 퍽 멀게 느껴졌다. 거기 들어서자 식구들이 기다리고 있었다. 반갑다 못해 한참 동안 말문이 열리질 않았다. 그간 얼마나 고생을 했는지 첫눈에 집사람의 흰머리로 짐작이 갔다. 식구들도 목이 메어 한동안 말을 못했다.

시국에 관한 이야기는 입회하고 있는 합수부 요원들이 즉각 제동을 걸고 나섰지만 비로소 광주사태 등 그간 밖에서 일어난 일들과 우리가 관계된 사정 등을 대충대충 들을 수가 있었다. 특히 내가 연행된 뒤 집안을 온통 수색당한 것과 강제로 인감 등을 압수해 간 일, 한두 차례 보도된 수사 경위말고는 어디 수감되어 있는지를 몰라서 찾아 헤맨 일, 가족들의 고생과 계엄당국에 항의를 계속해 온 일들을 들을 때는 눈시울을 적시고 말았다. 그때야 공판을 서두르고 있다는 것과 변호사 선정이 잘 안 된다는 것을 알았다.

집안 살림밖에 몰랐던 집사람이 투사가 되어 있었고 이렇게 면회를 하게 된 것도 가족들의 피눈물 어린 노력과 투쟁으로 얻어진 것임을 알게 되었다. 짧은 면회시간이 끝나고 차입품을 받아들고 돌아설 때는 단장의 슬픔이 복받쳐올랐지만, 한편 나도 모르게 새로운 삶에의 의욕과 어떻게 해서라도 흉악하고 파렴치한 놈들을 이겨내야 한다는 굳은 결심을 하고 있었다.

그날따라 자유시간이 허용되었고 우리 일행은 차입된 음식물을 손에 들고 세면장에 모여들어 가족들의 정성이 담긴 음식물에 입맛을 다시며 각기 들은 바깥 소식을 종합하여 다가오는 공판에 대응할 의견을 모았다. 가족들은 다음날도 또 다음날도 몰려왔다. 밤을 지새워 만든 갖가지 차입품들이 구미를 돋우었지만 그보다도 바깥 소식이 더할 나위 없는 선물이었고 가족들의 얼굴을 보는 것이 즐거움이었다.

그때부터 공판이 시작될 때까지 우리에겐, 고통받는 사람은 행복하다는 성서의 전도된 가치관처럼 마냥 즐거운 나날이었다. 그때부터 시작된 책의 차입도, 일주일에 한 번씩 있는 공동목욕도, 이따금 같이하게 된 운동도 우리를 처음 이감되어 올 때만큼 고독하게 하지 않았다.

 그 전후로 국선변호인이 선정되었다는 통보가 있었다. 우리는 검찰에 거부했다. 그러자 허경만 의원이 김대중과 나를 맡겠다고 하다가, 결국 김동정, 박영호 변호사가 나를 맡게 되었다. 비록 국선 형식이었으나 그들은 나를 위해 최선을 다해주었다. 그때 또 한 번 밤중에 불려나갔다. 합수본부 최 과장 외 23명이 앉아 있었다. 그들은 이런 고생을 하지 말고 한마디면 나갈 수 있다고 하였지만, 「내가 무슨 사상범도 아니고 숨길 것도 매달릴 것도 없는 굳이 말하자면 확신범인데 내가 한 일로 고생을 하거나 말거나 남에게 몹쓸 짓을 하며까지 편해볼 생각은 없으니 더 이상 말을 시키지 말라」고 잘라버렸다.

 이때 우리들 구속자 가족들이 외신 기자들을 회견하고 '우리의 요구서'라는 것을 발표했다. 그 요지는 ① 1980년 7월 12일경 계엄당국으로부터 변호사 선임을 통고받고 50여 명의 변호사에게 선임 요청을 했으나 모두 거절당했으며, ② 박 정권하에서 양심범들의 변호를 맡았던 20여 명의 변호사들이 연행당했고 NCC 인권위원회 법률자문위원인 변호사 4명이 1년간 휴업을 강요당하여 변호사 선임을 포기할 수밖에 없었으며, ③ 공개재판이라고 하면서 방청을 제한받고 방청객의 녹음 속기를 금지당했기에 ④ 요구사항으로 사선변호인의 자유로운 변호, 언론기관의 피고인 진술내용에 대한 정확한 보도, 방청객의 녹음기 휴대, 필기도구 지참을 허용할 것 등이었다.

 가족들은 이날 첫 공판에는 이상의 이유로 방청을 거부했으며, 우리는 이렇듯 격심한 제약 속에 첫 군법회의 공판장에 나섰다. 계엄당국은 쫓기듯이 공판을 서둘렀으며, 가족들이 내외신을 냉철하게 종합할 때 각국의 이목이 집중되고 있는데 상당한 거부반응 또는 저항을 받으면서 막무가내로 김대중을 죽음으로 몰고 있다고 했다. 이놈들은 탈법률, 초법질서로 공판을 진행하고 있었다.

그것도 모자라 가족들의 방청을 계속해서 방해했고 가족들 행동을 밀착 감시하며 때로는 연행 연금 등 불법조치를 밥먹듯이 자행했으며 심지어 기독교회관 출입까지도 금지시키고 있었다.

공판이 진척되면서 공소사실은 우리들 24명 전원으로부터 하나같이 부인되었다. 검찰측 증인은 전향이 의심되는 간첩까지 끌어내어 진술을 시키면서 우리가 요청한 증인은 온갖 수단으로 증언을 못하게 했으며, 우리들의 답변이나 변호사의 반대신문을 그들이 생각하는 바에 맞추어 진행시켜 결국 9월 11일에 구형을 받았다. 예상하던 대로 내란음모죄가 적용되었으며 형량은 김대중 사형, 이문영과 문익환이 각각 20년, 나는 15년이었다.

고작 20명이 못 되는 서명으로 두 차례 발표한 성명서와 우리들 나름대로 당당하게 회동한 네댓 차례의 회동이 내란음모로 조작된 것은 참으로 믿을 수 없는 일이었다. 우리들이야 그렇다고 하더라도 사형 구형이 된 김대중에겐 지나치게 가혹하다고 생각되었다.

최후진술에서 나는 다음과 같이 말했다.

「연행되어 10여 일 간의 고통은 나의 인격에 관계되는 욕된 것이어서 언급하기 싫으나 그때의 상흔이 4개월이 지난 지금까지 남아 있고 지금 이 목소리도 원래 내 목소리가 아니다. 나는 평소 두 가지 소신을 갖고 살아왔는데 바른 것은 바른 대로 주장하고 사실은 사실대로 승복하며 주체적인 인간이 되자는 것이다. 일생을 통해서나 5·18에 연행된 이후 수사기관에서나 평소 소신대로 사실만을 이야기했지만 조서는 일방적으로 사실과 달리 조작되었다. 조사하는 놈이 '야 이 새끼야, 경상도 놈이 왜 전라도 놈을 돕나' 하고 윽박질렀지만 나는 내 소신 때문에 그럴 수밖에 없었다고 하였다. 지금까지 나는 우리 조상들이 살아왔고 또 자식들 그리고 후손들이 살아갈 이 땅이 누구나가 복받는 땅이 되도록 노력해 왔다. 10·28이 박 대통령에게는 커다란 불행이었으나 이 나라 민주화를 위해서는 좋은 기회라고 생각되었다. 그러나 지금에 이르러서는 과연 이 나라가 어디로 가고 있는지, 내 자식들이 이 땅에서 생을 이어갈 수 있을지 의문이 생긴다. 하물며 조선왕가의 전제하에서도 언로 즉 말이 통했는데, 이 사회도 민중들이 자유롭게 말할 수 있는 사회가 되어야 한다. 위압적인 정치에 의하여 민중들의 소리가 없다 해서 위정자가 민중을 무시해서는 안 된다. 그럴수록 소리 없는 민중의 소리에 귀를 기울여야 한다. 몽테스키외는 〈법의 정신〉에서「야만인은 과일이 필요하면 과일나무를 뿌리째 뽑아서 과일을 딴다. 이것이 전제정치다」라 했는데 과일을 따기 위해 나무를 뿌리째 뽑는 우는 범하지 말아야 한다. 나 자신에게 관대한 처분이 있기를 구걸할 생각은 없다. 그러나 김대중의 처벌만은 다시 생각해야 한다. 한 사람의 생명 특히 나라의 정치지도자를 죽인다는 것은 이 나라의 장래를 위해 불행한 일이니 심사숙고하여 처리하기 바란다」라고.

다음날 면회 온 가족들은 이번 사건, 특히 김대중의 사형 구형이 국내는 말할 것도 없고 외국에서까지도 상당한 물의를 일으키고 있다는 소식을 전했다. 가족들은 범세계적인 여론 때문에 아무리 무작한 놈들이라도 사형집행은 그리 쉽지 않을 것이라며 용기를 잃지 말라고 격려하고 있었다. 우리들 또한 2심 3심까지 가능한 한 힘을 다해 법정투쟁을 하기로 다짐하고 있었다.

그로부터 일주일은 정말 길었다. 앉아서 당하고만 있어야 하는 우리들의 무력함이 새삼스럽게 개탄되었다. 운명의 선고공판은 사정없이 다가왔다. 이변이 있을 것이라곤 생각되지 않았다. 사건을 날조하여 밀고 나가는 간교한 놈들이 하는 일이기 때문이었다. 해방 이래 뜻밖의 정치적인 액운으로 목숨을 빼앗긴 사람들이 많았지만 이렇게 직접 당함으로써 비로소 그 억울함을 이해할 수 있을 것 같았다.

기왕에 쿠데타를 할 바에야 군인이라는 신분에 걸맞는 정정당당한 자기 명분을 내세워 할 일이지 불난 집을 터는 도둑처럼 국가원수의 유고를 틈타서, 그것도 단순한 유고가 아닌 장기간의 독재에 참다못한 온 국민의 격앙된 감정이 부마사태에서 보듯이 나라 안을 뒤덮고 있을 때 고작 민주투사들을 제물 삼아 터무니없는 사건을 날조하여 뒤집어씌운 뒤 극형으로 처단하고 온 국민의 민주화에의 염원을 잠재운 틈을 타 정권을 잡으려는 치사한 간계에 분노가 치밀어올랐다.

그때부터 나는 차츰 담담해지고 있었다. 형량에 관계없이 옥고를 이겨내기 위해서는 온갖 세속적인 갈등을 초월해야 한다고 나 자신을 타일렀다.

2개월여 동안 지하에서 고문으로 사건을 조작하고 네댓 차례의 초급생 검취를 거쳐 8월 14일 시작된 공판은 한 달이 채 안 되는 기간에 심리가 끝남으로써 구형되었으며, 일주일 뒤인 9월 17일 김대중의 형이 확정되었다. 형량은 이문영, 문익환이 구형 그대로고 나는 12년 형이 선고되었다. 자기 형량에 대해서는 한 사람도 신경을 쓰지 않는 듯 재판관을 매도하면서 퇴장했는데 다만 김대중의 심정을 건드리지 않으려고 다들 신경을 쓰고 있었다. 같은 줄에 앉았던 문익환, 이문영과 나는 무슨 말로 위안이 될까마는, 가족들이 전하던 전 세계의 여론이 두려워서라도 허튼수작은 못할 거라고 위로를 했다.

군화발에 짓밟힌 민주화의 봄

김종완

1932년 서울 출생
전국회의원
민주헌정동지회 대표
민주헌정연구회 이사장
민주당 최고위원
저서 「여명의 문턱에서」

군화발에 짓밟힌 민주화의 봄

김종완

1979년 봄 나는 모처의 대공분실로 끌려갔다. 그때는 내가 민주화를 위해 투쟁하는 정치인들의 조직체인 민주헌정동지회의 공동대표로 활동하던 시기였다. 16일에 걸쳐 잠도 재우지 않고 가해진 갖은 고문과 악형에도 그들이 요구하는 날조된 진술서에 도장찍기를 거부하자, 그들은 나를 긴급조치령 제9호 위반이라는 죄목으로 형식적이고 탈법적인 꼭두극 재판을 연출하여 교도소에 수감하였다.

내가 수감되어 있던 중에 부마사태가 발생하였고, YH여공 신민당사 점거농성과 무자비한 농성 파괴사건이 벌어졌으며, 정권에 대한 국민의 불신이 노골화되는 가운데 10·26사태가 발생하였다. 나는 그로부터 두 달여가 지난 다음 긴급조치령이 해제되면서 출옥하였고, 사면복권되었다.

당시의 정국은 정점을 잃고 사분오열하였던 독재자의 하수인들이 재집결하여 권력의 비호를 받으며, 불법적이라고 치부하던 재벌들과 더불어 권력 연장의 음모를 진행시키려 눈에 불을 켜고 있는 상태였다. 그러한 혼돈의 와중에서 12·12사태가 일어났다. 전두환 일당은 숙군 쿠데타를 도발하여 총격전 끝에 정승화 계엄사령관 등 상위 반대파를 몰아내고, 여세를 몰아 통일주체국민회의를 열어 최규하를 자신들의 꼭두각시 대통령으로 선출했다. 이때부터 정국은 유신잔당 중 총칼을 쥔 군부 소장파의 주도하에 참으로 기괴한 방향으로 돌아가기 시작했다.

해가 바뀌고 방학을 끝낸 학생들이 교정으로 돌아오자, 정국은 새로운 국면으로 접어들었다. 아니나다를까 최규하 대통령은 전두환 보안사령관을 중앙정보부장 서리에 임명하였고, 이로써 전두환은 한국에서 가장 비밀스럽고, 잘 조직된 두 개의 권력 정보기관의 총수가 된 것이었다. 그러한 행위는 그때까지만 해도 교내에 남아 있던 학생들을 거리로 불러내기에 족했다. 대학생들은 유신잔당을 처벌하고, 계엄령을 철폐하며, 완전 민주화를 단행하고, 헌법을 개정할 것을 요구하면서 연일 시위를 벌여, 휴강한 학교가 19개교, 철야농성을 한 학교가 24개교, 어용교수의 퇴진을 요구한 학교가 24개교에 달했다.

5월 6일에 드디어 학생들은 학교를 떠나 거리로 나섰다. 그리고 김대중 선생을 비롯하여 국민연합의 여러 인사들과 학계, 법조계, 언론계, 문화계의 여러 양심적 인사들은 이러한 사태의 심각성을 공동인식하고, '민주화촉진국민선언'을 발표했다. 나를 비롯한 민주헌정동지회 등 유신치하에서 체제 내의 정치에 참여하기를 거부하였던 재야정치인들과 민주화운동에 몸을 바쳤던 인사들은, 국민연합과 긴밀한 협조관계를 유지하면서 나라의 민주화를 위하여 분투 노력해야 한다는 다짐으로 불안한 정국의 추이를 지켜보는 한편, 나름대로 성명을 준비하는 등 분주하게 움직이고 있었다.

그러한 와중에도 정국은 기묘한 움직임으로 뒤틀려나갔다. 유신잔당들이 군대를 몰고 시가지로 나와서 권력을 장악할 계획을 세웠다는 소문도 들렸고, 이원집정제를 꾀하기 위하여 음모를 진행 중이라는 소문도 있었다. 그와 같은 모든 정보를 종합 분석했을 때 우리 앞에 도출된 결론은 '우리들 모두가 아직은 민주화 달성을 위하여 싸워 나가야 할 때'라는 것이었다. 유신잔당이건, 권력에 야욕을 품은 일부 군장성들이건, 국민의 권력을 약탈하려는 자들에 대하여 싸워나가야 할 때라는 것이었다.

5월 12일 북악파크호텔에서의 회의도 그것이 주제였다. 국민연합과 김대중 선생을 비롯한 여러 재야인사들의 회의가 열렸다. 온 힘을 결집하여 독재권력과 그 추종세력, 유신잔당 들과 싸워나가야 할 때라는 것이 당시 우리들의 공통된 시국 인식이었다.

군화발에 짓밟힌 민주화의 봄

우리들의 회의는 밤이 깊도록 계속되었다. 아마 자정이 임박한 시간이었을 것이다. 한완상 교수의 모친이 위독하다는 전화 연락이 왔다. 한 교수는 당시에 모친이 와병 중인 관계로 급히 그 자리를 떠났다. 그리고 그로부터 30분쯤이 지났을까? 다시 한 차례 전화벨이 울렸다. 알지 못하는 사람의 전화였다. 그러나 그 내용은 너무나도 놀랍고 충격적이었다.

「오늘 밤 안으로 계엄령이 제주도까지 포함하여 전국으로 확대됩니다. 여러분들의 안전이 위급합니다. 모두들 즉시 피하셔야 합니다. 지금 연대 인근, 고대 인근에는 계엄군들이 속속 작전 지점으로 모여들고 있으며, 계엄군들은 자정이 되기만을 기다리고 있습니다. 속히 피하시지 않으면 목숨을 보전할 수 없을지도 모릅니다.」

충격적인 내용이었으나 어느 누구도 그 진위를 의심하지 않았다. 그런 일이 언젠가는 벌어지리라는 것을 누구나 예견하고 있었던 것만 같았다. 그 전화를 받은 다음, 우리들은 모두 호텔을 나섰다. 미국 대사관으로 피하라는 우리들의 권유에도 김대중 선생은 집으로 가겠다고 하였고, 나중에 들으니 문익환 목사와 이문영 박사는 한완상 교수 댁으로 갔었다고 했다. 그날 한 교수의 모친이 돌아가셨던 것이다.

　나는 집으로 돌아가지 않았다. 일단은 친구집으로 피신하여야 한다는 생각이 들었다. 밤을 꼬박 새웠으나 아무 일도 일어나지 않았다. 낮에는 민주헌정동지회 사무실에서 일과를 마치고 거리로 나왔다. 대학생들의 데모대가 거리를 뒤덮고 있었다. 밤에는 다시 친구집으로 돌아갔다. 그날 밤 역시 아무 일도 일어나지 않았다. 국회에서 공화, 신민 양당 의원들이 계엄령 해제 공동건의안을 만장일치로 채택하여 20일이나 21일경에 공식적으로 건의하기로 의결할 것이라는 소문이 나돈 것도 아마 그 무렵이었을 것이다. 나는 그 소식을 듣고 크게 안심했다.

　아마도 15일이었던 것으로 기억된다. 학생들의 시위가 가장 격렬했던 날이었다. 시청에서, 서울역에서 인산인해를 이룬 학생들은 계엄령 철폐와 최규하 유신잔당의 퇴진을 요구하며 가두시위를 벌였다. 인천의 학생들도 한강교를 차단하며 행렬을 막는 경찰을 밀어붙이고 서울역으로 몰려와 시위대에 합세하였다.

　그날 나는 이상한 광경을 목격하였다. 시청 앞에서였다. 학생들의 시위는 평화적이었다. 그들의 움직임은 행렬을 만들어 구호를 외치고 노래를 부르면서 행진하는 것뿐이었다. 경찰이 막으면 그 자리에서 연좌하거나, 서서 노래를 계속하는 정도였다. 학생들이 그다지 심하게 밀어붙이지도 않는데, 경찰들이 서서히 뒤로 물러서는 것이 아닌가. 더구나 한강교에 저지선을 치고 있던 경찰들은 학생들이 나타나자, 스스로 저지선을 치우고 물러났다고 하지 않는가. 그런 경찰의 행위는 시위대를 도심으로 유인하려는 어떤 감춰진 의도가 있는 것처럼 여겨졌다. 이상하다는 생각은 나 혼자만 한 것이 아닌 모양이었다. 학생들이 다음날부터 일체의 가두시위를 자제하고 정국을 관망하기로 했다는 애기가 나돌았다. 더구나 국회에서 계엄령 해제 건의안이 20일이나 21일에는 공식적으로 통과될 예정이었다. 나는 그제야 안심하고 며칠 만에 집으로 돌아갔다. 다음날, 나는 민주헌정동지회에 나갔다. 정말 학생들의 시위는 더 이상 보이지 않았다. 지방에서도 시위가 가라앉았다는 소식이 들어와 있었다. 그것이 16일이었다.

저녁에 교포 한 사람을 만나 식사를 같이하고, 열시쯤 내가 직접 차를 몰고 집으로 향했다. 우리집은 당시 경기도 광주군 신장이었고, 막다른 길목에 위치하고 있었다. 이상한 일이었다. 한 대의 차가 뒤에서 내 차를 추적하고 있었고, 우리집 앞에서는 대여섯 명의 기골이 장대한 사내들을 가로막고 집사람이 현관 앞에 서 있었다.

「이 사람들이 당신도 없는데 집을 수색하겠다고 해서, 수색을 하더라도 당신이나 돌아오시면 하라고 막고 서 있는 중이었어요.」

예나제나 나는 경찰 등 수사기관원들을 집 안으로 들이지 않는다. 막상 연행되어 갈 때 가더라도, 수색당할 때 당하더라도 그들 기관원들을 집 안으로 들이는 것은 나에게는 금기였다.

「당신이 무슨 힘이 있어서 이 사람들이 힘으로 하겠다는 것을 막을 수 있겠소? 뒤지고 싶거든 뒤지라고 해요.」

내가 말하자, 그 중에서 가장 크고 몸집이 비대한 남자가 주머니에서 수색영장인지 뭔지를 알아볼 틈도 없이 불쑥 꺼내 코앞에 디밀었다가 품속에 집어넣었다. 그리고 그 남자의 지시를 받은 다섯 명의 사내들이 각 방으로 뿔뿔이 흩어져 갔다.

내가 안방으로 들어가자 그 거대한 몸집의 남자가 따라와서 나를 감시했다. 그들이 방을 뒤지기 시작하자 아이들이 안방으로 모여들었고, 나와 집사람과 감시자를 번갈아 쳐다보았다. 한 20분쯤 지났을까. 나는 지금 이런 상황이 벌어지고 있다는 것을 다른 동지들에게 알려야겠다는 생각으로 전화기를 들었다. 그때 나를 감시하던 자가 버럭 고함을 쳤다.

「야, 이 새끼야!」

그자의 발길질이 내 옆구리로 날아든 것은 거의 동시였다. 나는 옆으로 고꾸라졌고, 그는 발길질로 전화통을 멀리 날려버렸다.

「이 새끼가 지금 정신이 있는 거야, 없는 거야? 지금 세상이 어떻게 되어가고 있는지 너 몰라? 얻다 대고 전화질이야, 이 새끼야! 이 자식 이거 정말 형편없는 새끼로구나.」

아이들이 나를 지켜보고 있었다. 나는 그자의 고함소리보다도 아이들의 시선이 부끄럽고 당혹스러웠다. 그러나 그런 생각마저도 하고 있을 여유가 없었다. 그자의 고함소리에, 사방으로 흩어져 있던 다섯 명의 사내들이 우르르 안방으로 몰려들었다. 그들은 한꺼번에 덤벼들어 나를 걷어차고 짓밟기 시작했다. 한동안의 구타가 끝나자, 그들은 양쪽에서 나를 달랑 들어올려 끌고 나가더니 검은 지프에 태웠다. 양 옆으로는 몸집이 뚱뚱한 그 지휘자 격의 사내와 다른 한 사내가 각기 앉았다. 한 사내가 나의 뒷목을 움켜쥐더니, 얼굴이 지프의 바닥에 닿도록 꽉 억눌렀다. 숨도 쉬기 힘들 지경의 자세였다. 차가 달리기 시작했다.

「너 이 새끼, 악질인 줄 알았지만, 우리한테 한번 당해봐라, 이 새끼. 죽일 놈의 새끼. 내가 널 아주 죽여줄 테니까.」

동시에 그의 팔꿈치가 옆구리에 꽂혔다. 차가 달리는 내내 그들은 계속해서 그렇게 팔꿈치로 옆구리만을 쳤다. 몇 차례인가 의식을 잃었다. 그러나 그들은 쉬지 않고 내 옆구리만을 공격했다. 입 안에서 피비린내가 풍겼고, 정신이 몽롱해졌으며, '이번에는 정말 숨이 끊기는구나' 하는 생각이 들 정도로 호흡은 오랫동안 내 폐 속에서 제대로 빠져나오지 못했다.

집에서 출발한 지 약 30~40분 정도 달렸을 때였다. 차가 멎고, 철문 열리는 소리가 들렸다. 철문 사이를 지프가 통과했다. 그리고도 차는 한참을 더 달린 다음에야 멎었다.

「고개 들어, 이 새끼야. 내려.」

그제서야 나는 고개를 들고 지프에서 내렸다. 베레모 복장의 특전대 군인들이 여기저기에서 집총자세로 경비 중이었다. 나는 지하실 입구로 끌려갔다. 그곳에도 특전대 군인들이 경비를 서고 있었다. 그들에게 등을 떼밀려 나는 지하실로 내려갔다.

그곳이 바로 중앙정보부 지하실이었다.

중앙정보부 지하실

기다란 복도가 있었고, 복도 한쪽으로 신문실이 줄을 지어 늘어져 있었다. 그 가운데 한 방으로 그들은 나를 끌고 들어갔다. 야전침대 하나와 철제의자 몇 개가 놓여 있었다. 두 개의 책상을 맞붙여놓은 것이 신문대였다. 사방 벽에도, 천장에도 방음장치가 되어 있었다. 창문마저 없었다. 방 바깥의 복도 벽 천장 바로 밑에 조그만 통풍구 비슷한 것이 있을 따름이었다. 문을 닫으면 밖에서 어떤 소리가 나도 들리지 않았다. 역시 문을 닫으면 방안에서 사람 하나를 주리를 틀어 죽인대도 밖으로는 쥐새끼 소리 하나 새어나가지 않을 것이었다.

지휘자 격의 남자가 뚱땡이라고 불리는 주무수사관이었고, 두 사람의 보조수사관과 함께 세 사람이 나를 위하여 할당된 인원이었다. 뚱땡이는 보안대 요원이었고, 한 사람은 중앙정보부, 또 한 사람은 경찰대공 요원이었다. 중앙정보부와 보안대, 그리고 경찰, 이 세 권력기관이 소위 합동수사본부를 형성하는 골격이었고, 그 합동수사본부의 장이 바로 후에 제5공화국의 대통령이 된 전두환이었던 것이다.

그날 밤, 신문은 시작되지 않았다. 그들은 그저 몇 시간 동안 나를 오직 두들겨패기만 했다. 그들은 내가 정신을 잃으면 물을 먹여 정신을 차리게 만들었고, 정신을 차리면 다시 패기 시작했다. 그렇게 정신을 잃었다가 물을 먹고 깨어나고, 또 얻어맞고 정신을 잃었다가 깨어나기를 몇 차례 반복했는지 모른다. 시간이 얼마나 흘렀는지도 모른다. 그 다음부터 비로소 신문이 시작되었다. 아마도 새벽녘인 것 같았다.

「한 가지 사실을 알려준다. 꼭 알려줄 필요는 없지만, 참고사항으로 알려주는 거다. 오늘 0시를 기하여, 즉 1980년 5월 17일 0시를 기하여 제주도를 포함한 대한민국 전역으로 계엄령이 확대 발효됐다. 동시에 전·현직 국가원수에 대한 비방 금지, 정치활동 중지, 대학휴교 등을 내용으로 하는 계엄포고령 제10호가 발표되었다. 조금 전과 같은 어수룩한 세상이 아니라는 것을 명심하고, 신문에 협조해 주기 바란다.」

뚱땡이는 책상 위에 한 묶음의 수사기록을 올려놓았다. 그런 곳에 몇 차례 끌려가서 조사를 받다 보니 알게 된 사실이지만, 순서는 언제나 똑같았다. 그들에게는 항상 조사가 시작되기 전에 이미 완전한 수사기록이 갖춰져 있었다. 그들이 하는 일은 그러므로 수사가 아니었다. 이미 조작해 놓은 수사기록에다 사람들의 진술을 억지로 꿰맞추는 것이었다. 그런 짓을 위하여 그들이 사용하는 행위가 다름 아닌 고문이요, 악형이었다. 그 고문과 악형을 통하여 사건을 조작하고, 진실을 은폐하며, 사실을 왜곡시키는 행위를 그들은 수사라는 이름으로 행하는 것이었다.

그들은 내게 김대중 선생에게서 받지도 않은 돈을 얼마 받았고, 어디다 썼는가에 대해 추궁하기 시작했다. 돈을 받은 적이 없다는 답변에도 「민주헌정동지회가 김대중이 폭력혁명을 일으키기 위한 전위조직인 것을 다 알고 있다」며 자백을 강요했다. 그리고 그들의 폭력은 계속되었다. 보조수사관들은 뚱땡이가 뭐라고 고함을 치거나 언성이 높아지기만 하면, 나에게 덤벼들어 치고 차고 밟고 문지르는 것이었다. 그들의 손에는 매번 몽둥이나 각목이 들려 있었다.

그러한 고문과 악형이 며칠 동안 잠을 재우지도 않고 계속되었다.

잠이라는 것이 얼마나 무서운 것인지를 나는 그때 알았다. 앉아 있다가 졸면 그들은 나를 세워놓았다. 세워놓아도 졸음이 쏟아졌다. 나는 서서도 잤다. 서서도 자면 그들은 옆으로 다가와서 갑자기 걷어차거나 벽으로 밀어 쓰러뜨렸고, 펜대 같은 날카로운 물건으로 이마와 옆구리 등을 사정없이 찔렀다.
 도저히 참을 수 없는 한계에 다다랐다는 생각이 어느 날 갑자기 내 온몸을 사로잡았다. 나는 죽을 결심을 했다.
 일주일쯤 되던 날, 보조수사관들이 외제 깡통맥주와 햄, 소시지 등을 가지고 들어왔다. 그들은 맥주 한 깡통을 나에게 내밀었다.
「김 선생도 드쇼. 일할 때는 일하는 거고, 마실 때는 마시는 거고.」
 나는 깡통맥주를 받아 뚜껑을 땄다. 신문을 받을 때 내가 앉는 걸상 앞에는 책상서랍이 있었고, 나는 거기에 깡통뚜껑을 넣었다. 언젠가 기회만 온다면, 도저히 참을 수 없는 지경일 때 이것으로 손목 동맥이라도 따고 죽으리라. 그러나 그것마저도 내 뜻대로 되지 않았다. 얼마 후에 그들은 그 뚜껑을 발견했고, 대가는 주먹질로 이어졌다.
「이 새끼야, 이 안에서는 죽는 것도 니 마음대로 못해. 알았어?」
 계속되는 고문 속에 그들은 처음에는 김대중 선생에게서 8천만 원을 받았다는 사실을 시인하라고 요구하더니, 며칠이 지나자 1천5백만 원, 또 며칠이 지나자 6백만 원으로 줄었다. 온갖 거짓말을 다 궁리해 내고, 온갖 핑곗거리들을 다 동원하여 겨우 1백5십만 원이라는 거짓 액수나마 억지로 짜맞추어 자백을 하니까, 그들은 그것으로 만족하는 듯 보였다. 그러나 그것이 그들로부터 한시라도 빨리 벗어나기를 바라는 나의 간절한 바람이 만들어낸 환상에 지나지 않는다는 것은 머지않아 밝혀지고 말았다. 고문에 못 이겨 억지로 꾸며낸 말들이 어찌 다른 사람들의 진술과 아귀가 맞을 수 있을까. 주무수사관 회의에서 내가 진술한 내용이 터무니없다며 담당수사관은 꾸중을 들었음에 틀림없었고, 그로부터 다시「얼마 받았느냐?」「안 받았다」하는 허위와 진실의 대결이, 폭력과 알몸뚱이의 대결이 다시 시작되었던 것이다.

어느 누가 끌려와 있는지 알 도리가 없는 상태에서, 어쩌다가 열려진 문틈으로 들려오는 비명소리만이 다른 사람의 존재를 가늠케 했던 그곳에서의 일주일째 날, 그들의 감시를 받으며 나갔던 긴 복도 끝의 화장실 앞에서 김대중 선생의 비서인 김옥두 씨를 볼 수 있었고, 그로부터 보름 뒤에는 예춘호 씨를, 또 보름 뒤에는 존경하는 문익환 목사님의 의연한 모습을 뵙게 되었다. 그렇게 동지들을 만난 것으로 나는 큰 용기와 힘을 얻을 수 있었고, 틀림없이 살아 나갈 수 있으며, 이 나라의 민주화는 기필코 달성되리라는 확신을 더욱 굳건히 가질 수 있었다. 나중에 알게 된 일이기는 했으나, 그곳에는 우리 동지들 거의 모두와 국민연합의 대다수 인사들, 문인들과 학생들, 그들이 소위 '김대중 내란음모사건'을 조작해 내기 위하여 저희들끼리 이리저리 짜맞춘 각본에 포함되는 거의 모든 인사들, 그러니까 이 나라의 민주화를 위하여 목숨을 걸고 싸우던 거의 모든 인사들이 붙잡혀 와서 조사를 받고 있던 중이었다.

조작되는 김대중 내란음모사건

중앙정보부 지하실로 끌려간 지 10일째 되는 날이었을 것이다. 보조수사관 하나가 나에게 좋은 일이라도 난 듯이 다가와 말해주었다.

「김 선생 운 뻗쳤소. 뚱땡이가 우리 분야에서는 아주 유명한 사람입니다. 그런데 그 사람이 김 선생에게 너무나 혹독하다는 소문이 나서 뚱땡이가 수사에서 물러나고 다른 수사관이 김 선생 수사를 맡게 되었어요. 새로 올 사람은 옛날 특무대에 있던 사람인데, 아주 신사적이고 점잖은 사람이지요. 김 선생은 정말 재수 좋은 양반이오.」

그 이튿날, 40대쯤의 남자가 나타나서 복사한 서류뭉치를 책상 위에 내던지더니, 말없이 담배를 피우면서 묵묵히 나를 바라보았다. 얼마나 지났을까? 그가 마침내 입을 열었다.

「김 선생, 오늘부터 나하고 다시 시작하게 됐습니다. 빨리 끝냅시다. 김 선생 어차피 법정에 나가면, 이곳에서의 진술내용을 고문으로 인한 허위자백이었다고 다 부정하실 거 아닙니까? 여기에서 당한 일들도 다 폭로하실 테고 말이죠. 그거야 뭐 뻔한 사실이죠. 그럴 걸 가지고, 이건 아니네, 이건 그르네, 승강이하고, 서로 언성 높이고, 피곤하게 할 거 뭐 있습니까? 하루빨리 이런 곳에서 떠나는 게 낫지요. 김대중 선생도 벌써 다 시인하셨습니다. 그러니, 잘 좀 협조해 주시기 바랍니다. 그래야 서로에게 편하니까요.」

그의 말은 일리가 있었다. 마치 나의 속을 들여다보고 하는 말 같았다. 그의 말에 솔깃해지는 것을 어쩔 수 없었다. 더구나 나는 그의 말투에서 이제 사건조사가 끝마무리에 다다랐다는 것을 강하게 암시받을 수 있었다. 그래서 웬만큼 손해보는 일이 아니면, 그가 하자는 대로 수긍해야겠다고 마음먹었다.

지금까지 뚱땡이 주무수사관은 「김대중 선생에게서 돈 받은 것을 시인해라」, 「그 돈의 일부를 광주의 홍남순 변호사에게 전한 일이 있음을 시인해라」, 「폭력혁명 기도한 적이 있음을 시인해라」, 「민주헌정 동지회의 각 도 연락책임자가 누구였느냐」, 「그 조직에서 광주의 어떤 사람들에게 어떤 지령을 주어 파견했느냐」 등을 집중 추궁했었다.

그러나 새로운 수사관은 그렇지 않았다. 그는 다짜고짜 이렇게 물었다.

「5월 언젠가 북악파크호텔에서 김대중을 비롯하여 국민연합 간부들, 기타 반체제 인사들과 모임을 가졌던 적이 있지요?」

「있소.」

「그게 정확하게 언제였습니까?」

그는 기억이 가물거린다는 나의 답변을 앞질러 정확히 12일을 지

목했다. 그리고 질문을 계속해 갔다.
「그날 모였던 사람들이 누구누구였습니까?」
나는 이제까지 조사과정에서 말이 나왔던 사람들의 이름만을 상기해 내기 위해 노력했다. 내가 더듬거리자 그는 내 말을 가로챘다.
「그럴 거 없소, 김 선생. 조사가 다 되어 있으니까, 내가 이름을 부르는 대로 그 사람들이 참석했었는지만을 진술하면 되겠소. 김대중, 문익환, 예춘호, 이문영, 한완상, 한승헌, 김종완, 서남동, 이해동, 심재권, 장기표, 안병무, 고은, 맞소?」
나는 깜짝 놀랐다. 단 한 사람도 빠짐없이, 그날 모임에 참석했던 사람들의 이름을 모조리 그가 읽어내렸던 것이다. 그제서야 어쩔 수 없이 나는 대답했다.
「대강 그런 분들이었던 것 같소.」
「거기에서 장기표와 심재권이 학생들의 동태에 대해서 보고한 사실이 있지요? 그자들이 국민연합의 실무책임자들이지요?」
「글쎄요…… 그 학생들이 뭐, 동태 보고라기보다는 학생들의 시위 사태에 대해서 이런 저런 얘기들을 했던 것 같기는 합니다.」
「그러니까 그 두 사람이 학생들의 데모에 대해서 얘기했던 건 사실이로군요?」
「그런 셈이오.」
내가 대답하자, 그는 서류를 탁 덮었다. 그리고 자신만만한 표정으로 나를 건너다보았다.
「됐소, 김 선생. 지금 김 선생이 시인한 것과 같이 여기에는 모든 사실들이 다 기록되어 있소. 김 선생이 착각이나 기억상실로 생각이 안 나는 부분이 있을지도 모르지만, 이 기록은 그날의 모임에 참석했던 모든 사람들의 진술을 토대로 하여 작성된 것이고, 그 모든 사람들이 이 서류에 기재된 내용이 그날 토의되었다는 사실을 시인하였소. 김 선생도 여기 기재된 내용들을 시인하고 하루 속히 조사를 끝내시는 게 선생도 편하고, 우리도 편하고, 다른 여러분들도 편한 방법이오. 아시겠소?」

사실 그때까지도 나는 그 새로운 주무수사관에 대해 크나큰 위협은 느끼지 않았다. 오히려 경찰서의 조사보다도 더 부드럽고 싹싹했던 것이다.

「알았소, 그렇게 하겠소.」

그러나 그 다음부터는 전혀 엉뚱한 얘기들이 튀어나오기 시작했다.

「그날의 회합에서 장기표가 이런 말을 한 사실이 있지요? '각 대학은 일정한 날을 정하여 동시에 각목과 화염병을 사용한 폭력시위를 과격하게 벌일 것이다. 경찰차에 불을 지르고, 파출소와 경찰서 등지에 방화를 할 것이다. 데모가 격화되면 경찰과 시위대 사이에 충돌이 생길 것이고, 학생들 측에서 희생이 생기게 될 것이다. 그러면 틀림없이 시민들이 시위에 호응할 것이다. 시민과 학생 시위대가 경찰의 장비를 빼앗아 무장을 시작하면, 마침내 군이 시위진압을 위하여 투입될 것이다. 그때는 군과 시민과의 접전이 시작된다. 그러나 전국적으로 이와 같은 일이 동시에 발생한다면, 군으로서도 손을 쓸 수가 없을 것이다. 그때는 4·19 때와 같이 학생들이 권력기관을 무력화시키고도 정권을 장악하지 않고 그냥 물러섬으로써, 과거의 정치인들이 권력을 인계받도록 하는 우를 범하지 말아야 한다. 오히려 이때를 계기로 민주세력의 구심인물인 김대중 선생을 사태수습을 위한 최선의, 유일한 인물로 내세워야만 학생과 시민, 민중 들을 설득하여 정권을 장악할 수 있다. 다음에는 사후수습이라는 명목으로 민주제도연구소를 주축으로 하여 과도정부를 수립, 이끌어나가면 차기 정권까지 장악할 수가 있게 될 것이다. 이미 5월 8일의 민주청년인권협의회에서 토의 결정된 사항이다.' 그리고 장기표와 심재권은 그날 또한, 각 대학 학생회장단에 영향력을 행사할 수 있는 복학생들을 규합하여 학생 폭력시위를 선동하겠으니, 미리 과도체제 구상을 해두라는 얘기까지 한 적이 있지요?」
「아니아니, 그런 일은……」
「진술 기회를 줄 테니까 조용히 듣고 있어요, 김 선생!」
「그런 얘기를 다 들은 김대중이 '다 좋은 얘기다' 하고 적극 찬성하자 그 자리에 있는 사람들 대다수가 찬성하였고, 다만 한승헌, 이해동, 그리고 김종완 선생, 이렇게 세 명만은 찬성도 반대도 하지 않고 잠자코 앉아 있었지요?」
 나는 온몸의 피가 쏟아지는 것만 같았다. 끔찍했다. 그들이 최종적으로 조작해 내고자 하는 것이 무엇인지를 마침내 깨닫게 된 것이었다.
「아니오, 그건 사실이 아니오. 내가 자식이 넷이오. 내 자식이 성하기를 바란다면, 어찌 장기표니 심재권이니 하는 자식 또래의 사람들에게 그런 큰 죄를 뒤집어씌울 수 있겠소? 그 학생들은 그런 말 한 적 없습니다.」
 그는 앞서의 조사과정에서 '내가 전에 머리를 다쳐 정신과 치료를 받았고, 그 후부터 기억이 가물거린다'고 했던 말을 되짚어 다그쳤다.
「김종완, 너 니 입으로 기억상실이라고 말하지 않았어? 기억상실이면서, 어떻게 그놈들이 그런 얘기 한 적이 없다고 완강히 부인할 수 있어?」
「아무리 기억상실이라 해도 그런 끔찍스럽고 무서운 얘기를 한 것마저 기억이 안 나겠소? 그런 얘기 절대 한 적 없소. 절대 없소! 난 이런 허위사실은 시인할 수 없소.」
「잠자코 듣기나 해!」
 그는 한참 동안을 더 읽어나갔다. 그러나 이미 내 귀에는 그가 하는 얘기가 하나도 들리지 않았다.
 마침내 읽기를 끝마친 주무수사관은 나를 쳐다보며 의기양양하게 말했다.
「어때? 우리가 모르는 사실이 하나라도 있을 것 같아서 사실을 감추려 했어, 김종완?」
「그런 일 없소.」
「그럼, 내가 묻는 말에 대답해 봐. 김대중 옆에 X가 앉았었지?」
「그랬던 것 같소.」
「그 옆에는 H가 앉았었지? 그 옆에는 K가 앉았고, 그 옆에는 Y가 앉았었고, 그 옆에는 U, 그 옆에는 L, 그 옆에는 C, J, M, Z……이런 순서로 앉았었지?」
「그랬던 것 같소.」
놀랍게도 그들은 북악파크호텔의 모임에서 우리들이 어떤 순서로 어떻게 앉아 있었는지까지도 모조리 알고 있었다. 그렇다면 우리들이 그날 어떤 얘기들을 나눴었는지도 모를 리가 없었다. 그런데도 그들은 터무니없는 모함으로 우리들 모두에게 폭력혁명 기도라는 죄목을 뒤집어씌우려 하는 것이었다. 소름 끼치는 일이었다.
「그것 봐. 다 시인하면서, 왜 그건 시인할 수 없다는 거야, 김종완?」
「그런 일이 없었기 때문이오.」
「이 새끼 이거, 도대체 여기가 어딘 줄 알고 이렇게 뻗대는 거야?」
마침내 구타가 시작되었다. 새로 온 주무수사관은 때려도 꼭 주먹질을 했다. 한 손으로 머리칼을 움켜쥐어 치켜올린 다음, 다른 한 손으로는 주먹을 쥐어 정수리를 가격하는 것이었다. 그 구타법은 그때까지 내가 받아온 어떤 구타나 악형보다도 더 무섭고 지긋지긋한 고문이었다.
「차라리 날 죽이시오. 사형당해도 내가 사형을 당하겠소. 남의 자식 죽이고, 내 자식 잘 되기 바라면서 살 수 있겠소? 난 그런 거짓말은 시인할 수 없소. 차라리 그 소리를 내가 했다고 자백하라면,

그건 할 수 있소. 그렇지만 그 학생들을 무덤으로 파묻는 짓은 난 차마 할 수 없소.」

그렇게 하여 고문은 다시 시작되었다. 그 주무수사관은 마침내 점잖고 신사적이던 가면을 유감없이 벗어 던졌다. 그리고 그 야수 같은 고문 아래 날이 지고 새는 나날이 다시 시작되었다.

중앙정보부로 끌려 들어온 지 48일째, 주무수사관 회의에 참석하고 온 그는 나에게 다른 사람들의 진술내용이라는 것을 보여주었다. 그들이 제시한 북악파크호텔에서의 허위사실을 관련자 모두가 시인한 것으로 되어 있는 진술들이었다. 그는 정색을 하고 조용히 말했다.

「김대중 선생도 시인했소, 김 선생. 다른 사람들도 다 시인했단 말이오. 시인하지 않은 사람은 오직 당신 하나뿐이오. 당신 하나만 시인하면 조사가 끝나서, 모두 검찰로 인계할 작정이오. 어차피 판사 앞에 가면 부인할 것, 다른 사람까지 고생시키지 말고 시인하시오.」

재판 그리고 우리들의 투쟁

그렇게 하여 우리 일행은 서울 서대문구치소로 거처를 옮기면서, 검찰로 넘겨졌다. 군검찰관의 조사가 시작되었다. 그의 책상 위에는 진술조서의 복사본이 놓여 있었다. 검사가 몇 가지 질문을 했다. 중앙정보부 지하실에서 조사받은 내용과 똑같았다.

「나는 중앙정보부 지하실에서, 고문과 억압 아래 그 조사를 받았습니다. 그들도 그럽디다. 법정에 가서 부인하고, 여기에서는 시인하라구요. 그런 환경에서 공정한 조사와 자백이 이루어졌을 거라고 생각해서, 그자들이 꾸민 조서를 가지고 날 조사하는 거요?」

「우리로서도 어쩔 수가 없습니다.」

「설마 군검찰관 앞에서야 우리들을 고문할 수는 없겠지요. 자백하지 않겠소. 시인할 수 없소. 그 조서의 기록은 모두 허구요.」
「이러시면 서로 입장만 난처해집니다.」
「나는 이런 거짓 조서에는 결단코 도장을 찍지 않겠소.」
그러자 군검찰관은 의자를 차고 나가버렸다. 잠시 후에 건장한 몸집의 세 사나이가 들어왔다. 나는 중앙정보부에서의 악몽을 상기하며 공포에 사로잡혔고, 그들은 내 뱃속까지 꿰뚫어보는 듯이 한동안 나를 노려보았다. 이윽고 한 사나이가 입을 열었다.
「인주 가져와.」
다른 한 사나이가 인주를 가져왔다. 그 사나이는 내 손에 인주를 묻혀 그 두터운 조서에 하나하나 지장을 찍어나갔다.
우스꽝스럽기 이를 데 없는 군사재판 1심과 항소심이라는 요식행위를 거쳐 우리들은 사형으로부터 징역 2년에 이르는 형을 선고받았다. 나는 징역 4년의 실형을 선고받았다. 그리하여 나와 한승헌 변호사, 이해동 목사를 비롯한 10여 명의 동지들은 육군교도소로 옮겨졌다. 그곳에는 우리들보다 한발 앞서 그곳에서의 생활을 시작했던 김대중 선생을 비롯한 일부 동지들이 우리를 기다리고 있었다. 그러나 동지들과 같이하게 되었다는 기쁨은 잠시뿐, 우리들은 한 사람씩 독방에 분리 수감되었다.
모든 사람들이 알고 있듯이 그때 이미 김대중 선생은 사형선고를 받아놓고 있는 몸이었고, 아무리 무법의 무리들일지언정 설마 사형을 확정하기까지 하랴 하는 것이 우리들 모두의 심정이었다. 김대중 선생의 구명을 기원하는 고은 선생의 낭랑한 독경소리는 육군교도소의 어두운 복도를 메아리쳤고, 복도 입구 쪽에 수감되었던 한승헌 변호사는 밤중에 김대중 선생을 끌어내 가는 것이 염려되어 밤을 새우다시피 했다. 또 이해동 목사는 김대중 선생이 끌려가는 것을 누군가는 막아야 한다는 생각에, 감방 문턱에 누워서 문을 닫지 못하도록 하며 몇 날 밤을 버텼다. 우리들의 기도에 응답이 있었던 것일까?

마침내 김대중 선생의 사형이 무기로 감형되었다는 소식이 들려왔고, 계엄령도 해제되었다는 소식이 들려왔다.

우리들 모두 일반교도소로 이감될 것이라는 소문이 나돌기 시작한 것이 그 무렵이었다. 계엄령이 모두 해제된 마당에 민간인들을 군교도소에 감금할 법적 당위도, 명분도 없다는 것이 그 소문의 설득력 있는 근거였다. 그러던 어느 날, 한승헌 변호사가 안기부(중앙정보부가 안전기획부로 바뀌었다) 사람들에게 호출을 받고 나갔다 왔다면서, 그들이 곧 나와 이해동 목사도 불러낼 것이라고 말했다. 아니나 다를까, 잠시 후에 연락이 왔다. 안기부의 모 계장이 수하를 거느리고 와 있었다.

「김 선생님, 그간 얼마나 고생이 많으셨습니까? 이리 좀 앉으십시오. 몸은 좀 괜찮으십니까? 건강이 제일이지요. 더구나 앞으로 좋은 일 많이 하셔야 할 테니까요.」

나는 이미 경험을 통하여 알고 있었다. 그들이 하는 말에는 언제나 이면이 있다는 것을. 마침내 그는 본론을 꺼내놓았다.

「다름이 아니라, 여러분께서 지금까지 고생도 많고 하셔서, 정부가 여러분 가운데서 한 변호사님과 이해동 목사님, 그리고 김 선생님을 가석방시키려고 준비 중에 있습니다. 그 절차 문제 때문에 좀 협조를 부탁드릴 것이 있어서 왔습니다. 다른 건 필요 없습니다. 마음 가볍게 지금까지의 잘못을 뉘우치고 있다, 앞으로는 정부시책에 협조하겠다는 내용의 반성문 한 장 간단히 쓰시면 됩니다.」

「여러 사람들과 같이 있었는데, 우리들만 먼저 나가는 것은 싫습니다. 또, 이제 와서 반성문이라니요? 나 자신의 얼굴에 똥칠하는 그런 짓은 할 수 없습니다. 하여간 이렇게까지 찾아와 주시니 성의는 고맙습니다.」

그러나 그는 집요하게 매달렸다.

「기회는 이번 한 번뿐입니다. 가족들을 생각하셔서 이번 기회를 놓치지 마세요, 김 선생.」

그날 일이 뜻대로 되지 않자, 다음날 그들은 다시 나를 찾아왔다. 나는 이번에는 처음부터 완강히 반성문쓰기를 거부하였다. 그들은 내 결심을 알게 된 순간, 처음의 설득적이고 친절하던 탈을 벗어 던졌다.

「김 선생, 왜 그리 말을 못 알아들으시는 거요? 이번이 마지막 기회라니까. 이번 기회마저 놓치면 두 번 다시 후회해도 소용이 없어요. 벌을 받고도 도무지 뉘우치는 기색이 없으니, 이거 도대체 이런 제안을 꺼내놓은 내가 바보지.」

그 말에 참았던 나의 분노가 폭발하고 말았다.

「지금 뭐라고 했습니까? 뉘우치다니? 정작 뉘우치고 사죄해야 할 사람들이 누군데? 무고한 사람들에게 엉뚱한 누명을 씌우고 그것을 명분으로 삼아서 국민들의 주권을 약탈한 사람들이 도대체 누구한테 반성문을 쓰라고 강요하는 겁니까?」

그와 나 사이에 차츰 언성이 높아졌다. 헌병들에게 끌려나오는 나를 향하여 그는 이렇게 내뱉었다.

「어디 누가 이기나 한번 두고 보자. 너희들이 얼마나 배겨내는지 내 한번 볼 테다.」

강릉교도소로

그런 일이 있고 사흘이 지난 뒤에 우리들 모두가 이감될 것이라는 통고가 왔다. 육군교도소에서 우리는 비록 따로따로 감금되어 있었을지언정 복도나 화장실, 세면실 등에서 잠시나마 얼굴을 볼 수 있었고, 감시자들의 틈을 봐서 몇 마디나마 인사를 주고받을 수 있었다. 그러나 앞으로는 그것마저 불가능하게 되고 만 것이었다.

아침 일찍부터 이감 준비는 시작되었다. 헌병들이 덤벼들어 극형을 받은 난폭한 죄인을 다룰 때에 사용한다는 가죽수갑을 채웠고,

그 위를 다시 포승줄로 결박하였다. 출발 직전까지도 그들은 어디로 이감되는지에 대해 일언반구도 없었다. 우리는 다만 한 사람씩 서로 다른 곳으로 보내질 것이라고 추측만 할 뿐이었다. 서로에게 몸 건강히 지내야 한다는 다짐을 주고받으며 한 사람씩 그곳에서 끌려나갔다. 언제 다시 만나게 될지, 과연 만나게는 될 것인지마저 알 수 없는 상황이었다.

　나는 검은 지프에 태워졌다. 내가 탄 차의 앞과 뒤를 헌병 지프가 호위하였다. 차는 북으로 동부고속도로를 달렸다. 나는 혼자서 아마 원주로 가는가 보다, 하고 추측하였다. 대관령고개에서 용변을 처리하러 잠시 차가 멎게 되었다. 인솔책임자는 그제서야 나에게 목적지가 강릉교도소라고 알려주었다. 세 대의 헌병 지프가 있는 곳으로 돌아오다가 문득 참으로 한심하다는 생각이 들었다. '5척 단구의 나 한 사람을 호송하기 위하여 이토록 많은 인력과 장비가 동원되고 있다니, 얼마나 우스꽝스러운 노릇이며 얼마나 큰 국력의 낭비인가. 이런 낭비와 소모가 모두 부당하게 국민으로부터 약탈한 권력을 유지하기 위하여 악용 남용되는 비용이 아닌가.'

　이 일에 대한 웃지 못할 에피소드가 있다. 강릉교도소로 이감된 지 며칠 뒤에 안사람이 면회를 왔었다. 어떻게 호송되어 왔는지를 묻기에 나는 대답해 주었고, 안사람은 집에 돌아가서 아이들에게 그 얘기를 해주었던 모양이다. 그 이야기를 들은 아들이 이렇게 말해서 한바탕 웃음을 터뜨렸었다는 것이다.

「그럼, 김대중 선생은 앞뒤로 탱크가 경계를 했겠네.」

　나 역시 그 이야기를 듣고는 쓰디쓴 웃음을 금할 수 없었다.

　강릉교도소에 도착하여 교도소장과 보안과장 및 간부들의 목전에서 서슬 퍼런 입감수속을 마치고 소장의 위협적인 훈시가 끝나자, 나는 교도관들에 의해 감방으로 인도되었다. 감방문이 열린 순간, 나는 깜짝 놀라지 않을 수 없었다. 내 짧은 두 팔을 벌리면 양쪽 벽에 닿을 만큼 방은 좁았다. 작은 창이 하나 있었던 공간마저 철판으로 폐쇄되어 있었다. 아마도 교도소 당국이 급히 철판을 구하여 막은 듯 보였다. 그리고 직경 5센티미터가 채 되지 않는 쇠파이프를 박아놓은 것이 소위 변기였다. 흔히 교도소 안에는 고분고분하지 않은 재소자들을 처벌하기 위한 몇 가지 시설이 있는데, 그 가운데 하나가 먹방이라는 것이다. 그것은 말하자면 교도소 안의 교도소, 감방 안의 감방과도 같은 것이었다. 그러나 강릉교도소의 그 감방은 그런 먹방보다도 더 좁고, 더 불편하며, 더 어둡고, 더 운신하기 힘들게 꾸며져 있었다.

 강릉교도소에 이감되어서도 교도소장과 강릉 안기부 책임자의 감시는 계속되었고, 얼마 후 소장에게서 반성문을 쓰라는 권유를 다시 받게 되었다. 소장에게 거부하면 보안과장이, 그마저 거부하면 교무과장이, 또 다른 간부들이 계속 바통을 이어받았다. 그러는 사이에 교도소장이 전임되고 새로운 교도소장이 부임하였으며, 보안과장 역시 새로운 인물로 바뀌었다. 나는 그와 함께 김 주임이라는 사람이 새로이 전출되어 왔다는 소식도 들었다. 소문을 통해서였다.

 이상하게 들릴지 모르지만, 교도소 안에서처럼 소문이 빨리 도는 곳은 아마 없을 것이다. 폐쇄된 사회라지만, 그리고 내내 방 속에만 갇혀 지내는 사람들이지만, 어떤 경로를 통하여 알게 되는 것인지 불가사의하다는 느낌이 들 정도로 교도소 안팎에서 벌어지는 온갖 종류의 소식이 순식간에 전 교도소 내에 퍼져나가는 것이다. 정말 신기한 일이 아닐 수 없다. 바로 그와 같은 교도소 소식통을 통하여 새로이 부임해 온 보안과장이 이번에 과장으로 진급한 만만찮은 인물이며, 김 주임이라는 인물은 서울에서도 명성을 떨치고 있을 정도로 악명 높은 자라는 것을 알게 되었다.

 그들 보안과장과 김 주임이라는 자가 부임한 지 보름쯤 지난 어느 날이었다. 그날도 나는 운동장에 나가 하루 단 한 시간의 소중한 운동시간을 마치고 방으로 돌아왔다. 감방 안으로 들어선 나는 깜짝 놀라 발걸음을 멈추었다. 책이며 옷이며 이불 등이 모두 헝클어져 있었다. 누군가 방을 뒤진 것이 분명했다. 교도소 규칙 가운데 검방이라는 것이 있다. 사고예방을 위하여 수감자들의 방을 불시에 수색하는 것이 검방이다. 그러나 검방을 할 때에는 수감자 입회하에 하여야 한다는 규정이 있다. 더구나 나와 같은 정치범의 경우에, 검방은 지극히 예외적인 일이었다. 나는 담당교도관을 불러 누가 이 방에 들어왔었는지 물었다.

「새로 오신 김 주임님이 검방을 하셨습니다, 김 선생님. 이해해 주십시오.」

「검방을 한다 해도 규정은 지켜야 할 것 아니오? 본인 입회하에 검방해야 한다는 규정을 주임이나 되는 사람이 몰랐단 말이오? 보안과장과 김 주임을 면담시켜 주시오.」

「김 선생님이 이해하시라니까요.」

나는 왠지 이상한 예감이 들었다. 혹시 내 사물함 보따리에 불온문서나 교도소 규정으로 금지되는 어떤 물건이라도 감춰두고 나를 모함하려는 것이 아닌가, 하는 생각마저 들었다.

담당교도관이 떠나간 지 얼마 지나지 않아서, 기다렸다는 듯이 김 주임이라는 자가 시찰구 앞에 나타났다. 그것 역시 지극히 이례적인 일이었다. 교도소에서 수감자가 간부에 대해 면담을 신청하는 것은 대부분 무언가 불만이 있는 경우였다. 간부들은 대부분 바쁘거나, 귀찮고 번거로운 일에 말려드는 것을 기피하기 위하여 면담 신청을 거부하거나 묵살하였다.

「용건이 뭐요?」

「본인 입회 없이 검방이 이루어진 원인을 알고 싶어 면담을 신청했소.」

「113번! 왜 말이 그렇게 많아?」
 정치범에 대해서는 어떤 교도관도 수번을 부르지 않는다. 그것은 성문화되지 않은 어떤 불문율과도 같은 것이었다. 적어도 K씨, 혹은 K 선생 하고 부를지언정, 수번을 불러대는 것은 이례적인 일이었다. 그런데 김 주임이라는 자는 대뜸 고함을 치면서 나의 수번을 부르는 것이 아닌가. 다음 순간, 나는 나도 모르는 사이에 벌떡 일어나 시찰구 앞으로 다가갔다.
 그들이 찾고 있던 것이 바로 그런 트집거리였다. 시찰구 앞으로 다가서는 내 표정을 노려보는 김 주임의 음산한 표정을 보고, 아차 싶었으나 때는 이미 늦은 뒤였다.
 보안과로 끌려간 내게는 방성구(얼굴에 씌우고 입에 물려서 혀를 깨물지 못하게 하고, 소리를 내지 못하게 하는 기구)가 씌워졌고, 손은 앞으로 묶였다. 더불어 발길질과 폭력이 이어졌다. 이번에도 역시 문제는 반성문이었다. 그들은 내게 반성문쓰기를 요구했고, 나는 굴복하지 않았다. 교도관들이 앞으로 수갑이 채워진 나의 두 손을 포승줄로 꽁꽁 묶고, 그 손목을 머리 위로 들어올려 등뒤로 끌어내렸다. 팔이 등뒤로 돌아가지 않자, 그들은 힘으로 그 팔을 등뒤로 넘겼다. 으드득, 뼈 으스러지는 소리가 들렸다. 숨을 쉴 수가 없었다. 가물가물 정신이 멀어져 갔다. 보안과장이 반성문을 쓸 테냐, 안 쓸 테냐, 하고 묻는 소리가 희미하게 저 세상에서의 얘기처럼 들렸다. 이번에는 두 발을 묶기 시작했다. 두 발을 등뒤로 끌어올리더니, 머리 위로 넘겨진 나의 두 팔과 한꺼번에 묶어대는 것이었다.
「써, 안 써?」
 보안과장이 다시 추궁하는 소리가 들렸다. 나는 굴복하지 않았다. 누군가가 나의 손발이 묶인 포승줄을 허공으로 들어올렸다. 내 몸이 허공으로 들려진다고 느껴진 순간, 나는 내가 배설을 했다는 것을 의식하면서 완전히 정신을 잃고 말았다.

시간이 얼마나 지났을까? 의식을 되찾았을 때에는 방성구는 벗겨져 있었고 발목도 풀려 있었으나, 두 손목에는 여전히 수갑이 채워진 채 의자에 걸쳐 눕혀져 있었다. 그때 전화벨이 울렸다. 보안과장이 전화를 받았다. 그는 긴장된 어조로 정중히 저편에 응대하였다.
「예예, 아직은 못 받았습니다. 하지만 받을 수 있을 것입니다. 곧 시도해 보겠습니다. 염려 마십시오. 다시 보고 올리겠습니다. 예예, 예예, 알겠습니다.」
누군지 확인할 수 없으나, 그가 누군가의 지시를 받고 있다는 것만은 확실해진 것이었다.
이어지는 설득과 회유와 위협에 나는 침묵으로 일관했다. 간간이 그들은 한꺼번에 덤벼들어 미친 듯이 나의 온몸에 발길질과 주먹질, 몽둥이질을 해댔다. 온몸이 피투성이가 되었는데도, 이제는 통증마저 느껴지질 않았다. 다시 아까와 같은 오랏줄 고문이 시작되었고, 이번에는 방성구마저 씌우지 않았다. 나에게 더 이상 비명을 지를 기력마저 남아 있지 않다는 것을 아는 듯했다. 이상한 일은 아까보다도 통증은 훨씬 덜해진 듯한데, 구역질이 느껴진다는 점이었다. 머리가 빠개지는 것 같고, 온몸의 관절이 해체되는 듯하고, 고막이 터질 것처럼 아프고, 머리통이 바람을 가득 넣은 풍선처럼 팽창하여 금방이라도 터져나갈 것만 같았다. 나는 바로 이것이 죽는 것이로구나, 하고 생각했다. 죽으면 안 된다, 하는 절망적 위기의식이 한동안 머릿속을 벌떼처럼 날아다녔다. 그 다음 순간, 의식이 차츰 멀어져 갔다. 아마도 보안과장이었으리라. 누군가가 내 머리채를 잡아 위로 치켜들며 「쓸 거야, 안 쓸 거야?」 하고 추궁하는 듯한 소리가 귓전을 왕왕 울렸다. 그러나 무슨 말인지 구체적으로 알아들을 수는 없었다. 나는 무조건 있는 힘을 다해 고개를 앞뒤로 흔들었다. 그들이 덤벼들어 나를 풀어주기 시작했으나, 그것이 내가 의식할 수 있었던 마지막 일이었다. 나는 곧 다시 의식을 잃고 말았던 것이다.

정신을 차리자 반성문을 쓰라는 요구가 반복되었고, 며칠만 더 생각을 정리할 시간을 달라고 요구하는 나를 보안과장은 김 주임에게 맡기고 나가버렸다. 또다시 고문이 시작되었다. 그들은 마치 나를 두고 공세우기 경쟁을 하는 듯했다. 시간이 지나고 날이 밝자, 출근하는 직원들이 나를 보고는 흠칫 놀라다가 옷만 갈아입고는 못 본 척하며 나가버리기도 하였다. 얼마 후 어디선가 전화가 왔고, 그들은 나를 방성구만 벗기고 두 팔은 여전히 뒤로 묶은 채 징벌방으로 옮겨놓았다.

그 후 나는 단식투쟁을 시작했으며 누가 어떤 경로를 통해 알렸는지 모르나, 아내와 양심수 가족들이 교도소를 방문해 면회를 시도했고, 그것이 불허되자 내·외신을 비롯한 각계에 이 사실을 알렸다. 교도소장을 비롯한 간부들은 나를 설득하여 이 사건을 무마하기 위하여 혈안이 되었고, 그 와중에 마지못한 독재권력자들은 법무부 교정국의 조사관들을 동원하여 요식행위에 불과한 진상조사를 시작했다.

그러나 조사과정에서 나는 그들에게 '주범이 처벌받지 않는 상태에서 종범만을 처벌한다는 것은 오히려 저 어두운 곳에서 음모를 계속하여 꾸미고 있는 자들, 치외법권적 지위에 있는 자들을 도와주는 것에 불과하다'는 뜻을 분명히 밝히고, 저들이 원하는 고문행위 당사자를 거명하는 것은 거부하였다.

1982년 3월에 나는 형집행정지로 출소하였다.

그날 그 자리

이호철

1932년 함남 원산 출생
자유실천문인협의회 대표
예술원 회원
경원대학교 초빙교수
장편소설 「서울은 만원이다」
「남녘사람 북녘사람」 등
현대문학상 · 동인문학상 · 대산문학상 수상

그날 그 자리

이호철

오전 일곱시.

12·12와 5·18사건 관련자 열여섯 명에 대한 검찰의 구형이 이루어질 지방법원 청사 정문 앞은 전직 대통령 두 사람이 피고인으로 나오는 재판치고는 일단 별로 삼엄하지가 않고 범상한 분위기 일색이었다. 각 방송사, 신문사의 차량들이 즐비한 속에 한쪽으로 날씬하게 생긴 하얀 텐트 두엇이 처져 있고, 방청권을 얻으려는 형형색색의 사람들 스무남은 명이 정문 앞에 딱히 줄을 이룬 것도 아니고 안 이룬 것도 아닌 상태로 쭈름히들 늘어앉은 채 기다리고 있었다. 그냥 기다리고 있는 것이 아니라 투덜투덜거리며 가벼운 입씨름을 벌이고 있었다. 그 입씨름을 잠시 듣고 있던 나는 슬그머니 어처구니가 없어졌다. 지금 이 사람들은,「당장 앉아 있는 이 줄이 방청권을 얻는 진짜배기 순서다」「아니다, 그렇지가 않다, 시골서 올라와 며칠째 밤까지 새우며 여기서 기다리다가 잠깐 조반 먹으러 간 사람들도 있다, 따라서 지금의 이 줄이 방청권 얻는 진짜배기 순서일 수는 없다」하고 아웅다웅하며 점점 목소리들이 높아지고 있었다. 그 다투

는 소리를 가만히 듣자 하니 양쪽 다 일리들이 있었다. 한쪽 주장은 「방청권은 80장으로 제한되어 있으니 지금의 이 순서대로 발급을 해야지 그렇지 않고서는 더 더욱 혼란만 가중될 것이 아니냐」 하는 것이고, 다른 한쪽 주장은 「그러면 시골서 올라와 이 자리서 며칠째 밤을 새우다가 잠깐 요기하러 간 사람은 어떻게 하느냐, 너무 억울하지 않으냐」 하였고, 그러자 이쪽에서는 「그게 사실인지 아닌지 어떻게 증명하느냐」 하였고, 그러자 또 저쪽에서는 「뭐라고? 증명? 증명? 내가 증명하지」 하며 얼굴이 시뻘게져서 두 주먹으로 자기 가슴을 턱턱 치고 있었다. 그렇게 서로 멱살 잡기 직전까지 이르고 있었다. 재판 구경 왔다가 자칫 엉뚱한 칼부림에 끼여들라, 모름지기 이런 자리는 피하고 볼 일이다.

나는 슬그머니 자리를 피했다. 그리곤 자꾸 혼자서 피식피식 웃음이 나왔다. 무언지 스스로도 잘은 모르겠지만, 그 방청권 타는 순서를 두고 투덕투덕 싸우는 광경은, 이 재판의 어느 단면을 약여하게 드러내는 풍정이 아닌가 싶어지기도 했던 것이었다. 그렇게 싸우기나, 이렇게 다투기나 거기서 거기일 듯도 싶었다.

요컨대 27번이나 진행된 이 재판의 어마어마한 외양에 비한다면 밝혀진 알맹이는 너무너무 빈약하지 않은가. 그리고 그것은 이 사건을 맡은 재판부로서도 더 이상은 어찌해 볼 수 없는 것이 아니었을까. 27번이나 진행된 재판이라는 것이 종당에는 양쪽의 입장 차이만 더 두드러지게 부각시킨 꼴이 된 것이다.

오전 열시.

어렵게 얻은 방청권과 주민등록증을 몇 번에 걸쳐 내미는 삼엄한 신체검사까지 거치며 드디어 대법정으로 들어섰다.

재판장 호명에 따라 전두환, 노태우 피고 순서로 입정하는데, 하나같이 죄지은 사람 얼굴들이 전혀 아니다. 그런 쪽으로 꼭 보자고 마음먹은 것도 아닌데, 차라리 전두환, 노태우를 비롯한 관복 입은 피고들이 더 당당한 얼굴들이고, 간간이 끼여들어 있는 사복 차림의 피고들이 하나같이 주눅들어 있는 얼굴이다. 항용 그럴 수도 있겠거니, 왕년에 상관으로 모셨던 분이 관복 차림인데 자신은 사복으로 나왔으니 미안한 마음인들 어찌 없을 것인가, 하고 전혀 이해가 안 되는 것도 아니지만, 단순히 그런 정도의 차원을 넘어서 피고들 전체에 감도는 분위기는 심상치가 않다. '재판거부'였다. 그것은 전두환 피고에게서 가장 대표적으로 두드러지게 드러났다. 도무지 사형 구형을 받은 사람의 얼굴이 아니었다. 재판장의 신문에 처음부터 끝까지 응답거부로 일관하는 오연한 자세도, 자기대로 할말이 많은 사람의 모습이었다.

그가 할말은 과연 무얼까. 전폭적으로 응답을 거부하지는 않은 노태우 피고의 재판장 신문에 대한 짧은 응답에서도 흘낏 비쳤었지만, 저들은 지금도 12·12와 5·18사건을 정권찬탈이 아니라 '구국(救國)'의 역사(役事)였다고 확고하게 믿고 있는 것이다.

나는 여기서 문득 우리 정치권의 여야관계 같은 것을 떠올렸다. 국회라는 한 지붕 아래에서의 여야관계라는 것은, 국회의원직을 내던지지 않을 한도 안에서의 피차의 다툼이다. 국회라는 한 지붕이 저들의 공약수이다.

그리고 이 재판의 다툼은? 저들은 본질적으로 승복을 하지 않고 있는 것이다. 애당초 피고석에 설 사람들이 아니라고 저들은 지금도 여전히 생각하고 있다. 그렇다면 결국 마지막 판가름은 누가 해낼 것인가. 그것은 역사에 맡길 수밖에 없겠지만, 전직 대통령 두 사람을 나란히 피고인 자리에 세워놓았다는 이 전대미문의 거사는, 바로 우리의 민주화가 이만큼 반석 위에 서게 되었다는 증좌가 아니겠는가.

하지만 결심재판치고는, 도대체 이럴 수가 있는가 싶을 정도로 너무 싱거웠다. 대체 그러면, 이 재판이 어떠해야 한다는 말인가 하는 점에 대해서는 나도 딱히 할말이 있었던 것은 아니었다.

다만 나는, 이 결심재판이 진행되어 가는 과정을 지켜보면서, 그 피고인 중의 한 사람이 1979년 YWCA 위장결혼식 사건 때 중부경찰서 보호실에서 특별 호출을 받아 이것저것 신문을 받은 일이 있었던 바로 그 대령(그 당시)이었음을 확인하며 새삼 착잡해졌다. 그때는 무척이나 무시무시하고 삼엄했었는데, 이 재판은 왜 이 모양인가. 전직 대통령들에 대한 나름대로의 예우인 셈인가? 이런 생각이 흘낏 들었다.

광주 망월동의 원혼들도 이제 고이 잠드시라…….

법원 가는 길의 지하철역을 빠져나오면서 우선 눈에 띈 것은 우중충하게 비가 내리는 속에 전철역 입구에 서 있는 일고여덟 명의 '전경'들 모습이었다. 쥐색 우의 차림에 눈에 익은 방패를 하나씩 들고 무료하게 서 있는 그 스무남은 살쯤의 젊은 사람들이 오늘따라 유난히도 안쓰러워 보였다. 순간 지난번 연세대의 '한총련' 농성 때 억울하게 희생된 그 젊은 사람을 떠올리며 나는 이렇게 혼자 구시렁거렸다.

오늘 선고를 받게 될 전두환, 노태우 피고들은 며칠 전의 그 '한총련' 농성을 과연 어떤 시각으로 바라보았을까? '오냐 잘한다. 부셔라, 부셔. 아예 몽땅 뒤집어엎어라, 뒤집어엎어' 하고 난동 학생들을 부추기는 쪽으로 바라보았을까? 설마 그렇지는 않았을 것이다. '아예 몽땅 뒤집어엎어라' 하는 데서는, 두 피고 공히 저도 모르게 주춤했을 것이다. 왜냐 하면 만에 하나, 한총련 데모가 저들 뜻대로 성공했을 때는, 이런 종류의 재판을 기대할 수나 있었겠는가. 저 중국의 문화대혁명 때 전국가주석이었던 유소기가 당하듯이, 아니 그보다 몇 갑절 더 힘하게 당했을 테니까.

그렇다! 전두환, 노태우 피고들은 한총련 농성이 절정에 이르면 이를수록, 16년 전 저들이 주동했던 5·18 진압의 정당성을 챙기려 들지 않았을까. 1980년의 광주, 그때의 그들이나 오늘의 광주에서 올라왔던 남총련 그들이나 그게 그거지, 과연 무엇이 다르냐고. 그러니까 전두환, 노태우 피고들은 지난번 한총련 농성사태 속에서 바로 16년 전의 저들 5·18 진압의 정당성을 보려 했을 것이다. 지난번 결심재판에서 전두환 피고의 당당해 보이기도 하던 재판거부 태도도 그런 일환이었을 터이다. '나는 이런 재판을 받을 입장이 아니다. 지난번 한총련을 진압한 당국의 그것과 무엇이 다르냐. 16년이라는 시간 차이만 있을 뿐이지, 대체 무엇이 다르냐…….'

두루 혼자서 이런 생각을 굴리면서 법정 안으로 들어선 나는, 지난번 결심재판 때와는 달리 법정 안을 빼곡히 메운 방청객 인파에 우선 놀랐다.

재판장이 문제 하나하나에 대한 재판부로서의 법리 해석을 술회하고 있었다. 공소권 남용이다 아니다, 시효가 지났다 안 지났다, 대통령 임기 동안은 빼는 게 타당하다, 정승화 참모총장 연행이 직무상의 행위였다 아니다, 대통령 재가를 안 받았기 때문에 법적 정당성이 없었다, 5·18 광주 진압은 자위권 발동이었다 아니다, 전두환 피고가 이희성 피고에게 지시를 내려 정도영이 어쩌고 어쩌고, 한도 끝도 없이 이어지고 있었다. 「빨리 선고나 하지, 뭐 저래 말이 많노.」 나는 가만히 혼자서만 구시렁거렸지만 다른 방청객들도 모두 같은 생각인 것 같았다.

전두환 피고나 노태우 피고가 '16년이라는 시간 차이만 있을 뿐이지, 1980년의 광주 난동과 지난번 한총련 주도의 연세대 난동과 무엇이 다르냐'고 제각기 구시렁거린다면, 그러는 저들 입장이 나름대로 이해는 되지만 그에 대한 나의 대답은 이렇다. '아무렴, 다르고말고! 80년의 광주민주화투쟁을 난동으로 보는 그 시각부터 원천에서 다르거니와, 전두환 피고가 처음부터 끝까지 오연하게 이 재판을 거부할 수 있었던 것도 그러하고, 예상대로 사형이 언도는 되었지만 절대로 그대로 처형이 되지는 않으리라는 것을 본인이 아는 것도 그러하다. 법이라는 차원에서 사형선고를 받으면서도 끄떡도 않는 저 전두환 피고의 오연한 자세의 잘잘못은 이제 역사가 마지막 판가름을 하리라.'

법원을 나서서 지하철로 들어서는 입구에, 방패막이를 하나씩 들고 쥐색 우의 차림으로 여전히 서 있는 젊은이들, 조반들이나 제대로 먹었는지, 아까 들어올 때와 매한가지로 몹시 안쓰러워 보였다.

그렇다, 끝내 모든 것은 시간이 풀어낸다. 세월이 엮어내는 섭리.
20년 전 그때, 수정을 차고 단독 포승에 친친 휘감긴 채, 교도관들과 하나같이 헌칠하게 생겨 있던 헌병들의 중범(重犯) 다루듯 하는 삼엄한 옹휘하에 육군본부 강당에서 무시무시하게 군사재판을 받던 일이 바로 어제 같은데, 벌써 20년째로 접어들다니……. 그때 참모총장이라던가, 왕별 넷의 군복 차림 재판장 장군은 우리 피고석에서는 아득히 먼 높은 자리에 있어, 도무지 목소리를 듣기가 어려웠고 사람 같지가 않았었다. 명실상부하게 '권위의 화신'이었고, 지금 생각하면 '대낮 도깨비'였었다.
그 사람이, 80년 그해 유난히도 추웠던 그 여름에 우리를 재판하는 재판장 자리에 멀리 높이 아득히 있던 그 사람이, 그 참모총장이, 4년 전 96년에는 그때 그 일로 강남구 서초동의 문민재판을 하는 피고석에 초췌하게 웅숭그리고 앉아 있었다. 4년 전의 그 문민재판은 20년 전의 그 군사재판에 비하면 너무나도 점잖았다. 검정 법복 차림의 재판장도 자상하게 말씀이 많으셨고 차분차분하게 제대로 심리라는 것을 해주고 있었다. 그 점이 재판의 방청을 갔던 나 같은 사람으로서는 내심 꽤나 억울하기도 하였지만, 아서라, 바로 이게 이만큼 민주주의 세상이 됐다는 증좌가 아니겠는가 싶어 그 점으로 자위를 해야 하는지 알쏭달쏭했었다.

김대중 대통령은 경상북도 행정개혁을 주재한 뒤, 80년 그 당시의 국무총리였던 신현확 씨 등 그 지역 주요 인사 40여 명과의 만찬 자리에서 박정희 전대통령의 업적을 재평가하고 기념관을 건립하는 데 정부 차원의 적극적인 지원 방침을 밝혔다. 이것은 지난 15대 대통령 선거 당시의 공약 사항이기도 하였다.
　김 대통령은「지난날에는 정적(政敵)으로 박해를 받았지만 이제 과거를 청산하고 화해하며 그이를 재평가해야 한다」라고 하고, '용서', '화해', '화합' 등 주로 감성적인 단어를 써가며「내 진심이 받아들여질 것으로 믿는다」고 거듭 강조를 했다고 한다.

　김대중 대통령이 경상북도 행정개혁 보고회의를 주재한 뒤 현지 유력인사 40여 명과의 만찬 자리에서 고 박정희 대통령에 대해 몇 마디 한 언급과 그이의 기념사업을 정부 차원에서 적극 지원하겠다고 밝힌 뉴스는 백파만파(百坡萬波)로 퍼져나가며 회오리를 일으키고 있었다. 김 대통령은 대구광역시 업무보고를 주재한 자리에서도 거듭「나는 이제 돌아가신 박 전대통령과 진심으로 화해했다」라고 운을 뗀 뒤「사실 지난 대선 때 구미 생가를 방문했을 때 반은 화해를 하고 반은 표를 의식한 것이었는데 이번에는 진심으로 화해한 것」이라고 다짐을 했다고 한다.
　비록 짧막했지만 심경 고백을 곁들인 이 발언은 전날 경상북도 행사 때의 언급보다 더욱 인간적이었다는 게 참석자들의 반응이었다던가. 이어서 김 대통령은「박 전대통령 기념관 지원은 그분을 지지했던 사람이 하는 것보다 지지하지 않고 대결했던 사람이 하는 것이 더욱 의의가 있다」면서「내가 박 전대통령과 화해하였듯이 나와 여러분이 이제 화해한 것」이라고 하였다고 한다. 이를 받아 국민회의는 대변인 성명을 통해「민주화세력과 근대화세력의 화합은 역사 발전의 동력이 될 것」이라고 평가했다.

이런 일련의 움직임이 과연 이렇게도 놀랄 만한 것인가. 우리 언론은 김 대통령의 이런 언급을 '대담한 시도'라고 표현하였고, 정치권도 대체로 환영하는 분위기라고 하지만, 평소에 정치권과 일정한 거리를 두고 있는 나의 입장에서는 추호도 놀랍지가 않았다. 놀랍기는커녕 대강 예상하고 있던 일이었다. 그것도 꼭 야박한 정치적인 전략이나 전술 차원으로서가 아니라, 더 본원적으로 '사람살이와 시간, 세월의 상관'이라는 차원에서 이미 전부터 나는 애매하게나마 그렇게 예상하고 있었던 일이었다. 차라리 이 경우는 국민회의 대변인 성명의 '민주화 세력과 근대화 세력의 화합'이니 '역사 발전의 동력이 될 것'이니 하는 번드르르한 상투적 어구에 실소를 머금게 된다. 거기서도 예외 없이 오늘날 우리 정치권의 반응양태를 발견하며 약간은 지겨운 느낌마저 든다.

실제로 작금의 여야관계뿐 아니라 우리 정치권 속의 지난 수십 년간의 역대 여야관계를 나는 주로 언외(言外)의 국면으로 건너다보곤 하는데, (이미 이건 모 지면에서도 밝혔거니와) 무슨 일이 터질 때마다 대변인 성명이다, 부대변인 성명이다, 서로 명분이나 형식 논리에 치우친 언어 게임을 일삼고 있지만, 사실은 그 밑에 숨은 본뜻이 무엇이냐 하는 쪽으로 관심을 가져보면 문제는 훨씬 쉽고 간명해진다. 요컨대 '표의 향방'을 둘러싼 신경전에 지나지 않았다. 정치권에 몸담고 있자면 개인 차원으로건 정당 차원으로건 가장 노심초사하면서 주력을 쏟는 것은 바로 '표'인 것이다. 우리 유권자들도 그 점만은 훤히 꿰고들 있다. 그렇게 우리 유권자들이 훤히 꿰고 있다는 것을 정치권도 정치권대로 냉철하게 알고 있어 연년세세 모든 힘을 모아 거기에만 오직 대처해 오고 있는데, 정치권의 이 기본 '틀'은 하도 오랜 세월 지나다 보니 거의 경화(硬化) 국면으로까지 들어서 있다. 이 점은 정치권 안에서 들입다 뛰고 있는 사람이 알 리가 없고, 일반 유권자도 유권자대로 으레 그런가 보다, 저런가 보다 하고 유야무야로 흘러가버린다.

　오죽하면 정치인으로서 가장 인간적이고 솔직한 토로였을 이번 대구 발언에서 김 대통령이「표를 의식했다」는 소리까지 실토했을 것인가. 현직 대통령이라는 사람이 대놓고 국민 앞에 이런 소리를 입 밖에 낸다는 것은 일반 상식에는 어긋난다. 그러나 그 점을 모를 리 없으면서도 굳이 이런 소리를 입 밖에 내지 않을 수 없었던 데에 바로 우리네 현금 정치의 고질이 자리해 있는 것이 아닐까. 물론 그건 사실이었을 것이다. 반은 표를 의식했었다는 사실. 하지만 현직 대통령이 스스럼없이 이렇게 '표' 이야기를 한다는 것은 왠지 너무 범속해 보인다. 그리고 그 점을 뻔히 알고 있으면서도 그 상황대로의 리얼리티를 지니기 위해 그 용어를 굳이 쓰지 않을 수 없었던 점이 나로서는 싸하게 가슴이 쓰려온다.

　물론 국민회의 측은「김 대통령의 입장은 단순한 정치적 이해(利害)에서 출발한 것은 아니다」라며 동기의 순수성을 강조하는 것을 빠뜨리지 않고 있지만, 그러나 당은 당대로 어느 일각에서는 전국적 국민정당을 위한 동진(東進) 정책에 탄력을 줄 것으로 은근히 기대도 하고 있다고 하였다. 또한 이미 국민회의 측에서는 '전두환 전대통령 등 5공 세력보다 박 전대통령 쪽에 비중을 두는 것이 보수층과 TK 민심관리에 효과적'이라는 진단을 내린 것으로 알려졌다던가. 한나라당 측의 반응도 다양하고 복잡하다고 한다. '지역화합을 위해 좋은 일'이라고 일단 받아들이면서도 '과거와 화해를 시도하면서 야당에 정치보복하는 것은 이율배반적 복선이 깔려 있는 총선전략'이라고 의심의 눈초리를 걷지 않고 있다던가. 그쪽의 한 고위당직자는「박 전대통령 기념관 건립이라는 명분을 김 대통령이 선점(先占)해버렸다」고 여권의 속셈을 꼬집고,「대응하기가 매우 매우 까다롭다」라고 말했다던가.

　자민련 측은 이례적으로 공식성명을 내지 않고, 그 대신 당직자 회의에서 '환영과 경계' 발언이 반반이었다던가. 그쪽의 한 측근은 「김 대통령의 박 전대통령과의 화해, 근대화에 대한 재평가는 바람직하지만 국민회의의 TK 끌어안기라는 측면도 무시할 수 없다」고 경계, 우려하는 소리도 없지 않았다고 한다.

와글바글 정치권의 이런 들끓는 반응을 전해 들으면서 나는, 그들이 먹이 하나를 두고 몰려드는 개미떼처럼 보이기조차 하였다. 반응 하나하나는 나름대로 지당하였고 이해는 되었지만 왜 좀더 허심탄회하게 받아들이질 못하는지 어이가 없었다.

나는 앞에서 이번 김 대통령의 발언에 추호도 놀라지 않았으며 벌써부터 예견하고 있었다고 하였거니와, 끝내 모든 것은 시간이요 세월이 엮어내는 섭리인 것이다.

김 대통령은 그 언급에서 1979년 봄에 「차지철 경호실장에게 면담을 요청했지만 거절당했다」라고 털어놓으면서 「그해 10·26 시해사건 때, '생전에 우리 두 사람이(박정희 씨와) 가슴을 열고 대화를 하지 못한 것이 아쉽고, 만일 대화했다면 우리 역사가 바뀌었을지도 모른다'고 술회했던 바도 있다」라고 털어놓기도 했다고 한다.

그러나 그 아쉬움은 지금 이 시점에서의 가정법이고, 그때 그 두 사람이 대좌하지 못했던 것까지 포함해서, 시간이라는 것이 엮어내는 기기묘묘한 섭리는 깊고도 오묘한 것임을 새삼 확인하게 된다.

요컨대 김대중 대통령의 그 화해 발언은 현 정치권 수준으로 끌어내릴 것이 아니라 그것 자체로서 본원적으로 좀더 허심탄회하게 받아들여야 할 것이다. 이만하면 이 나라, 이 산천의 운세는 앞으로도 대강 밝지 않겠는가.

그날 0시 이후

고 은

1933년 전북 군산 출생
자유실천문인협의회 대표
한국 민족예술인총연합 의장
시·소설·평론 등 120여 권의 저서를 출간
만해문학상·중앙문화대상·대산문학상 수상

그날 0시 이후

고 은

　1980년 3월 혹은 4월을 세상에서는 '서울의 봄'이라고 이름지었다. 이 얼마나 자기 기만적인 이름이던가.
　다만 지난 20년 군사독재를 한 몸으로 휘두르던 박정희가 없어졌다는 사실 하나만으로 꽉 막혔던 가슴이 열렸을 뿐 모든 것은 한 가닥 예측도 허용할 수 없는 불안이었고 어떠한 희망도 보이지 않았다.
　나는 《실천문학》을 창간 중 YH노조사태 배후조종자로 구속되었다. 그때까지 요지부동으로 정체되었던 정치 시국이 이 YH사건을 계기로 격동하기 시작하자 부마시민항쟁으로 이어지더니 대통령 피살이라는 커다란 사태로까지 발전했다. 1979년 10월이었다. 뒤에 내가 석방되자 윤보선 전대통령은 내 이름 '은(銀)'을 '금(金)'으로 고쳐야겠다면서 유신체제 종말을 즐기고 있었다.
　그러나 대통령의 죽음이라는 사건 때문에 YH노조 간부였던 노동자 김경숙의 죽음은 신민당사 사태와 함께 시대의 이면으로 잠적해 버리고 말았다. 사실인즉 1970년대란 노동자 전태일의 분신자살(1970년 11월)과 노동자 김경숙의 죽음(1979년 8월)으로 열리고 닫했던 악독한 유신체제의 시대였다.

　카터 방한반대를 주도한 나는 한쪽 고막이 망가지는 고문을 받고도 잇달아 YH사건으로 재구속되었다가 1979년 12월 주거제한의 병보석으로 석방된 상태였다. 석방되자마자 네시간 반 동안의 인조고막 이식수술을 받았다. 그제서야 귀가 들리기 시작했다.

　다른 쪽 귀도 수술하지 않으면 뇌신경이 손상될 위험이 있었다. 그래서 수술 날짜를 부랴부랴 예약했다. 1979년 이래 적극 가동되고 있던 '민주주의와 민족통일을 위한 국민연합(약칭 국민연합)' 회의에 자주 참석하면서 그때까지 재야에 머물렀던 김대중 공동의장이 정치 표면에 떠오르고 있었다. 나는 이문영 교수 등과 그 회합에 참석하거나 자유실천문인협의회 등 각계의 지식인들과 만나면서 새로운 시대에의 열망에 넘쳐 있었다. 숱한 대학 강연도 마다하지 않았다.

　또 서울시청 청사에 두고 있는 계엄사 언론·출판물 검열반을 눈가림하기 위해서 내 별명 '무단(舞丹)'으로 시를 발표했으며, 편집후기에 담화 형식으로 쓴《실천문학》창간사조차 부분 삭제했다.

　수술과 수술 사이의 시간이 내 활동을 채워주었다. 세상은 온통 거리를 메우는 시위였고 경찰은 최루탄을 이용해 때로는 시위를 진압하고 때로는 시위를 유도해 가고 있었다. 신군부 전두환이라는 이름이 들리기 시작했다. TV 화면에 나온 계엄사 사령관의 얼굴은 모자이크 처리로 알아볼 수 없었다.

　1980년 5월은 뜨거웠다. 나는 5월 14일과 15일의 서울역 대시위에 문익환 목사 부인 박용길 장로 등과 함께 참여했다.

　버스 한 대가 불타올랐다. 이 사건은 신군부가 세상에 나오는 여론조작의 기반이 되고 있었다. 이에 앞서 신세계·미도파 백화점 일대에서 벌어진 학생 시위행진에서는 '북은 오판 말라'는 방어적 구호를 내걸기도 했지만 '전두환은 물러가라'가 시위의 주제였다.

　전국 총학생회장이 서울로 집결하고 광주, 부산 등지의 지역 시위도 그 기세가 등등했다.

나는 자실(자유실천문인협의회)을 재가동시켰다. 국민연합 성명서 기초작업으로 문익환 목사, 함세웅 신부 등과 자주 만나야 했다.

5월 17일 저녁이었다. 나는 모르는 사람의 전화를 받았다. 물론 내 전화는 오랫동안 도청되고 있었다.

「너 죽을 날이 왔다! 고은, 너 몸조심해라!」

이따금 오는 협박전화의 하나라고 여겼다. 내 대답 역시 거칠었다.

「너 누구야! 너야말로 내가 장사지내 주마!」

그 전화가 있고 나서 시인 이시영의 다급한 목소리가 수화기를 타고 들려왔다.

「지금 올림픽 주경기장에 군대가 집결되어 출진을 앞두고 있습니다. 빨리 피하십시오.」

나는 이시영의 침착하지만 다급한 목소리를 듣고「알았다」고만 대답했다.

가만히 생각했다. 뭘까? 서재 안을 한번 돌아보았다. 열 번도 넘게 가택수색을 겪었던 서재였다. 3·1절이나 8·15 혹은 4·19 같은 날들엔 그날을 앞뒤로 5일 내지 7일간을 함께 '동거'하던 중앙정보부 요원과 관할경찰서 정보과 형사의 체취까지도 스며 있는 서재였다.

나는 도피하지 않기로 결심했다.

내 살림을 도와주는 숙자와 복순이에게 생활비를 주고 집을 잘 지키라는 말도 해두었다. 그런 다음 소주 한 병과 깍두기 접시가 놓인 개다리소반 앞에서 천천히 자작하기 시작했다. 하지만 곧 술 마시는 일도 그만두었다. 말콤엑스의 책을 읽었다. 그러다가 잠들었다.

그날 밤 자정 무렵 대문 두드리는 소리가 났다. 숙자가 나갔을 때는 이미 그 문을 넘어 사람들이 들어와 있었다. 정보부 수사국 간부와 내 담당 이××그리고 한두 사람이 더 있었다. 서재와 다른 방들을 마구 뒤지기 시작했다. 나는 이미 검은 차에 실려 있었다. '갑시다' 따위의 말도 없었다.

 1980년 5월 18일 0시 30분 나를 태운 계엄사 합동수사본부 호송차는 화곡동, 김포, 여의도, 마포를 경유하여 수사본부에 도착했다.

 차가 마포대교를 건널 때 「봐요, 세상 확 바뀌졌소」라는 한마디를 들었다. 군대가 교통 통제를 하고 있었다. 한밤중의 국회의사당 앞에는 탱크가 서 있었다.

 모든 것을 군대가 진행시키고 있었다.

 수사본부 지하 2층.

 나는 맨 구석에서 두 번째 방이었다. 1970년대 이래 열 번쯤 드든 지하실이었다. 방음장치가 된 하얀 벽들. 네 모서리를 방안의 동작을 관찰할 수 있는 스크린으로 두른 천장. 그리고 조사관 앞에 책상 하나를 둔 피의자의 의자.

 그 새벽 지하실에서 조사관 아홉 명이 나를 에워싸고 서 있었다. 주무수사관은 침착했다. 그러나 나머지 여덟 명은 나를 인간으로 취급하지 않았다. 온갖 협박과 폭언이 이어졌다. 나는 한 마리 물고기처럼 도마 위에 놓여 있었던 것이다. 다른 방에도 사람이 잡혀오는 것 같았다. 나는 한마디했다.

 나는 고문당할 각오가 되어 있다. 그러나 나는 한쪽 귀를 수술하고 다른 한쪽 귀 수술을 예약한 상태의 환자다. 내가 왜 귀 환자인지는 이곳에서 더 잘 알지 않느냐……. 그러니까 내 수술 부위만은 건드리지 말기 바란다!

 이 말은 고문하되 그곳만은 피해달라는 뜻이었다.

「짜아식! 되게 살고 싶은 모양이구나!」
「임마, 너는 이제 다 끝장이야. 너하고 김대중하고 문익환하고는 끝장이야. 뭐? 귀 두 쪽이 그리도 아깝냐.」
「너 1933년생이지……. 이 정도로 네 일생은 충분해……. 새로운 세상에서 너 같은 건 필요 없어!」

천장의 형광등 불빛은 무정했다. 그 불빛은 그때부터 나에게 낮과 밤을 잃어버리게 했다.

인혁당 도예종을 담당했던 수사관이 나에 관한 몇 가지 사안의 조사관이었고 간첩담당의 조사관도 내 사상 쪽 사안을 맡아 신문했다.

내 옆방에 김동길 교수가 들어온 것 같았고 그 뒤로 송건호 씨가 들어온 것 같았다. 다른 방들도 채워지는 것 같았다.

내 첫 오만은 한동안의 구타로 인해서 한풀꺾여 버렸다. 새벽 네시쯤 주무수사관이 쉬는 동안 다른 수사관이 자신이 쓰는 간이침대에 나를 눕혔다. 나는 이미 녹초가 되어 있었다.

그런데 지상에서 야근 중이던 수사과장이 지하실 순찰을 위해 내려와 구둣발로 잠든 나를 짓이겼다.

「이 새끼를 왜 VIP 대접이야……..」

나는 시멘트 바닥에 떨어졌다.

첫 수사기록부에는 국기문란사건이었다. 국기문란이라면 사형선고까지 염두에 두어야 했다. 이 국기의 주요 내용은 국가보안법 적용이었다. 나는 그때까지 두 차례 감옥에 간 적이 있었지만 1977년 대통령긴급조치령 제9호 위반과 1979년 국가보위에 관한 특례법 위반이었지 국가보안법 위반은 아니었다. 그 당시 '국보' 위반은 가장 치명적인 것이었다. 국가보위법 또한 오래 잠들어 있다가 1979년에 다시 적용시킴으로써 '국보'와 같은 수준까지 된 조항이다. 내 초기 수사는 국가보안법 위반 적용이었다. 그런 과정에서 나는 내가 잡혀오지 않았으면 결행했을 5월 18일 장충단공원 대집회와 그 집회 뒤 청와대까지 진격할 때 쓸 화염병 제작에 관해 얘기했다. 화염병은 가장 충격적인 이름이었다. 1980년대엔 누구나 만들 수 있는 것이었지만 그때는 무기의 개념이었다.

내 입에서 화염병이란 말이 나오자 방안의 수사관들은 새로운 사실을 알아낸 듯 집중적으로 나를 추궁했다.

문익환, 이문영 교수 들과 장충단공원에서 대집회를 선동한 뒤 거기 모인 사람들을 앞장서서 화염병을 던지며 데모 진압부대를 뚫고 가려던 내 생각을 이야기했다. 장기표가 대회를 위해 활동한 것은 이미 그들도 알고 있었다. 그런데 문익환 목사 수사관도 장충단공원 집회를 발설했다. 이렇게 되자 국가보안법 적용을 슬그머니 철회하고 내란음모 쪽으로 적용하기 시작했다. 지하실의 주무수사관들은 회의 때문에 지상으로 자주 올라갔다. '국기문란사건'이란 이름도 '내란음모사건'으로 바뀌었다. 그런데 이는 5월 18일의 광주민주화운동과 깊이 관련된 것이었다(나는 이 사실을 그 당시는 알 수 없었다).

나는 하루하루를 머릿속에 새겼다. 그러나 곧 그만두었다. 지하 2층에서 단 한 번도 지상으로 나가본 적 없이 2개월 이상을 보냈다. 철야신문은 계속되었다. 이미 진술한 것을 다시 반복하며 새로운 사실을 이끌어내고 조작하는 과정이 한두 번이 아니었다. 내란음모사건은 어느새 '김대중 내란음모사건'으로 고착되었고, 내가 노동자들을 선동해 국가를 전복하려 했다는 혐의가 상대적으로 축소된 대신 수사의 주요 목표는 김대중 의장과 관련된 사건에 치중되어 있었다. 나는 하루 내내 서 있어야 하는 관과 같은 사방 1미터도 안 되는 방에 넣어진 일이 있었다. 정신착란이 왔으나 참선으로 그 조건을 이겨냈다.

6월 중반쯤 국가보안법 적용을 폐기하고 내란음모죄 적용과 계엄법 위반 그리고 서울대생 이해찬 등을 교사한 혐의로 계엄교사 위반 등 세 가지 사항으로 내 죄의 범위를 확정하는 것 같았다.

나는 극한 상황을 체험하고 있었다. 시멘트 바닥에 꿇어앉힌 채 다리를 찍어대는 고문은 내 감수성에 절망을 가득 채워주었다. 햇빛을 보지 못해서인지 내 손등에는 없던 털이 나기 시작했다.

변소에서 만난 서남동 목사는 나를 보아도 눈인사도 하지 못하고 천치바보처럼 무뚝뚝했다. 리영희 교수도 얼핏 보았다.

나는 더 이상 버티어낼 수 없었다. 극도로 쇠약해진 심신에 1960년대까지 나를 따라다니던 죽음이 다시 솟아나 자살에 대한 생각이 커져갔다.

첫째, 이 절망적인 상황에서 내가 죽으면 그 죽음이 하나의 반전을 가능케 할 수 있다는 것, 둘째, 시인이란 이러한 현실에서 죽어감으로써 시적 의무를 다할 수 있다는 것과 나에게는 다행히 처자가 없으므로 유족에 대한 부담이 없다는 것 등으로 내 자살을 합리화하고 있었다. 죽어야 산다! 이것이 내 결심의 내용이었다. 하지만 이 죽음은 이전에 내가 네 번이나 자살미수를 거듭했던 그 허무주의는 아니었다. 그런데 내 앞머리를 칠 벽면이나 모서리가 없었다. 책상 모서리엔 고무를 부착해 놓았고 벽이나 문에도 충격을 흡수하는 장치가 있었다. 화장실에서도 가능하지 않았다.

결국 혀를 깨물어버리는 방법밖에 없었다. 그런데 한 조사관으로부터 간첩 하나가 혀를 잘못 깨물어 감옥 속의 여생을 말을 할 수 없는 반벙어리로 보냈다는 얘기를 들었었다. 혀를 깨물려면 확실히 깨물어야 했다.

6월 하순, 나는 혀깨물기보다 이마를 철문 모서리에 찧어 뇌를 파괴시키는 자살이 가장 적당하다고 생각했다. 화장실에 다녀오는 길에 화장실 입구의 쇠모서리를 보아두었다.

이 결심을 하고 나자 비장한 심정이었다. 역사의 제물이 될 거라는 생각 때문에 나를 에워싼 조사관들에 대한 공포가 사라졌다. 아니 그들이 불쌍하기까지 했다.

때때로 그들은 수사와 수사, 고문과 고문 사이에 한 인간으로 돌아가 「언제 이놈의 지하실을 면한단 말이냐」「이 지긋지긋한 지하실 신세라니……, 네놈들 때문에 내가 지하실 귀신이 되었단 말이야」라는 한탄과 욕설도 퍼부었다. 고문기술이 뛰어난 홍××는 딸의 약혼자를 만난 얘기와 아스토리아호텔 뒤 섹스목욕탕에 대한 얘기도 했고,

새로 맞춘 구두를 자꾸 신어보기도 했다.
 수사가 장기화되자 조사관과 피의자 사이의 인간관계도 이루어져 밤참시간에 나갔다 오면서 주스도 사다 주는 것이었다. 나는 한 수사관으로부터 '광주사태' 얘기를 얼핏 들었다.
「광주는 지금 피바다란 말이오. 당신도 총탄 선물을 받을 거요. 이왕 죽을 바엔 당당하게 죽어야지……. 사내 장부가 말이야.」
 이런 소리를 듣자 나는 사는 것보다 죽는 것이 더 많은 일을 하는 것이라고 여기게 되었다. 요컨대 내 죽음이 역사 혹은 시대에 하나의 의미가 되고 싶었던 것이다. 이 허영은 처절했다.
 내일 낮 열두시 정각, 점심 쟁반이 오느라 어수선할 때 화장실 용변을 청해서 그곳에서 자결하기로 확정했다. 다행히 그날 밤은 조사가 없었다.
 나더러 무엇이든 쓰라고 했다. 그런 것도 진술조서에 포함시키려는 의도였다. 써나갔다.
 백열등 불빛은 언제나 꺼지지 않았다. 새벽녘이었다. 꾸벅꾸벅 졸았다. 조사관들도 좀 느슨해졌다. 그런데 꿈속에서 어머니가 나타났다. 어머니의 모습은 의젓했다.
「애야, 괜찮다! 죽지 마라!」
 이 말씀만 남기고 어머니의 모습은 사라졌다. 꿈속에서 깨어났다. 하얀 불빛 아래 수사관이 눈뜬 나를 쳐다보고 있었다. 내 뇌리에서는 어머니의 단호한 만류가 사라지지 않았다.
 다음날 점심때가 가까워오자 내 자살 결심은 사라져버렸다. 그때까지 잊어버리고 있던 어머니의 모습을 꿈속에서 보았고 어머니의 말은 나에게 아주 운명적이었던 것이다. 결국 자살은 포기했다.
 7월 하순 무렵, 2개월 이상 진행된 합동수사본부 수사가 종결되었다. 나는 태양을 잃어버린 상태였고 이미 회복하기 어려운 환자였다. 일어서면 바로 쓰러질 것 같았다.

나는 거울을 보고 싶었다. 도대체 나 자신이 어떻게 되었는가를 알고 싶었다.

여느 때와 달리 수사관들이 놀랍도록 친절해졌다. 맥주와 안줏감을 사왔다. 내일 송치되니 이별주를 마시자는 것이었다. 그들은 재판절차를 거쳐 처형당할 간첩도 송치 전야에는 소주 한 잔을 따라준다고 했다. 나는 이문영 교수와 리영희 교수 생각이 났다. 옆방의 김동길 씨와 리 교수는 송치되지 않는다는 사실을 알았다.

나는 이문영 교수를 내 방으로 모셔다 달라고 부탁했다. 내 수사관이 이 교수 수사관에게 이 말을 전해주었다.

얼마 만인가. 구속되기 전에 거의 날마다 만나던 동지이고 형제였던 그 무덤덤한 얼굴을 실로 2개월 만에야 같은 지하실에 갇혀 있다가 만난 것이었다. 그는 술 한 모금 마시지 않는 기독교인이었다. 하지만 그날 밤만은 거품이 없어진 맥주를 몇 모금 마시는 것이었다.

다음날 김대중, 문익환, 이문영, 예춘호, 고은태(고은) 다섯 명은 육군교도소로 갔다. 호송관은 계엄사 헌병이었다. 이미 입고 있던 군복을 다른 군복으로 갈아입히고 군화발로 차면서 고개를 숙이게 했다. 중죄인의 혁수정(가죽으로 만든 수갑)을 채웠다. 이어 지프 선도하에 각각 한 사람씩 합수부 수사관 둘과 계엄사 호송관이 함께 송치하는 것이었다.

고개를 허벅다리에 처박아버려서 어디로 가는지 몰랐다. 남산터널을 빠져나와 경부고속도로에 접어들자 수사관이 고개를 들 수 있게 했다.

남한산성 육군교도소. 기관총좌가 정문 쪽으로 향해 있었다.

육군교도소 특별감방 7호실. 그곳은 교도소 감방처럼 복도를 두고 이어지는 감방이 아니라 미로를 돌아가서 막다른 곳에 있는 감방이었다. 창살이 없었다. 마치 사진을 현상하는 암실과 같았다. 변기통이 있었다.

이틀 뒤 30촉짜리 불이 갑자기 꺼졌다. 한 평짜리 암흑의 작은 공간이었다. 숨막혔다. 나는 참선을 했다. 헌병이 왔다. 「갑자기 정전이 되었습니다.」 그러나 그것은 정전이 아니라 이곳에 들어온 사람들의 기운을 녹이려는 하나의 술수였다.

육군교도소 소장 조××대령이 시찰하러 왔다.

「이 방은 금강경 읽는 방이군」이라고 말했다. 뒤에 안 일인데 바로 내가 있는 방이 박정희 대통령을 쏴 죽인 김재규 전중앙정보부장이 갇혀 있다가 서대문구치소로 옮겨가 처형당할 때까지 있던 곳이었다.

김재규 부장은 여기서 금강경 독송으로 간염을 치료했고, 염주를 굴리며 죽음을 대기하고 있었다. 그래서 내가 승려였다는 사실과 그의 금강경 사연을 연결시켜 말한 것이었다. 방안에는 불교경전(요약본)과 재래의 성서가 있었다. 그러나 나는 그것에 손대지 않았다. 병사들에게 주는 밥말고 일주일에 한 번은 라면이 있었다. 그때까지 나는 라면을 먹어본 적이 없었다. 그것은 취사반에서 운반되어 오는 동안 충분히 불어서 라면 특유의 쫄깃한 맛이 없었다(나는 그 맛에 길들여져서 지금도 라면은 푹 삶은 것이어야 입에 맞는다).

왼쪽 귀에 문제가 있었다. 수술 예약 날짜는 지나가 버렸다. 이따금 귀의 상태가 좋지 않았다. 의무실 군의관들은 성실했으나 치료 실력은 만성중이염 정도의 수준이었다. 게다가 2개월간 조사를 받는 동안 얻은 위염은 거의 궤양 쪽으로 악화되었다.

아직도 나에게 큰소리치던 간첩반 조사관의 목소리가 사라지지 않는다.

「야, 광주 빨갱이 놈들도 다 죽었다. 네놈도 사잣밥으로 먹힐 날이 내일모레란 말이다.」

그런 상황에서 나는 하나의 원칙을 세웠다. 그 극한적인 지하실의 고난 속에서도 끝내 나는 신이나 타력적인 불타를 찾지 않았다. 내가 무교동에서 술에 취해 있을 때에도 신 따위는 찾은 적이 없었다. 내가 지극히 행복하다고 여길 때에도 부처를 생각한 적이 없었다. 그런데 이런 고통 속에 있다 해서 신불에게 의존한다는 것은 하나의 인간적 비열함을 내보이는 것밖에는 아무것도 아니었던 것이다. 이대로 죽어도 나는 아무런 절대자나 대상 없이 죽고 싶었다. 손가락을 깨물었다. 아팠다. 그 아픔만이 내 것이고 내가 살아 있다는 증거였다.

군법회의(군사재판)에 앞서 군검찰관 조사가 있었다. 내가 작가 송기원에게 그의 어린 딸에게 주라고 건넨 돈 5천 원이 0을 몇 개 더 붙여 50만 원이 되었다. 5천 원이 50만 원이 되는 동안 나는 말할 수 없는 닦달을 받았다. 도저히 견딜 수 없게 되면 0이 하나씩 늘어났다. 그래서 50만 원이 되어갔다. 아니, 내가 그렇게 늘려가기 전에 송기원 쪽에서도 고문 끝에 0이 늘어났고 그곳에서 늘어나면 내 조서에도 늘어났다.

그런데 이것을 가지고 나와 김대중 의장을 연결시켰던 것이다. 내가 동교동에서 데모 공작금 50만 원을 받아 송기원에게 두 번으로 나눠 전달하여 서울역 데모를 지령한 것으로 만들어, 세 피의자의 진술서에 똑같이 조작된 공작금 50만 원 부분이 명기되었다.

나는 국가보안법 적용보다 내란음모의 일반형법 적용이 유리하다고 보았다. 상피고인(相被告人) 전체는 국보법 적용을 피할 수 있었으나 김 의장에게는 여전히 국보법 적용을 첫째로 하고 내란음모와 연결시켜 그를 이번 사건의 '수괴'로 확정했던 것이다.

또한 나를 노동운동과 연결시켜 노동절 기념식에서 읽은 시 「노동자들이여 일어나라」를 해석할 때 글씨 '파도여 파도여'를 '파'가 아닌 '타'로 우겨서 정권 타도를 외치는 자술로 조작했다. 이런 조작을 양보하는 대신 내 용어들이 북한용어 그대로라는 억지만은 몇 차례 벗어날 수 있었다.

문제는 김대중 의장과의 회합이었다. 세검정호텔의 2인용 객실 이나 식당 그리고 아카데미하우스 등 몇 군데와 함세웅 신부의 용산성당, 김승훈 신부의 동대문성당 그리고 문익환 목사의 집과 나의 집 회합 등에서 '음모'한 것에 대한 추궁 조작이었다. 이와 함께 국민연합성명서 초안 경위와 발표 경위가 과장되고 있었다.

군법회의는 용산 국방부 부근의 군사법정에서 열렸다. 육군교도소에서 김대중 의장을 한 차에, 문익환 목사와 나를 한 차에, 이문영 교수와 예춘호 의원을 한 차에 태워 외부와 차단된 장치로 호송했다. 나는 그 긴 시간이야말로 갇힌 자의 해방감을 누릴 수 있었다.

피고끼리 말해서는 안 된다. 호송 헌병이 둘 사이를 막았다. 그런 속에서 문 목사는 나더러 「장가가」라고 결혼을 권유했다. 그는 「나 면회 온 박용길하고 입맞췄다」라고 말했다. 잠원땅에 고속터미널이 지어지고 있는 것이 드리워진 차단막 사이로 얼핏 보였다.

몇 차례 이런 출정 끝에 김대중 의장의 사형과 우리들의 중형이 선고되었다. 나는 변호사 변론도 없이 끝났다. 내 최후진술은 김 의장의 진술 시간을 위해 포기했는데 그의 진술은 다음날 별도로 진행되어서 내 배려가 쓸모없는 것이 되었다. 다만 사형선고가 내려지자 나는 김 의장을 위해 감옥 안에서 30일 기도를 시작했다. 이것은 명백하게 나 자신의 태도에 모순되는 것이었다. 나는 끝까지 신불에 의존하지 않기로 했으나 이 사형만은 기도라는 형식을 통해서 피하고자 한 것이었다.

서대문구치소에서 이감되어 온 김상현, 한승헌, 이해동, 김종완, 유인호, 송기원 등이 함께 특별 감방에 수용되었을 때였다. 변소에서 만난 김종완이 내 기도소리를 듣고 눈물을 흘렸다 했다.

박용길 장로가 나에게 신구교회 공동번역의 성서를 넣어주었다. 이전에 성서를 띄엄띄엄 읽어본 일이 있는 것말고는 그때 처음으로 성서를 다 읽었다. 그러나 나는 육군교도소 생활의 대부분을 시의 구상으로 보냈다. 시를 구상하는 일 자체가 하루하루를 보내는 힘이 되었다. 내 문학은 세상을 구하는 것보다 나 자신을 구하는 일이 되었던 것이다.

그때 서사시 「백두산」과 「만인보」가 이미 태어난 것이다. 살아서 다시 내가 시를 쓸 수 있다면 우리 민족의 삶을 위한 싸움의 서사시 외에 우리 민족 구성원 하나하나의 삶에 대한 한없는 사랑을 그들의 선악을 막론하고 그려내겠다는 구상 자체만으로도 황홀한 시간이었다.

나는 군법회의에 나가 용산 군사법정 별실에서 이비인후과 전문의로부터 간이치료를 받아야 했다.

육군교도소 소장 조×× 대령은 그가 만기제대될 때쯤 알게 된 사실인데 내 문단의 친지와 어린 시절의 친구였다. 나는 조 대령에게 사형선고받은 김 의장이 찰떡을 좋아하니 인절미나 한번 특식으로 들여보내 달라고 제안했다. 그것은 곧 이루어졌다.

새 소장이 부임했다. 우리는 재판이 끝나가는 시기여서 교도소 안의 복도 통방이 가능해지자 요구조건을 내걸고 단식투쟁을 강행했다. 사형선고를 받은 김 의장까지 굶겨서는 안 된다는 쪽과 함께하자는 쪽이 맞섰다. 나는 강행하자고 주장했다. 우리는 다섯 가지 조항을 내걸고 단식투쟁을 했다. 내 귀의 고막이식수술 요구도 그 중 하나에 들어 있었다. 이 단식투쟁 이후 육군교도소 특별 감방 처우는 좀 나아졌으나 그 밖의 사항은 한층 더 삼엄해졌다.

1980년이 그렇게 가버렸다. 우리는 모두 광주항쟁과 광주학살에 대해서 어느 정도 알게 되었다. 나는 취침 전과 아침마다 광주 쪽을 향해 추모의 묵념을 계속했다. 어느 때는 울음이 터져나왔다.

대법원 항고이유서를 아주 길게 썼다. 대법원 서류재판이 끝났다. 그리고 전두환의 미국 방문과 쌀 수입과 김대중 의장 사형을 무기로 감형하는 일이 맞바뀌졌다. 또한 우리는 서방세계 전체가 이 구명운동에 동참한 사실을 알 수 있었다.

어느 날 예고 없이 아침에 복도로 불려나갔다. 이감이었다. 김대중 의장이 혁수정을 차고 끌려갔다. 이어서 우리 네 명도 혁수정을 차고 끌려가서 각각 호송차에 태워졌다. 그때 김 의장은 우리에게 책을 읽으라는 말을 했다. 나는 그를 살린 서방에 감사하며 그가 평화상을 탈 사람이라고 생각했다. 다른 사람들은 일반 수갑을 차고 흩어졌다. 경부고속도로의 겨울 풍경과 함께 이 세상에서 가장 외로운 날이었다. 그러나 나는 울지 않았다.

나는 대구교도소로 갔다. 나 하나를 위해 6동 2층 열두 개의 방을 다 비워놓았다. 밤에만 기결수들이 공장에서 돌아왔다. 내 방과 그들 사이의 감방은 비워두었다. 완전 격리상태였다. 나는 다음날 특수반에 불려나갔다. 전향서를 쓰라는 것이었다.

검은 전화기가 담당관의 책상 위에 놓여 있었다. 그것을 집어 방바닥에 내던졌다.

「뭐야, 전향서! 이 개새끼들!」

한참 뒤 담당관이 소리쳤다.

「아주 악질분자로군!」

5·17사건과 나

한승헌

1934년 전북 진안 출생
법무법인 '광장' 고문변호사
민주헌법쟁취국민운동본부 상임공동대표
한국기독교교회협의회 인권위원
동학농민혁명기념사업회 이사장
감사원장
저서「위장시대의 증언」「정치재판의 현장」
「정보화시대의 저작권」등

5·17사건과 나

한승헌

1980년 민주화를 향한 '서울의 봄'을 군화와 총부리로 짓밟았던 정치군인들. 그네들의 폭거는 헌법과 헌법기관의 기능을 불법으로 정지시켰다는 점만으로도 분명한 내란행위였다. 그들은 비상계엄의 해제와 민주정부의 조속한 수립을 요구하는 재야 민주세력을 '소탕'하고자 마침내 '김대중 등 내란음모사건'이라는 시나리오를 만들어 잔인무도한 박해를 감행했다.

비상계엄군법회의는 정치군인들의 조작극에 판결의 포장을 씌워주는 '회의'였으며, 제법 거창하게 꾸며진 그 사건의 허구성에 관해서는 새삼스럽게 언급할 필요조차 없다. 군법회의의 '판결'은 그렇다치더라도 그 잘못을 바로잡아야 할 대법원조차도 군법회의의 판결을 무작정 추인하는 사법적인 과오를 저질렀으니 더욱이나 슬픈 일이 아닐 수 없었다.

나는 소위 김대중 등 내란음모사건의 2진급 피고인으로서, 김대중, 문익환, 이문영, 예춘호 등 여러 재야인사들과 함께 묶여 들어가 법정에 섰다.

1975년 3월 반공법 위반 필화사건으로 구속된 나는 유죄판결이 확정되는 바람에 변호사 자격을 박탈당하고 실업상태에 있었다. 그렇다고 아주 실업자 노릇만 할 수도 없어서 '삼민사'라는 출판사를 꾸려나가면서 국제앰네스티 한국위원회의 책임을 맡아서 일하는 한편, 반독재·민주화운동의 한 축에 끼여 바쁘게 살아가고 있던 참이었다. 그 중에서 '민주회복국민회의'(1973년)와 그에 뒤이은 '민주주의와 민족통일을 위한 국민연합'(1977년)에 참여한 일이 기억에 남는다. 그 무렵 재야 민주화투쟁에서는 윤보선, 함석헌, 김대중, 문익환 등 지도급 인사들이 핵심인물로 활동하고 있었다.

1979년 박정희 씨가 암살된 10·26 사태 후에는 모처럼 민간 민주정부 수립의 기회가 왔다고 생각하고 재야 민주세력들도 모두들 활발하게 움직였다. 자주 모임을 갖고 때로는 격론을 벌이기도 했다. 그해가 저물어갈 무렵, 전두환 소장 중심의 정치군인들이 12·12사태를 일으키는 등 불안한 요소가 돌출하기도 했으나, 그래도 민주정부 수립에 대한 일말의 희망을 버릴 수는 없었다.

해가 바뀌면서부터 비상계엄 해제를 요구하는 투쟁은 한층 거세져서 경향 각지에서 시민, 학생과 근로자 들이 대규모 시위를 벌였다. 그러나 그것이 집권야욕에 불타는 일부 정치군인들에게 탄압 혹은 거사의 빌미를 줄까 봐서 학생들은 5월 15일을 기하여 일체의 시위를 멈추었다. 그리고 모두 학원으로 돌아갔다.

그럼에도 불구하고 집권 시나리오를 짜놓은 군부세력은 5월 17일 밤을 기하여 비상계엄을 전국으로 확대함과 동시에 많은 재야 민주인사를 연행 투옥시켰다. 이렇게 꾸며진 이른바 김대중 등 내란음모 사건은 진짜 내란을 저지른 일부 군인들의 흉계에 따라 연출된 역사상 최대의 조작극이었다.

운명의 5월 17일 밤 열시쯤, 갈현동 언덕바지에 있는 우리 집에 세 사람의 기관원이 들이닥쳤다. 두 사람은 2층 서재로 올라가고, 한 사람은 아래층 안방과 뒷방으로 들어와서 무려 두 시간이 넘도록 수색을 했다. 자료, 책자, 인쇄물에서 일기, 메모철까지 한 짐을 챙기더니 나보고 경찰서까지만 잠시 가자고 했다.

그들은 나를 차에다 태우더니 머리를 숙이고 바깥을 보지 말라고 했다. 끌려간 곳은 남산 중앙정보부의 지하실이었다. 나중에 안 일이지만 내 방 좌우로는 김상현 의원, 이문영 교수가 끌려와 있었고 서남동 교수, 한완상 교수, 이해동 목사 등 재야인사들이 같은 층에서 조사를 받았다.

김대중 선생을 비롯한 많은 민주인사들이 그 사건에 함께 묶여 들어왔고 그때부터 나도 처절한 수난의 길목에 그들의 동반자가 되었다. 남산(중앙정보부) 지하실의 그 생지옥 같은 공간, 거기서 우리는 며칠 모자라는 두 달 동안 온갖 고문과 협박과 수모를 겪으며 터무니없는 '내란음모'의 자백을 강요당했다. 끌려간 사람 상호간을 철저히 격리 차단시켜 놓았기 때문에, 처음에는 누가 어느 방에 끌려와 있는지조차 알 수가 없었다. 단지 이 방 저 방에서 들려오는 비명 섞인 목소리나 화장실 오가는 길 복도에서 우연히 마주치는 얼굴을 통하여 누가 붙들려 왔구나 하는 낌새를 알게 되는 정도였다.

계엄사 합수반이라고 하는 그들은 우선 잠을 재우지 않았다. 그들은 처음엔 나에게 한국앰네스티의 조직과 활동에 관해서 묻더니, 끝내는 한국앰네스티가 인혁당사건이나 남민전사건 관련자들에게 영치금과 가족생계보조금을 준 것이 반공법 위반이라고 몰아세웠다.

그렇게 며칠 동안 지루한 조사를 끌어가더니 다음에는 김대중 선생과의 관계를 묻기 시작했다. 그들은 여러 재야인사들의 동향을 일일이 들먹이면서 결국은 사회혼란을 조성한 것이 아니냐는 쪽으로 몰아갔다. 그러더니 어느 날 뜻밖에도 학생선동, 폭력시위 등으로 내란을 일으켜 정부를 전복하고 김대중 씨가 집권하도록 음모한 것으로 꾸며나가는 것이었다.
　나는 단호히 부인했다. 그들은 마침내 폭력 세례를 서슴지 않았다. 내란을 음모한 사실과 김대중으로부터 거액을 받은 것을 자백하라는 것이었다. 나는 허약한 몸이었지만 무지막지한 고문을 당할 수밖에 없었다. 보안사 소속의 현역이란 자가 주로 악역을 맡아서 야전침대에서 뽑은 침대 받침봉으로 신체부위를 가리지 않고 패는 것이었다. 주먹으로 얻어맞고 발길로 걷어차이기도 하였다. 진술서를 쓰라고 해놓고 내용이 마음에 안 들면 이러저러하게 고치라고 하다가 불응하면 또 고문이었다. 양 무릎 안쪽에다 각목을 끼워넣고 위에서 짓밟는 고문도 견디기 힘들었다. 손가락 사이에 볼펜을 끼워놓고 잡아 트는 간단한 고문도 그렇게 아플 수가 없었다. 조사 요원들은 모두 미쳐 있었다. 구속영장도 없고 가족면회도 막아놓은 채, 엿새 모자라는 두 달 동안 하늘 한 번 보지 못하고 지하실에서 지옥 같은 밤낮을 보냈다. 이 방 저 방에서 고문당하는 비명소리가 들리는가 하면, 때로는 죽음 같은 침묵만 이어지는 두려움의 시간도 있었다.
　사건이 계엄사 검찰부에 송치되는 날에야 우리는 그 지긋지긋한 마(魔)의 지하실을 벗어날 수 있었다. 김대중 선생을 비롯한 '내란음모 제1진'은 육군교도소로 실려갔고, 나처럼 '계엄법 위반'으로 분류된 2진급은 서대문구치소에 수용되었다.

　서대문구치소로 이송되는 날, 거의 두 달 만에 처음으로 하늘을 쳐다보았을 때의 감격은 잊을 수가 없다. 지하실 계단을 오르고 또 올라 지상으로 나온 순간, 외계의 햇빛과 함께 7월의 하늘이 내 시야를 걷잡을 수 없이 흔들어놓았다. 지금 내가 어디로 끌려가는지도 깜빡 잊은 채, 우선 하늘을 쳐다보게 된 것만이 그렇게 반가웠다. M16을 든 헌병과 내 손에 채워진 수갑을 의식한 것은 조금 뒤의 일이었다.
　그날 압송되어 간 서대문구치소는 낯선 곳이 아니었다. 1975년 3

월에 필화사건으로 수감생활을 하던 곳이어서, 말하자면 '재수'를 하게 된 셈이었다. 나를 감방으로 데리고 가던 교도관이 「개× 같은 세상을 만나서 고생하시게 되었습니다」라고 연민인지 위로인지 모를 말을 했다. 그 '개× 같은 세상'이란 상말에서 오히려 나는 적지 않은 위로를 받았다.

서대문구 영천에 있는 그 건물 9사 하 30방에 수용된 나는 손바닥만한 창이라도 하나 있는 것을 다행으로 생각했다. 내 키보다 훨씬 높은 곳에 창이 뚫려 있는 것은 재소자가 바깥을 내다볼 수 없도록 설계된 탓이리라. 그러니 다만 채광과 통풍을 고려했다는 시늉을 낸 것뿐이었다. 그나마 북쪽으로 뚫려 있어서 햇빛은 하루 종일 거의 들지 않았다. 그런 곳에서 언제 끝날지 모르는 옥살이를 하다가는 과연 건강을 지탱할 수 있을까 걱정되었다.

서너 달쯤 지난 뒤에 나는 같은 사의 2층으로 전방(轉房)되었다. 그 방은 남쪽으로 통풍창이 나 있어서 우선 덜 음침해서 좋았고, 햇빛도 하루에 30분 정도는 들어왔다.

싸늘한 쇠창살 너머로 파랗게 보이는 하늘, 바로 그 창살 사이를 뚫고 스며들어와 마룻바닥에 조각보처럼 펼쳐졌다가 사라지는 햇빛. 그것이 감격스럽고 감사했다. 조명 앞에 서 있는 연기자처럼 나는 햇빛이 이동함에 따라 잠시라도 더 일광욕을 하고자 자리를 옮기기도 했다.

군검찰부의 조사란 것도 이미 짜여진 '각본'의 확인작업에 불과했다. '공소장'이란 것을 받아보고서야 누가 무슨 혐의로 기소되었는지를 제대로 알 수 있었다. 한마디로 공소사실은 서투른 각본이었다. 내란음모 혐의치고는 너무도 황당무계한 내용이었다. '공소사실' 자체에 의하더라도 '내란음모'는 성립될 수가 없었다. 오히려 비상시국에 대응하는 민주인사 또는 정치인으로서의 올바른 활동상이 부각되어 있었다.

군법회의 역시 예상을 초월한 촌스러운 연극으로 진행되었다. 처음엔 사선변호인의 선임조차 철저히 봉쇄되었다. 접견·교통권은 간곳이 없었다. 이처럼 김대중 내란음모사건의 조작은 온갖 불법의 극치였다. 전두환은 우리들을 가두어놓고서 국회를 폐쇄하고 '국보위'란 것을 만들더니 급기야 '체육관 대통령'이 되어 집권야욕을 채웠다.

10·26사태 후 김대중 선생을 비롯한 민주세력은 국민연합을 중심으로 반정부투쟁을 하면서, 정부가 통일주체국민회의에서 대통령을 선출하겠다는 것은 파렴치한 국민 배신행위라고 규탄하고, 최규하 과도내각의 즉각 퇴진과 정치범 석방을 요구하는 성명서를 발표하였다.

1979년 11월 24일 오후 다섯시경, 서울 명동 YWCA 강당에서는 결혼식을 위장하고 사람을 모아 통대(통일주체국민회의 대의원대회)에서의 대통령 선출을 반대하고 유신헌법 철폐를 주장하는 집회를 열었다.

2월 27일 오전, 안국동 윤보선 전대통령 댁에서 윤보선, 문익환, 이문영, 고은, 한승헌 등 여러 사람이 모여 논의한 끝에 '3·1절을 기하여'라는 제목의 성명서를 발표하였다.

또한 김대중 선생의 제의에 따라 재야인사들이 협의한 끝에 민주헌정동지회, 민주연합청년동지회, 한국정치문화연구소 등을 통합하여 민주제도연구소를 발족하기로 하고 기독교계, 법조계, 언론계, 문단, 학계, 재야 등 사회 각계 분야별로 참여인사를 선정하였다.

종로5가 기독교회관에서 '유신잔당 물러가라', '비상계엄 해제하라', 'YWCA 사건 관련자 등 구속인사 석방하라'는 구호를 내걸고 농성 중인 양심범 가족협의회 회원들을 찾아가 그들을 격려하고 함께 구호를 외치기도 하였다.

김대중 선생은 서울 YWCA(1980. 3. 26.), 대전가톨릭농민대회(4.

11.), 한국신학대학교(4. 16.), 동국대학교(4. 18.) 등 여러 곳에서 강연을 하는 가운데, 불투명한 과도정부의 정치 일정을 비난하고 조속한 계엄해제와 민주화 이행을 촉구했다.

바로 이 대목을 가지고 계엄사 합동수사본부는 난데없이 '국민연합 중심의 정부 전복 음모'를 창작해 낸다. 공소장에 보면「민심이 정부에서 이탈한 것으로 판단하고서 국민연합이 주축이 되어 이와 연계한 민주청년협의회를 조종, 학생들로 하여금 폭력시위를 일으켜 시민의 가세를 얻어 정부를 전복하고, 김대중이 사태수습 인물로 등장하여 한국민주제도연구소 이사들이 내각의 구실을 하는 과도정부가 수립되고…… 김대중이 4월 29일 덕산에서 '범국민적 민주화 촉진국민선언'을 제창하면 이를 정부 전복의 결정적인 계기로 삼아 국헌을 문란할 목적으로……」라고 둘러대 놓고 있다.

실인즉 유신이 철폐되고 정치 일정에 따라 새로운 민주헌법을 만들어 대통령 선거를 실시하면 김대중 선생이 가장 유리한 입장에 있었으므로 그런 관점에서도 정부 전복이나 국헌 문란은 상상의 여지조차 없었다.

그러나 10·26 직후의 공백을 틈타 엉뚱한 집권야욕에 혈안이 된 정치군인 집단은 저들의 음모 실행에 가장 장애가 되는 김대중 선생과 재야 민주세력을 분쇄하기 위하여 엄청난 허위사실을 조작한 것이었다.

그들은 김대중 선생과 재야 민주인사들이 모여 계엄해제와 유신잔당 퇴진 그리고 민주정부 수립 등에 관하여 논의한 것을 '교내시위를 교외 폭력시위로 유도하고 민중이 가담하여 이를 전국적으로 확산하면 정부는 전복되고 그 후 한국민주제도연구소가 과도정부의 내각 역할을 맡게 하여 정권을 장악하기로 하고……'라는 식으로 덧칠해 놓았다.

교외 폭력시위가 벌어지면 군부집권의 빌미가 되기 십상인데, 그것을 유도해 낼 어리석은 사람이 있을 리가 없었다. 그리고 학생시위에 민중이 가담하면 정부가 전복된다는 식의 공소장 기재 사실은 작문치고도 낙제감에 속하는 저급 수준이었다.

바로 그 공소장에 의하더라도 '피고인'들은 범죄 아닌 옳은 일만 행한 것을 알 수 있다. 80년 '서울의 봄'이 이상기후를 드러낸 5월 이후만 해도 그러했다. 그들 재야인사들은 5월 초순에 연달아 회합하고 민주화촉진국민운동본부의 발족, 민주화촉진국민선언문의 발표 등을 결의한다. 그리고 그 실행을 위한 준비를 진행한 끝에 그 달 6일 동대문성당에서 '민주화촉진선언문'을 작성, 국민연합 공동의장인 윤보선, 함석헌, 김대중의 서명을 받고 그 다음날 기독교회관에서 재야인사들과 다시 만나 이를 내외신 기자들에게 발표한다.

이 민주화촉진국민선언에는 '비상계엄 즉각 해제, 유신잔당 퇴진, 정치범·양심범 석방, 언론검열 폐지, 유정회·통일주체국민회의 해산, 정부개헌심의위원회 해산'을 주장하는 내용이 포함되어 있었다.

계엄군부는, 5월 12일 북악파크호텔에서의 재야인사 모임을 내란음모의 시점으로 표적삼아 독시(毒矢)를 날렸다.

「장기표, 심재권으로부터 학생들의 동향을 보고받고, 학생들이 폭력시위로 정부 주요관서를 점령하면 무정부상태에 빠지게 되고, 그때 김대중이 사태수습 인물로 나섰다가 차기 정권을 장악할 수 있다」라고 하면서 위 두 사람이 「학생 폭력시위를 주도하겠으니 과도체제를 미리 구상해 두어야 할 것」이라고 말하자 참석자들도 이에 찬동했다는 것이다. 내란음모를 덮어쒸우기 위한 조작이 무르익어 가는 대목이었다.

매우 유치한 저질 표현은 나에 대한 공소사실에도 끼여 있었다. 즉 내 공소장에 「……김대중 대통령을 후보로 옹립하면 틀림없이 자신도 출세할 것이라고 확신한 나머지……」라고 적혀 있었다. 나는 법정에서, 「김대중 선생을 옹립하다가는 틀림없이 망하게 되어 있는 점이 이 법정에서도 증명되었는데, 무슨 출세 운운하느냐. 나는 변호사가 된 것만으로도 여한이 없는 출세라고 생각한다」라고 반론했다. 그랬더니 그 두꺼운 공소장 가운데 유독 앞서의 그 대목 몇 줄만은 판결문에서 빠져 있었다.

소위 내란음모사건 공소장은 5월 17일 아침까지의 이야기를 다음과 같이 끝막음하고 있다.

「……상피고인 김대중, 동 문익환, 동 고은태, 동 서남동, 동 한승헌 등과 회합하여 동 문익환으로부터 동월 16일 제2국민선언을 발표하였다는 말을 듣고 동 김대중이 최규하 대통령의 시국 타개에 관한 발표가 있을 때까지 일시 관망하였다가 정치 일정과 계엄령 해제 등에 대하여 불투명한 태도를 취할 때는 제2국민선언에서 예고한 바와 같이 전국민적 궐기를 실행하자는 제의를 하자, 참석자 전원이 이에 찬동함으로써 내란을 음모하고…….」

내란이라 함은 '국토를 참절(僭切)하거나 국헌을 문란시킬 목적으로 폭동을 일으키는 것'인데, 세상에 '제2국민선언에서 예고한 바와 같이 전국민적 궐기를 하자'고 한 것이 어떻게 내란음모가 되는 것인지 난센스 코미디 같은 억지였다.

세칭 5·17사건은 김대중 선생을 사형에 처하기 위한 음모에서 비롯된 드라마였다. 그러나 내란음모는 법정형의 상한이 무기징역이기 때문에 사형을 과할 수 있는 죄명이 하나 더 필요했다. 국가보안법상의 '반국가단체 수괴'로 꾸미면 그것이 가능했다. '한민통 의장 취임'을 조작해 낸 이유가 바로 여기에 있었다.

혐의사실을 보면, 김대중 선생은 1973년 7월 13일 일본에서 조총련과 연관이 있는 소위 베트콩 파의 배동호, 김재화, 곽동의, 정재준 등과 한국민주회복통일촉진국민회의 일본본부의 결성에 합의하고, 같은 해 8월 13일 발기대회를 거쳐 구성된 위 한민통 의장에 취임함으로써 반국가단체의 수괴가 되고 그 후 배동호, 김종충 등과 국제전화, 인편을 통하여 동 단체의 이익이 된다는 점을 알면서 각 구성원과 통신 연락하였다는 요지였다.

그러나 한민통 일본본부(약칭 '한민통')는 국가보안법 제2조 제1항에서 말하는 반국가단체가 아니고, 김대중 선생은 한민통의 결성 당시 일본에 있지도 않았고, 따라서 의장으로 취임한 바가 없으며(물론 취임을 승낙한 사실도 없다), 한민통 간부들과 연락한 일도 없을 뿐만 아니라, 김종충 등과의 통화는 반국가단체의 이익이 되는 일이 아니었고 또 이익이 될 수도 없었다.

당시, 한민통 간부들은 결코 조총련과 연루되어 있지 않았으며 오로지 대한민국의 민주화를 위하여 반독재투쟁을 전개하여 온 사람들이었다. 그들은 본시 대한민국거류민단(이하 '민단'이라 줄임)의 단장, 사무국장 등 요직을 거치면서 대한민국을 지지하는 활동을 전개하여 왔다. 그러던 중 1960년의 4·19를 계기로 민단의 정부·여당 일변도에 반대하는 움직임이 대두하였으며, 5·16 후에는 박정희 군부독재에 항거하는 세력이 민단의 자주화와 모국의 민주화를 위한 운동을 전개하기에 이르렀다.

이에 민단은 박정희 군사정권에 대한 지지여부를 둘러싸고 두 갈래로 나누어졌으니 그 중 민주화운동세력은 '민단정상화유지간담회'를 구성하여 어용적인 민단 집행부를 성토하였다. 또한 7·4 공동성명 후에는 조국의 통일촉진을 위하여 민족통일협의회를 결성하였으며 박 정권의 10월 유신선포 후에는 더욱 격렬한 반유신운동을 전개하였다. 바로 이와 같은 일련의 반독재운동을 벌인 사람들이 훗날 한민통의 결성에 참여하게 되었으며, 따라서 그들은 본국 정부와 현지 공관 및 일부 어용 민단세력에 의하여 반국가적인 용공인물인 양 조작 매도당하고 탄압을 받게 된 것이다.

배동호는 민단의 사무총장, 부단장, 의장을 중임한 민단의 핵심인물이었다. 김재화는 민단 창설자의 한 사람이자 민단 중앙단장을 여덟 차례나 역임한 인물이다. 7대 국회의원 선거 때 야당후보로 나서자 중앙정보부는 그를 조총련자금 반입 혐의로 구속했으나 무죄판결이 확정되었고 그 후 제8대 국회의원을 지내기까지 하였다.

곽동의는 민단 중앙의 조직차장, 재일재향군인회 및 한국청년동맹의 위원장을 역임했으며, 6·25동란 때에는 재일 학도의용군으로 전투에 참전한 인물이다.

정재준은 민단 초창기부터 참여하여 민단계의 신용조합인 상은과 한국학원의 이사를 지냈고, 민단 동경본부의 단장 재임 때에는 박정희 대통령의 초청으로 서울에 와서 국민훈장 동백장까지 받은 인물이다.

또한 김종충, 조활준, 김은택, 김군부 등도 재일한국인 사회에서 조국의 민주화를 위해서 강력한 투쟁을 해온 인물들이며 그들이 '조총련의 지령을 받아…… 북괴 선전활동을 하다가' 운운하는 것은 역대 독재정권이 능사로 삼던 용공모략의 일환이었다. 그들이 1971년 7월에 민단에서 제명된 것도 순전히 정부와의 관계 및 민단 중앙의 활동과 선거 등을 둘러싼 대립에서 빚어진 강압조치였을 뿐이다.

당시 한민통의 성격과 노선에는 조금도 반국가적인 요소가 없으며, 모국의 민주회복과 민족의 자주통일 촉진이 발족의 목적이었다. 1973년 8월 13일자 발기선언문에 의하더라도 한민통은 민주수호, 민족자결, 민족통일을 목표로 설정하였으며, 특히 민주수호에 관해서는 유신체제의 타파를 통한 민주헌정 질서의 회복을 강력히 주장하였다. 같은 해 8월 15일 발기선언대회에서 천명한 정강, 정책은 다음과 같다.

①1인 독재체제의 타도와 헌정질서의 회복, ②민주 민권의 보장과 인간의 존엄·자유·평등의 옹호, ③경제의 대외의존성 지양과 민족경제의 자주적 발전 도모, ④부정부패의 일소, 부익부·빈익빈 현상

의 해소 및 민생문제의 실제적인 해결.

한민통은 1973년 8월 13일에 그 결성발기대회를 열어 발기선언문을 채택하고 임원을 선출하였으며, 같은 달 15일 발기선언대회를 개최하였다. 그런데 김대중 선생은 그보다 훨씬 전인 8일 한국 정보기관원에 의해 동경에서 서울로 납치되었으므로 한민통 발족 당시 현지에 있지도 않았다.

뿐만 아니라 서울로 납치된 후에도 한국정부당국에 의하여 모든 활동의 자유를 박탈당했음은 물론, 전화 도청까지 당하고 있었기 때문에 한민통의 결성에 관한 의사를 표시할 수도 없었다.

따라서 한민통이 김대중 선생을 의장으로 선출하였다 할지라도 그것은 김대중 선생 자신의 의사와는 무관하며, 더구나 그 취임을 승낙한 사실이 없다. 아니 당시로서는 선출된 사실조차 알지 못했다.

김대중 선생은 당초부터 한민통 일본본부의 의장직을 맡을 의사도 없었고 또 맡을 형편도 아니었다. 그는 미국, 캐나다, 일본에 각각 한민통을 결성하고 자신은 위 3국에 있는 한민통을 모두 총괄하는 총본부 의장이 되고자 하였던 것이다. 이것은 한민통 미국본부의 의장에 안 아무개 목사가 취임한 사실로도 입증되고 있다.

따라서 김대중이 일본에서 납치되기 전에 한민통 의장에 취임하기로 확정지었다는 공소사실은 허구일뿐더러, 만일 납치되지 않고 결성대회 때까지 일본에 있었다 하더라도 한민통 일본본부의 의장이 되지는 않았을 것임이 분명하다.

만일 한민통이 반국가단체이거나 김대중 선생이 그 의장 취임을 수락함으로써 '수괴'가 되는 범행을 저질렀다면, 그가 납치되어 온 후 해외체류 중의 행동 일체에 대하여 엄밀한 조사를 받았을 때 당연히 처벌되었을 것이다. 더구나 피랍 후에는 대통령선거법 위반으로, 1976년에는 3·1 민주구국선언사건(소위 명동사건)으로 재판을 받았는데도 한민통 관계는 전혀 문제된 바가 없다. 만일 김대중 선생이 반국가단체의 수괴였다면 8년 동안이나 한국정부가 그것을 몰랐거나 방임했을 리가 없는 것이다.

다음으로 '내란음모' 혐의인즉 이런 것이다.

피고인들은 반정부 투쟁의식을 고취하고 종교계와 학생 들을 앞세워 일시에 범국민적 폭력시위를 유발하여 정부 전복을 꾀하여 오다가, 피고인 김대중은 전남대 복학생인 정동년에게 1980년 5월 5일 3백만 원, 같은 달 8일 2백만 원, 도합 5백만 원을 동 김상현을 통하여 민중봉기자금으로 지급하고 피고인 김대중, 문익환, 이문영, 예춘호 등은 같은 달 12일 17시 서울 북악파크호텔 521호실에서 한완상, 한승헌, 서남동, 이해동, 공소 외 심재권, 장기표, 이현배, 계훈제 등과 회합하여, 장기표가 심재권과 함께 각 대학 학생회장단에 영향력이 있는 복학생들을 규합, 학생 폭력시위를 주도하겠으니 이문영에게 과도체제 구상을 미리 해두라고 제의하자 이에 찬동함으로써 폭력에 의한 정부 전복을 결의하고, 같은 달 17일 위 북악파크호텔 521호실에서 이해동, 한승헌 등 여러 사람과 회합하여 같은 달 16일 중동에서 귀국한 최규하 대통령의 시국대책 발표가 있을 때까지 관망하였다가 계속 불투명할 때에는 제2국민선언문에서 예고한 바와 같이 전국민적 봉기를 실행하자고 결의하는 등 내란을 모의하였다는 것이다.

그러나 사실을 이러했다.

김대중 선생은 김상현을 통하여 정동년에게 돈을 건네준 일이 없을뿐더러, 정동년을 만난 사실조차 없었다. 정동년 자신도 훗날 국회 광주특위에서 같은 내용의 증언을 한 바 있고, 당시 김대중 선생을 만난 것처럼 수사단계에서 진술한 것은 합수부 당국자들의 고문과 협박에 의한 허위진술이었음을 분명히 하였다. 그는 문제된 1980년

5월 5일엔 서울에 올라온 일조차 없다고 했다.

5·17 후 신군부세력은 광주민중항쟁이 마치 김대중 선생의 자금과 조종에 의하여 일어난 것처럼 조작하여, 군부독재에 반대하고 민주화를 열망하는 광주시민의 정당하고 애국적인 저항을 모독하면서 '폭도'라는 오명을 씌워 잔인무도한 학살과 투옥을 감행하였다.

피고인들은 장기화된 계엄의 철폐와 민주헌법의 제정을 통한 민정이양을 주장하였고, 민주주의와 민족통일을 위한 국민연합, 민주헌정동지회, 한국정치문화연구소 등은 어디까지나 민주회복을 위한 운동체였으며 국헌 문란은커녕 당시의 국헌 문란상태를 바로잡기 위한 민주·애국 인사들의 집결체였다.

또한 당시 정권욕에 사로잡혀 본분을 잊고 망동하던 군부세력과 그들에 의해서 영향을 받은 최규하 정부를 비판하고 조속한 민간정부 수립을 촉구하였을 뿐, 학생들의 과격 데모를 선동한 바는 없었다. 오히려 사회와 학원 일각에서 조짐을 보인 폭력시위를 억제시키는 노력을 하였다.

뿐만 아니라 폭력적 저항은 정치군인들에게 이른바 '싹쓸이'를 통한 군부집권의 구실을 제공할 염려가 있는 데다가, 순조로운 개헌과 민주적인 선거를 치르는 것이 피고인들을 중심으로 한 민주세력이 바라는 민주·민간 정부수립에도 절대로 필요하고 또 가장 유리한 방법이었다.

따라서 피고인들이 정권타도를 위한 폭력사태를 유발시키려 했다는 주장은 전적으로 사실을 뒤집어서 꾸며낸 억설이 아닐 수 없다.

군검찰의 공소장이나 계엄군법회의 판시사실에 보면, 1980년 5월 12일 17시경 북악파크호텔 모임에서 장기표가 '자신은 심재권과 같이 학생 폭력시위를 주도하겠으니 이문영에게 과도체제 구상을 미리 해두라고 제의하자, 김대중이 이에 찬동함으로써 폭력에 의한 정부 전복을 결의'하였다는 표현 자체가 매우 서툰 시나리오라 할 것이다.

　같은 달 15일자 '난국수습을 위한 비상시국대책회의의 소집을 제의한다'라는 성명서와 16일자 민주화촉진국민대회선언문 등을 발표함으로써 학생들의 폭력시위를 조종하였다고 하나 사실은 오히려 그 반대였음을 성명서와 선언문의 내용 자체가 증명해 주고 있다.

　같은 달 17일 8시부터 16시까지 위 북악파크호텔 모임에서는 '최규하 대통령의 시국대책이 불투명하면 제2국민선언문에 예고한 바와 같이 전국민적 봉기를 실행하자'고 결의한 사실도 없다. 그리고 제2국민선언문에서 표방한 행동강령도 평화적인 집회시위였을 뿐 전국적인 봉기가 아니었으며 또 전국적인 궐기를 '봉기'라는 용어로 몰아붙이더라도 그 목적과 양태가 내란과는 전혀 판이한 것이었다.

　다음으로 나 자신에 대한 공소사실의 허구를 들여다본다.

　공소장에 적혀 있는 나의 '범죄사실'이란 것은 전혀 죄가 될 수 없는 사실로 가득 차 있었다. 앞서 본 대로 수사 초기에는 나의 앰네스티운동을 트집잡은 반국가 용공 혐의나, 민주정부 수립촉구를 왜곡시킨 내란음모 혐의 따위를 들이댔는데, 이런 것은 너무도 황당한 억지였다. 이는 나뿐 아니라 모든 구속자들에게 공통되는 '조작연습'이었다.

　그렇게 되자, 구속자 중 일부 인사만 내란음모로 엮어놓고, 나머지는 계엄법 위반으로 기소하였다. 나는 후자로 분류되었다.

　공소사실인즉, 내가 '……반정부투쟁을 전개하여 오던 중, 10·26사태 이후 비상계엄이 선포된 가운데서, 당국의 허가 없이 정치적 집회를 하고, 또한 사전검열을 받지 않고 출판물을 배포하였다'는 것이었다.

　첫째로, 1980년 2월 20일, 김대중 선생 집에서 가진 문인들의 모임을 위법이라고 했으나, 그 모임은 비상계엄하에서 사전허가를 요하는 정치적 집회가 아니었다. 그날 몇 사람의 문인들이 김대중 선생의 초청으로 동교동 댁에 가서 저녁식사를 함께하면서 시국담을 나누었다. 그러는 가운데 경제사정의 어려움이라든가 문인들의 정치 참여에 관하여 이야기를 주고받았지만, 그것이 정치적 집회가 될 수는 없었다. 10·26 후의 과도기였던 그 무렵은 일찍이 전례가 없는 정치적 전환기 또는 격동기였으므로, 많은 시민들의 화제가 시국과 정치에 관한 것이었으며, 그처럼 정치문제를 화제로 삼았다고 해서 위법이 될 수는 없는 이치였다.

둘째로, 같은 해 2월 27일, 윤보선 전대통령 댁에서 국민연합의 중앙위원들이 모인 것도 문제될 것이 없었다. 그날 윤보선, 문익환, 이문영, 예춘호, 고은, 한승헌 등이 참석한 그 모임에서는 혐의사실처럼 국민연합 집행위원회의 해체, 공동의장 추대 등에 관한 말은 없었다. 그러한 기구 개편 및 임원 선출은 그 후인 4월 10일 저녁 북악파크호텔에서 열린 모임에서 결의되었던 것이다.

앞서의 해위 선생 댁 모임에서 국민연합 이름으로 3·1절에 즈음한 성명서를 내기로 한 것은 사실이다. 그것은 각 정당·사회 단체가 관례적으로 해온 일이었으며, 성명 내용이 당시 민주화 일정의 지지부진을 질책했다고 해서 위법이라고 할 근거는 없다.

셋째로, 내가 이문영, 한완상, 장을병 등 몇 분의 학자와 더불어 김대중 선생의 '관훈클럽 연설문' 작성에 참여한 것이 문제가 되었다. 우리가 3월 15일 오후부터 서울 하얏트호텔에서 1박하면서 각 분야를 분담하여 연설문을 기초한 것은 사실이었다. 그러나 정치인의 연설문 작성을 위한 회동을 정치적 집회로 볼 수는 없는 일이다.

넷째로, 정치군부는 내가 그해 4월 16일 수유리에 있는 아카데미하우스 식당에서 김대중, 문익환 등 몇 분의 인사와 만난 것도 수상하게 보았다. 실은 그날 오전, 한국신학대학에서 '도덕정치의 구현'이라는 제목으로 강연을 한 김대중 선생이 측근인사들과 점심을 하러 거기에 들렀던 것이다. 그 자리에서 김대중 선생은 민주제도연구소 발족에 관한 구상을 제시하면서, 발기인이 될 인사들의 이름을 메모하였다.

그런데 계엄당국은 이것을 '집권을 위한 제반전략 지휘본부'로 각색하여 내란 성공 후의 정권 인수기구쯤으로 격상(?)시켜 '내란음모'의 시나리오를 만들었다.

다섯째, 그해 4월 16일, 나는 양심범가족협의회의 구속자 가족들이 농성하고 있는 종로5가 기독교회관에 김대중 선생, 문익환 목사 등 몇몇 인사들과 함께 찾아가 잠시 위로와 격려를 하였다. 그 농성장에서 우리는 '유신잔당 물러가라', '계엄 즉각 해제하라'는 구호도 함께 외쳤다. 이것도 정치적 집회라고 되어 있다.

여섯째, 심지어는 그해 5월 9일, 원효로에 있는 함석헌 선생 댁에서 사모님의 1주기 추도예배를 드린 것까지도 불법집회라고 걸고 나왔다.

일곱째, 5월 12일의 북악파크호텔 모임은 당시 정치군부가 '내란음모'의 결정타를 날리고자 심혈을 기울인 부분이었다. 그날 오후, 김대중 선생을 비롯한 국민연합 관계인사들은 민주화운동의 방향을 놓고 광범한 의견교환을 하였다. 그런데 군검찰은, 그날 모임에서 「장기표 등으로부터 전국대학교학생회 회장단이 전국적인 대규모 폭력시위를 계획하고 있다는 설명을 들었다」면서 내란음모 쪽으로 끌어댈 구실을 꾸며냈다. 그러나 그날 그런 말은 나온 적도 없었다.

여덟째, 내가 김대중 선생의 연설문이나 강연 요지를 정리 편집하여 출판한 것도 '화근'이 되었다. '사전검열 없는 출판물 배포행위'라는 것이었다. 나는 그해 3월, 김대중 선생의 복권 직후, 그분의 연설문집인 〈이 땅의 새 역사를 위하여〉, 〈민주구국의 길〉, 〈민족혼과 더불어〉 등 책자의 편집 출판 작업을 돕고 있었다. 언론 분야와 달리 출판은 인쇄, 저작 전에 검열을 받을 의무는 없고, '배포 전' 검열을 요구하고 있기 때문에, 책자의 제작만을 맡았던 나로서는 사실 아무런 법적 책임이 없었다.

뿐만 아니라 계엄법상으로 비상계엄사령관의 특별조치권은 이른바 '군사상 필요할 때'에만 발동할 수 있는데, 위에 열거한 혐의사실들은 '군사상의 필요'와는 무관한 것들이었다. 요컨대 군검찰이나 군법회의에서는 계엄하 특별조치의 법적 한계 같은 것은 무시하고 있었다.

그해 8월 14일 오전, 소위 김대중 등 내란음모사건에 대한 첫번째 계엄보통군법회의(재판장 문응식 소장, 심판관 박명철, 이재홍, 여운도 준장, 법무사 양신기 중령)가 열렸다. 육군본부 법정 안의 살벌한 분위기와는 관계없이 우리 24인은 오랜만에 한자리에서 얼굴을 대할 수 있게 되어 무척이나 반가웠다. 김대중 선생, 문익환, 예춘호, 이문영 등 '내란음모' 혐의자들은 육군교도소에 수감되어 있었기 때문에 서대문구치소에 있던 우리 '계엄법 위반'들과는 전혀 만날 기회가 없었던 것이다.

말이 재판이지 결론을 미리 내놓고 시작하는 쇼나 마찬가지였지만, 막상 막이 오르고 나니까 그런대로 긴장된 분위기가 감돌았다. 군부가 우리 민주화, 저항 세력들을 무리하게 얽어 넣으려다 보니 공소장은 장황할 수밖에 없어서 24명의 피고인들에 대한 공소사실은 모두 13만여 자에 달하는 '장편'이었다. 그래서 재판 첫날은 오전 오후 통틀어서 하루 종일 군검찰관의 공소장 낭독이 계속되었다. 훗날 신문을 보았더니, '상오 10시 18분에 시작한 김대중 피고인에 대한 공소장의 경우, 낭독에만 1시간 27분이 걸려 상오 11시 44분에야 끝났다. 하오 1시 30분에 속개된 하오 공판에서 5명의 관여 검찰관이 나머지 23명에 대한 공소사실을 교대로 낭독, 5시간 만인 하오 6시 30분에 끝났다'라고 되어 있었다. 법정에서 대부분의 '피고인들'은 혐의사실을 부인하였다. 오히려 재판부를 향하여 언성을 높이며 질타하는 역습도 있었다.

9월 11일에는 구형공판이 열렸다. 김대중 선생에게는 내란음모, 국가보안법 위반, 반공법·계엄법·외국환관리법 위반죄를 적용하여 사형이 구형되었다. 나에 대한 구형은 김종완, 이해동 두 분과 함께 징역 4년 6월이었다. 법정형 최고가 징역 3년인 계엄법 위반에서 징역 4년 6월을 구형한 것은 이른바 경합법 가중을 한 형량으로서 당시 정치군부의 광기를 그대로 보여준 단면이었다.

변호인들의 변론이 시작되었다. 변호인들은 내란음모의 증거가 없다며 검찰관의 논고를 반박하기도 하고, 경우에 따라서는 정면승부를 피한 채 정상론 비슷한 변론을 하기도 했다.

9월 12일 피고인들의 최후진술이 있었다. 공소장에 적힌 피고인 순서의 역순으로 진행했기 때문에 김녹영 의원부터 시작하여 문익환 목사까지 나갔다.

나는 약 20분간 말했다.

「……내가 재판부에 요구하는 것은 우리들의 형기의 장단이 아니라 죄의 유무를 제대로 판단해 달라는 것이다. 민주화를 요구한 우리들이 민주화를 약속한 정부에 의해서 체포된 것은 매우 코믹한 일이다. 우리는 나라를 사랑하기 때문에 정부를 비판했다. 비판을 한 사람이 어떤 대우를 받게 되느냐로 그 나라 민주주의의 척도가 결정된다. 최근의 사회적 혼란은 정부를 비판할 자유가 없기 때문에 일어난 것이 아닌가.」

대부분의 피고인들이 의연하게 자기 할말을 했지만, 그 중에도 김대중 선생의 장시간에 걸친 최후진술은 참으로 엄숙하고도 감동적이었다.

김대중 선생의 최후진술은 그 다음날인 9월 13일에 열린 18차 공판에서 장장 두 시간에 걸쳐 계속되었다.

'마치 유언을 하듯, 비장하면서도 담담하게 이어지는 김씨의 최후 진술은 법정을 완전히 압도했다'고 훗날 한 신문은 썼다. 법정 내는 숙연하다 못해 얼어붙었고 흐느끼는 소리가 여기저기서 들려왔다. 사실 그러했다. 아마 세계 역사상 어느 재판에서도 그만한 명최후진술은 없었을 것이다.

판결은 각본대로 김대중 사형, 문익환 20년, 이문영·예춘호 12년이었다. 나는 징역 4년을 선고받았다. 터무니없는 판결이었다.

그 후 고등군법회의(재판장 유근환 소장, 심판관 백영기 준장, 법무사 장동완, 김진홍, 김익하 중령)에서는 〈표1〉과 같은 판결이 났으며, 대법원에서도 상고한 열두 명 전원에 대하여 대법원 판사 열세 명(이영섭, 주재황, 한환진, 안병수, 이일규, 나길조, 김용철, 유태흥, 정태원, 김태현, 김기홍, 김중서, 윤운영) 전원의 의견일치로 1980년 10월, 상고기각 판결이 내려졌다.

2심판결 선고가 있던 바로 그날 서대문구치소에 수감되어 있던 '계엄법 위반자'들은 갑자기 육군교도소로 이감되었다. 우리들 일행은 다시 보따리를 챙겨들고 남한산성 밑으로 실려갔다. '이감(移監)'처럼 심란하고 불안한 것도 없다. 더구나 일반교도소가 아닌 육군교도소라니, 그 이름부터가 위압적이었다. 그러나 그때부터 소위 김대중 내란음모사건의 우리 '일당'은 모처럼 한 감옥 안에서 함께 지내는 즐거움(?)을 누리게 되었다.

듣던 대로 육군교도소란 곳은 놀라웠다. 감방 4면 벽 어디에도 창이 없었다. 창은커녕 바늘구멍만한 틈도 없었다. 그래서 서대문구치소와는 달리 방안에서는 하늘을 볼 수가 없었다. 감방 안은 천장에 매달린 채 밤낮으로 켜져 있는 전등만 아니라면 문자 그대로 '먹방'이었다.

철저한 단절, 완벽한 어둠. 그 속에서 나는 엄두나지 않는 자기 실

<표1> '김대중 등 내란음모사건' 군사재판처리내용

이 름	나이	직 업	죄 명	구 형	판 결 1심	판 결 2심	판 결 대법원	확인조치 (항소심)
김대중	55	무직	내란음모, 계엄법 위반, 국가보안법 위반, 외국환관리법 위반	사형	사형	사형	상고기각	
문익환	62	목사	내란음모, 계엄법 위반	20년	20년	15년	상고기각	
이문영	53	교수	〃	20년	20년	20년	상고기각	
예춘호	52	전국회의원	〃	15년	12년	12년	상고기각	
고은태	47	시인	내란음모, 계엄법 위반, 계엄법 위반교사	20년	15년	15년	상고기각	
김상현	45	무직	내란음모, 계엄법 위반	15년	10년	10년	상고기각	
이신범	30	학생	〃	15년	12년	12년	상고기각	
조성우	30	학생	〃	20년	15년	15년	상고기각	
이해찬	27	학생	내란음모, 계엄법 위반, 계엄법 위반교사	15년	10년	10년	상고기각	
이석표	27	무직	내란음모, 계엄법 위반	10년	7년	7년	상고기각	
송기원	32	학생	〃	15년	10년	10년	상고기각	
설 훈	27	학생	〃	15년	10년	10년	상고기각	
심재철	22	학생	〃	7년	5년	5년		형집행면제
서남동	62	교수	계엄법 위반	3년	2년 6월	2년 6월		형집행면제
김종완	47	양돈업	〃	4년 6월	4년	4년		
한승헌	45	국제사면위 한국위 전무	〃	4년 6월	4년	3년		
이해동	45	목사	〃	4년 6월	4년	4년		
김윤식	65	무직	〃	3년	2년 6월	2년 6월(집유3년)		
한완상	44	교수	〃	3년	2년 6월	2년 6월		형집행면제
유인호	54	교수	〃	4년	3년 6월	2년		
송건호	52	무직	〃	4년	2년	2년		
이호철	54	소설가	〃	4년	3년 6월	3년 6월		형집행면제
이택돈	44	전국회의원	〃	3년	2년	2년(집유3년)		
김녹영	55	전국회의원	〃	4년 6월	4년	3년(집유5년)		

편집자 주) 직업은 당시 군당국 발표대로임.

험을 감행해 나갔다. 복도 쪽으로 공책 넓이만한 통풍구 비슷한 것이 하나 있기는 한데, 그나마 밖에서 어쩌다 잠깐 열어보게 되어 있어 완전밀폐를 자랑하는 데 지장을 줄 만한 시설은 아니었다.

흔히들 '벽에 부딪혔다'는 말을 쓰지만, 벽에 부딪힌 정도가 아니라, 4면 벽 속에 철저히 갇히고 보니 우선 답답한 마음부터 이겨내지 않으면 안 되었다. 소위 운동시간이라고 해서 하루에 30분씩(어쩌다 1시간) 밖으로 나가는 기회가 있는데, 그것이 건물 밖 하늘과 산천을 바라볼 수 있는 유일한 기회였다.

그런 중에 나는 14년 이상을 루마니아에서 감옥살이한 범브란트 목사의 〈하나님의 지하운동〉이란 자서전을 읽게 되었다. 그리고 우리들이 겪는 고통은 별것이 아니라는 것을 깨달았다. 동시에 내가 좀더 강인한 사람이 되지 못한 것이 부끄러웠다. 공산치하의 감옥에서 14년을 싸워온 범브란트 목사는 결코 자기 미화로 흐르지 않고 매우 겸손한 자세로 글을 썼다. 그것이 더욱 마음에 들었다. 그는 〈태양의 도시〉를 쓴 캄파넬라라는 작가가 무려 27년 동안이나 감옥살이를 한 사실과 40시간 동안 쇠못침대 위에 누워 있어야 하는 등 온갖 고문을 당하고도 자기 입으로 그 고생을 전혀 말하지 않았다는 사실을 인용하기도 했다.

그해 겨울은 바깥 세상의 살벌함만큼이나 날씨도 칼날 같았고 눈도 많이 쌓였다.

1월도 기울어가던 어느 날, 나는 밖으로 불려나갔다. 안기부 요원 두 사람이 기다리고 있었다. 용건인즉, 각서 한 장만 쓰면 석방시켜 주겠다는 것이었다. 「각서를 쓰다니요?」 「아니 뭐 잘못했다거나 반성한다는 각서가 아니고요, 그저 나가서 법 잘 지키겠다고 한 줄만 쓰시면 됩니다.」 「나 각서 같은 거 안 써도 법 잘 지키는 사람입니다.」 「그냥 요식행위로 쓰는 거니까 가볍게 생각하셔도 됩니다. 몸도 허약하신데 나가셔야 할 것 아닙니까.」
　물론 나가면 좋지. 그렇다고 내가 각서를 쓸 수는 없었다. 끝내 거절하자 다시 올 테니 잘 생각해 보라는 말을 남기고 그들은 돌아갔다.
　그날 이해동, 김종완 두 분도 나와 똑같은 권유를 받았으나 모두 거부했다는 것이었다. 무슨 일이 있어도 각서는 쓰지 말자고 셋이서 다짐을 했다. 다음날 다시 불러내기에 나가보았더니 이번엔 안기부 사람은 안 보이고, 그 대신 나의 고등학교 동문인 변호사 두 사람이 와 있었다. 그들은 병석에서 나 때문에 상심하시는 어머니를 생각해서라도 몇 자 써주고 나오라는 것이었다. 내 고집대로 하다가 그 사이에 만일 어머님이 작고하시게 되면 돌이킬 수 없는 불효자가 되지 않겠느냐는 충고도 했다. 나는 잠시 망설인 끝에 그들에게 고맙고 미안하다는 말을 하는 것으로 작별을 고했다.
　바로 그날 밤, 누군가 나를 건물 밖으로 불러내더니 문익환 목사님과 둘이서 바람이라도 쐬라는 것이었다. 차가운 겨울 하늘에 달이 떠오르고 있었다. 눈 덮인 건물 지붕 위에 비치는 달빛은 연약할 수밖에 없었지만, 그날 밤의 야경은 밤 하늘을 우러르는 숙연한 마음과 함께 잊을 수가 없다.
　그 다음날 아침식사가 끝난 뒤 우리는 갑작스럽게 이감 길을 떠나야 했다. 많은 눈이 내린 아침이었다. 우리는 참담한 심경으로 각 지방으로 한 사람씩 뿔뿔이 헤어져야 했다. 전날 밤의 선심은, 말하자면 작별을 앞둔 인정상의 배려(?)였던 모양이다. 우리는 서로 뜨겁게 껴안으면서 건강을 빌고 재회를 기약했다.
　군용차에 실려 행선지도 모르는 채 남쪽으로 남쪽으로 달렸다. 도중 옥천휴게소에 들러 가락국수로 점심을 때웠다. 한복 바지저고리 차림에 고무신 바람이라 사람들의 눈에 이상하게 비칠까 봐 반코트를 걸치고 차에서 내렸다. 물론 수갑도 잠시 풀었다. 감옥에서 감옥으로 옮겨가는 막간에 잠깐 일반인들 사이에 끼여보는 체험은 묘한 스릴을 느끼게 했다. 혹시 아는 사람이라도 만나면 좋겠다 싶었는데 다행인지 불행인지 아무도 보지 못했다. 나를 싣고 간 군용차의 종착지는 뜻밖에도 김천 소년교도소였다. 나이 50을 향해서 '일로매진' 하고 있는 나를 어찌하여 소년교도소에다 옮겨놓았을까? 궁금증은 곧 풀렸다. 악독한 군사정권도 내가 소년처럼 천진난만하다는 점을 도저히 부정할 수 없어서 나만 소년교도소로 보냈구나, 이렇게 생각하니 마음이 편해졌다.

입주(?)하게 된 곳은 이른바 '특별사'라고 해서 외딴 독채에 나 한 사람만이 수용되었다. 그 전까지의 독방생활이 그곳에서는 독채생활로 격상된 셈이었다. 그러나 방 다섯 개로 된 작은 건물의 가운뎃방을 차지하고 있으니, 옆방도 또 그 옆방도 텅텅 비어 있는 불길한 고요함 속에서 살아야 했다. 그런 중에도 나에게는 마음에 드는 일 한 가지가 있었다. 마치 학교 교실의 유리창처럼 옆으로 여닫는 널찍한 창문이 시야를 시원하게 넓혀주어 감옥살이의 답답함을 덜어준 것이었다. 마룻바닥에 앉아서도 광활한 하늘이 눈에 들어왔고, 창 밖 저 건너편 수원지의 언덕 풍경이 여간 좋지 않았다. 낮에는 몇 시간씩이나 햇빛이 머물다 갔고, 시골 도시의 맑은 정취를 앉아서 느껴볼 수도 있어 다행스러웠다. 밖에서 생각하면 대수롭지 않겠지만 옥살이하는 사람에게는 그것이 다행스럽다는 정도가 아니라 감사해 마지않을 은총이었다.

서울에서 멀리 떨어진 데다 가족면회도 한 달에 한 번밖에 못하는 그 적막함을 견디며 살아가는 데는 그 구식건물의 인심 좋은 창문이 큰 위안이었다. 건축 연대로 따져서 나중에 지은 교도소 건물일수록 창의 넓이가 좁거나 아예 없는 것을 보면 교도시설이 세상의 발전에 역류해 왔다는 생각도 들었다.

하늘과 햇빛마저 차단된 시공을 체험한 나는 예전에 아주 평범하게 생각했던 바깥 세상의 일들에 대하여 감사한 마음이 강렬해졌다. 하늘을 우러를 수 있는 것, 밝은 햇빛과 맑은 공기 속에서 숨쉴 수 있는 것, 가고 싶은 곳을 향하여 발길을 옮기며 만나고 싶은 사람과 만날 수 있는 것, 그 자체만으로도 얼마나 감사한 일인지를 뒤늦게 깨달았다.

  1980년도 서산마루에 걸리는 12월이 왔다. 나는 그만 풀려났으면 싶어서 하느님께 간절히 기도를 드렸다. 성탄절에는 꼭 석방되게 해주십사고. 그러나 성탄절 특사는 나를 외면했다. 마음 단단히 먹고 징역살이를 계속하고 있는데, 다음해 5월 어느 날 뜻밖에도 석방되었다. 석가탄신일 특사에 끼인 것이었다. 기도는 하느님께 드렸는데 석가탄신일에 석방된 것이다. 1년에서 꼭 1주일이 모자라는 동안의 '국비장학생' 생활은 이렇게 끝났다.

내 잔이 넘치옵니다

이해동

1934년 전남 해남 출생
한빛교회 담임목사
현 한우리교회 목사
인권과 평화를 위한 국제민주연대 이사장
한국교회 인권목회자동지회 회장
학교법인 서원학원 이사장
저서 「꺾이지 않는 희망으로」
공저 「새롭게 타오르는 3·1 민주구국선언」

내 잔이 넘치옵니다

이해동

　1980년 5·17사건, 이른바 김대중 내란음모사건과 연루되어 내가 감옥을 산 것이 어느새 20년이 지났다. 엊그제 겪은 일 같은데 벌써 20년이 흘렀으니 세월의 덧없음을 새삼 실감케 된다. 옛말에 세월을 일컬어 유수(流水)와 같다, 혹은 살같이 빠른 세월이라 하였는데 요즈음의 느낌대로라면 차라리 번개와 같다고 함이 적절할 것 같다. 더욱이 격세지감을 느끼지 않을 수 없게 하는 것은 고난을 함께 당했던 문익환·서남동 목사, 김녹영·김윤식 전의원 등 많은 동지들이 이미 유명을 달리하셨다는 것과 또 본인은 더 말할 것도 없었으려니와 많은 사람들의 가슴을 졸이게 했던 그때의 사형수가 오늘은 대통령이 되어 나라와 역사를 위해 노구를 이끌고 동분서주하고 있다는 사실이다. 인생의 덧없음과 하늘 뜻의 오묘함을 동시에 느끼지 않을 수 없다.
　20년 전의 기억들을 되살려 그때의 처절했던 경험들을 적으려고 하니 부끄러움이 앞선다. 1980년 5월 17일 밤부터 그해 7월 14일까지 두 달여 동안 당시 남산에 소재했던 중앙정보부(지금은 국정원)

지하 2층에서 내가 겪은 일들을 생각하면 지금도 치가 떨린다. '매에 장사 없다'는 속담이 있거니와 나는 매 앞에 처절하게 굴복당했다. 사람이 그토록 왜소해질 수 있을까? 또 그렇게 무력해지고 비굴해질 수 있을까? 나는 목사가 아니었다. 아니, 사람도 아니었다. 그저 살고 싶다는 생존본능에 매달려 양심은 고사하고 최소한의 사람으로서의 품위도 팽개친 채 불러주는 대로 거짓진술서를 써주고 엄지손가락에 인주를 묻혀 꾹꾹 무인을 찍어준 겁쟁이, 못난이, 변절자, 배신자였다. 그때의 일을 생각하면 지금도 내 머리에 숯불을 부은 것처럼 낯뜨거움을 느낀다.

과거에 대한 회상은 편안하고 좋았던 일보다는 고통스럽고 궂었던 일들이 훨씬 더 생생한 기억으로 남는다. 그리고 당시에는 몹시 고통스러웠던 일도 도리어 즐거운 추억으로 생각된다. 아픔이 진하고 클수록 즐거움의 농도는 더욱 짙어진다. 남자들에게 있어서는, 거의 예외 없이 군대생활을 회상하는 일은 신명나는 즐거움이다. 감옥생활의 회상은 더 이를 바 없다 할 것이다. 평상시 같으면 차마 말할 수 없는 낯뜨거운 일조차도 감옥 동기생들끼리 만나면 아무런 거침이나 부끄럼 없이 그때의 일들을 회상하며 즐거워한다.
나는 가능한 한 20년 전으로 거슬러 올라가 그때 그 일들에 대해 진솔하게 회상함으로써 지난날의 부끄러움과 아픔을 치유받고 기쁨을 공유할 수 있었으면 한다. 내 개인적인 느낌을 말하기 전에 재판과정과 육군교도소에서의 몇 가지 재미있었던 일화들을 소개할까 한다.
1심에서 구형이 있은 후 최후진술을 하던 때의 일이다. 물론 김대중 선생에게는 사형이 구형되었고 문익환 목사, 이문영 박사 등 여러분들에게는 무기징역을 비롯해 중형들이 구형되었다. 마침내 나의 최후진술 차례가 되었다. 나는 중앙정보부 지하실에서 당한 혹독한 고문을 폭로했다. 법정은 온통 울음바다가 되었다. 방청석의 가족들은 말할 것이 없었고 피고들까지도 모두가 헉헉 흐느꼈다. 피고들이 흐느낀 까닭은 내가 여러 동지들을 울릴 만큼 감동적으로 말했기 때문이 아니었다. 모두가 그 지하실에서 자신들이 당한 처절했던 고문 현장이 되살아났기 때문이었다. 내 진술이 끝나고 그 다음다음쯤이었을까? 설훈 동지의 차례가 되었다. 설훈 동지는 당시 학생이었다. 그는 그 당시 서울대 총학생회장이었던 심재철 군(현 한나라당 국회의원)을 제외하고는 가장 젊은 동지였다. 그리고 김대중 선생을 비롯한 어른들은 5월 17일 밤에 연행당했기 때문에 5월 18일부터 시작된 광주민중항쟁에서의 처참했던 숱한 죽음들을 직접 경험하지 못했으나, 설훈 동지를 비롯한 젊은 동지들은 광주민중항쟁을 생생하게 경험하고 붙잡혀온 터였다. 설훈 동지의 목청은 매우 우렁찼다. 그는 그 쩌렁쩌렁한 목청으로 피고들을 향해 호되게 꾸짖었다. 그의 꾸짖음의 내용은 대략 이런 것이었다.

「나는 저 광주에서 독재에 항거하던 민주시민들이 무도한 군부독재에 의해 무참하게 죽어간 사실을 잊을 수가 없습니다. 나는 그들과 함께 죽지 못하고 아직 살아 있다는 것이 못내 부끄럽고 한스러울 뿐입니다. 그런데 지금 우리가 고문당한 일 따위를 가지고 찔찔 짜기나 하고 있을 때입니까?」

설훈 동지의 이 매운 일갈에 법정은 숙연해지고 말았다. 나는 부끄러웠고, 젊은이의 담력이 무척이나 부러웠다. 점심시간이 되었다. 우리는 재판이 있는 날이면 우리를 호송해 온 버스 안에서 점심을 먹었다. 독방에서 외롭게 관식(官食)을 먹다가 다정한 동지들과 식사를 함께한다는 것은 여간 즐거운 일이 아닐 수 없었다. 이럴 때면 으레 우리들에게 즐거움을 더해주는 분이 계셨다. 그분은 다름 아닌 한승헌 변호사였다. 그날도 재담의 대가인 한 변호사는 「허허, 이 목사 때문에 울고, 울었다고 또 야단맞고, 난 뭐야?」라고 하여 우리를 웃겨주었다.

　2심 때의 일이다. 김대중 선생에게 사형을 선고한 법적 근거는 일본의 한민통과 관련하여 반국가단체의 수괴라는 죄명이었다. 한민통이 반국가단체이고 김대중 선생이 그 수괴라는 것을 입증하기 위하여 검찰은 여××라는 조총련계 간첩(말로는 전향한 간첩)을 증인으로 내세웠다. 그는 군검찰의 보호를 받으면서 증언을 했는데 그의 증언을 듣고 있던 우리들은 아연실색하지 않을 수 없었다. 그의 언사는 그야말로 친북적인 표현과 어투였기 때문이다. 이를테면 「부부장 동지께서 어쩌고저쩌고……」 하는 식으로 언어조차도 순화되지 않은 상태였다. 민주인사를 잡아 죽이기 위해 간첩까지 동원하다니 참으로 기가 찰 일이 아닌가 말이다. 마침내 김상현 동지가 치고 나왔다. 「어찌 이럴 수가 있단 말인가? 이 법정이 과연 어느 나라 법정인가? 언어조차도 순화되지 않은 간첩을 버젓이 내세워 민주인사를 정죄하는 증언을 하게 하다니, 될 말인가?」 하고 소리쳤다. 김상현 동지의 순발력은 대단한 것이었다. 순식간에 군사법정은 아수라장이 되었다. 문익환 목사는 「반란이다! 반란이다!」라고 고래고래 고함을 질렀고, 피고들도 일제히 일어나 군사재판부를 향해 항의했다. 여××라는 간첩은 군검찰이 보호하여 법정 뒷문으로 도망치게 하였고 재판은 일시 휴정하였다. 결국 우리는 재판을 거부하기에 이르렀다. 그래서 2심에서는 아무도 최후진술을 하지 않았다. 우리가 최후진술까지 거부하는 데에는 동지들 사이에 고민이 있었다. 설령 무기징역을 구형받았다 할지라도 다른 사람들이야 문제가 없었지만 김대중 선생만은 달랐다. 김대중 선생은 1심에서 사형을 선고받았고 2심에서도 여전히 사형을 구형받고 있는 터였다. 사형과 무기징역 사이의 거리는 잴 수 있는 거리가 아니다. 따라서 김대중 선생에게 있어 최후진술이 갖는 의미는 우리들과 전혀 다르다고 해야 옳았다. 우리들이야 말할 기회가 언제라도 아니, 언젠가는 다시 있겠지만, 1심도 아닌 2심에서의 경우 사형수에게 있어서 최후진술의 기회란 그가 공개적으로 그의 뜻과 진실을 말할 수 있는 마지막 기회인 것이다. 사형수에게 있어서 2심에서의 최후진술은 가위 유언과 진배없다 할 것이다. 그런데 김대중 선생의 자세는 참으로 결연하고 의연하였다. 그는 우리들의 고민을 알아차리고 「동지들, 나 때문에 구애받지 말고 동지들 소신껏 하십시오. 나는 동지들 결정대로 따르겠소」라고 하셨다. 마침내 우리들은 최후진술을 거부했고 재판은 일방적으로 진행되어 형이 선고되었다. 김대중 선생에게는 여전히 사형이 선고되었다.

5·17사건의 경험 가운데 '쪼개진 성경'에 대한 추억은 내가 결코 잊을 수 없는 감동적인 사건이다. 중앙정보부 지하 2층에 있을 때의 일이다. 내가 맨 안쪽에 있었고, 내 옆방에는 이문영 박사, 그 다음은 한승헌 변호사, 김상현 의원 등의 순이었으며, 복도를 사이에 두고 내 방 앞쪽에는 한완상 박사가 있었다. 다 마찬가지였겠지만 나를 담당한 주무수사관은 그 가운데서도 소문난 악질이었다. 손중덕이란 사람이었는데 키가 장승처럼 크고 험상궂은 인상을 지닌 매우 거칠고 잔인한 인물이었다. 오죽했으면 '막무가내'라 하여 자기들 사이에서도 '손무가내'로 호칭되는 사람이었다. 그 손무가내를 비롯한 다른 세 사람의 수사관과 밤낮을 함께 지낸다는 것은 지옥이 아닐 수 없었다. 나는 5월 17일 밤에 그리로 강제연행되어 군 작업복으로 갈아입혀진 다음 그 방에서 저승사자와 같은 그들과 함께 60여 일을 지새워야만 했다. 그들에게 닦달을 당할 때의 괴로움은 말할 것도 없고 그 외의 시간들도 죽도록 싫은 얼굴들만 대해야 했으니 생지옥이었다. 나에게는 아무 읽을거리도 없었다. 한 달쯤 지난 때였을까? 쪼개진 반쪽 성경이 내 손에 들어왔다. 그 경위는 앞방에 있어서 내 형편을 잘 알고 있던 한완상 박사가 자기가 지니고 읽던 포켓용 신약성경을 반으로 쪼개 내 방의 수사관인 김용현을 꾀어서 들여보낸

것이었다. 그때 그 쪼개진 반쪽 성경이 내게 가져다 준 위로와 용기는 필설로는 도저히 표현할 수 없다. 가뭄의 단비란 말로도 부족하고, 사막을 거닐어본 경험이 없기에 알 수는 없지만 사막의 오아시스라는 표현도 모자랄 것만 같다. 하느님의 말씀은 살아 있다고 수십 년간 목회를 해온 목사인 나는 중앙정보부 지하 2층 감방에서 쪼개진 반쪽 성경을 통해 비로소 실감했다. 그때 그 일을 생각하면 지금도 한완상 박사께 큰 감사를 드리지 않을 수 없다.

싱거운 이야기 하나만 더 하자. 변호사 말 믿다가 징역 더 산 이야기다. 1980년 12월 말경인지 1981년 1월 초인지는 기억나지 않는다. 아무튼 대법원의 판결이 있은 직후 김대중 선생에 대한 사형이 무기로 감형되었다. 그때의 감격은 이루 말할 수 없는 것이었다. 그리고 그 후 얼마 되지 않아서 계엄이 해제되었다. 김대중 선생과 함께 재판을 받은 사람은 모두 24명이었는데, 그 중에서도 단순 계엄법 위반과 형법상의 내란음모죄가 겹쳐진 사람들로 구분되었다. 단순히 계엄법만 적용된 사람들로서 마지막까지 육군교도소에 수감되어 있던 사람은 세 사람이었다. 김종완 전의원과 한승헌 변호사 그리고 나였다. 한승헌 변호사 왈, 계엄이 해제되면 계엄법 위반자는 필히 석방된다는 것이었다. 형법 제1조 3항 '재판확정 후 법률의 변경에 의하여 그 행위가 범죄를 구성하지 아니하는 때에는 형의 집행을 면제한다'는 조항에 의해 당연히 석방된다는 논지였다. 우리 셋은 담합했다. 우리들의 석방은 당연한 것이니 만약 반성문이나 서약서를 요구하더라도 절대로 응하지 말자는 것이었다. 아니나다를까 하루는 중앙정보부 요원이 와서 우리 셋을 개별적으로 면회하고 서약서를 요구했다. 우리 세 사람은 단호히 거부했다. 우리를 설득하려고 그 다음날 또 왔을 때는 만나주지도 않았다. 그러나 당연히 석방되리라던 기대는 깨지고 1981년 1월 31일 육군교도소에 수감되어 있던 우리 열네 사람은 한 사람씩 전국 교도소로 분산 이감되었다.

나중에 들은 말이지만 계엄을 해제하면서 말미에 단서를 붙였다던가? 아무튼 나는 군산교도소로 이감되어 5개월을 더 살고 감옥에서 풀려났다. 그래서 요즘도 가끔 한승헌 변호사께 변호사 말 믿다가 징역 더 살았노라고 농담을 건네곤 한다.

내가 감옥을 산 것은 이번이 처음은 아니었다. 1970년대 유신시절의 감옥살이 경력은 꽤나 화려(?)하다. 1976년 3월, 이른바 3·1 민주구국선언사건에도 연루되어 10개월간 징역살이를 한 바 있었다. 1977년 12월 5일에는 민방위훈련 방해라는 구실로 구류 29일을 선고받고 성북경찰서 유치장에서 10일간 산 일도 있었고, 1979년 10·26 후 동년 11월 24일 이른바 YWCA 위장결혼식 사건과 관련하여 특수수사대에 연행되어 조사를 받고 즉심에 회부되어 구류 20일을 선고받고 남대문경찰서 유치장에 10일간 유치되기도 하였다. 그러나 1980년 5·17사건 때처럼 혹독한 고문을 당하지는 않았다.

나는 1980년 5월 17일 밤에 중앙정보부로 연행되어 두 달여 동안 지하 2층에서 모진 신문을 받았고, 동년 7월 14일에야 당시 서대문구 현저동에 있었던 서대문구치소로 구속 송치되었다. 1980년 11월 4일 육군고등군법회의에서 징역 4년형을 받은 날 남한산성에 있던 육군교도소로 이감되었고, 1981년 1월 31일 군산교도소로 다시 이감되었다가 1981년 5월 11일 석가탄신일에 특별사면으로 석방되었다.

내가 감옥살이를 하게 된 이유는 모두가 정치적인 이유 때문이었다. 그러나 나는 결코 정치인이 아니다. 평범한 목사일 뿐이다. 그것도 지극히 작은 한 지교회(肢敎會)의 목회목사(牧會牧師)일 뿐이다. 한국신학대학을 졸업하고 1962년 정월부터 교역(敎役)을 시작한 이래 오늘에 이르기까지 나는 단 한 번도, 단 하루도 교회 울타리 밖을 벗어나본 적이 없다. 나는 다만 하느님과 예수 그리스도의 진실과 정의와 사랑이 이 세상 구석구석 모든 사람들에게 골고루 미치고 실현되어야 할 진리라고 믿고, 오직 그 실현을 위해 지극히 작은 소리와 몸짓으로 말하고 행동했을 따름이다. 그런데 그런 것들이 불의한 권력 앞에서는 모조리 용납될 수 없는 범법행위가 된 것이다.

 김대중 내란음모사건에서 내게 관련된 혐의사실들을 더듬어보면 실소를 금할 수 없다. 진술서나 진술조서에서 내가 추궁당한 내용들을 살펴보면 참으로 기가 찰 일들로 가득하다. 당시 종로5가 기독교회관에서 매주 개최되었던 금요기도회 설교나 심지어 내가 시무하는 한빛교회 주일예배시의 설교내용을 문제삼아 유언비어 유포라고 하는가 하면, 감옥에서 얻은 지병 때문에 출소 후 얼마 안 되어 작고하신 한빛교회 신도였던 동아투위 제2대 위원장 고 안종필 위원장의 영결식(1980년 4월 4일 서울대병원 영안실) 집례시 「안종필 위원장의 죽음은 병사가 아닌 타살이요, 자연사가 아닌 순교입니다」라고 한 말을 트집잡아 「누가 죽였느냐?」고 다그쳤고, 한빛교회 대학생들의 정례모임인 토요집회에서 목사가 제 교회 대학생들과 나눈 대화, 또는 1980년 4월 20일이 주일인데 4·19 바로 다음날이기 때문에 오후에 청년들과 함께 4·19 묘소를 참배하고 거기서 나눈 대화 등을 허가받지 않은 불법회합이라 하여 기소했으며, 김대중 선생 생일잔치에서 만난 여러 사람과의 대화나 오래 전부터 가진 신앙동지들 간의 월례모임 혹은 당시의 상황에서 항다반(恒茶飯)하게 있을 수 있는 공개된 모임, 이를테면 내란음모 현장으로 각색된 1980년 5월 12일의 북악파크호텔에서 있었던 시국간담회의 모임이나 모친상을 당한 한완상 박사 상가에서의 5월 14일 아침 문상 모임 등을 마치 큰 범법행위라도 저지른 것처럼 침소봉대하여 호들갑을 떨었다. 이런 것들이 모두 죄라면 범법자가 아닌 사람이 누가 있겠는가? 먹고 싸고 잠자는 것 외에는 붙이면 모든 것이 죄요, 몰면 누구나 죄인이 될 수밖에 없는 노릇이었다. 우리는 참으로 어처구니없는 세상과 세월을 살았다.

김대중 내란음모사건은 사실 신군부의 내란이었다. 신군부는 10·26사건과 12·12반란을 거쳐 은밀하게 준비한 각본에 따라 당시 중앙정보부 지하실에서 60여 일에 걸친 잔인한 고문을 통해 그들의 내란을 김대중 내란음모사건으로 각색 연출해 냈던 것이다.

1980년 5·17을 겪으면서 나는 절실하게 느낀 바가 있다. 그것들을 간추리면 대략 네 가지다.

첫째, 사람이 얼마나 연약하고 무력한 존재인가를 뼈저리게 느꼈다. 그해 5월 17일은 토요일이었다. 자정이 다 될 무렵, 나는 다음날에 할 주일설교를 준비하고 있었는데 갑자기 무장한 괴한 네 사람이 들이닥쳤다. 그들은 신발을 신은 채 집 안을 샅샅이 수색하고 나를 강제로 연행했다. 나는 내일이 주일이니 주일예배를 인도한 후 자진출두하겠노라고 버티어보았지만 통할 리 없었다. 그들은 권총을 빼들고 만약 거부하면 모가지를 빼가지고라도 가야 한다며 위협했다. 나는 속수무책으로 그들에게 이끌려 중앙정보부 지하 2층의 한 방에 던져졌다. 나를 연행한 사람들은 합동수사본부 요원들이었고, 나는 그 후 두 달여 동안 그 방에서 그들에게 혹독한 신문을 당했다.

나는 완전히 외부와 차단되었다. 가족들은 내가 그토록 험상궂게 끌려간 후 어디에 있는지도 알 수가 없고 생사조차도 확인할 수가 없어 가슴을 태우며 울부짖고 다녔다고 한다. 정말이지 거기서의 60여 일 동안은 악몽이었다. 지옥이 있다면 바로 그런 곳일 거라 여겨진다.

낮인지 밤인지 알 수가 없었다. 날씨가 맑은지 흐린지, 비가 오는지 바람이 부는지 도무지 알 수가 없었다. 60여 일 동안 하늘 한 번 쳐다볼 수 없었고, 풀잎 하나 구경하거나 만질 수가 없었다. 하늘이라도 한 번 쳐다볼 수 있었으면, 나뭇잎이나 풀잎이라도 하나 만져볼 수 있었으면, 아내의 얼굴이라도 한 번 보고 마지막 유언이라도 남기고 죽을 수 있었으면, 사랑스러운 아이들의 손목이라도 한 번 쥐어보고 볼이라도 한 번 비비고 죽을 수 있었으면, 늘 그리스도의 뜻과 사랑을 함께 나누며 살아온 교인들이라도 한 번 만나보고 죽을 수 있었으면 하는 바람이 정말이지 너무도 절실한 소원이었다.

 3, 4일씩 잠을 자지 못한 적이 여러 번이었고, 발가벗겨져 온갖 수모를 당한 적도 많았으며, 어찌나 많이 맞았던지 앉는 건 물론이고 누울 수조차 없어서 3일간을 엎드려 지내야만 했던 적도 있었다. 온몸이 피멍으로 뒤덮여 목불인견이었는데 그 피멍을 빼느라고 날고기를 포 떠 멍이 심한 상처부분에 붙이고 엎드려 있었다. 그렇게 하룻밤을 지내고 나니 그 고기가 상해 풍기는 냄새는 정말 참기 힘든 악취였다.

 이런 밤낮을 60여 일 동안이나 지냈고, 그런 과정에서 결국 나는 수사관이 불러주는 대로 진술서를 써주었다. 그래서 마침내 우리들은 내란을 음모한 것으로 죄가 꾸며졌다. 수사관이 불러주는 대로 진술서를 쓰다가 너무도 터무니없는 것이어서 쓰지 못하겠노라고 하면 이내 고문을 당했다. 차라리 내가 죽으면 죽었지 이것만은 쓸 수 없다고 버티면 그럼 어디 죽어보라며 다시 고문을 했다. 이러기를 수없이 반복했다. 결국 나는 죽지 못하고 이미 짜여진 각본에 따라 수사관이 불러주는 대로 사실이 아닌 거짓진술서를 써줄 수밖에 없었다. 정말이지 일점일획도 틀림없이 그들이 요구하는 것을 모조리 써주었다.

 나는 그 당시 20여 년이 넘도록 교회에서 설교를 해왔다. 예수께서 말씀하신 대로 언제나 '예' 할 것은 '예' 하고, '아니오' 할 것은 '아니오'라고만 해야 한다고 늘 말했다. 그런데 정작 나 자신은 그 '예'와 '아니오'를 전혀 분명히 하지 못한 것이다. 그때 이미 나는 설교할 자격을 사실상 상실했다고 해야 옳다. 그런데도 지금까지 교회에서 여전히 설교를 하고 있으니 사람이란 참으로 뻔뻔스럽다 하지 않을 수 없다.

  또 하나 나를 몹시 괴롭힌 것은 내가 그렇듯 거짓진술을 함으로써 그 피해가 나 아닌 다른 사람에게 돌아갔다는 사실이었다. 나의 거짓진술에 따른 피해를 내가 받는다면 그나마 나을 텐데 모든 것은 김대중 선생 한 분을 잡자는 데 귀착되니 결과적으로 나는 김대중 선생을 죽이는 데 일조를 하는 꼴이 되고 만 것이었다. 참으로 두려운 일이 아닐 수 없다. 아무튼 사람이란 언제 어디서나 큰소리칠 수 있는 존재는 못 된다. 연약하기 이를 데 없고 무력하기 짝이 없는 부끄러운 존재임을 나는 뼈저리게 느꼈고, 지금도 같은 생각이다.

  둘째, 사람이란 실로 간사한 것이로구나 하는 것을 느꼈다.

  죽음의 공포에 떨었던 60여 일 동안의 지옥 같은 중앙정보부 지하 2층에서 마침내 벗어나는 날이 왔다. 중앙정보부에서의 신문이 거의 마무리되어 갈 무렵 은밀한 풍문이 돌았다. 김대중 선생을 비롯한 몇 사람은 육군교도소로 가게 되는데 그리로 가는 사람들은 죽을 것이라는 소문이었다. 나는 과연 어디로 가게 될까? 피를 말리는 초조와 불안이 온몸을 옥죄는 시간들을 보내야만 했다. 마침내 7월 14일 정오쯤, 내게 입혔던 군복을 벗기고 잡혀올 당시의 내 옷으로 다시 갈아입힌 뒤 손에 수갑을 채우고 밖으로 끌고 나와 승용차 뒷좌석 중간에 태웠다. 내 양 옆에는 수사관이 앉고, 앞좌석 운전사 옆에는 무장한 헌병이 앉았는데 내가 밖을 볼 수 없도록 허리를 굽히게 하여 내 머리를 차 바닥에다 틀어박고는 헌병이 총 개머리판으로 머리 뒤통수를 짓눌렀다. 그 몰골이 얼마나 처참했겠는가? 그러나 나는 그런 몰골을 하고서도 내가 어디로 가는지를 알아보려고 밖을 살피기에 안간힘을 썼다. 눈을 치켜뜨고 고개를 들어보려고 버둥거리는 모습을 상상해 보라! 그런 상태로 얼마 동안 차가 달리다가 멎었다. 별로 오랜 시간은 아니었다. 내리라고 해서 내려보니 전에 한 번 왔었던 서대문구치소였다. 그리도 걱정했던 육군교도소가 아님을 확인하는 순간 얼마나 다행스럽고 기뻤던지, '이젠 살았구나!' 하는 안도감에 내 입에서는 저절로 후 하는 한숨이 터져나왔다.

돌이켜 생각해 보면 이 얼마나 간사스럽고 간악한 사람의 마음인가 말이다. 다른 사람들은 억울하게 다 죽더라도 나만은 살 수 있게 되었다는 데 그렇게 안도하고 기뻐할 수 있다니, 사람이란 참으로 이기적이고 자기중심적이요 교활한 존재임을 고백하지 않을 수 없다. '기뻐하는 사람이 있으면 함께 기뻐해 주고 우는 사람이 있으면 함께 울어주십시오(로마 12:15)'라는 성서 말씀대로 산다는 것이 얼마나 어려운 일인가를 나는 절실히 경험했다.

셋째, 생명이 얼마나 존엄하고, 생물의 살려고 하는 의지와 집념이 얼마나 강하고 질긴 것인가를 나는 실감했다.

'생육하고 번성하여 땅에 충만하라(창세기 1:28)' 하심이 숨을 쉬는 생명체들에게 내리신 하느님의 은총이요 축복이다. 이것은 생명체들이 누릴 가장 근원적이요 본질적인 권리라 하겠다. 내가 그 모진 고문을 당하면서 느낀 바로는 사람에게 있어서 살고 싶다는, 살아야겠다는 의지와 집념보다 더 강렬한 바람은 없다는 것이다.

나는 예전처럼 파리나 모기를 때려잡을 수가 없게 되었다. 그것들도 살아 숨쉬고 움직이는 목숨을 가진 생물인데 차마 그 살아 있는 것을 죽일 수가 없었기 때문이다. 매 맞는 것이 얼마나 아프고 견딜 수 없는가를 경험한 나는 비록 미물일지라도 살아 숨쉬고 움직이는 것을 탁 때릴 수가 없었다. 그래서 감방에 모기가 들어와 물면 나는 예전처럼 손바닥으로 탁 때려잡지를 못하고 손을 저어 날려보냈다. 또 쥐들이 먹이를 구하려고 감방 안에 자주 들어오는데 나는 그 쥐들을 쫓지 않고 끼니때마다 밥을 남겨 쥐밥으로 주었다. 그러기를 계속하다 보니 나중에는 쥐들과 퍽 친해지기까지 했다. 불교에는 공양(供養)이라는 것이 있다. 부처님께는 물론 스님이나 객에게 음식을 대접하고 심지어는 들짐승이 먹을 수 있도록 들에 음식물을 남겨

두는 것을 뜻한다. 나는 감방에서 쥐 공양을 열심히 한 셈이다.

나는 4년 징역형을 받고 군산교도소에서 징역살이를 하다가 1981년 5월 11일 1년여 만에 석방되었는데, 그날은 다름 아닌 음력 4월 초파일 바로 석가탄신일이었다. 그래서 나는 농담삼아 이런 말을 하곤 한다. 기독교 목사가 불교에서 하는 쥐 공양을 열심히 했더니 마침내 부처님의 은덕을 입고 감옥에서 석방되었노라고.

다시 말하거니와 나는 죽음의 그림자를 아주 가까이서 경험했고, 그러면서 생명이 얼마나 존엄한 것인가를, 또 생명의 살고 싶어하는 의지와 집념이 얼마나 질기고 강렬한 것인가를 절실히 깨닫게 되었다.

넷째, 내가 즉 인생이 궁극적으로 의지할 분은 오직 우리 주님뿐이라는 것을 깨달았다.

나는 아주 가까이서 시시각각 죽음의 그림자를 응시하며 거기서 나를 지탱시켜 주는 힘이 어디로부터인가를 확인하게 되었다. 그 힘은 「내가 세상 끝 날까지 항상 너희와 함께 있겠다」고 하신 주님의 임재(臨在)와 「내가 곧 가겠다」고 하신 주님의 약속이었다.

지하 2층에서의 60여 일 동안은 말할 것도 없고 감옥살이를 하는 동안 나는 주기도문과 사도신경 그리고 시편 1편과 23편 등을 속으로 끊임없이 암송했다. 특히 시편 23편은 나에게 큰 위로와 용기를 불어넣어 주었다.

야훼는 나의 목자, / 아쉬울 것 없어라. / 푸른 풀밭에 뉘어 놀게 하시고 / 물가로 이끌어 쉬게 하시니 / 지쳤던 이 몸에 생기가 넘친다. / 그 이름 목자이시니 / 인도하시는 길, 언제나 곧은길이요, / 나 비록 음산한 죽음의 골짜기를 지날지라도 / 내 곁에 주님 계시오니 무서울 것 없어라. / 막대기와 지팡이로 인도하시니 걱정할 것 없어라. 원수들 보라는 듯 / 상을 차려주시고, / 기름 부어 내 머리에 발라

주시니, / 내 잔이 넘치옵니다. / 한평생 은총과 복에 겨워 사는 이 몸, / 영원히 주님 집에 거하리이다.

　그리고 또 내게는 한 가지 버릇이 생겼다. 어떤 동작을 바꿀 때마다 내 입에서는 저절로 「오, 주여!」 하는 부르짖음이 터져나오는 것이었다. 앉아 있다가 일어서면서도 「오, 주여!」, 서 있다가 앉으면서도 「오, 주여!」, 잠자리에 누울 때도 잠자리에서 눈을 뜨면서도 「오, 주여!」, 밥을 받으면서도 밥그릇을 비우면서도 「오, 주여!」, 심지어 방안에 있는 변기통에 앉으면서도 「오, 주여!」, 뒤를 보고 거기서 일어서면서도 「오, 주여!」, 이렇듯 내 입에서는 「오, 주여!」 하는 탄성이 절로 흘러나오는 것이었다.
　내가 이렇게 노상 주를 부를 수 있었던 데는 적어도 다음과 같은 두 가지 이유가 전제되어 있었다고 생각한다.
　하나는, 주님의 임재이다. 주께서 언제나 내 곁에 나와 함께 계신다는 신념이 없었다면 나는 결코 주를 부를 수 없었을 것이다. 물리적인 힘에 의하여 나는 철저히 격리수용당했었다. 악한 권력은 모든 수단과 방법을 동원하여 모든 사람들로부터 나를 갈라놓았다. 아무도 내게 접근할 수가 없었다. 연행되어 간 뒤로 석방되어 나온 그날까지 나는 줄곧 독방에 홀로 있었다. 심지어 군산교도소에서는 사동 하나를 완전히 비우고 거기에 나 하나만을 수용했다. 그럼에도 불구하고 우리 주님에게서만은 나를 결코 떼어놓을 수 없었다. 아니, 도리어 나와 주님 사이를 더욱더 밀접하게 해주었을 뿐이다. 사람들이 그러면 그럴수록 우리 주님은 더욱더 가까이 내 곁에 와 머물러주셨고, 내가 있는 방안 그득히 나는 그분의 임재를 온몸으로 느낄 수가 있었다.
　다른 하나는, 「오, 주여!」라고 부르는 나의 절규 속에는 주님에 대한 나의 깊은 신뢰와 더불어 주께서 속히 이 땅에 오시기를 갈망하는 간절한 기대와 희망이 담겨져 있었다고 생각된다. 속히 오셔서, 지체 말고 오셔서 나의 이 억울함을, 나뿐 아니라 너무나도 억울함을 겪고 있는 많은 분들의 한을 풀어주어야 할 분은, 또 풀어줄 수 있는 분은 오직 주님뿐임을 깨닫고 갈망한 것이었다.

그분이 오시면 옳고 그름을, 어둠과 빛을, 거짓과 진실을 가려주시겠지, 억울함을 풀어주시고, 분노를 삭여주시고, 나의 약함과 무력함과 죄악을 용서해 주시겠지 하는 간절한 기대와 희망이「오, 주여!」하는 나의 외마디 절규 속에 모두 담겨 있었다.

내가 겪은 80년, 그리고 광주

김상현

1935년 전남 장성 출생
전 국회의원
민추협 공동의장
사단법인 '그린 크로스' 상임의장
대한산악연맹 회장
저서 「믿음의 정치를 위하여」
「열린 시대의 정치논리」
「환경, 환경운동, 환경정치」

내가 겪은 80년, 그리고 광주

김상현

1979년 말, 정국은 혼미상태였다. 박정희 대통령의 죽음으로 민주화는 대세가 된 것처럼 보였지만, 사람들은 가슴 한구석에 여전히 불안한 느낌을 지우지 못하고 있었다.

유신체제의 종말은 어느 정도 예견된 것이었다. 한 해 전에 치러진 총선에서 공화당이 야당에 1.1퍼센트 차이로 패배한 것을 시작으로 민심의 이반은 눈에 띄게 가속화됐고, 정권의 말기적 증상은 이미 도를 넘어서고 있었다. 그러나 어느 누구도 박 대통령이 김재규 중앙정보부장의 총탄에 쓰러지리라고는 생각지 못했다. 이것은 민주세력에게는 대단히 뼈아픈 일이 아닐 수 없었다. 독재정권이 '궁정모반'으로 붕괴된 결과, 민주세력이 정국의 주도권을 잡을 수 있는 공간은 그만큼 줄어들었기 때문이다. 마치 우리의 독립운동이 국제적 지위를 확보하기 전에 일본이 연합군에 항복했던 것처럼 말이다.

아무튼 군부는 명분이 없고 민주세력은 힘이 모자라는, 그런 대치상태가 한동안 이어졌다. 이런 점에서 볼 때 박 대통령의 죽음 뒤 민주세력 내부에 민주화의 방법을 둘러싸고 의견의 차이가 발생했던 것은 어쩌면 당연한 일이었다.

우선 윤보선 전대통령을 비롯한 일부 재야인사들은 최규하 대통령 권한대행을 즉각 퇴진시키고 민주정부를 수립해야 한다는 주장을 폈다. 그러나 당시 연금상태에 놓여 있던 김 후보(당시 우리들은 김대중 대통령을 김 후보라고 불렀다)와 나의 생각은 달랐다. 우리는 오히려 최규하 정권을 강화시켜야 하며, 민주세력이 그를 도와 민주적인 절차를 통해 직선제 개헌을 실시, 민주정부를 수립하는 방향으로 나가야 한다고 생각하고 있었다.

나는 김 후보의 큰아들인 김홍일 씨를 통해 수십 차례에 걸쳐 바깥 상황을 보고하면서 김 후보와 정국에 대한 교감을 나누고 있었다. 김 후보는 내 생각에 전적으로 동의하며, 그런 방향으로 움직이라는 메시지를 보내왔다. 지금도 기억이 생생한데, 김 후보는 항상 볼펜심을 뺀 볼펜 뚜껑 속에 깨알 같은 글씨로 첫째, 둘째 이렇게 지시사항을 메모한 쪽지를 넣어 연락하곤 했다. 나는 김 후보의 지시에 따라 안국동 윤 전대통령 댁을 거의 매일같이 방문하여, 군부세력이 다시 등장할 빌미를 우리가 제공해서는 안 된다는 진언을 올리고 의견 조정에 힘썼다.

하지만 윤 전대통령 측은 끝내 독자적으로 움직이고 말았다. 이른바 YWCA 위장결혼식 사건이었다. 황당하게도, 거사 전 윤 전대통령은 재야 민주세력이 위장결혼식을 통해 시위를 하면 군부가 지지할 것이라고 말했는데 그것은 오산이었다. 나는 윤 전대통령에게 세 번이나 찾아가 군부의 함정에 빠지면 안 된다고 설득했고, 나중에는 김 후보의 뜻이라고 하면서까지 거사를 말렸지만 허사였다.

당일, 나는 반대하는 입장이었으므로 집회에는 나가지 않고 아홉 시쯤 귀가했다. 저녁 열시가 넘어 갑자기 보안사 수사관들이 집에 들이닥쳤다. 영문도 모른 채 끌려가는데 자기들끼리 무전으로 「짐짝 간다」고 말하는 소리가 들렸다. 사람보고 짐짝이라니. 이렇게 해서 나는 유신 직후에 이어 두 번째로 빙고호텔이라 불리며 악명을 떨치던 보안사 서빙고 분실로 끌려갔다. 예춘호, 양순직, 박종태, 백기완 씨도 잡혀왔다. 그들은 나를 지하실로 데려가더니 불문곡직 몽둥이 찜질을 시작했다. 얼마나 때리는지 온몸이 새까맣게 되고, 세 번이나 정신을 잃었으며, 나중에는 전기고문까지 당했다.

그들의 요구는 김대중이 김상현을 매개로 윤보선과 짜고 위장결혼식 사건을 만들었다는 것을 시인하라는 것이었다. 물론 나는 그것은 사실이 아니며 김대중 선생은 오히려 최 대통령을 도와야 한다는 입장이라고 부인했지만, 그들은 막무가내였다.

일주일 동안 초주검이 된 채 조사를 받던 어느 날 이학봉 대령이 나를 찾아왔다. 전두환 사령관이 당신을 보고 싶어하는데 만나보겠냐는 것이었다. 그때쯤에는 보안사에서도 자체조사 결과 YWCA 사건은 김대중, 김상현과 무관하다는 결론을 내리고 있었다. 나는 좋다고 했다. 당시 나는 고문으로 인해 혼자 걷기도 어려운 상황이었는지라 수사관들의 부축을 받으며 그를 만났다.

수사국장실에서 양주 한 병을 놓고 기다리던 전 사령관은 내가 들어서자 고생했다며 대뜸 YWCA는 전부 윤보선이 한 건데 아무래도 윤보선을 즉각 연행해서 수사해야겠다고 목소리를 높였다. 놀란 나는 그건 전 사령관이 크게 잘못 판단한 것이라고 운을 뗀 뒤, 과거 박정권 시절에도 윤 전대통령을 연행한 적은 없었다고 말했다. 설사 위법 사실이 있다 하더라도 전직 대통령에 대해 예우를 하지 않는다면 정말 불행한 일이 일어날 것이라는 내 말에 전 사령관은 고개를 끄덕이더니 연행하지 않겠다고 약속했다. YWCA 위장결혼식 사건은 그렇게 끝났다.

새해가 됐다. 그러나 상황은 나아지지 않았다. 시중에는 '안개정국'이라는 말까지 떠돌고 있었다. 전두환 장군의 신군부는 12·12쿠데타로 군권을 장악한 뒤였다.

당시 재야의 현안 가운데 하나가 신민당 입당이었다. 재야는 재야대로 신민당은 신민당대로 이 사안을 놓고 많은 고민과 갈등을 보이고 있었는데, 노선이나 지분 같은 문제들이 얽혀 있어서 간단히 해결될 사안은 아니었다.

나는 김 후보에게 신민당 입당을 강력히 주장했다. 정국이 혼란스럽고 한치 앞을 내다볼 수 없는 상황에서는 큰 조직의 뒷받침을 받아야 한다고 생각했기 때문이다. 그렇다고 유신시절 갖은 고초를 겪으며 민주화운동에 앞장섰던 재야가 신민당에 무조건 흡수될 수는 없는 노릇이었다.

여기에서 나는 윤 전대통령이 재야를 대표해 재야의 입장을 신민당에 전달하자는 아이디어를 김 후보에게 냈다. 그리고 어떤 일이 있어도 김 후보는 김영삼 총재와 직접 협상해서는 안 된다고 말했다. 김 후보는 정치참여의 명분과 실리를 윤 전대통령을 통해 확보해야 하며, 이렇게 해야 신민당과의 협상과정에서 자칫 발생할지도 모르는 이전투구로부터 아무런 손해도 입지 않을 것이라는 계산이었다.

그러나 나의 이 같은 충정에도 불구하고 김 후보와 김영삼 총재는 결국 만났다. 그리고 두 분의 협상은 결렬됐다. 두 분이 만나기 바로 전날 내가 윤 전대통령을 만나 어렵게 만든 합의서, 재야가 신민당에 참여할 명분과 실리를 담은 합의서는 휴지조각이 됐고, 그 순간에도 시계 제로의 정국은 파국을 향해 달려가고 있었다.

결과적으로 볼 때 후일 두 분 모두 대통령에 당선됐지만, 만일 그때 재야와 정치권이 단합된 모습을 보였더라면 신군부가 자기들 시나리오대로 밀고 나가지는 못했을 것이라는 점에서 아쉬운 마음이 남아 있다.

박 대통령은 죽었지만 유신의 잔재는 여전했다. 박 정권 때부터 나를 24시간 감시하고 미행했던 남산과 서대문 경찰서의 요원들은 변함없이 우리 집을 지키고 있었다.

1980년 초의 일이었다. 하루는 김옥두 씨가 우리 집에 들러, 이번 일요일에 선생님께서 김 의원 댁에 오셨으면 한다는 전갈을 해왔다. 동교동 댁을 수리하는데 마침 우리 집이 길만 건너면 올 수 있는 창천동이니 그렇게 했으면 좋겠다는 이야기였다.

그런데 일이 공교롭게 되느라고 마침 그때 나는 우리 집을 지키는 남산 요원들과 약속을 하나 해놓고 있었다. 남산 요원들이 가족들 얼굴 본 지도 오래됐다며 이번 일요일에 특별한 일정이 없으면 집에 가서 가족들과 지내고 싶다고 부탁하길래 그렇게 하라고 약속했던 것이다. 그들은 「김 선생님, 절대로 정치인들 만나면 안 됩니다」라고 신신당부를 한 뒤 토요일 저녁 집으로 갔다. 김 후보가 오면 김 후보를 맡고 있는 남산 사람들도 같이 온다. 나를 맡고 있는 요원들은 문책을 피할 수 없는 것이다. 그래서 나는 김 후보에게 사정을 설명하고 죄송하다는 말씀을 전했다.

월요일 이른 아침 집에 도착한 남산 요원들에게 어제 일을 이야기해 줬더니 혼비백산, 기절초풍을 하는 것이었다. 그러면서 내가 지금 김 후보에게 죄송하다고 인사 가는 길이라고 하자 「아이고, 감사합니다」 하면서 그렇게 고마워할 수가 없었다. 물론 그들도 나를 따라 나왔다.

동교동 댁에 도착하여 김 후보를 뵙고 죄송한 말씀을 드리려 하니 김 후보가 「자네 정말 존경하네」라고 말하며 웃었다. 적에게도 약속을 지키니 정말 대단하다는 이야기였다. 하지만 내 입장에서는 별반 특별할 게 없는 일이었다. 비록 그들이 하찮은 정권의 하수인일지언정 약속은 지키지 않으면 안 된다. 인간이 정말 행복한 인간으로 성공적인 인생을 영위하려면 무엇보다 먼저 신뢰를 확보해야 하는 것 아니겠는가. 적에게도 존경을 받을 수 있어야 한다. 이것은 당시 내가 붙잡고 씨름하던 화두 가운데 하나였다.

사실 이 문제는 유신독재로 얼룩진 1970년대를 마감하면서 우리 민주세력이 한번 짚고 넘어가야 할 성질의 것이기도 했다. 우리가 어려운 여건 속에서 민주화운동을 한 것은 사실이지만, 실제 우리의 생활은 독선과 편견, 독단과 아집의 반복을 벗어나지 못하고 있었다. 세상에 편견만큼 인간으로 하여금 불행을 자초하게 만드는 것도 없다. 독선과 편견의 늪에서 어떻게 하면 빠져나올 수 있을 것인가. 이것은 민주주의의 승리를 위한 필수불가결한 전제이기도 했다.

왜 우리는 아직까지도 군부독재를 종식시키지 못하고 불행한가. 희생자가 적어서인가. 아니다. 4·19 이래 얼마나 많은 사람들이 피를 흘리고 고통을 당했는가. 그렇다면 우리는 전투에서는 이기고 전쟁에서는 진 것이 아닌가. 어쩌면 우리는 전술의 승패가 전략에 미칠 영향을 전혀 고려하지 않은 채 싸웠던 것인지도 모른다. 나는 이렇게 자문하고 고민했다.

민주세력이 승리하기 위해서는 무엇보다 민주주의를 지지하는 세력을 늘리고 군사정권은 고립시키는 전략을 세워야 한다. 그러나 과거 우리는 동지는 극소화시키고 군사정권은 극대화시키는 우를 범한 적이 한두 번이 아니었다. 항상 최선만 주장하다 최선이 이뤄지지 않을 때 울며 겨자먹기로 최악을 강요당하는 어리석음을 우리는 결코 되풀이해서는 안된다는 게 내 결론이었다.

그래서 내가 착안한 것이 한국의 정치문화를 바꾸는 운동이었다. 1980년 들어 나는 김 후보와 상의한 끝에 청진동에 조그만 사무실을 하나 냈다. 이름하여 한국정치문화연구소. 새로운 정치문화를 이끌고 나갈 젊은 인재들을 전국적으로 조직해 보자는 원대한 계획도 세웠다. 우리는 매주 금요일마다 각계 인사를 초청해 강의를 듣고 열띤 토론을 벌였다.

대개의 경우 재야인사나 야당인사의 사무실은 정보원 출입금지라는 벽보를 사무실 안팎에 붙이는 게 관례였다. 우리 사무실도 예외는 아니었다. 혈기왕성한 젊은 회원들은 그것을 통해 긴장감을 유지하고 싶었는지도 모른다. 그러나 나는 그것을 떼라고 설득했다. 그리고 정보기관 사람들에게도 이렇게 주문했다. 앞으로는 사무실 밖에서 사람들 붙들고 이것저것 물어보지 말고 사무실에 들어와서 들어라, 과거 정보정치의 폐해 가운데 하나가 사실과 무관하게 작문하는 것인데 그것 때문에 얼마나 많은 사람들이 다쳤냐, 여기는 무슨 음모하는 곳이 아니니 있는 그대로 보고해라…….

이렇게 해서 우리 연구소는 누구나 스스럼없이 출입할 수 있게 됐다. 밀실이 아닌 광장, 전달이 아닌 토론만이 새로운 정치문화와 민주주의 승리를 위한 밑거름이 될 것이라고 믿었기 때문이었다. 연구소는 단시간 내에 많은 동지들의 호응을 받았고, 곧 전국적인 조직으로 확대됐다. 하지만 우리에게 허용된 시간은 너무나 짧았다.

운명의 그날, 나는 제주도에 있었다. 연구소의 제주지부 결성식이 5월 17일에 있었기 때문이다. 다음날 있을 결성식 준비를 마치고 동지들과 저녁식사를 한 뒤 잠을 청하는데, 새벽 한시경 들이닥친 정보부 요원들에 의해 체포됐다.

아침에 비행기 편으로 서울로 압송되어 오면서 창밖을 하염없이 바라보는데 마음이 그렇게 착잡할 수가 없었다. 결국 이렇게 됐단 말인가, 이 나라 역사는 왜 이렇게도 불행한가, 이번에 들어가면 언제 나올까. 상념은 끊이지 않았다. 같은 시각 광주에서는 미증유의 참극이 벌어지고 있었지만 나는 당시 그런 사정을 전혀 모르고 있었다.

남산의 분위기는 살벌 그 자체였다. 나는 유신 직후와 YWCA 사건으로 두 번 연행돼 고문을 당한 적이 있지만 이번에는 정말 뭐라고 설명하기 힘들 지경이었다. 그들은 민주세력의 씨를 완전히 말려버리려고 작정한 듯 우리에게 덤벼들었다. 행인지 불행인지 나는 남산에서 맹장이 터져 수술을 받느라 심한 고문은 당하지 않았지만, 함께 잡혀온 동지들이 치른 고통은 이루 말할 수 없었다. 특히 나와 제주에 함께 내려가 같이 체포된 권혁충 동지는 이때 받은 고문후유증으로 민주화의 꽃이 피는 것도 보지 못한 채 끝내 유명을 달리하고 말았으니 그 원통하고 절통한 심정을 어찌 표현할 수 있으랴.

당시 남산 지하실은 동지들의 비명소리로 아비규환의 지옥을 방불케 했다. 한번은 조사를 받는데 옆방에서 한승헌이 「이 새끼」 하는 고함소리가 들렸다. 한승헌 변호사가 조사를 받나 보다 생각하고 있는데, 매타작하는 소리가 연달아 들려도 비명소리 하나 안 들리는 것이었다. 나중에 한 변호사와 밖에서 만나 그때 일을 회상하며, 맞는데 소리도 안 지르고 대단하더라고 했더니 그가 하는 말이 걸작이었다. 몸이 약하니까 악 하고 소리도 못 질렀다는 것이었다. 이문영 교수 같은 이는 어쩌다 복도에서 마주치면 수사관들이 옆에서 지켜보고 있는데도 손으로 V자를 그렸다. 그렇게 낙천적이고 낭만적일 수 없었다.

남산 사람들은 나에게 김대중을 대통령으로 만들기 위해 정권타도를 모의한 사실을 인정하라고 집요하게 요구했다. 그들에게 있어서 사실이나 진실은 애초부터 관심 밖의 일인 듯했다. 그들은 명함판 사진을 한 뭉치 가져오더니 나에게 이 가운데에서 아는 얼굴을 대라고 했다. 조성우, 이신범, 이재오 등 낯익은 얼굴들이 꽤 있었다. 그러기를 몇 차례, 그들은 한 사람의 사진을 들이대고는 아는 얼굴이 아니냐며 집중 추궁했는데, 그가 바로 정동년 씨였다.

나로서는 전혀 기억에 없는 얼굴이었다. 한동안 실랑이가 계속된 끝에 그들은 마침내 본론을 꺼냈다. 내가 김 후보에게 정동년 씨를 직접 데려가 소개하고, 김 후보로부터 5백만 원을 받아 민중봉기자금으로 지원한 뒤 봉기를 지시했다는 것이었다. 그들이 나에게 제시한 정씨의 진술서에 따르면, 김 후보가 정씨에게 김상현 의원과 모든 것을 의논하고 지시를 받으라고 말한 것으로 되어 있었다. 사실도 아닐뿐더러 있을 수도 없는 일이었다.

그러나 그들은 상상할 수 있는 모든 수단과 방법을 동원해서 나에게 시인하고 서명할 것을 강요했다. 일주일간 단식까지 하며 저항했으나 역부족이었다. 결국 김 후보도 서명하고, 나도 서명할 수밖에 없었다. 바깥 세계와 완전히 격리된 남산의 지하실에서 역사는 그렇게 왜곡되고 조작됐던 것이다.

조사가 끝난 뒤 나는 김 후보를 비롯한 동지들과 함께 육군교도소에 수감됐다. 그곳에서 보고 싶었던 동지들과 재회한 우리들은 비로소 마음의 여유를 되찾고 앞으로 있을 재판에 대비했다.

그러던 어느 날 나는 갑자기 서대문구치소로 이감됐다. 이감된 지 며칠 지나지 않아서였다. 교도관이 누가 면회를 왔다고 전했다. 면회 올 사람도 없고, 그날은 마침 광복절이라 면회가 안 되는 날이었다. 교도관을 따라가 보니 이학봉 씨가 와 있었다.

그는 내가 정동년 씨와 안다는 사실만이라도 법정에서 인정하라고 요구했다. 그때는 이미 내가 군검찰에서 조사를 받는 과정에서 광주의 참극을 알고 난 뒤였다. 나는 이씨에게 정동년 씨 진술서를 보면 그가 조사받던 도중 자살을 기도한 것까지 나와 있다고 지적한 뒤 그거야말로 당신들의 주장이 사실이 아니라는 것을 의미하는 것이 아니냐고 반문했다. 그 사람이 얼마나 괴로웠으면 그랬겠느냐, 광주에서 이렇게 많은 사람들이 비명에 갔는데 내가 만일 당신들의 요구를 받아들이면 우선 정동년 그 사람을 죽이는 일이 되지 않겠냐며 다시 한 번 거절했다. 나를 다른 방법으로 옭아매는 것은 백번 천번이라도 감수하겠지만 나로 인해서 다른 사람이 사실과 무관하게 누명을 쓰게 할 수는 없는 노릇이었다.

그러자 그는 곧 최규하 대통령이 퇴임을 하게 되어 있다며 앞으로 전두환 장군이 대통령이 될 텐데 같이 손잡고 일해보지 않겠냐고 나를 유혹하는 것이었다. 순간 나는 실소를 금할 수가 없었다. 이 사람들이 번지수를 잘못 찾아도 단단히 잘못 찾았구나. 나는 그의 말을 가만히 듣고 있다가 이렇게 대답했다. 내가 지금 감옥에서 어려운 입장이고, 또 내가 마음이 강한 놈도 아닌데 당신이 그런 말을 해서 나를 비굴한 인간으로 만들어서야 되겠느냐, 당신이 사관학교 출신으로 명예를 무엇보다 소중히 생각하는 사람인데 그렇다면 다른 사람의 명예도 소중한 것이 아니겠느냐, 설령 내가 비굴한 모습을 보인다고 해도 당신이 말리고 욕을 해야 사람의 도리 아니냐…….

이렇게 두 시간쯤 이야기를 했더니 결국 그도 나중에는 포기한 듯, 그럼 법정에서 소란만 피우지 말아달라고 부탁했다. 그래서 나는 본래 소리지르는 사람이 아니니 그건 걱정하지 말라고 대답하고 헤어졌다.

하지만 나는 그 약속을 지키지 못했다. 재판을 통해 김 후보를 죽이려는 신군부의 의도가 너무나 뚜렷하게 드러났기 때문이었다. 재판에서 김 후보의 한민통 관련 검찰 증인으로 윤 모라는 사람이 나왔다. 조총련 출신 전향 간첩이라고 했다. 그런데 그의 진술은 정말 터무니없는 것이었다. 한민통의 곽동의 씨를 자기 밑에 데리고 있었다는 둥, 김 후보의 통일론은 전부 다 자기가 조종한 것이라는 둥, 말끝마다 북한의 대남공작 책임자들을 무슨 동지, 무슨 동지라고 호칭하며 말도 안 되는 증언을 늘어놓았다. 김 후보는 꼼짝없이 빨갱이로 몰릴 판이었다.

그때 우리 동지들 30여 명은 모두 수갑을 찬 채로 숨소리 한 번 제대로 내지 못하고 재판을 받았는데, 나는 더 이상 참을 수가 없어 자리에서 벌떡 일어나 이것은 김대중 선생을 죽이려는 것이라고 소리를 질렀다. 국민 46퍼센트의 지지를 받은 김대중 선생을 신분도 불확실한 조총련 간첩을 내세워 빨갱이로 만드는 게 대한민국의 군사법정이냐고 내가 소리치자, 문익환 목사, 이문영 교수, 한승헌 변호사 할 것 없이 모든 피고들이 다 일어나서 소리를 지르기 시작했다. 그러자 증언대에 섰던 윤 모는 뒷문으로 도망가고, 재판은 정회됐다. 그리고 윤 모는 그 후로 재판에 다시 나오지 못했다. 결과적으로 이학봉 씨와의 약속은 지키지 못한 셈이 됐지만, 당시 김 후보의 생명은 다른 어떤 것보다 소중한 것이었다.

여담이지만 후일 문익환 목사는 다른 사람들과 같이 있는 자리에서 그때 내가 김 후보를 살렸다고 말하곤 했다. 당신은 그때 김 후보가 죽는 줄로만 알고 있었다는 것이다. 그런데 내가 소리를 질러 증언이 무산되는 것을 보면서 김 후보가 이제 살았구나 하는 생각이 영감처럼 스쳐가더라는 이야기였다. 아무튼 우리로서는 최선을 다해야만 했다.

김 후보 역시 뭔가를 느꼈음인지 법정을 나오면서 나를 보고 「김 의원, 한 건 했네이」라며 씩 웃었다. 역시 여담이지만, 김 후보가 사형선고를 받은 뒤 예춘호 씨와 감옥에서 비밀리에 만난 자리에서 앞으로 나가면 나를 도와주라고 부탁했다는 것이다. 예춘호 씨는 김 후보의 이 말을 김 후보의 유언으로 생각했다며 나에게 몇 번씩 이야기했다.

남산에서 조사받을 때도 그랬지만, 재판과정에서 동지들이 보여준 태도는 정말 훌륭하고 당당한 것이었다. 고은 시인은 항상 의자 위에 양반자세로 앉아 재판부를 오시(悟視)하며 진술을 했고, 이문영 교수와 이해동 목사 같은 분들은 진술할 때마다 성경구절을 인용하며 자세를 가다듬었으며, 예춘호 씨는 항상 의연하게 장부의 풍모를 잃지 않았다.

재판은 신군부의 시나리오에 따라 일사천리로 진행됐고, 마지막으로 최후진술의 순서만 남았다. 나는 약 한 시간에 걸쳐 최후진술을 했다. 내 최후진술의 요지는 역시 김 후보를 죽이면 안 된다는 것이었다. 나는 월남파병 때 민중당 정책위의장을 하던 김 후보가 당에 건의해 박순천 총재를 모시고 파월장병 위문을 위해 월남까지 갔던 일, 한일협정 파동 때 김 후보가 국익을 우선하는 입장을 취했다가 사쿠라로 몰렸던 일까지 예로 들며 나라를 위해 큰일을 할 소신 있는 정치인을 빨갱이로 몰아서 죽이면 안 된다고 호소했다. 정동년 씨 문제와 관련해서도 나는 사실이 아니라는 점을 다시 한 번 밝힌 뒤, 내가 정씨를 증인으로 불러줄 것을 요구했음에도 재판부가 이를 받아들이지 않은 사실을 지적했다.

최후진술의 압권은 역시 김 후보였다. 김 후보는 정말 역사에 길이 남을 최후진술을 했다. '내가 만일 희생이 돼서 사형장의 이슬로 사라진다고 하더라도 이 땅에는 나와 같은 불행한 정치인이 두 번 다시 있어서는 안 된다'는 요지의 그의 최후진술은 우리 모두의 심금을 울리고 법정관계자들의 고개까지 끄덕이게 만들었다.

해가 두 번 바뀐 뒤 우리는 풀려났다. 비록 김 후보는 미국에 있었지만 나는 처음부터 다시 시작한다는 각오로 동지들과 새로운 길을 모색했다. 마침 우리가 나온 지 얼마 뒤 안병무 박사 댁에서 모임이 있었다. 문익환 목사를 비롯해 많은 분들이 모였는데, 여기에서 앞으로 민주화운동을 어떻게 추진해 나갈 것이냐를 주제로 토론이 벌어졌다.

이 자리에서 나는 앞으로 민주화운동을 추진함에 있어서 정치권과 재야가 연대를 하고 상호보완해야 하겠지만, 이 두 세력이 단일조직으로 통합하는 것은 반대라는 문제제기를 했다. 사실 박 정권 때 국민회의의 경험도 있지만 단일조직은 너무 소모적이라는 게 내 생각이었다. 재야 민주세력 내부에는 예를 들어 주한미군 철수를 주장하는 이들도 있는데 정치권은 이를 반대할 수밖에 없고, 이렇게 되면 내부의 의견 조정을 위한 불요불급한 소모전으로 역량만 낭비될 뿐이다. 또한 민주화운동은 본질적으로 다양한 운동이다. 노동자는 노동자의 입장에서, 농민은 농민의 입장에서, 지식인은 지식인의 입장에서 모두 자신이 처한 환경에서 가능하고 필요한 민주화투쟁을 전개하는 것이다. 그리고 이 투쟁들을 종합적으로 통괄하는 역할은 정치권에서 할 수밖에 없다는 게 내가 감옥에서 내린 결론이었다.

내 문제제기가 끝나자 곧바로 격론이 벌어졌다. 어떤 이는 나더러 사쿠라 같은 소리라고 비난하며 정치권과 모든 민주세력이 단일조직을 만들어야 정치권만 해서 무슨 운동이냐고 비판하기도 했다. 하지만 나는 끝까지 내 주장을 굽히지 않고 설득을 계속했고, 문익환 목사와 다른 많은 분들이 내 주장에 공감을 표시해 결국 그러한 방향으로 민주화운동을 이끌어간다는 데 합의가 이루어졌다.

1983년 초여름, 김영삼 총재의 단식을 계기로 과거 정치권에 몸담았던 인사들이 모이기 시작했다. 김 총재 단식을 격려하고 위로하기 위해 산발적으로 만나던 우리는 곧 대책위원회라는 형식으로 모임을 확대시켰다. 나는 병실에서 김 총재를 만나 민주화운동을 위한 정치권의 새로운 조직의 필요성을 강조하고 김대중, 김영삼 두 분의 단합이 역사적 당위임을 역설, 김 총재로부터 뜻을 같이하겠다는 대답을 얻어냈다.

하지만 실제로 일이 성사되기까지는 많은 난관들이 기다리고 있었다. 처음에는 김 총재 측이 우리와는 일언반구 상의도 없이 무슨 국민회의를 만들겠다고 발표해 애를 먹기도 했다. 우여곡절 끝에 겨우 동교동, 상도동 양측이 행동통일을 하기로 했는데, 이번에는 조직의 명칭이 또 문제가 됐다. 상도동 측에서는 민주구국투쟁위원회라는 안을 냈는데, 내가 민주화추진간담회라는 안을 내자 난리가 났다. 그런 이름으로 무슨 투쟁을 하겠냐는 것이 반대의 요지였다. 그래서 나는 우리가 지금까지 구국이다 투쟁이다 해서 뭐 하나 제대로 한 게 있느냐, 투쟁이라는 것은 행동으로 하는 것이지 구호로 하는 게 아니지 않느냐고 설득했다.

나는 정관 역시 필요 없다고 주장했다. 민주화운동은 동지들의 신뢰와 역사적 사명의식, 그리고 긍지를 갖고 하는 것인데 무슨 주식회사처럼 정관이나 회칙이 왜 필요하냐는 이야기였다. 그랬더니 하다못해 친목계에도 회칙이 있는 법인데 천하에 나라를 살리는 민주화운동에 회칙 하나 없으면 웃음거리가 될 거라는 반론도 나왔다. 하지만 나는 우리가 웃음거리가 되느냐 안 되느냐는 우리가 투쟁을 얼마나 제대로 하느냐에 달린 것이지 회칙이 있다고 웃음거리가 안 되는 것은 아니라고 입장을 굽히지 않았다.

이리하여 정치권의 두 축인 김대중 후보의 동교동계와 김영삼 총재의 상도동계가 일심협력하여 민주화를 이룩하기 위한 정치권의 새로운 조직이 탄생했다. 바로 민주화추진협의회였다.

물론 민추협이 발족한 이후에도 갈등은 없지 않았다. 당초 동교동 측 공동의장은 동지들의 추천으로 내가 맡았으나 상도동 측에서 김 총재와 격이 맞지 않는다는 주장을 해 김대중 후보가 귀국할 때까지 내가 공동의장 권한대행을 맡기로 양보했다. 심지어 일주일씩 돌아가며 맡는 사회도 시비의 대상이 됐다. 그래서 하루는 내가 김 총재를 만나 내가 사회를 보면 상도동 동지들 분위기가 마치 초상집처럼 돼 일이 안 되니 김 총재가 그냥 사회를 계속 맡으라고 말했다. 김 총재는 처음에는 반신반의했지만 곧 내 진의를 받아들였다. 아무리 어려운 문제라도 민주화라는 원칙과 대의 차원에서 양보하고 조정하면 해결되지 않을 게 없는 법이다.

1980년대를 돌이켜보건대 학생, 노동자, 농민, 종교인, 지식인 할 것 없이 민주화를 위해 애쓴 것이 사실이지만, 민추협의 역할 역시 적지 않을 것이다. 민추협을 결성했기에 신한민주당을 창당할 수 있었고, 2·12 선거혁명을 이뤄낼 수 있었으며, 6월 항쟁을 승리로 이끌 수 있었다면 지나친 비약일까. 그때 역사의 한가운데에서 미력하나마 일익을 담당할 수 있었다는 것에 하느님과 선배 동지들, 그리고 나의 가족에게 진심으로 감사드린다.

나는 우리 나라의 역사를 생각할 때마다 항상 이승만 대통령이 반민특위를 해체하지 않고 친일파를 확실하게 정리했더라면 하는 아쉬움을 갖는다. 그리고 이승만 대통령이 민주주의 국부로 평가받는 대통령으로 퇴임을 했더라면 이 땅에 4·19나 5·16 그리고 5·18 같은 불행한 역사는 존재하지 않았을 것이라는 안타까운 가정을 하곤 한다.

이 대통령이 긍정적인 측면에서 많은 업적이 있는 것 또한 사실이지만, 이 나라의 초대 대통령이 민주주의 국부로 존경받지 못하고 독재자로 몰락했다는 사실 자체가 한국정치의 모든 비리와 악순환의 원인이 아닐 수 없다. 요컨대 초심을 지켜야 한다는 것이다. 그래서 나는 김대중 대통령에게도 민주주의 국부의 길을 가야 한다고 기회 있을 때마다 직언하고, 이를 위해서라면 어떤 일이라도 돕겠다고 했다.

1980년 그날 이후 벌써 20년의 세월이 지났다. 생각해 보면 멀고도 험한 길이었다. 그리고 지금 우리 앞에 놓인 길 역시 순탄치 않다. 우리는 과연 후세에 어떤 나라를 물려줄 수 있을까. 그 답은 우선 김대중 대통령이 민주주의 국부로 남을 수 있느냐 없느냐에 달려 있는 것 같다.

60일간의 지하공화국

이택돈

1935년 경기 안산 출생
전국회의원
변호사
신한민주당 사무총장
신한민주당 부총재
한일의원연맹 부회장
노동문제연구소 소장

60일간의 지하공화국

이택돈

지하공화국

 정치인도 인간이다. 인간생활을 하다 보면 심야와 신새벽에 전화 벨소리와 대문의 벨소리를 듣게 된다. 이런 벨소리를 듣고 전화를 받거나 대문을 열어주면 대개는 통상적인 일이 아닌 불청객인 경우가 많다.

 박정희가 죽었다. 야당은 물론이고 온 국민들이 이제야 군사독재가 끝난 세상이 될 것이라고 생각했다. 그러나 역사의 수레바퀴는 그렇게 단순하게 돌아가지 않았다. 박정희가 죽어서 찾아온 '서울의 봄'은 전두환 일당이 12·12 군사반란을 일으켜 꽃이 필지 잎이 필지 아무도 모르는, 희뿌연 안개가 자우룩한 '안개정국'으로 변했다. 10만 명이 넘는 학생들이 '전두환은 물러가라'라는 구호를 외치며 종로와 을지로, 시청 앞과 서울역 앞에서 4·19 이후 최대의 데모를 하고 있었다.

 대문에서 벨소리가 났다. 밤 열두시였다. 이 혼란한 시국에 아무 연락도 없이 이렇게 밤 깊은 시간에 찾아올 사람은 없었다. 누구냐고 물어도 문을 열라는 소리뿐이고, 정체를 밝히지 않았다. 이상한 예감이 들어 문을 열어주지 않았다.

잠시 후였다. 괴한들이 담을 넘어 어떻게 들어왔는지 2층 방으로 뛰어들었다. 권총을 차고 구두를 신은 채였다. 침입자들을 신고하기 위하여 전화를 들었다. 전화선은 이미 끊어져 있었다.

「누구야? 이 밤중에!」

「계엄사령부에서 왔습니다.」

「계엄사? 난 지금까지 누구한테 투서 한 장 받은 일 없고, 계엄사에 갈 아무런 일도 없는데?」

「알고 있습니다. 위에서 모시고 오라고 해서 왔습니다.」

위에서 모시고 오라니? 율사 출신의 현역 3선 의원을 아닌밤중에 모시고 오라고 한 그 '위'라는 놈은 어떤 놈이고, 모시러 왔다는 자들이 권총을 들고 구둣발길로 담을 넘어 2층으로 침입하였으니, 도대체 이들의 정체는 무엇인가.

「지금은 차도 없다. 내일 가면 안 되나?」

「안 됩니다. 지금 저희가 모시고 가서 새벽 세시까지 댁으로 모셔 드리겠습니다.」

「알겠다.」

정체를 모르는 괴한들이었으나 이 무례한 일당의 야습(夜襲)을 피할 도리가 없었다. 하는 수 없었다. 새벽 세시에 되돌려보낸다는 소리를 믿고, 정장을 하고 한밤중에 집을 나섰다. 판검사를 할 때나 국회의원을 할 때나 이런 꼴을 당하기는 이때가 처음이었다. 평소에 입던 옷이라 주머니 속에는 많은 서류와 메모 들이 있었다.

대문 밖에는 검은 차가 대기하고 있었다. 차에 올랐다. 그 순간이었다. 어떤 놈이 난데없이 주먹으로 옆구리를 쳤다. 온몸이 으스러질 것 같은 엄청난 아픔이 왔다. 입에서는 무의식적으로 비명이 나왔다. 어이쿠 소리와 함께 손으로 아픈 옆구리를 만지자, 놈들은 옆구리를 만질 틈도 주지 않고 머리를 양쪽 무릎 사이에 넣도록 위에서 짓눌렀다. 이만저만한 고통이 아니었다. 어찌나 세게 짓누르는지 숨조차 쉴 수가 없었다.
「이놈들아! 이게 무슨 짓이냐!」
고래고래 소리를 질러도 아무 소용이 없었다. 깜깜한 밤중에 차 안에서 고개를 무릎 사이에 처박고 위에서 짓누르고 있는 상태여서 어디가 어딘지 모르게 끌려갔다.
차가 멈추었다. 눈앞에 총을 든 헌병이 있었다. '자바라'로 된 투명한 엘리베이터에 태웠다. 이상한 엘리베이터였다. 엘리베이터의 문이 닫혔다. 엘리베이터는 스르르 몇 층인가 지하로 내려갔다. 지하공화국이었다.
어느 방으로 갔다. 하얀 방음벽에는 핏자국이 튀어 있었다. 나는 방에 홀로 갇혀 있었다.
옆방에서 엄청난 비명소리가 들려왔다. 인간의 소리가 아니라 죽음의 궁지에 몰린 짐승이 이 세상에서 마지막으로 내지르는 비명처럼 처절한 소리였다. 이럴 수가 있을까? 이런 곳이 있을까? 도대체 여기가 어디인가?
나는 전에 '푸에블로' 함정의 함장이 북한에 납치되어 조사를 받으며 당한 수기를 읽은 일이 있었다. 그 수기에 의하면 그 함장도 북한의 어느 지하실에 끌려가 고문을 받았다. 고문실에는 산 사람의 사지가 너덜너덜하게 찢긴 채 매달려 아직 신경이 죽지 않은 살점이 꾸물거리고 있었다.
「이 미국 제국주의 간첩아! 불어라! 불지 않으면 너도 저 신세가 된다.」
함장은 그때 지상에 태어나 처음으로 가장 큰 심리적 공포를 느꼈다고 한다. 나는 그러한 고문실이 북한에만 있는 줄 알았다. 혹시 이곳이 그런 곳이 아닌가? 걷잡을 수 없는 공포감이 엄습해 왔다.

나를 데리고 간 괴한들이 나에게 그런 공포심을 주려고 한 것은 사실이다. 옆방에서 들려오는 비명소리는 너도 제대로 불지 않으면 저 옆방의 사람처럼 된다는 것을 말없이 암시해 주고 있었다. 영문을 모르고 끌려와 앞으로 어찌 될지 알지도 못하면서, 옆방 사람은 누구이며 왜 여기서 저 고통을 당하고 있을까 하는 연민의 감정이 피어올랐다.

빨간 불빛만 천장의 사방에서 기분 나쁘게 내리비치는 어두컴컴한 독방에 혼자 갇혀 옆방의 비명소리를 들으니 시간이 흐를수록 나의 운명이 어찌 될지 알 수가 없었다. 그러다가 정신이 번쩍 났다. 이곳이 어디지? 내가 왜 여기에 왔지?

그때였다. 이상하게 생긴 사람이 들어왔다. 곰보가 되다 만 사람이었다. 몸서리가 쳐졌다. 몸을 움찔했다.

「평소에 존경했습니다. 사실대로만 말씀해 주십시오. 여기도 사람이 사는 곳입니다. 별일 없을 것입니다.」

그는 점잖게 위로하고 나갔다. 그 다음에 또 어떤 사람들이 들어왔다. 아까 들어온 사람은 곰보나 되다 말았지, 이번에 들어온 자들은 아예 사람이 아니라 사람의 탈을 쓴 야수와 같은 '사람이 되다 만 자'들이었다.

「옷 벗어!」

어허, 이것 봐라! 옷 벗어? 어디다 대고 옷을 벗으라는 거야? 야수들은 오자마자 반말에 명령이었다. 나는 거부했다. 놈들이 달려들어 혁대를 끄르고 넥타이를 풀어헤쳤다. 꼴이 우습게 되었다. 할 수 없이 옷을 벗었다. 팬티만 남기고 다 벗었다. 군복을 주었다. 입었다. 검정 고무신을 주었다. 그것도 신었다. 그렇게 되고 보니 내 꼴은 우스운 꼴을 넘어 한심한 꼴이 되었다.

그들이 나갔다. 나는 방금 있었던 일들을 생각해 보았다. 도대체 나는 무슨 이유로 여기에 왔고, 왜 이렇게 되어야 하는가? 아무리 생각해도 그 이유를 알 수 없었다.

다음에 또 다른 사람들이 들어왔다. 사람이 자꾸 바뀌었다. 그들은 인간이 아니라 짐승이었다. 도저히 인간으로서는 할 수 없는 짓을 했다.

「야, 이 새끼야!」

뭐? 야, 이 새끼? 어디다 대고 '이 새끼' 소리를 하는 거야? 이들은 들어오자마자 욕을 했다. 그리고 생각할 틈도 없었다. 철썩! 철썩! 들이닥치면서 욕설과 함께 따귀를 쳤다. 내가 이 세상에 태어나 생전 처음 맞아본 따귀였다.

매도 몽둥이로 치거나 주먹으로 치면 아픔이 심하여 다른 생각을 할 겨를이 없다. 그러나 따귀는 달랐다. 주먹으로 얼굴을 가격하는 것이 아니라 손바닥으로 얼굴을 때리는 것이었으므로 아픔은 적었으나, 찰싹찰싹 때릴 때마다 자존심이 상했다. 그건 모진 매보다 더 참을 수 없는 고통이었고, 모멸감이었다.

맞다 보니 세상만사가 귀찮아졌다. 살다 보니 별 해괴망측한 일을 다 당하고 만신창이가 되고 있었다. 멀쩡한 국회의원을 데려다가 지하에 가두어놓고 이렇게 뺨을 때리고 있으니 밖에서는 무엇인가 벌어진 게 틀림없을 것 같았다. 그렇지 않아도 종로와 을지로, 시청 앞과 서울역 앞에서 대규모의 데모 사태가 벌어져 정국이 심상치 않았다. 전두환이 나가든지 나라가 부서지기 전에는 해결이 나지 않을 정도로 분위기가 악화되어 있었다.

「도대체 왜 이러느냐? 사태가 뭐냐?」

그들은 말이 없었다. 따귀를 때리던 짓을 멈추었다. 사실 맞는 자도 어렵겠지만 때리는 놈도 어려웠을 것이다. 때리는 것도 서로 치고 받으며 때려야 신이 나지, 멀쩡히 세워놓고 반항도 하지 못하는 놈을 일방적으로 한없이 때리기는 싫증이 났을 것이다. 때리던 자가 내게 또 다른 명령을 했다.

「손 들어! 손 들고 있어!」
 손을 들라…… 어떻게 들란 말인가.「요놈 봐라. 손 드는 것도 모르라? 너 국민학교도 안 다녔어? 학교 다닐 때 손 들고 벌도 안 서봤어?」안 서봤다. 내가 왜 벌을 서봤겠느냐?「잔소리 말고, 두 팔을 위로 들고 있어.」그 소리가 전류처럼 흘러갔다.
 어린애도 아닌 다 큰 국회의원이 두 손을 들고 있었다. 한심한 일이었다. 아니, 국회의원이라는 녀석이 어디인지도 모르는 지하실에 끌려와 두 손을 들고 있단 말인가. 등이 아프고 팔이 아팠다. 얼마나 시간이 지났는지 모른다. 스르르 나도 모르게 팔이 내려왔다.
「어? 이 자식 봐라! 올려! 더 올려! 어디서 손을 내리는 거야!」
「세시까지 돌려보내 준다더니, 이게 무슨 짓이냐?」
「세시? 세시 좋아하네!」
 지하공화국에는 '시계'가 없는 모양이었다. 영원히 고통으로 이어지는 모진 '시간'만 있는 모양이었다. 이렇게 하여 나에게는 언제 끝날지 모르는 지하공화국의 생활이 시작되었다.

 '특'
 이승에 사는 사람들은 저승을 모른다. 마찬가지로 지상의 공화국에 사는 사람들은 지하공화국을 알지 못한다. 내가 한밤중에 지하공화국으로 끌려간 후, 따귀를 맞으며 수모를 당한 것은 지하공화국의 맛을 본 것에 지나지 않았다. 내가 왜 그런 신세가 되었는지도 모르는 사이에 나는 방을 옮겼다.
 완전히 방음장치가 되어 있는 어두컴컴한 방이었다. 들어서자마자 음산한 기운이 감돌고 무언가 기분이 나쁜 방이었다. 역시 벽에는 핏자국이 있었다. 말로만 듣던 고문실이었다.
 책상이 있었다. 생전 처음 보는 책상이었다. 책상의 한가운데를 판자로 막아 서로 마주앉으면 상대방의 얼굴이 보이지 않고, 일어서서 보아야 상대가 어떻게 생겼는지를 알 수 있는 책상이었다.

  들도 보도 못한 방음장치와 들도 보도 못한 구조의 방에서 들도 보도 못한 책상 앞에 앉았다. 무슨 일이 생겨도 외부에서는 알 수 없는 공포의 방이었다. 죽어도 알 수 없는 방이었다.

「이것이 너에 대한 평소의 안기부 파일이다.」

  나는 그때서야 내가 말로만 듣던 안전기획부에 끌려온 것을 알았다. 안전기획부는 박정희 시대의 국가최고정보기관이었던 중앙정보부를 부장이 대통령을 암살하자 바꾼 이름이다.

「아, 여기가 안기부냐?」

「그렇다. 평소에 까불었는데 처음이냐?」

  한 아름이나 되는 '이택돈 파일'을 안고 들어온 자는 내가 안기부에 처음 끌려왔다는 말을 듣고 이상하다고 했다. 내가 남들한테 '까분다'는 말을 들은 것도 그때가 처음이다. 판검사에 변호사와 국회의원만 한 내가 언제 어디에서 누구한테 '까분다'는 말을 들어볼 기회가 있었을까. 그러나 이미 나는 그런 상스러운 말이 귀에 거슬리지 않는 처지가 되었다.

  그는 나의 아버지와 나의 가장 친한 친구 등에 대한 인적사항을 물으면서 기록을 확인했다. 그리고 종이와 펜을 주었다.

「할아버지 때부터 이 세상에 태어나서 지금까지 있었던 일을 다 써라.」

  시름없이 내 생애에 있었던 일들을 회상하며 일생의 기록을 써서 주었다. 그는 읽어보고 난 후에 두말할 것 없이 찢어버리고는 다시 쓰라고 했다. 또 써서 주면 그는 찢고 또 쓰라 했다. 써서 주면 찢고, 또 찢어 나중에는 볼펜이 휘고 손목이 퉁퉁 부어올랐다.

  어느 날이다. 미스터 원이라고 불리는 자가 신문을 가지고 왔다. 지하공화국에 와서 처음으로 보는 지상공화국의 신문이었다. 5월 17일자였다. 대문짝만한 글자로 비상계엄이 전국으로 확대된다는 기사와 함께 전직 대통령을 비방해서는 안 된다는 기사가 있었다.
　나는 그 신문을 보고 내가 있는 지하공화국의 밖에서는 박정희 잔당들이 세상을 뒤집고 있다는 사실을 처음으로 알았다. 역사의 아이러니였다. 박정희 군사정권 아래에서 그만큼 고생을 했으면 이제는 민주화된 민간정부를 세울 때가 되었으련만, 역사의 수레바퀴는 또다시 군인들에 의하여 굴려지고 있었다.
　어느 날이다. 뚱뚱하고 안경을 쓴 자가 대형사진 20여 장을 가지고 와서 보여주었다. 생전 듣도 보도 못하던 사진들이었다. 사진에는 복면한 사람들이 있었다. 총을 든 사람들도 있었다. 불에 타고 있는 건물들도 있었다.
「이게 뭐냐?」
「광주사태다.」
「광주사태가 뭐냐?」
「네가 일으키고도 모르다니?」
「???」
　별 해괴한 소리를 다 듣는다고 생각했다. 내가 밤중에 끌려올 때까지만 해도 서울에서는 큰 데모가 있었으나 그 밖의 지방에서는 데모가 없었다.
「여기에 끌려온 내가 뭘 알겠느냐?」
「네가 광주사태의 주범이다. 네가 광주사태를 일으켜서 김일성이 비행기를 끌고 넘어왔다. 수백 명이 죽었다!」
　나는 그때 처음으로 광주사태에 관한 말을 들었다. 지하공화국 밖에서는 상상도 못할 일이 벌어졌고, 지하공화국 내에서는 상상도 못할 범죄조작이 벌어지고 있었다. 나는 내가 알지도 못하는 광주사태의 범인으로 몰리고 있음을 직감했다.
　그날부터 그들은 성난 이리떼가 되었다. 성난 매질과 성난 행동으로 고문과 가혹행위가 거듭되었다.

「네가 광주사태의 자금을 지원했지?」
「그런 거 없다.」
「그럼 김대중에게 돈 준 거 대라.」
「난 돈 준 거 없다.」
「거짓말 마라. 증거를 잡지 못하도록 현금으로 주었지 않느냐? 그거 다 대라.」
「난 그런 것도 없다.」

그들은 나에게 내가 광주사태의 자금을 대주어 혼란을 일으킨 후에 임시정부를 세우고 김대중 선생을 집권하게 하려는 음모를 꾸몄다고 혐의를 뒤집어씌웠다. 그리고 그들은 무엇이든지 꼬투리만 있으면 시비를 걸고 폭력을 휘둘렀다. 그냥 넘어가는 법이 없었다.

내 호주머니에서 나온 소지품 중에 두 개의 메모쪽지가 있었다. 하나는 이신범 군과 아리산에서 쓴 소위 시국수습위원회 명단이고, 다른 하나는 '전두환 장군은 원대 복귀하라'는 정무회의 결의안 초안이었다.

「이것 봐라! 네가 하지 않았느냐? 이신범, 그놈이 남자다. 그놈은 잡혀와서 소주 한 병과 골뱅이 하나, 그리고 육법전서를 달라고 하여 갖다주었더니, 그것 먹고 다 불었다. 네 말과 이신범의 말이 맞아야 한다.」

나는 그때서야 이신범 군도 지하공화국에 끌려 들어온 것을 알았다. 그러나 이군과 존 천과 음식을 먹으며 한 이야기는 피차간에 실행에 옮길 겨를도 없이 끌려왔고 이군의 말과 내 말이 틀릴 리가 없었다. 그리고 그 자리에 동석하였던 존 천은 미국 시민권자라 기록에서 빠졌다.

'전두환 장군은 원대 복귀하라'라는 신민당 정무회의 결의안 초안은 당의 기구에서 의결하여 총재의 결재를 받고 발표한 것이라 내 책임이 아니라고 했다.

「쓸데없는 소리 마라. 네놈이 조조야! 너는 안양에서부터 골칫덩 어리였어. 네놈이 신민당의 정책의장이지? 네놈이 신민당을 다 해 먹었어!」

구둣발과 주먹과 욕설이 날아왔다. 나는 내가 왜 이렇게 맞아야 하는지를 몰랐다. 그리고 나는 그들이 왜 이렇게 나를 때려야 하는지도 몰랐다. 무수히 맞았다. 그들은 조사가 목적인 조사관인지, 폭력이 목적인 폭력배인지 분간할 수가 없었다. 나는 매를 맞는 짐승이었고, 그들은 산 사람을 잡아먹을 듯한 이리떼였다.

그들은 내가 광주사태와 김대중과 깊은 관계가 있다는 것을 증명할 수 있는 결정적인 단서라며 또 하나의 종이를 가지고 왔다. 그들은 서소문에 있던 나의 변호사 사무실도 수색하여 여러 가지 것들을 압수한 모양이었다. 거기에는 동아일보에 보도되었던, 김대중 선생이 복권 때 발표한 성명서 인쇄물이 있었다.

「이 의원! 이것 좀 지구당에 보내지.」

김대중 선생의 말이었다. 나는 신문에 보도된 성명서를 카피하여 인쇄물로 만들어 지구당에 보내도록 보좌관에게 지시한 일이 있었다. 지구당에 배포할 것이라 인쇄물의 수량이 많았을 것이다. 수색 결과 나타난 그 많은 인쇄물을 압수해서 안기부까지 가지고 오느라고, 평소에 '귀하신 몸이시던' 안기부 조사관이 땀 꽤나 흘렸을지 모른다.

나는 그가 서소문의 내 사무실을 수색했는지, 그 많은 인쇄물을 압수해 들고 나오느라고 수고를 했는지 알 수 없었다. 어느 날 갑자기 그는 성난 이리가 되어 내 앞에서 또 으르렁거렸다.

「네가 광주사태를 일으켜 김대중을 대통령으로 만들려고 했지?」

「그런 일 없다.」

「뭐 없어? 이 괘씸한 놈! 네 몸뚱이를 잘라서 화공약품으로 처리하여 화장실에 넣으면 흔적도 없어! 알겠어? 네 이름을 역사에서 지워버리겠다.」
 끔찍한 말이었다. 과학이 발달한 세상이니, 그럴 수도 있겠다는 생각이 들었다. 사냥감을 만난 이리가 사냥감을 물어뜯어 가죽을 벗기듯 그는 나를 발가벗겼다. 침대 받침봉을 휘두르며 엎드려 뻗치라고 소리를 질렀다. 어찌나 성난 모습인지, 엎드려 뻗치지 않으면 휘두르는 침대 받침봉으로 금방 머리통을 맞을 것 같아 두 불알을 달랑거리며 발가벗은 몸으로 엎드려 뻗쳤다.
 '따악' 이 소리도 아니고, '따아악' 이 소리도 아니었다. 잔등과 궁둥이, 팔과 다리에 번개 튀는 각목세례가 퍼부어졌다. 처음 한두 번 맞을 때는 몸이 으스러지는 것 같았고, 계속해서 맞을 때는 죽지 못해 지르는 인간의 비명을 질러댔으며, 온몸은 땀으로 뒤범벅이 되었다. 그리고 그 다음은 나도 모른다. 나는 정신을 잃었다.
 그 소리를 옆방에 있던 함세웅 신부가 다 들었다고 한다. 어찌 인간이 인간을 패도 그렇게 팰 수 있는지, 지금 생각해도 이해할 수 없다. 나는 그런 가운데서 내가 알지도 못하는 광주사태와 소위 '김대중 집권 시나리오'에 의한 '김대중 내란음모사건'의 주모자로 조사를 받았다.
 5월 17일 직전에 날짜별로 있었던 일들을 다 대라고 했다. 인간의 기억에는 한계가 있다. 나중에는 그가 말하는 대로 두드려맞춰 써주었다. 그렇게 안 할 도리가 없었다.
 조사에서는 무혐의가 혐의보다 더 무섭다는 것을 알았다. 혐의가 있는 자는 혐의를 시인하면 조사는 그것으로 끝이다. 그러나 조사를 하는 사람들이 무혐의자를 상대로 혐의가 있다는 선입관을 가지고 조사를 할 때에는, 무혐의자가 혐의를 부인하면 조사관에게 매를 맞아야 한다. 그래도 소용이 없다. 조사는 조사하는 사람의 마음대로 하는 것이지, 끌려온 자의 말에 따라 진행되는 것이 아니었다.
 어느 날이었다. 그들은 말했다.

「너는 '특(特)'이야.」
「특이 뭐냐?」
「네가 김대중이 집권하면 국무총리를 하기로 되어 있다.」
「나는 그럴 생각 없다.」

그런 조사를 계속 받으면서 머리에 번쩍 지나가는 기사가 하나 있었다. 그도 그 기사를 알고 있었다. 중앙일보의 편집국장인 고흥길(高興吉) 기자가 국회를 출입할 때다. '서울의 봄' 당시에 고 기자가 차기 대권 예상후보군에 관한 기사를 쓰면서 내 이름을 거명한 일이 있었다.

「거짓말 마라. 집안이나 학벌이나 경력으로 보아 혼란이 나서 임시정부가 세워지면 김대중이 첫번째이고, 네가 두 번째이다. 그래서 김대중은 1000호에 있고, 너는 그 앞방인 1001호에 있다.」

나는 그때서야 내가 있는 방이 1001호이고, 내가 '특'이고, 내 앞방이 1000호이고, 1000호에는 김대중 선생이 있다는 것을 알았다. 지하공화국은 그렇게 무서운 곳이었다. 앞도 뒤도 옆도 위도 아래도 알 수 없게 철저하게 '차단된 공간'이었다.

생고기

모진 매를 맞아 정신을 잃고 얼마나 지났는지 모른다. 깨어보니 침대였다. 지하공화국에 와서 처음으로 침대에 누운 것이었다. 천장과 방문, 그리고 방이 통째로 빙빙 돌며 흔들리고 있었다.

눈앞에 희미하게 하얀 가운을 입은 의사와 간호사가 아롱거렸다. 그들은 걱정스러운 표정으로 나를 내려다보고 있었다. 정신을 차려야겠다는 생각이 들었으나 상당히 오랜 시간이 흘러도 정신이 들지 않았다. 그렇게 얼마인가 시간이 또 흘렀다.

「제가 정각이 동기동창입니다.」

의사가 하는 말이었다. 정각이는 내 조카였다. 정신이 났다. 육체적 고통은 잊을 수 있으나 정신적 고통은 잊을 수가 없었다. 인간이 이렇게 살아서 무엇 하나 하는 생각이 들었다.
「인간이 이런 게 아니다. 저승 가서도 원망을 하지 않을 것이니, 차라리 나를 주사로 죽여달라.」
의사에게 간절히 애원했다. 의사는 말이 없었다. 나는 다시 애원했다.
「이렇게 맞아 병신 되어 사는 것보다 죽는 것이 낫다. 주사기에 공기나 물을 넣어 주사를 놓으면 죽는다. 어서 그렇게 해달라.」
두 번이나 죽여달라는 나의 하소연을 듣다 못한 의사가 말없이 나갔다. 방에는 나 혼자였다. 매를 맞아 정신을 잃던 순간부터 지금까지를 생각해 보았다. 아무 생각이 나지 않았다. 내가 정신을 잃고 난 후에도 더 매질을 하였는지, 그리고 정신을 잃고 나서 깨어날 때까지 의사나 그들이 나를 어떻게 하였는지 전혀 생각이 나지 않았다. 정신을 잃어도 완전히 잃었던 것이다.
그래도 죽지 않고 살아난 것을 생각하면 모진 것이 목숨이었다. 그들은 정말 인간이 아니라 짐승이었다. 그렇게 깨어난 나에게 그들은 까딱하면 또 손을 들고 있으라는 명령을 내렸다. 눈물도 피도 인정도 없는 지독한 인간들이었다. 나를 죽여 역사에서 이름을 빼고도 남을 인간들이었다.
얼마인가 지났다.
「너는 'D클래스'다.」
영문 모를 일이었다. 매를 칠 때는 '특'이라고 하더니, 매를 쳐놓고는 'D클래스'라고 했다. 진짜 저승사자로 보였다. 아무리 매를 치고 법석을 떨었지만 그들은 나에 대한 혐의를 아무것도 밝히지 못했다.
「샤워나 하시오.」
지하공화국에 와서 처음으로 샤워를 하러 갔다. 그 동안 세수 한 번 못했다. 더운물도 처음이었다. 한참 후에 미스터 원이 거울을 보라고 했다. 나는 시키는 대로 거울을 보았다. 그리고 소스라쳐 놀랐다.
 온몸에 피멍이 들어 있었다. 잔등, 볼기짝 할 것 없이 구렁이가 감고 있는 듯 매질의 자국이 온통 남아 있었다. 나는 내 몸에 그렇게 많은 핏자국이 있는 것을 처음 보았다.
 그들은 큰일이 난 것처럼 나의 온몸에 '안티푸라민'을 발랐다. 안티푸라민 냄새가 방안에 진동했다. 침대에 엎드려 며칠 동안 그렇게 해도 피멍은 풀리지 않았고, 매를 맞아 생긴 흠집이 없어지지 않았다. 그들이 묘약(妙藥)을 가지고 왔다.
「안티푸라민 가지고는 안 되겠어. 이걸 발라야 낫겠어.」
 눈이 휘둥그래지는 기상천외의 묘약이었다. 그들이 가지고 온 것은 손바닥만하게 자른 시뻘건 생고기 덩어리들이었다. 생사람 잡자니 별 묘약을 다 가지고 있고, 죽여놓고 살리자니 별 비방(秘方)을 다 동원하고 있었다.
 잔등, 허벅지, 종아리, 볼기 할 것 없이 온몸에 생고기 덩어리를 붙였다. 내 생애를 통하여 그렇게 많은 고깃덩이를 몸에 붙이고 있기는 아마도 그때가 처음이자 마지막일 것이다. 그 많은 고깃덩이를 온몸에 붙이고 엎어져 있자니, 그것 또한 고역이었다. 생사람 잡고 살리는 데는 생고기가 최고라는 것도 그때 처음 알았다. 얼마 가지 않아 피멍이 풀렸다.
 조사가 거의 끝난 모양이었다. 그들은 긴장이 풀리고 나는 할 일 없이 잡혀 있는 신세가 되었다. 나를 조사한 서류가 책상 위에 산더미처럼 쌓여 있었다. 그들은 그 서류에 대해서도 별로 관심이 없는 것같이 보였다.
 나는 그들이 방심하는 틈을 타서 종이와 펜을 들어, 「여기에서 여러 가지 진술한 것은 허위」라는 글을 써서 그들이 보지 않을 때에 서류더미 속에 몰래 집어넣었다. 그것도 모르고 수사관이라는 자들이 그 많은 서류에 일일이 넘버링을 하고 있었다. 아마도 그 기록이 어디엔가 지금도 남아 있을 것을 생각하면 참으로 웃지 못할 일이다.

그들은 조사하는 과정에서 김대중에 대한 관련 서류를 가지고 와서 나에게 제시하며 자문을 구했다. 참으로 염치도 체면도 없는 자들이었다.

그러면서 그들은 이번 사건에서 김대중은 국가보안법 제1조 1항으로 재판한다는 말을 했다. 나는 그때서야 그들이 꾸미고 있는 흉계를 정확히 파악할 수 있었다.

「여보시오, 말도 안 되는 소리요. 국가보안법 1조 1항은 이승만 대통령이 김일성을 잡기 위하여 만든 조항이오. 그 조항을 가지고 김대중을 잡는다면 김일성이 웃을 거요.」

나의 말을 들은 그들은 「그러면 한민통(韓民統)은 어떠냐」고 했다. 나는 「한민통은 아무것도 아니다. 쓸데없는 짓 하지 말라」고 대답해주었다.

조사기간을 통하여 한 가지 이상한 일이 있었다. 내가 김영삼 총재 밑에서 정책의장을 하고 있는 국회의원이었는데도, 그들은 다른 것은 다 물어도 김 총재와의 관계에 대해서는 추호의 추궁이 없었다. 나는 김 총재는 혹시 밖에서 건재할지도 모른다는 생각을 했고, 건재하다면 내가 한 일은 대개 자기의 말을 듣고 한 것이므로 나를 구해줄 것이라는 일말의 기대를 걸기도 했다.

나중에 그들은 내게 국회의원 사직서를 쓰라고 했다. 사직 이유도 내 뜻대로 쓰는 것이 아니라 예춘호 의원 것을 가지고 와서 그대로 베끼라고 했다. 그대로 베껴서 손도장을 찍어주었다.

나는 그때 공화당 전사무총장이며 3선 개헌을 반대한 후 무소속으로 국회의원에 당선했던 예춘호 의원이 끌려와 있는 것을 알았다. 그들은 신민당에서는 나를 잡아넣고, 통일당에서는 김녹영을 잡아넣고, 무소속에서는 예춘호를 잡아넣어 고루고루 구색을 맞추기 위한 수작을 했다. 김녹영은 바로 내 옆방에 있었던 모양이나, 그곳에 있을 때는 그 사실을 모르고 지냈다.

지하공화국에서는 날짜 가는 것을 모른다. 밤과 낮이 없기 때문이다. 나는 세 끼의 밥이 나올 때마다 정(正)자를 쓰며 날짜가 지나는 것을 표시했다. 정자가 모이고 모여 열 개가 넘었다. 지하공화국의 생활이 50일이 넘었다는 뜻이었다.

그들은 그때쯤에 내가 'D클래스'라 곧 석방될 것이라는 말을 했다. 그러나 석방된다는 말은 거짓말이었다. 정자 열한 개하고 획을 네 개째 그었다. 내가 지하공화국에 끌려와 모진 고생을 하며 영장 없이 구속된 지도 어느덧 59일이었다. 그때서야 그들은 처음으로 나에게 정식 구속영장을 제시했다. 사법경찰관 전두환 명의(名義)였다.

59일간의 불법 감금과 모진 고문은 이렇게 해서 끝이 났다. 변호인이나 가족의 면회가 일절 없던 세월이었다. 그들은 나를 전두환의 구속영장으로 수갑을 채워 지하공화국의 육중한 철문을 나와 어디론가 끌고 갔다. 또 큰 문이 나타났다. 교도관들이 보였다. 일반교도소였다.

이리하여 나는 지하공화국의 밀실에서 일반교도소의 감방에 수감되었다. 김대중 선생은 나보다 하루를 더 지하공화국에 있다가 60일만에 어디론가 이송되었다는 소문을 들었다. 정치가 무엇인지 생고기에 생지옥을 구경해야 하는 참으로 참담한 세월이 지났다.

이리하여 태어난 것이 소위 5공이다. 이제 더 이상 무슨 말이 필요하겠는가.

아! 광주의 원혼(冤魂)이여! 영령(英靈)이시여! 살아남은 자를 용서하소서.

서울의 짧은 봄, 긴 겨울, 그리고……

한완상

1936년 충남 당진 출생
서울대 교수
부총리 겸 통일원장관
한국방송통신대학교 총장
현 상지대학교 총장
저서 「현대사회와 청년문화」
「민중과 지식인」「다시 한국의 지식인에게」

서울의 짧은 봄, 긴 겨울, 그리고……

한완상

　박정희 대통령이 부하의 총탄에 쓰러져 죽자, 18년간의 철권정치는 곧 사라질 것 같았다. 바로 그 철권정치의 종막을 간절하게 바랐던 이 땅의 민주세력은 비로소 정치의 봄, 정치발전의 봄, 민주주의 정치의 개화를 타는 목마름으로 더욱 갈망하게 되었다. 그러나 그 꿈이 무참하게 좌절되었기에 더욱 아쉬워서 그 기간을 서울의 짧은 봄이라고 부르는 것 같다.
　나는 1979년 한 해를 잊을 수 없다. 그해 2월 어느 날 공화당 당의장으로 내정된 박준규 씨가 전화를 했다. 좀 만나자고 했다. 나와 동향인 그분은 내 고등학교 선배이며, 또 서울대 문리대 선배이기도 했다. 내가 1976년 2월 말 서울대학교에서 추방될 때 집권여당의 핵심간부였던 그 선배도 나의 억울한 사정을 안타까워했었다. 짐작컨대 박 대통령에게 내 문제를 거론했다가 야단맞았던 것 같기도 하다. 그런데 만나자고 전화가 왔다. 그 다음날 조계사 옆에 있는 한식집에서 만났다. 그는 며칠 후 자기가 집권여당의 제2인자로 임명될 것을 알려주면서 나에게 좋은 자리를 주겠다고 했다.

「한 박사, 그간 너무 고생했는데 이제 집권당 안에서 좋은 자리를 줄 터이니 한번 해보지 않겠소?」
「저는 정당에서 일할 생각은 전혀 없습니다. 박 선배님께서 저를 봐주시려면 서울대학교에 다시 복직시켜 주십시오.」
그때 그는 나의 의향을 확인하고 노력은 해보겠노라고 하면서도 힘있는 권력의 자리에 오지 않겠느냐고 계속 권유했다. 그때 나 혼자 복직될 순 없고, 이미 쫓겨난 학생들과 교수들, 그리고 기자들을 모두 복직시켜 줄 경우 나도 기꺼이 서울대학으로 돌아가겠다고 했다. 그때 그 선배는 고개를 절레절레 흔들며, 독한 사람이라고 했다.

그해는 정치적으로 계속 요동 치고 있었다. 9월에는 김영삼 야당 총재가 국회에서 쫓겨나게 되자 한국기독교교회협의회(NCC)가 강경한 성명을 내게 되었다. 그때 나는 '교회와 사회' 위원회의 위원이었는데, 위원장인 박형규 목사와 같은 위원이었던 김상근 목사, 이재정 신부와 함께 이 성명작성을 맡았다. 정부의 억압적 처사를 신랄하게 규탄하는 성명이 나갔을 때는 YH사건으로 이미 나라가 시끌벅적할 때였다. 그러기에 우리의 성명이 박 정권을 더욱 자극했다. 이 일로 우리 네 사람은 시경에 연행되어 여러 날 조사를 받았다. 기미년 만세 사건 때 유관순 열사를 잡아 고문을 했다는 곳에서 조사를 받았다. 나는 2층에서 조사를 받았는데, 1층에서 조사를 받고 있던 이재정 신부의 그 덥수룩한 턱수염이 아직도 기억에 생생하게 남아 있고, 김상근 목사가 방에서 왔다갔다하며 찬송가를 부르던 모습이 눈에 아직도 선하게 남아 있다.

여하튼 우리가 10월 중순경 검찰로 송치되기로 했던 날 부산과 마산에서 큰 시위가 터졌다. 이른바 부마사태가 터진 것이다. 당국은 갑자기 그날 밤에 우리를 풀어주었다. 김관석, 조남기 목사 들이 우리를 맞아주었다. 그리고 약 일주일 뒤 박 대통령이 죽었다. 그의 죽음이 무엇을 예고하는 것인지 그때는 정확히 알 수 없었으나, 희망과 불안이 거칠게 교차하면서 잠시 우리를 혼란에 빠뜨리기도 했다.

그때 나는 한국기독학생총연맹(KSCF) 이사장으로 있었다. 연맹 소속 학생들이 11월에 들어서자 유신잔당 물러가라는 소리를 외쳐대기 시작했다. 기독교회관에서 농성시위를 했었다. 작고하신 서남동 교수, 조용기 목사와 내가 그들을 만류하기도 했다. 무장한 경찰이 무조건 해산을 요구하면서 해산을 거부할 경우 강제연행하겠다고 위협했다. 외신 기자들이 그들과 함께 있는 동안에는 연행을 자제했던 경찰이 외신 기자들이 철수하자 곧 행동을 개시하여 농성했던 학생 전원과 총무, 간사를 강제연행해 갔다. 또 이 일로 11월 말에 나도 서대문에 있는 무시무시한 치안국 특수수사대에서 일주일간 곤욕스런 신문을 받았다. 독방에 갇혀 공포와 불안 속에서 조사를 받고 불구속 기소되어 수도경비사령부 검찰에 나가 계속 조사받게 되었다. 그때 고문당해 절룩거리는 정상복 간사와 초췌해진 안 총무의 모습을 지금도 나는 잊을 수 없다. 특히 안 총무와의 대질신문은 참으로 곤혹스러웠다.

이 같은 유신잔당들이 아직도 시퍼렇게 살아 있을 때 이들의 배후에 신군부가 버티고 있었다. 국내외에서 들불처럼 번졌던 민주화 요구를 그들은 어느 날 하루아침에 작살내기로 벼르고 있었는데, 우리는 그것을 제대로 파악하지 못했다. 이런 어수선한 분위기 가운데 1980년 3월 1일에 나는 마침내 서울대학교에 복직되었다. 복직의 기쁨은 이루 말할 수 없이 컸다.

복직된 뒤 서울대 교정에 와보니 계절의 봄과 정치적 봄은 완연한 듯했다. 어느 따뜻한 봄날, 아크로폴리스광장에 3천 명의 학생이 운집하여 민주화를 위해 자기 몸을 바쳤던 김상진 학생을 추모하고 있었다. 해직교수를 대표하여 한마디 격려의 말을 해달라고 했다.

「자결한 김상진 학생의 숭고한 뜻을 받들어 조국의 민주화 실현을 위해 더욱 노력합시다. 다만, 지금 이 같은 봄 날씨 속에서 여기저기 신군부가 파놓은 함정들이 도사리고 있음을 잊지 말기 바랍니다.」

내가 이러한 경고를 학생들에게 해준 까닭은 신군부가 결코 민주화를 바라지 않고 있다는 내 나름대로의 확신 때문이었다. 4월 말에 나는 서울대 학군단장으로 있던 고교 동문의 주선으로 시내 어느 호텔에서 당시 실력자 중 하나였던 노태우 경비사령관을 만났다. 식사하는 자리에서 나는 불쑥 이렇게 말했다.

「선배님, 계엄령를 해제하시지요.」
「한 박사, 계엄령으로 불편한 것 있습니까?」
「겉으로는 유화국면인 것 같으나 신문을 보십시오. 언론통제가 얼마나 교묘하고 철저한지 우리는 잘 압니다. 불편합니다. 그러니 계엄령을 해제해 주시고, 제발 라틴아메리카의 군부를 닮지 마십시오.」
「한 박사, 그러면 우리가 미국 놈, 영국 놈 군대를 닮으란 말이오?」
「아닙니다, 선배님. 우리 대한민국 군부는 주체적으로 민주군대임을 만천하에 증명해 보이십시오.」

그는 말이 없었고 얼굴은 긴장되고 있었다. 이때 그의 굳어지는 얼굴 속에서 5월의 쿠데타를 감지했어야 했는데, 미처 그렇게는 보지 못했다. 그러나 그 어떤 불길한 느낌은 숨길 수 없었다.

이때 문교부 차관은 김형기였다. 내 고등학교 동기동창이었는데, 그는 과학기술처에 오래 몸담고 있던 유능한 관료였다. 대학 사정은 잘 몰랐다. 그래서 막 복직한 나와 자주 만나 대학문제를 의논했다. 어느 날 그는 계엄사 부사령관과 만나보지 않겠느냐고 물었다. 업무상 그와 김 차관은 거의 매일 만나는 듯했다. 학교 사정과 함께 민주화를 열망하는 시민들의 뜻을 직접 그에게 전해주는 것도 의미가 있으리라 믿어 흔쾌히 승낙했다. 며칠 후 김 차관 집에서 만찬이 있었다. 식사를 끝내고 김 차관, 황 부사령관과 함께 앉아 담소하다가 시국 얘기가 벌어졌다. 그때 세 김씨에 대한 군부의 평가문제를 언급하면서 내가 단도직입적으로 말했다.

「타임지 보도나 우리나라 신문에 보면 세 김씨에 대해 군부가 일정하게 평가하고 있는 것 같습니다. 김종필 씨는 부패했고, 김영삼 씨는 무능하며, 김대중 씨는 사상이 의심스럽다고 단정 내리고 있습니다. 그래서 이 세 분에게 나라를 맡길 수 없다는 것입니다. 장군님, 우리는 민주국가에 살고 있고 더 민주화를 시켜야 되는데, 군부가 무슨 권한으로 이분은 이래서 안 되고 저분은 저래서 안 된다고 판단 내리고 그들의 정치적 기본권까지 제한합니까? 언제 국민들이 군부에게 그러한 권한을 이양했습니까? 누가 되고 안 되는 것은 주권자인 국민이 선거를 통해 행사해야 하는 것 아닙니까?」

김 차관은 테이블 밑으로 내 발을 살짝 찼다. 말조심하라는 뜻이었다. 이때 황 부사령관의 얼굴 역시 굳어 있었다. 그 굳어짐에서 나는 다음달 일어난 한국정치사에서 가장 불행했던 군부 쿠데타를 예감했어야 했다.

5월이 되자 나는 김대중 씨가 주선한 여러 모임에 참석하였다. 5월 12일 그날도 어느 호텔에서 DJ와 회의하고 있는데 전화가 왔다. 어머님이 돌아가셨다는 전갈이었다. 그날 오후에 어머님은 지병으로 고생하다가 소천하신 것이다. 나는 회의 도중 부랴부랴 형님 집으로 달려갔다. 어머님은 천사의 얼굴로 영원히 쉬고 계셨다. 그 평안한 얼굴로 이미 하늘나라에 갔음을 불효자에게 알려주시는 듯했다.

다음날 DJ를 위시한 많은 민주동지들이 상가에 와 위로해 주었다. 바로 이 상가 모임이 훗날 '김대중 내란음모 장소'로 둔갑하게 될지 누가 어떻게 감히 짐작이라도 할 수 있었겠는가!

며칠간 몸과 마음은 고달팠다. 폭풍이 지나간 듯했다. 고향 동산에 어머님을 묻고 고향에서 하루를 보낸 뒤 16일에 상경했다. 참으로 오랜만에 푹 쉬고 싶었다. 물론 그 사이 동지들은 DJ와 계속 만나고 정국 흐름에 대해 의논하고 있었다. 이날 밤 나는 잠옷을 입고 침대에 몸을 던졌다. 막 잠이 들려고 하는데 초인종 소리가 들렸다. 시계를 보니 10시 35분경이였다.
「누구십니까?」
「서울대학교 교수협의회 회장 심부름으로 왔습니다.」
아파트 문틈으로 보니 검은 옷을 입은 네 사람이 서성거리고 있었는데 서울대학교 직원 같지는 않았다.
「내가 며칠 전 모친상을 당해 너무 피곤하니 내일 아침에 오시지요.」
「아닙니다. 긴급한 일이 생겼으니 잠시 말씀드리고 가겠습니다.」
할 수 없이 문을 따주었다. 집에 들어오는 모습이 그 전의 경찰들 같지 않았다. 입을 모두 굳게 다물고 있었고, 나이가 지긋한 사람만이 소파에 앉았다. 나머지 셋은 차려 자세로 서 있었다. 나이 지긋한 사람이 입을 열었다.
「사실 김대중 씨와 한 박사와의 관계를 조사할 일이 있는데 잠시 함께 나갑시다. 두서너 시간만 조사하면 되니까요…….」
「저와 김대중 씨 관계는 천하가 다 아는데 뭐 더 조사할 것이 있겠습니까. 그 문제라면 내일 제가 조사받는 장소에 자진출두하겠습니다. 아시다시피 저는 모친상으로 심신이 피로해서 오늘 처음으로 푹 자려고 하는데 내 형편을 보아 내일 아침에 가도록 합시다.」
「안 됩니다. 지금 가야 합니다.」
「도대체 당신들 직속 상관이 누구입니까. 제가 직접 전화해 보겠습니다. 전화번호 주시지요.」
내가 전화를 끌어당기니까 서 있던 사람 중 하나가 전화를 거칠게 낚아챘다. 팀장이 엄숙하게 말했다.
「오늘 밤 열두시를 기해 세상이 확 뒤집어지는데 잔말 말고 갑시다.」

이렇게 하여 나는 이들에게 끌려갔다. 밤 열한시경에 남산 중앙정보부 지하 2층 끝방에 갇히게 되었다. 속속 동지들이 붙잡혀왔다. 나머지 끝방에는 이해동 목사가, 내 앞방에는 이문영 교수가, 그 옆방에는 한승헌 변호사가 끌려왔다. 같은 층에 김상현 의원, 서남동 교수가 갇혀 있었다.

마침내 지옥 신문이 시작되었다. 그러나 아직도 나는 무슨 연고로 끌려왔는지를 짐작할 수 없었다. 우리가 잡힌 지 한 시간 뒤, 그러니까 17일 0시를 기해 전국으로 비상계엄령이 확대되었음을 알지 못했다. 이른바 신군부에 의한 쿠데타인 줄도 얼마 동안 몰랐다. 첫 신문의 초점은 언제부터, 왜 김대중 씨를 대통령으로 옹립하려고 했던가 하는 문제였다. 나는 거침없이 그 신문에 응했다. 부끄러운 것도 없고 주저할 일도 아니었다. 그런데 시간이 흐름에 따라 신문이 요상한 방향으로 나아가고 있었다. 거대한 덫에 우리가 걸려든 것을 어렴풋이 짐작하게 되었다. 무엇인가 엄청난 것을 꾸미는 듯했다.

특히 5월 12일 모친상에 문상 왔던 동지들이 상가에서 내란을 음모했다는 식으로 신문이 진행되자, 나는 어마어마한 음모의 거미줄에 걸려든 한 마리의 곤충처럼 비참하게 느껴졌다. 게다가 아니 상가에서 내란을 음모하다니, 모친을 잃어버린 슬픔도 주체하기 어려운데 내란음모를 하도록 딴청을 부렸다니! 도대체 무슨 해괴한 일이란 말인가. 나는 혼란의 늪으로 깊이 가라앉는 것 같았다.

네 사람이 교대로 신문했지만 신문당하는 나는 잠을 잘 수 없었다. 붙들려오기 전 이미 나흘이나 제대로 자지 못했는데, 남산 지하 2층에서 계속 잠 못 자고 신문을 당했으니, 몸과 마음은 헌 걸레처럼 찢기어졌다. 일주일쯤 지나니까 치통이 시작되었는데 이것은 몸의 건강 밸런스가 완전히 무너졌음을 알리는 고장신호이기도 했다. 치통을 견디기가 너무 어려웠다. 이것이 바로 십자가의 고통인가. 치통을 달랠 약도 구할 수 없었으니 그 아픔은 더했다.

나는 이 지옥 신문 한가운데서도 몰래 성서를 읽을 수 있었다. 며칠 전 돌아가신 어머님께서 평소에 성서가 꿀맛같이 달다는 말씀을 자주 하셨다. 그때는 어머님께서 괜히 하시는 말씀이라고 여겼다. 사실 성서는 지루하다고 여겨왔었다. 그런데 이 고통의 심연에서 나는 어머님의 그 말씀을 놀랍게도 실감하고 있었다. 정말 꿀맛이요, 절망의 밑바닥에서 희망을 맛보게 하는 책이라는 사실을 온몸으로 느끼게 되었다. 진정 살아 있는 책이라는 진리를 평생 처음으로 깨달았다. 성서는 내 삶의 안내자요, 목마른 사슴에게 시냇물이 되듯 나에게 긴요한 생명수였다.

예수의 말씀과 행동이 2천 년 전 유대땅에서 있었던 사건이 아니라 1980년 5월과 6월 남산 지하실에서 일어나고 있는 사건으로 여겨지게 되었다. 바로 내 곁에서 그분은 말씀하시는 듯했다. 그뿐이랴. 바울의 선교 여행길에 나는 2천 년이라는 시간의 장벽을 훌쩍 뛰어넘어 함께 걸어가고 있는 듯하였다. 그분과 함께 순례하고 있는 나 자신을 발견했다. 특수한 상황 속에서 살아나는 생명의 메시지를 나는 배고픈 어린아이가 어미 젖을 찾듯 했고, 또한 그것을 들었다. 지옥 신문에서 견딜 수 있는 힘이 있었다면 그것은 전적으로 성서에서 얻은 용기와 희망이었다.

나는 구약 에스더를 읽으면서, 신군부가 모르드게를 죽이려 했던 하만처럼 되기를 바랐고 또 그렇게 기도했다. 정의가 우뚝 세워지는 날이 올 것임을 믿었다. 모르드게를 높이 달아 죽이려 했던 그 장대에 하만이 달렸듯이 말이다. 비록 지금 우리는 다니엘처럼 사자굴에 던져짐을 당했으나, 하느님의 은총으로 매일 매일 견딜 수 있다고 확신했다.

하여튼 거의 두 달 가량 지하 2층에서 신문당하는 중에 나는 적어도 두 가지 진실을 깨닫게 되었다. 하나는 잠잘 수 있는 자유가 모든 자유의 으뜸이라는 진리였다. 먹는 자유, 말하는 자유, 움직이는 자유, 결속하는 자유, 모두가 다 소중하나 잠자는 자유에 견줄 수 없음을 깨달은 것이다. 나는 처음 열흘 간은 잠을 잘 수 없었다. 그 자유를 박탈당하였다. 그런데 시간이 흘러도 잠이 오지 않았다. 고문 가운데 가장 잔인한 고문이 바로 잠잘 자유를 박탈하는 것임을 창자로 느낄 수 있었다.

또 하나 잊지 못할 것은 지역감정의 문제였다. 가끔 어디서 나타났는지 우락부락하게 생긴 사내가 불쑥 들어와 상스러운 언어를 마구 구사하면서 나를 질타했다.

「그래, 경상도 놈이 전라도 놈을 대통령으로 옹립하려 한다고⋯⋯, 미친놈이지. 이 자식은 국가관도 없고 전라도 놈만 따라다니는 한심한 경상도 놈 아닌가⋯⋯.」

나에게 김대중 씨는 전라도 사람이 아니었다. 이 땅의 인권, 민주화, 평화, 그리고 정의를 위해서 함께 싸운 동지요, 또 경륜 있는 정치인이었다. 원칙을 소중히 여길 줄 아는 스테이츠먼(statesman)이었다. 나 또한 스스로 경상도 사람으로 행세한 적 없다. 나는 TK다. 대구에서 성장했고 그곳의 경북고등학교를 나온 사람이지만, TK가 군사권력에 기식했음을 통탄했던 나로서, 한 번도 내가 그 지역성을 그 어떤 특권의 수단으로 여겨본 적도 사용한 적도 없다. 이미 지역성은 계층성과 함께 나의 삶에서는 사라져 없어진 것이다. 이런 뜻에서 나는 계층과 지역과 성(性)의 장벽을 뛰어넘으려 했던 이른바 부동(浮動)하는 자유인이요, 지식인이었다.

여하튼 두 달 가까운 지옥 신문이 끝나고 2월 중순 가까워 우리 중 일부는 육군교도소로, 또 일부는 서대문구치소로 이감되었다. 이감되는 날 나는 그것을 해방의 순간으로 받아들였다. 오랜만에 지하 2층에서 벗어나 햇살을 보면서 웃었다. 내 웃음이 싫었던지 이감할 때 차 안에서 헌병이 총의 개머리판으로 나의 머리를 계속 찍어눌렀

다. 나는 고개를 쳐들어 높고 푸른 하늘을 쳐다보고 싶었다. 서대문
구치소 가는 길에 나는 참으로 오랜만에 살아숨쉬는 인간의 소리를
들을 수 있었다. 광화문을 지나는 듯했다. 차의 기적 소리, 사람들 소
리, 길거리에서 매일 일어나는 여러 가지 잡음 들. 이 잡음이 그때 나
에게는 잡스러운 소리나 혼란의 소리로 들리지 않았고, 오히려 베토
벤 교향곡 9번의 웅장한 합창소리보다 더 아름답게 들렸다. 그것보
다 더 살아 있는 합창으로 느껴졌다. 왜냐 하면 그곳에 살아 있음의
생기가 넘쳐 있었으니까. 왜냐 하면 그 잡음은 악보에 실리지 않지
만 악보라는 감옥에 갇힐 수 없는 자유로움 그 자체였으니까. 그러
기에 잡음이 아니라 생동하는 희음(喜音)이었다.

드디어 나는 푸른 죄수복으로 갈아입고, 서대문구치소에 갇히게
되었다. 0.7평의 작은 독방이었다. 변소도 없었다. 그 작은 방에 커
다란 똥통이 있었다. 첫날 잠이 올 턱이 없었다. 누워서 잠을 청하는
데 무엇이 내 몸을 가로질러 가는 듯했다. 환상이겠지 하고 다시 잠
을 청하는데 똑같은 느낌이 들었다. 나는 벌떡 일어났다. 작은 고양
이만한 큰 쥐가 잽싸게 달아나지도 않고 힐끔힐끔 쳐다보며 유유히
창 밖으로 사라졌다. 소름이 끼쳤다. 뱀과 쥐는 항상 우리를 불쾌하
게 하는 동물인데, 더구나 그렇게 살이 찐 큰 쥐를 보니까 두렵기까
지 했다. 이제 저런 동물도 나를 신문하려는 것인가!

그러나 나는 짧은 서대문구치소 생활에서 많은 것을 느꼈고 많은
것을 배웠다.

세상에서 가장 흉측한 도적은 누구일까? 재산을 빼앗는 도둑일
까? 아니면 자유를 빼앗는 도둑일까? 어릴 때는 귀중한 재산을 빼앗
는 도둑이 악질이라고 생각했었다. 나이가 들면서 인간에게만 부여
된 자유라는 기본권을 박탈하는 자가 가장 저질의 도적이라고 믿었
다. 그래서 자유와 민주주의를 위해서 싸운 것이 아니겠는가. 그런

데 감옥에 갇혀 있으면서 자유를 훔쳐가는 도적보다 더 끔찍스러운 도적이 있음을 깨닫게 되었다. 어떤 도적일까?

서대문구치소 0.7평 방에 갇혀 있는 것이 고통스럽기는 하나 견딜 만했다. 중앙정보부 지하 2층의 고통에 견주면 홀로 감방에 갇힐 수 있는 '자유'를 만끽한다는 것은 즐겁기조차 했다. 그 지옥 신문이 없다는 것 자체로 감사할 일이었다. 물론 때로는 답답했다. 감옥 창살 밖 푸른 창공에 높이 날고 있는 새를 보면서 '나는 저 새보다 못하구나, 저 새가 부럽구나' 하고 처연한 기분에 젖기도 했다. 그래서 나의 자유, 그것도 신체적 자유를 박탈해 간 전두환 군부세력에 대한 끓어오르는 분노를 느끼기도 했다. 그러나 다음 순간 나는 새로운 깨달음으로 마음속 깊숙한 곳에서부터 기쁨을 느낄 수 있었다. 내가 스스로에게 이렇게 얘기하고 있었다.

「전두환 군부가 비록 내 신체의 움직임은 이렇게 제약할 수 있지만 나의 자유로운 생각마저 감옥에 가둘 수는 없지. 게다가 군부세력이 나의 희망만은 결코 빼앗을 수 없지. 오래 전 안중근 의사의 몸을 죽일 수 있었던 일본 관헌도 안 의사의 정신과 그 희망은 빼앗을 수 없었듯이. 그의 정신과 희망은 오늘 우리 민족의 마음속에도 살아 움직이고 있지 않은가!」

그래서 가장 흉측한 도적은 바로 희망을 빼앗아가는 도적이리라. 데카르트 식으로 말한다면 '나는 희망한다. 고로 나는 존재한다'라고 소리지르고 싶었다. 여기 나의 존재는 신체적 존재만을 뜻하지 않는다. 이 같은 상념에 빠져 있을 때 나는 흥얼거리거나 홀로 조용히 웃곤 했다.

「한 교수님, 감옥에 들어와서 무엇이 좋다고 씩 웃고 흥얼거리십니까……」라고 귀엽게 핀잔주면서 내 감방을 힐끔 보는 젊은 교도관이 있었다. 그는 잘생긴 20대 후반의 청년이었다. 나는 이 젊은 교도관과의 짧은 사귐에서 희망의 가치를 새삼 깨닫게 되었다. 그는 젊고 건강한 대한민국 공무원이었다. 그런데 그는 자기 장래에 대해 희망을 가질 수 없다고 했다. 현재 직업에 대한 모멸감을 스스로 떨쳐버리지 못하고 있었다. 옛날식으로 말하자면 그의 직업은 형무소 간수였다. 장래성이 도무지 없는 직업이어서 남에게 자기 직업을 말하지 않는다고 했다. 그는 항상 전직(轉職)을 생각하고 있었다. 그는 나같이 중년이 되어 옥에 갇히게 된 딱한 인간을 오히려 부러워했다. 그 까닭은 오늘의 고난이 내일의 영광을 잉태하고 있는 은총의 기회라고 믿고 있었기 때문이다. 중년인 나에겐 빛나는 미래가 있고 청년인 그에게는 암울한 내일만이 기다리고 있다고 그는 믿고 있었다.

이런 재미있는 일도 있었다. 어느 날 아침 열시경이었다. 이 젊은 교도관이 군복 같은 제복을 입고 다짜고짜 내 감방문을 덜컥 열고 들어왔다. 나는 깜짝 놀랐다. 무슨 변고가 일어난 줄로 알았다. 이 사람이 갑자기 이렇게 방으로 쳐들어온 것은 나를 어디로 납치하려는 뜻인가.

「교수님, 잠시 일어나십시오.」

「왜 무슨 일이 생겼소?」

「아닙니다. 지금 저 혼자 동 전체를 맡고 있는데, 교수님 자리에 앉아보고 싶어서 들어왔지요. 교수님, 여기 서서 저 밖에 누가 들어오나 잠시 살펴봐 주세요.」

그는 요를 둘둘 말아 낮은 의자같이 만들어놓은 내 자리에 덥석 앉더니 자리 옆에 쌓여 있는 책을 집어 이리저리 뒤적이면서 홀로 중얼거렸다.

「야, 내가 이런 어려운 외국서적을 다 읽을 수 있다면…….」

책더미 맨 꼭대기에는 영어로 된 성서가 있었고, 그 다음에는 찬송가, 그 다음에는 사회학 원서들이 쌓여 있었다. 그는 찬송가를 집더니 내 흉내를 내었다. 몸을 좌우로 흔들면서 찬송가 부르는 내 모습을 흉내내고 있었다. 나는 초조했다. 나는 그를 위해 잠시 보초 노릇을 해야만 했다. 교도관이 정당한 사유 없이 죄수 방에 들어올 수는 없는 법. 행형법 위반이다. 이 젊은 교도관의 '괴이한' 행위가 발각되면 책벌을 받게 된다. 그러기에 나는 초조했다. 대체로 교도관과 수감자 간의 관계는 불신과 대립, 반목과 경멸의 관계인데, 나는 왜 이 교도관이 책벌을 받을까 그렇게 조바심을 냈을까? 그것은 그 젊은이와 나 사이에 이미 그러한 불신의 장벽이 허물어졌기 때문이다. 그는 교도관, 나는 수감자가 아니었다. 오히려 내가 그의 처지를 역지감지(易地感之) 하고 있었다.

한 3, 4분이 지나자 나는 너무 조급해져서 거짓말로 누가 오는 것 같다고 둘러댔다. 그랬더니 그는 용수철이 앉은자리에서 그를 벌떡 일으키듯 일어나 문을 닫고 휑하니 사라졌다. 나는 안도의 한숨을 쉬었다. 그 후 나는 그에게 물었다. 왜 그런 짓을 했느냐고. 그는 주저없이 대답했다.

「한 교수님 자리가 탐이 났지요. 그 자리에 앉으면 행복해질 것 같기도 했지요. 나야 희망 없는 놈이지만 한 교수님은 희망이 있잖아요.」

「무슨 얘기요? 젊은이는 앞날이 창창하지 않소. 내 자리가 부럽다면 우리 서로 바꿔치기할까요? 수감자와 교도관을 서로 바꿀까요?」

「좋지요. 교도관과 수감자만 바꿀 것이 아니라 미래와 희망도 바꿔야지요.」

나는 이 말의 깊은 뜻을 온몸으로 느끼며, 내가 결코 딱한 처지가 아니구나 하고 오히려 흐뭇함을 느꼈다. 그렇다. 객관적 어려움이 문제가 아니다. 문제는 절망의 객관적 조건 아래서도 희망의 가치를 품고 있느냐 하는 것이다. 절망의 심연 속에서 희망을 지닌다는 것은 가장 인간적이고 가장 인격적인 존재의 특권임을 새삼 깨닫게 된 것이다.

'나는 희망한다. 고로 나는 존재한다.'

서대문구치소에서 몸으로 느낀 또 하나의 진리는 의사소통의 소중함이었다. 인간은 남들과 의사소통하지 않고서는 견딜 수 없는 존재다. 인간은 커뮤니케이션의 동물이다. 비록 독방에 갇혀 있으나, 나는 내 속에 이미 들어와 있는 중요한 타자들과 끊임없이 대화하였다. 하느님과도 대화한다. 그것이 바로 기도라는 고상한 인간행위다. 내 속에 들어와 자리잡고 계신 돌아가신 부모님과도 대화한다. 지난날의 불효를 용서해 달라고 애원하기도 한다.

그리고 보이는 남들, 밖에 있는 남들과도 끊임없이 얘기하고 싶어 한다. 감옥의 독방생활은 이 같은 욕구를 좌절시킨다. 통방을 아예 금지시키니까 말이다. 면회하면서 중요한 정보나 소식을 들었을 경우 다른 방에 갇혀 있는 동지들에게 그것을 전달하지 않고서는 견딜 수 없는 자신을 발견하곤 했다. 내 방에서 서너 방 건너편에 송건호 선생이 있었다. 면회 때 아내로부터 들은 것을 전하기 위해 나는 그와 멀리서 눈이 마주치면 오른손을 크게 휘저으면서 글씨를 썼다. 이를테면 신군부에 대한 미국 정부의 태도, 특히 카터 대통령의 태도를 전할 때는 오른손으로 크게 원을 그리면서 카터라고 공중에 글씨를 썼다. 그는 곧 알아보고 머리를 끄덕이면서 미소를 짓곤 했다.

그런데 송 선생은 어디서 얻은 정보를 나에게 전해줄 때 글씨가 너무 작고 또 빠르게 공중에 썼기에, 나는 그 내용을 알아듣지 못해 안타까워했다. 내가 '크게, 천천히'라고 글씨를 허공에다 쓰면 처음에는 크게 팔을 휘젓다가 곧 빨리 작아지곤 했다. 나는 답답했다. 이때 나는 인간이야말로 뜻있는 심벌을 교환하지 않고서는 견디지 못하는 존재, 곧 커뮤니케이션의 존재임을 온몸으로 깨달았다. 아마도 중요한 정보를 나누고 싶은 까닭은 우리가 동지였기 때문이리라. 곧 서로 믿고 사랑하는 사이이기에 서로의 아픔을 서로 나누고 싶기에 서로 소통하고 싶어하리라. 다시 말하면 따뜻한 동정의 마음이 뜻있는 커뮤니케이션의 행동으로 이어지는 것이리라. 뜨거운 사랑의 마음과 의미 있는 소통의 마음은 한가지임을 알게 되었다.

교도소에 들어온 지 두 달쯤 되었을 때 비로소 감방 밖에서 세수하는 것이 허락되었다. 하루는 1층에 내려가 세수를 하는데 위층 어느 방에서 「한 교수님!」 하고 나를 부르는 사람이 있었다. 나는 전혀 모르는 분이었다. 그때 옆에 있던 교도관이, 세수하고 내 방으로 돌아갈 때 잠시 얘기해 보라고 하면서 그분이 얼마 전에 신문에 크게 보도된 어느 신흥기업의 회장이라고 했다. 내 방으로 가는 중에 그의 방 앞에 섰다.

「왜 부르셨습니까?」

「너무 답답해서요. 세계가 좁다고 제가 여러 나라들을 사업차 다닐 때 그렇게 열심히 따르던 사람들 모두 제 곁을 떠났습니다. 아내마저 저를 버렸습니다. 외국에 있던 누이가 와서 옥바라지를 해 주고 있습니다. 그래서 저는 외롭고 괴로워 하루가 천년같이 지루합니다. 그런데 한 교수님과 함께 들어오신 분들은 마치 피크닉 온 것처럼 가끔 소리를 지르고 발길로 문을 차기도 하고 교도관을 꾸짖기도 하고 크게 웃기도 하는데 감옥생활이 그렇게 재미있습니까?」

나는 이 얘기를 듣고 잠시 망설이게 되었다. 감옥생활이 재미있느냐고…….

「아니, 저희들이라고 해서 감옥생활이 재미있을 턱이 없지요.」

「그런데 제가 보기에는 그렇게 보이는데요.」

「아, 그렇습니까. 저희들이 여기서 즐기는 것같이 보입니까? 아마 그렇다면 우리가 희망을 갖고 있기 때문이겠죠. 용기를 내세요. 희망을 가지세요.」

이 말을 남기고 내 방으로 갔다. 그분의 얼굴은 여전히 어두웠다. 감옥생활이 어찌 즐거운 삶이겠는가. 우리도 하루가 때로는 천년처럼 지루하게 여겨졌지만, 희망을 버리지 않았기 때문에 남의 눈에는 즐거운 것처럼 비쳤을 것이다.

하여튼 한여름 우리가 서대문으로 이감된 뒤 괴로운 날들이 빠르게 흘렀다. 고등군법회의 초심이 끝났다. 11월 4일 나는 서남동 교수 등과 함께 형집행정지로 석방된다는 통고를 그 전날 받았다. 내일이면 자유로운 몸이 된다고 생각하니 한없이 기뻤으나 함께 나가지 못하는 동지들을 생각하면 마음이 납덩이처럼 무거워졌다.

잠이 오지 않아 뒤척이고 있는데 밤 여덟시경에 젊은 교도관이 나를 조용히 불렀다. 창살을 사이에 두고 마주섰다.

「내일 나가시게 되니까 축하드립니다.」

나는 아무 말 없이 그를 쳐다보았다. 내 자리에 앉아 흥얼거리던 그 젊은 교도관, 나와 자리를 바꾸자고 제의했던 그 젊은이, 그간 어느 여성과 데이트하느라고 새로운 의욕을 느끼고 있던 그 젊은이, 특히 데이트한 뒤 나에게 여러 가지를 물었던 그 젊은이, 바로 그가 나를 축하해 주고 있었다.

「교수님, 제가 꼭 부탁드릴 일이 있는데 말해도 됩니까?」

「물론이지요. 말해보세요.」

「꼭 부탁 받아준다고 약속해야 말하겠습니다.」

「아니, 부탁 내용을 들어봐야 내가 감당할 수 있는지 여부를 판단할 수 있는 것 아닙니까. 말해보세요.」

「꼭 들어준다고 약속해 주세요.」

나는 그의 얼굴을 쳐다보았다. 가식 없는 맑은 눈동자였다. 진솔한 부탁인 듯했다.

「좋아요. 들어주겠소. 말해보세요.」

「저…… 지금 사귀는 여자와 내년 봄에 결혼할 생각인데 그때 꼭 주례를 서주셔야 합니다. 꼭 부탁드립니다.」
　나는 너무 싱거운 부탁이라 씩 웃었다. 걱정하지 말라고 한 뒤 주례를 서주겠다고 장담했다.
　내가 석방된 뒤 집으로 그 젊은이는 몇 차례 전화했고, 내가 다니던 교회에도 한 번 찾아왔었다. 그런 후 소식이 뚝 끊어졌다. 그의 전화가 도청당해 곤욕을 치렀던 모양이다. 무슨 일이 생겼을까. 그리고 세월이 한참 지났다. 15,6년이 훌쩍 지난 뒤 KBS의 어느 프로그램에서 만나고 싶은 사람을 꼭 찾아 만나게 해드릴 터이니 옛날 애인이든, 짝사랑했던 소녀든 얘기하라고 했다. 불현듯 나는 그 젊은 교도관이 보고 싶었다. 대충 상황을 설명했더니만 KBS는 그를 찾아내어 나와 만나게 해주었다. 그는 이제 경찰이 되었고, 그때 그 여성과 결혼해서 자식을 둘 두었다. 마침 그날이 어린이날이라 나는 출연료를 그의 둘째아이 어린이날 선물을 사주라고 주었다. 그는 아직도 젊어 보였다.

　서대문구치소로 이감된 뒤 여러 번 군검찰에 불려가 조사를 받았고, 또 육군본부 재판정에서도 DJ와 24명의 공동피고인들이 재판을 받았다. 여기서 느낀 바 적지 않으나 두 가지만 적어보자.
　첫째, DJ와의 관계를 묻는 질의를 중심으로 한 최종신문과 최후진술이 피고인이 앉아 있는 역순(逆順)으로 시작되었다. 대체로 경량급에 해당하는 피고인들부터 묻기 시작했다. 재판부의 의도는 DJ와의 관계를 부인하도록 유도하려는 것이었다. 나는 끝으로 여섯 번째쯤 되었다. 내 차례가 가까워오자 나도 심리적인 압박을 느끼기 시작했다. 여하튼 내 차례가 되어 재판관들 앞에 나아갔다. 그때 재판관은 왜 내가 DJ와 함께 계엄령을 위반하는 행위를 하게 되었는지를 물었다. 나는 대충 이렇게 대답했다.
　「저는 기독교 신자입니다. 기독교는 인권, 평화, 정의 등의 가치를

서울의 짧은 봄, 긴 겨울, 그리고…… 263

하느님 선교의 목표로 삼고 있습니다. 기독교 신자로서 인권이 훼손되고, 평화가 파괴되고, 정의가 무너지는 것을 보고 구경만 할 수 없습니다. 특히 정의, 사회 문제를 다룸에 있어 기독교에는 두 가지 전통이 있습니다. 하나는 제사장적 전통이고, 다른 하나는 예언자적 전통입니다. 사회정의, 평화와 인권이 심각하게 훼손될 때는 예언자적 사명이 요청됩니다. 예언자가 나타나 하느님 뜻에 어긋나는 현실을 과감하게 비판하고 그것의 시정을 촉구하거나 보다 나은 대안을 제시합니다. 그러나 태평성세에는 제사장적 기능이 중요해집니다. 이 땅에 군사정치가 뿌리내린 뒤 인권, 평화, 정의가 심각하게 손상되어 왔기에 저는 기독교 신자로서 예언자적 사명을 다하려고 노력했습니다. 그 결과 오늘같이 이렇게 재판정에 서게 되었습니다.」

재판부에서 만일 내가 석방되어 나간다면 어떻게 하겠느냐고 물었다. 이때 나는 단호하게 이렇게 대답했다.

「상황의 변화가 없다면, 다시 말해 인권과 정의와 평화가 지금처럼 계속 훼손되고 있다면, 예언자적 역할을 계속할 수밖에 없습니다.」

우리 공동피고 24명이 가장 잊을 수 없는 순간은 아마도 DJ의 최후진술 때가 아닐까 한다. 그날 우리는 애국가를 불렀다. 법정소음죄에 해당되지만 끓어오르는 의분심을 가눌 길 없어 정말 평생 처음으로 창자로 애국가를 불렀다. 아니, 애국가가 우리 속에서 저절로 터져나왔다고 해야 할 것이다. DJ는 1시간 40분 가까운 긴 시간 동안 당당히 자기의 의견을 개진했다. 그의 침착함에 나는 놀랐다. 이른바 세인트(saint)의 경지에 들지 않고서는 사형 구형을 받았던 피고인이 그토록 태연하고 침착하게 자기 심경을 말할 수 없을 것이었다. 우리 모두 자신도 모르는 사이에 뜨거운 눈물을 하염없이 흘렸다. 우리는 비록 힘없이 묶여 있는 처지였으나 도덕적으로나 정신적으로는 이미 승리하고 있었다. 그 뜨거운 눈물은 차원 높은 승리의 감동에서 오는 눈물이기도 했다. 짧은 봄은 지나갔고 긴 겨울이 닥쳐왔으나, 이 긴 겨울 뒤 언젠가는 더 긴 봄이 올 것임을 우리는 이 뜨거운 눈물 속에서 예감하고 있었다.

희망으로 되살아난 5·17의 피와 눈물

김옥두

1938년 전남 장흥 출생
국회의원
새정치국민회의 총재 비서실장
현 민주당 사무총장
저서로는「다시 김대중을 위하여」
「고난의 한길에도 희망은 있다」

희망으로 되살아난 5·17의 피와 눈물

김옥두

80년 5·17 그날을 회고하며

1980년 5월 17일 운명의 토요일이었다. 저녁 여덟시가 조금 넘은 시각이었다. 갑작스런 전화벨 소리에 나는 수화기를 들었다. 중앙일보 기자였다. 그는 「전국 대학생들이 이화여대 강당에서 회의 중이었는데, 계엄사에서 덮쳐 이들을 모두 연행했다. 그 과정에서 많은 학생들이 개머리판에 머리를 다쳐 피투성이가 되어 끌려갔다」고 전해주었다.

나는 섬뜩했다. 그러고는 곧이어 이름을 말하지는 않았지만 목소리가 익은 듯한 한 정보부 요원한테서 전화가 걸려왔다. 「지금 천지개벽이 됐습니다. 김대중 선생님이 위험합니다. 피할 수 있으면 빨리 피하십시오.」

그는 특급비밀이라면서 속히 말하더니 전화를 끊는 것이었다. 나는 즉시 김대중 선생에게 이 두 가지 사실을 보고했다. 김 선생은 응접실에서 저녁식사를 마치고 파이프 담배를 피우고 있었다. 담배연기를 깊숙이 빨아 쉬면서 말없이 고개를 끄덕였다. 나는 전화를 받고 난 즉시 동교동 방명록과 수첩 등을 동교동 안방 장롱 뒤에 숨겨 놓았다. 만일의 사태에 대비하기 위해서였다.

한 10분쯤 지났는데 또다시 전화벨이 울렸다. 이번에도 내가 수화기를 들었다. 역시 익명의 전화였다. 「모두 끝장났습니다. 신변을 조심하십시오.」 선생님은 날 쳐다보더니 이내 무슨 내용인지 알겠다는 표정을 지었다. 동교동 응접실엔 이내 무거운 침묵이 흘렀다. 선생님은 침통한 표정으로 앉아 있었다. 뭔가 깊은 생각에 잠겨 있는 듯했다.

권노갑, 한화갑, 이협 비서 등이 시내 동정을 한번 살피고 와야겠다며 밖으로 나갔다. 이어 박성철 경호실장과 이세웅, 정승희 등 몇 사람이 동교동 집 밖으로 나갔다 왔다. 동교동 골목 주변의 보안등이 꺼져 있고 검은 세단 여덟 대가 주위에 대기해 있다고 했다.

착검한 무장군인들

열시경이었다. 갑자기 초인종 소리가 들렸다. 거실에 있던 정승희는 밖에 나간 권노갑 특보가 들어온 줄 알고 문을 열었다.

순간 검은 그림자들이 문을 밀치고 쏟아져 들어오면서 착검한 개머리판으로 정승희의 머리를 후려쳤다. 그는 억 하고 비명을 지르며 계단으로 쓰러져버렸다. 그의 머리에서는 피가 흥건히 흘러나왔다. 곧이어 이세웅이 다급한 목소리로 물었다. 「누구요?」 「이 새끼들 까불면 모두 죽여버리겠어!」 착검한 40여 명의 군인들이 역시 개머리판으로 이세웅을 짓이겨대며 동교동 마당을 가로질러 응접실 쪽으로 몰려들어왔다. 몹시 치밀하고 잘 훈련된 조직이었다. 중앙정보부 요원인 듯한 몇몇 사람이 권총을 들이밀고 나타났다. 그들은 문이 열리자마자 마당 안을 점령하듯 쳐들어오면서 욕부터 내질렀다.

나와 김대현 씨, 박성철 경호실장을 비롯한 대여섯 명이 그때 마당에 서 있었다.
 그들은 마당에 선 우리들에게 명령했다.「머리 위에 손을 얹고 저 벽 쪽으로 가라! 움직이면 죽인다!」우리들의 머리 위로 싸늘한 총검이 얹혀 있었다. 곧이어 일고여덟 명의 군인들과 두어 명의 장교들이 흙발로 응접실에 올라섰다. 군인들은 김대중 선생 가슴에다 총칼을 겨누었다. 책임자인 듯한 장교 한 명이 김대중 선생에게 다가섰다. 그는 거칠게 쏘아붙였다.
「합수부에서 나왔습니다. 잠깐 가셔야 하겠습니다!」
「어디요?」김대중 선생이 침착하게 되묻자, 그는 신경질적으로 맞받아쳤다.「계엄사란 말입니다!」김대중 선생은 양복 윗도리를 가지러 안방으로 들어갔다. 옷을 입고 거실로 나오자 착검한 군인들은 김대중 선생의 양팔을 잡아끌었다. 김 선생은 군인에게 잡힌 팔을 뿌리치면서 낮은 소리로 한마디씩 끊듯 말했다.
「내 발로 걸어갈 테니까, 걱정 말고 가만히들 있게!」그러고는 탁자 위의 담배를 집어 호주머니에 넣은 후 마당으로 내려섰다. 착검한 군인들이 선생의 등뒤를 겨누고 있었다.

남산 중앙정보부 지하 3층
 이때 사모님은 총을 겨누는 군인들을 향해「가자는 말 한마디면 따라나설 사람인데 왜 총은 겨누느냐」며 큰소리로 항의했다. 이어 연행되어 가는 김대중 선생을 향해「하느님이 당신과 함께해 주실 것입니다」라고 외쳤다.
 우리들은 김대중 선생이 연행되어 가는 모습을 빤히 지켜보면서도 그 어떤 말이나 행동도 취할 수 없었다. 조금이라도 몸을 움직인다면 등뒤의 총검이 목덜미를 사정없이 찌를 분위기였다.
 김대중 선생이 마당 밖으로 끌려나가자 응접실에서 맨 마지막으로 걸어나온 장교가 명령했다.「그대로 앉은 채 호명하는 사람만 일어선다. 김대현, 김옥두, 이세웅 이상 세 명 앞으로 나와!」
　세 사람이 쭈뼛쭈뼛 일어나자, 그는 다시 거칠게 쏘아붙였다. 「끌어내라!」
　군인들이 동작 빠르게 우리의 양팔을 끼고서 대문 밖으로 끌고 나갔다. 우리들 세 사람의 등뒤에는 여전히 날카로운 총검이 어둠 속에서 빛을 내뿜고 있었다.
　우리 세 사람은 대문 밖으로 끌려가자마자 각자 한 사람씩 나뉘어 검은 승용차에 태워졌다. 그 장교가 다시 말했다. 「나머지는 저기 한쪽에 다 집어넣고, 별도 지시가 있을 때까지 잘 지키도록 한다. 서툰 짓 못 하게 하고, 알았나?」
　그의 철모에 희미한 표식이 보였다. 대위 계급장이었다. 머리가 깨진 정승희도 짐짝처럼 끌고 가더니 던져 넣었다. 승용차 뒷좌석 가운데에 앉자마자 정보부 요원인 듯한 두 사람은 양쪽에서 수도로 내 목을 후려갈겼다. 그러고는 무릎을 맞대 목을 조르면서 쏜살처럼 남산 중앙정보부 지하 3층으로 끌고 갔다.
　지하실에서 잠깐 이세웅의 얼굴을 볼 수 있었다. 그는 반팔 와이셔츠 차림의 나에게 자신의 트레이닝복 윗도리를 벗어주었다. 그들은 나를 어느 조사실로 처박아놓고는 밖으로 나갔다. 18일 새벽 두시경이었다. 네 사람이 한꺼번에 들이닥치더니 주머니 속의 소지품을 모조리 꺼내놓으라고 했다. 나는 잡혀올 것을 미리 예상하고 있던바, 동교동 안방 장롱 뒤에 소지품을 모조리 던져버려서 갖고 있는 게 없었다. 내가 아무것도 없다고 하자, 그들은 대뜸 쏘아붙였다. 「이놈은 악질이어서 아무것도 없는가 보다.」
　그들은 군복을 내 앞에다 던져주었다. 갈아입으라는 거였다. 팬티 위에 군복 바지를 입자 그들은 일순 옆구리를 주먹으로 가격했다. 「야 임마, 다 벗으란 말이야.」 나는 그들이 뻔히 쳐다보는 앞에서 팬티까지 벗고는 군복으로만 갈아입었다. 그러고 나자 기다렸다는 듯이 네 사람이 한꺼번에 달려들었다. 「이 빨갱이 새끼! 왜 잡혀온지 알지?」 그들은 이 한마디를 내뱉더니 각목을 가져왔다. 그러고는 수갑을 채운 채 한참 동안 정신없이 후려갈겼다. 유신 쿠데타 직후보다 그들은 더욱더 잔인해져 있었다. 아무 말 없이 그들은 18일 새벽부터 20일경까지 시시때때로 와서 후려팼다.

직사각형의 그 방은 한 서너 평 정도 될까 말까 했다. 백열등만이 음산한 빛을 발하고 있었고 방 전체가 조금은 어두컴컴했다. 책상 2개가 방 가운데에 놓여 있었고 캐비닛이 모서리에 1개 있었다. 그리고 야전침대 하나가 펴져 있었다. 소리나는 것은 아무것도 없었다. 시계도 없었고, 아무튼 방음장치는 철저하게 잘된 듯했다. 시계가 없다 보니 낮인지 밤인지 분간할 수 없었고 하루 세 끼 정도의 식사는 제때 제때 나오는 듯했다.

들어오자마자 시작된 정신없는 구타 속에서 한 번쯤 기절한 것 같았다. 그러고는 한 여섯 끼 정도의 식사가 들어오고 난 뒤였다.

그날부터 웬일인지 한 5,6일간 갑자기 구타가 중단되었다. 나를 조사하는 4명의 수사 요원이 무엇인가 쑥덕거리며 나 몰래 필담으로 이야기를 나누고 있었다. 이때가 5·18 광주민중항쟁 기간이었지만 난 밖에서 무슨 일이 벌어지고 있는지 전혀 알 수가 없었다. 한 수사관은 별로 말도 하지 않고, 얼굴에는 잔뜩 불안과 초조가 배어 있었다. 뭔가 풀이 죽어 있는 표정이었다.

잠도 잘 재워주고 해서 5,6일간 편하게 지낼 수 있었다. 나는 밖의 동정을 살펴보러 화장실을 자주 다녔다. 그들 중 한 명이 화장실까지 따라나서는 통에 박성철 장군을 중간에 만났으나 얘기를 나눌 수는 없었다.

끝없는 고문과 용공조작

그러다가 갑자기 수사 요원이 교체되었다. 교체된 정보부 요원은 먼젓번 요원들보다 더욱더 거칠게 나왔다. 그들은 인상부터가 기분 나쁘게 생겨 있었다. 얼굴에는 잔뜩 개기름이 끼어 있었고, 손은 마치 솥뚜껑처럼 컸다. 눈초리는 뱁새처럼 찢어져 있었다. 또다시 고문이 시작되었다. 고문을 자행하면서 나에게 들이민 내용은 15가지 정도였다. 다음을 시인하고 답하라는 것이었다.

1. 김대중은 빨갱이다.
2. 김대중의 지시로 이북에 몇 번 갔다 왔느냐.
3. 이북 가서 김일성을 몇 번 만났느냐.
4. 김대중은 조총련 자금 가지고 정치하고 있다.
   조총련 관련 인사들의 명단을 대라.
5. 군부 내 김대중 인맥은 누구냐.
6. 김대중이 학생 선동자금으로 누구에게 얼마 주었느냐.
7. 경제인 중에서 김대중에게 돈 준 사람은 누구냐.
8. 김대중이 재야 누구에게 운동자금을 얼마나 주었느냐.
9. 동교동에 출입한 사람들의 신상명단을 내놔라.
10. 김대중과 친한 언론인이 누구냐.

등등이었다. 한결같이 터무니없고 인정할 수 없는 내용들이었다. 나는 죽기를 각오해야만 했다. 그들의 요구는 결코 들어줄 수 없는 사안이었다. 그들은 어서 시인하라고 또다시 몽둥이찜질을 가해왔다.

첫번째 항목에 대한 조사가 시작되었다. 김대중은 빨갱이라는 것을 너는 알지 않느냐, 이것을 어서 시인하라고 했다. 나는 어처구니가 없었다.

「왜 김대중 선생님이 빨갱이란 말이냐?」 하면서 나는 저항했다. 그러자 그들은 빨갱이를 선생님이라고 부른다면서 더욱더 가혹하게 매질을 해왔다.

내가 「차라리 죽여라」 하면서 의자를 들어 그들에게 던지려고 하자, 갑자기 야전침대를 해체시키더니 받침봉 6개를 가지고 와 두들

겨팼다. 야전침대는 밤에만 침대였지 낮에는 고문기구였다. 그 바람에 머리통이 터지면서 피가 쏟아져 나왔다. 그래도 그들은 눈 하나 깜짝하지 않고 더러운 걸레조각으로 내 머리를 대충 닦고는 의자에 앉혔다. 그리고는 양팔을 의자 뒤로 한 뒤 수갑을 채웠다. 「야 빨갱이 새끼야, 너 오늘 죽여버리겠어. 지금 앰뷸런스가 밖에 대기 중이다. 네까짓 놈 하나 죽여 한강 지하통로로 내버리면 쥐도 새도 모른다. 네 마누라도 지금 잡혀와 있다!」 마누라란 소리에 흠칫 놀랐지만, 「난 여기서 너희들한테 맞아 죽어야겠다」고 저항했다. 그러면서 나의 소신을 이야기했다.

「김대중 선생은 불의와 타협하지 않고, 민주화를 위해서, 인권을 위해서 그리고 우리 국민들을 위해서 일해오신 분이다. 지금 전두환이 정권 잡기 위해서 이러는 것 아니냐?」 내 말이 끝나자마자 그들은 다시 야전침대 받침봉을 빼내 어깻죽지를 내리치면서 입에 재갈을 물렸다.

「이 빨갱이 새끼, 정말 말 그대로 아주 악질 아니야? 참, 맡아도 더럽게 재수 없는 놈 맡았네.」 그들은 분통을 참을 수 없다는 듯 다시 한 번 군화발로 조인트를 깠다. 그리고는 양 무릎 안에 각목을 대고 무릎 위를 발로 사정없이 짓밟으면서 눌러댔다. 발목이 부러지는 것 같아 통증을 참아낼 수가 없었다.

그들은 1번 조항을 가지고 한 3일 동안 정신없이 두들겨패면서 온갖 종류의 고문을 해댔다.

내가 이를 악물고 버텨내자 결국은 2번과 3번 조항을 묶어서 「좌우간 김일성을 몇 번 만났느냐?」며 새롭게 다시 시작했다. 그리고 나서 벗어놓은 내 구두를 가지고 와서 얼굴과 머리통을 가리지 않고 쳤다. 차라리 어서 빨리 죽고 싶다는 심정뿐이었다. 그런 죽음의 유혹 속에서도 언뜻언뜻 정신이 들 때마다 「안 된다, 절대로 굴복해서는 안 된다」고 스스로를 다그쳤다. 김대중 선생님과 동교동 사모님이 저들의 조작된 음모에 걸려들지 않도록 내 목숨을 내놓는 한이 있더라도 절대 굴복해선 안 된다고 다짐을 하고 또 다짐을 했던 것이다. 이 더러운 날조와 조작을 그리고 이 살인적인 고문을 반드시 살아서 나가 폭로해야 한다고 나 스스로에게 굳게 맹세했다.

온갖 상념 속에서 시달리며 그래도 살아야 한다는 각오 때문에 밥을 억지로 먹었다. 하지만 밥 먹는 일도 고통이었다. 그들은 내가 저희들 뜻대로 시인하지 않는다고 입 속에 각목을 넣고 휘저어서 입 안이 온통 헐어버렸던 것이다.

그들은 일주일 단위로 조사한 것을 가지고 상부로 올라갔다 올 때마다 험상궂은 표정을 하고 왔다. 아무 말도 않고 담배만 피워대면서 보안사 내 최고의 고문기술자인 마산 출신의 그 전 대위란 요원에게 신호를 보냈다.

그들은 차마 입에 담을 수 없을 정도의 온갖 잔혹한 고문도 서슴지 않았다. 나의 소중한 그 부분을 톡톡 치면서 성적 모욕을 주기도 했다. 그들은 며칠째 잠 한숨 재우지 않고 「너는 빨갱이 악질이니까 내 손으로 반드시 죽이겠다」고 소리쳤다. 마치 미친개처럼 침을 질질 흘리면서 방안을 휘젓고 다녔다.

아, 그들은 인간이 아니었다

그들은 인간의 탈을 썼으되, 도무지 인간이라고 부를 수 없었다. 마치 악마와도 같았다. 그들과 한 하늘 아래 살고 있다는 것이 아주 치욕스럽게 느껴졌다.

5월 말쯤의 어느 날이었다. 몇 놈이 들어오더니 다짜고짜 윽박질렀다.

「동교동 방명록과 네 수첩 어디다 뒀느냐?」「방명록은 어디 있는지 모르고, 수첩은 안 가지고 다닌다」고 하자 그들은 서랍을 열면서 「그럼, 이것은 뭐이냐!」며 방명록을 내보였다. 그들은 그 방명록의

한 페이지를 나에게 펼쳐 보였다. 거기엔 '전남대 복학생 정동년'이라고 크게 페이지 가득 씌어 있었다. 그들은 그 페이지를 내 코앞에 내밀었다.「야! 네가 정동년을 김대중에게 소개해서 김대중이 안방에서 정동년에게 돈 5백만 원 주는 거 봤지? 여기 와 있는 사람들한테 물어보니까 네가 총무 겸 의전비서라고 너한테 물어보면 다 안다던데 사실대로 말해라! 이건 절대로 그냥 못 넘어간다.」

나는 그들에게 김대중 선생의 의전비서로서의 기본 원칙을 얘기해 주었다.

'첫째, 선생님의 신변을 보호하기 위해서 초면인 사람은 절대로 면담을 시키지 않는다. 둘째, 학생들은 일절 면담 안 시킨다. 셋째, 단독 면담시키지 않는다'고 얘기해 주었다. 그리고 이것은 김대중 선생님의 지시사항이라 내가 어길 수 없는 일이라고 덧붙였다. 그러자 그들은 사납게 쏘아붙였다.

「그럼, 이것은 뭐냐? 이게 동교동 방명록 맞잖아? 설마 이것이 가짜라고는 않겠지. 다른 사람은 다 불었는데, 왜 너는 무조건 모른다고만 하는 거야!」

화가 단단히 난 그들은 한참을 구타한 뒤 다시 물었다.

「너는 못 봤지만 온 것은 확실하잖아! 바른 대로 얘기해!」 나는 똑같은 말을 되풀이했다. 그러면서 설령 동교동에 찾아왔다고 하더라도 내가 이런 면담 원칙에 따라 김 선생에게 절대 면담시키지 않았을 것이라고 재차 얘기했다. 그들은 거짓말로 작성된 정동년의 조서를 가지고 와 나에게 보여주었다. 그러면서「여기 봐라. 김대중한테 5백만 원을 받았다고 써 있잖아! 이래도 거짓말할 거야?」하면서 다시금 잘 생각해 보라고 했다. 나는 왜 정동년 문제 때문에 저들이 야단법석인지 알 수가 없었다. 그들은 그러면서「내가 김대중 선생한테 정동년을 소개해 돈 5백만 원 준 것을 봤다. 돈을 줘서 광주에서 봉기토록 지시했다」라는 내용을 쓰라고 혹독한 고문을 자행했다.
 내가 완강하게 그런 사실이 없다고 부인하자 그들은 이 문제를 가지고 한 5일간 온몸이 피투성이가 되도록 만들었다. 깨어나 보니 팔뚝에 링거가 꽂혀 있었다. 이마는 일곱 바늘이나 꿰매져 있었고 왼쪽 고막은 터져 진물이 흐르고 있었다. 온몸이 성한 데가 없었다. 팬티와 러닝 셔츠는 핏물이 스며들어 마치 걸레조각처럼 지저분했다. 모든 게 슬픔뿐이었다. 그런데도 한편으론 이들이 오히려 불쌍하고 가련해 보이는 건 왜일까……. 스스로 인간이기를 포기하고 마치 백정처럼 길길이 날뛰는 이들이 하염없이 가련하게 보였다.
 그들은 나를 고문하면서 아이들을 걱정하고, 어제는 마누라하고 싸웠다느니 하면서 별의별 이야기를 늘어놓았다. 그들도 집에 가면 인면수심을 벗고 한 가정의 가장으로서 다정한 남편과 자상한 아버지가 될 수 있을까? 참으로 믿을 수 없었지만 아마 그럴 것이라고 생각되었다.
 자기들 요구대로 들어주지 않으면 빨갱이고, 틈만 나면 때려죽일 놈이라고 외쳐대는 저들…… 인간의 탈을 쓰고 인간으로서 지녀야 할 최소한의 도덕적 양심도 없이 정권을 잡아서 뭘 어떻게 하겠다는 것인지, 또한 국민의 신임 없이 오로지 총칼로 억누르는 저들이 과연 천년만년 부귀영화를 누릴 수 있다고 생각하는 것인지, 아…… 모든 게 한심스러웠다.
 이것은 권력의 문제이기에 앞서 인간의 문제였던 것이다. 또한 여기 이렇게 피투성이가 되어 홀로 벌레처럼 아우성치는 가엾은 내 육신은 또한 얼마나 초라한 존재인가 하고 느껴졌다.
 갑자기 가슴 밑바닥에서 억누를 수 없는 회한이 솟구쳐 올라왔다. 내가 저들을 끝내 하느님의 이름으로 용서할 수 있을까? 끝내 주님의 이름으로 이 고통을 참아내며 저 햇살 내리쬐는 언덕길에서 내 아내와 아이들을 마침내 만날 수가 있을까?

지옥에서 보낸 60일

　내가 그토록 사랑하고 존경했고, 또한 그 그림자라도 소중히 여기고자 한 김대중 선생은 나보다 얼마나 더 큰 고통을 받고 있을까? 보잘것없는 나 같은 놈이 이렇게 구타를 당하고 고문을 당하고 있는데 하물며 김대중 선생은 얼마나 고통받고 있는 것일까? 아울러 같이 잡혀온 김대현 씨와 홍일이는 어떻게 되었을까? 동교동 사모님은 어떤 고통을 당하고 있을까? 온갖 상념들이 머릿속을 떠나지 않았다.

　낮인지 밤인지 분간할 수 없고, 오늘인지 내일인지 모레인지도 기억할 수 없는 곳에서 나는 열흘을, 한 달을, 그리고 약 두 달 동안을 매 순간순간 때로는 공포에 젖고, 때로는 피투성이인 채로 그 모든 거짓투성이들을 거부하면서 몸부림쳤다.

　하루는 이런 일도 있었다. 중앙정보부 요원 한 명이 내게로 와서 「동아방송 천 모 기자를 아느냐?」고 물었다. 안다고 대답하자, 대뜸 하는 말이 「천 모 기자로부터 돈 얼마 받았냐?」 하는 거였다. 받은 적이 없다고 하자, 「물건도 받은 적이 없냐?」고 되물었다. 나는 없다고 대답했다.

　그러자 그들은 「이 자식은 무조건 없다고만 한다. 천 모 기자가 너한테 신발 사줬다고 하더라」 하면서 그 기자를 중앙정보부에 끌고 와 조사를 하기도 했다. 결국 천 모 기자는 김대중 선생과 가깝게 지낸다는 이유로 직장에서 쫓겨나고 말았다.

　그들은 방으로 들어오더니 내가 거짓말했다고, 바른 대로 말하라면서 그 천 모 기자 문제로 한 3일 동안 죽살이를 쳐댔다.

　그들은 또한 자술서 작성시 내가 '김대중 선생님'이라는 호칭을 썼다고 그것을 트집잡아 무지막지하게 때린 적도 있었다.

　「야, 임마! 네가 선생님이라고 쓰면 우리 상관이 빨갱이 김대중을 김대중 선생님, 하고 읽어야 하지 않느냐, 그냥 김대중이라고 써라!」

나는 몇 차례 또 두들겨맞으면서 결국 '김대중 씨'라고 자술서에 쓸 수 있었다. 그러면서 그들은 김대중 선생이 빨갱이라는 사실을 써주기만 한다면 국회의원 시켜주고, 돈도 주고, 호강시켜 주겠다고 회유하는 거였다.

그러던 어느 날이었다. 그들은 수갑을 풀어주면서 조서에 지장을 찍으라고 했다. 나는 조서내용이 어떻게 쓰여졌는지 읽어보았다. 그러자 그들은 지장을 곧바로 찍지 않고 읽어본다고 구타하는 거였다. 나는 앉아 있던 의자를 번쩍 들었다. 내리치고 싶었다. 그러자 그들은 곧바로 수갑을 채우더니 각목세례를 퍼부었다.

그렇게 고통받는 사람은 나뿐이 아니었다. 잠깐 그들이 방문을 열고 밖으로 나갈 때면 한화갑 동지가 옆방과 저 어딘가에서부터 몸부림치며 울부짖는 소리가 아련히 들려왔다. 밤마다 들리는 고함소리, 비명소리, 외마디소리가 귀청을 뚫고 들어왔다. 아아, 그 지옥 같은 60일…… 무려 15가지에 이르는 조사내용은 두 달이 가까워지자 두 개 항목으로 줄어들었다.

1. 김대중은 사상적으로 빨갱이다.
2. 김대중은 학생들에게 돈을 줘서 데모를 조종했다.

그러나 난 단 한 가지도 끝내 인정할 수 없었다. 이것은 김대중 선생을 죽이기 위해 조작된 사실이었기 때문에 나는 절대 인정할 수 없었던 것이다.

기력은 더 이상 버틸 수 없을 정도로 떨어졌고 귓속에서는 환청이 들려왔다. 눈앞에서 그림자가 언뜻언뜻 스쳐갔지만 눈을 뜨면 날 잡아먹을 것처럼 노려보는 전 대위라고 불리는 그 고문기술자뿐이었다. 그들은 내가 아무것도 인정할 수 없다고 하자, 그러면 「네 사생활, 네 여자관계라도 하나 불어라」라고 요구했다.

나는 여자관계라면 정말 깨끗한 사람이었다. 집에도 자주 못 들어가고 집사람 고생시키는데 어떻게 다른 여자한테 한눈팔 수 있단 말인가? 나는 정말 여자문제라면 깨끗한 사람이라고 그들에게 말하자, 「그러면 술집에 가서 여자 손목도 잡아보지 않았느냐?」고 되물었다. 나는 그랬다고 했다. 「술집에 가서 술 마실 돈도 없고, 설령 돈이 있다 해도 갈 시간이 없다」고 했다.

그렇게 실랑이를 벌이다가 어느덧 7월이 왔다. 어느 날 중앙정보부 수사 요원 두 명이 오더니 다정하게 말했다.

「김 선생, 지금까지 하나도 대답한 것이 없습니다. 우리도 자식이 있는 수사관입니다. 위에서 이런 것을 알아오라고 하는데 김 선생은 말하지 않고 있습니다. 위에서 볼 때 우리가 무능한 수사관이 된 게 아니겠습니까? 그래서 우리가 고문하지 않을 수 없는 것입니다. 김 선생이 참 얄밉습니다. 그냥 '아닙니다'라고 해도 될 말을 왜 '절대로 아닙니다' 하면서 쓸데없이 '절대로'란 말을 덧붙이는 것입니까?」

그러면서 그들은 자기들 입맛대로 제발 좀 써달라고 사정사정했다. 내가 또다시 그럴 수 없다고 하자, 「우리 처음부터 다시 시작하자! 당신 때문에 도저히 못살겠다, 다른 수사팀은 일이 다 끝나 편히 술 마시고 있는데 우리만 이게 뭐냐? 당신하고 전생에 원수가 졌느냐?」하면서 울분을 토했다.

중앙정보부 그 지하실에서 쓴 나의 진술서는 몇천 페이지 분량이 되었을 것이다. 똑같은 소리를 쓰고, 또 쓰고, 자기들 입맛에 맞지 않는다고 처음부터 다시 또 쓰고…… 약 두 달간 열다섯 자루의 볼펜이 소모됐고, 그 두께가 15센티미터 정도 됐다. 그들은 내 자필 진술서를 보더니 내 것이 제일 두껍다면서 투덜거리는 거였다.

중앙정보부 지하실에 온 지 약 60여 일이 지난 어느 날이었다. 아마 7월 14일쯤 되었을 것이다. 수사관 두 명이 와서는 다정하게 손목을 잡았다. 그러고는 악수를 청하는 거였다.

「김 선생, 존경합니다. 김 선생 같은 분이 있으니 김대중 선생처럼 훌륭한 분이 있는 것 아닙니까? 우리 여기 있었던 일, 남자 대 남자로 잊어버립시다. 내일 서대문구치소로 이송될 거요.」

그 말끝에 나에게 담배를 권했다. 내가 못 피운다고 하자 몸을 보면서 알약을 주고 갔다. 그토록 악독하게 날 짓이겨놓았던 그 전 대위란 요원이 나중에는 오더니 자못 얼굴을 누그러뜨리고 정중하게 한마디 건네는 거였다. 「김 선생님, 정말로 훌륭합니다. 우리들 입장을 이해해 주십시오. 존경합니다. 김 선생님같이 우둔한 사람은 처음 봤습니다. 우리도 마음이 아픕니다. 이 모두가 김대중 선생을 지키기 위하여 그토록 고통당한 것 아닙니까?」 그는 믿기지 않을 정도로 고개를 숙여가며 날 달래려고 했다. 나는 한편으로 어처구니가 없어서 얼굴을 쳐다보면서 쏘아붙였다.

「당신네들 이렇게 한 것에 대해 법정에서 모두 말하겠소.」 그는 아무렇지도 않은 표정으로 대답했다. 「네, 법정에서 얘기하십시오.」 그렇게 해서 나는 그 지옥의 집을 빠져나올 수 있었다. 들어올 때 84킬로그램 나가던 몸무게는 72킬로그램으로 줄어 있었다. 얼굴은 광대뼈만 앙상히 보일 정도로 바짝 말라붙어 있었다. 나중에 서대문구치소에서 한화갑 동지와 김종완 씨를 만나니 그들이 내가 고문받다가 죽은 줄 알았다면서 무척이나 안쓰러워할 정도로 나는 그 죽음의 집에서 만신창이가 다 된 몸으로 빠져나올 수 있었다. 참으로 음산하고 너무나 소름 끼치는 지하실의 나날이었다. 각목으로 맞아 일곱 바늘이나 꿰맨 곳에선 상처가 덧나 있었다. 상처 때문에 세수를 할 수 없고, 이를 닦을 수 없고, 귀에선 한없이 고름이 흘러나왔다. 걸음마저 걸을 수 없어 한 발짝 한 발짝씩 간신히 내디뎌야 했던 나……. 하지만 기어이 살아서 서대문구치소로 가게 된 것이다. 나는 너무나 기쁘고 고마워서 감사기도를 드렸다.

사랑은 옥창을 넘어

감옥이 천국이었던 순간. 그해 1980년 7월 15일 밤, 나는 중앙정보부 지하실에서 빠져나올 수가 있었다. 실로 두 달 만이었다. 나와 함께 연행됐던 동지들은 진작 조사가 끝나 정보부 대기실에 내려가 있었지만 나는 한참 동안을 저들에게 더 시달린 다음 동지들과 합류할 수 있었다. 우리들은 그날 밤 서대문구치소로 이송될 수 있었다.

높다란 담벽과 낯익은 철문이 어둠 속에서 내 앞에 나타났다. 중앙정보부 그 음침한 지하실에서 나의 가장 큰 소원이란 어서 빨리 그곳을 탈출해 서대문구치소로 넘겨지는 것이었다. 참으로 기억하고 싶지 않은 그 60일이었지만 아무튼 나는 만신창이일망정 살아서 서대문구치소로 다시 돌아왔다. 1978년 세배죄 사건으로 석방된 지 약 1년 6개월 만이었다. 정든 옛터였고, 모든 게 낯익은 풍경들이었다. 다만 달라진 것이 있다면 나의 새로운 거주지가 9사 상 8방이었고, 내 앞가슴에 붙은 수인번호가 53번이라는 것이었다. 죄명은 계엄포고령 위반이라고 했다. 입감 수속을 밟고 나를 데리고 가는 교도관이 말했다. 「9사는 일제 때 유관순 열사를 비롯해 애국지사들이 많이 있던 곳입니다. 몸이 퍽 좋지 않으신 것 같은데 건강관리에 힘쓰십시오.」

나의 몸은 정말 엉망진창이었다. 그러나 나는 살아 있었다······. 아아, 나는 저들의 지독한 음모를 마침내 내 육신 하나를 저당 잡혀 물리친 것이다.

나는 그들과 싸워 승리한 것이다. 그래, 승리했다······. '승리'라는 말이 마음속 한켠에서 자랑스럽게 소용돌이치고 있었다.

0.7평의 독방······. 몸을 제대로 움직일 수 없을 만큼 좁은 곳이었지만 그래도 마음은 편했다.

다시 교도소의 아침이 시작되었다. 새벽에 어디선가 울려오는 교회 종소리가 주님의 목소리처럼 날 한없이 포근하게 감싸안으며 깨웠다. 아침 점호가 있기 전까지 나는 서서히 몸을 움직이면서 망가진 몸뚱이를 추스려갔다. 독방 안에서 운동이 끝나면 하루를 감사히 시작하겠다는 기도를 드렸다.

아침 점호는 6시 30분이었다. 한 떼거리 교도관들이 방 구석구석을 휘둘러보면서 밤새 '별고' 없었는지를 점검한다. 식사를 끝마치면 밖에 나가 폭 2미터, 길이 30미터의 부챗살처럼 생긴 공간에서 30분 정도 운동시간이 주어진다. 오랜만의 자유인 셈이다. 7월의 땡볕 아래 몸을 마음껏 말리면서 나는 대지의 흙을 한 움큼 만져보았다. 촉촉한 흙의 감촉이 너무나 좋았다. 중앙정보부의 음침한 공기를 저 푸른 창공으로 날려보내기 위하여 가볍게 두 팔을 벌렸다. 기지개를 켜면 하늘이 잡힐 듯 가까이 있었다. 아, 나는 이렇게 살아 있었던 것이다.

군인들이 떵떵거리는 세상

감옥소에선 생명이 있는 것은 무엇이나 친구들인 것이다. 창살 아래 잠시 머물다 가는 바람결을 손마디에 가득 느껴보기 위해서 손을 창살 밖으로 힘껏 내뻗어보기도 한다. 좁디좁은 시야일망정 그래도 서대문구치소는 창틀 곁으로 푸른 하늘이 보이고 담벽 저 언저리에 고개 숙이며 피어 있는 꽃들이 다정하게 미소짓는다. 이 모든 것이 중앙정보부 60일 동안에는 꿈조차 꿀 수 없던 경이로움이었다.

세상은 이제 군인들이 지배하고 있었다.

교도관한테 들으니 전두환 장군이 완전히 실권을 장악하여 머잖아 대통령이 될 것이라고 귀띔해 준다. 그리고 광주에서는 '전두환 물러가라! 계엄령 해제하라! 김대중 석방하라!'라는 슬로건 아래 광주의 시민, 학생 들이 수백 명씩이나 공수부대원들한테 무참히 죽임을 당해야 했다고 한다.

　광주는 피바다였고, 한 집 건너 울지 않는 사람이 없었다고 한다. 아울러 지금 이 서대문구치소에 숱한 민주인사들이 끌려와 있다 한다. 군인들만이 떵떵거리는 세상이 되었다고…….

　민주주의 하겠다고 발버둥친 사람들은 이렇게 감옥에서 기약 없는 생활을 해야 하고, 오직 총칼과 가까운 거리에 있다는 이유만으로 대통령이 되고, 사람을 죽이고, 부귀와 영화를 누릴 수 있는 세상…….

　군인 박정희가 18년을 해먹은 것도 부족해 또다시 군인들의 군화발 아래 숨죽이고 살아가야 하는 이 나라가 참으로 원망스러웠다.

　그 무렵 서대문구치소에는 일반 교도관 외에도 수경사에서 파견 나온 군인들이 정치범들이 수용된 독방 밖에서 어슬렁거리며 감시의 눈길을 쏘아대고 있었다.

　그들은 수경사 헌병인 듯했다. 그들은 방 가운데서 운동하는 것마저 제지하면서 가만히 앉아 정좌하고만 있으라고 했다.

　감옥에 갇혀 있는 것도 서러운데 이 한 평도 못 되는 공간마저 내 마음대로 쓸 수 없다는 사실이 참으로 견딜 수가 없었다.

　「여보시오, 교도소 규칙에 독방에서 정좌하고만 있으라는 조항은 없소. 또 독방 안에서 운동을 해서는 안 된다는 조항도 없단 말이오. 제대로 알고 근무하시오.」 나는 울화통이 치밀어 교도소 규칙을 들먹이며 쏘아붙였다. 그러자 그들은 더 이상 아무 말도 못하고 멀뚱멀뚱 쳐다보기만 했다.

　그것뿐이 아니었다. 그들은 한동안 화장지조차 주지 않아 대변을 볼 때 여간 곤혹스러운 것이 아니었다. 하루 이틀이 지나자 가족들의 얼굴이 보고 싶었다.

　5월 17일 밤에 체포된 이후로 한 번도 얼굴을 못 본 것이다. 집사람은 내가 죽었는지 살았는지도 모르고 두 달 넘게 얼마나 마음고생이 심할까? 정보부 놈들이 집사람도 잡아오겠다고 했는데…… 무슨 일이 난 게 아닐까? 그렇다면 정란이와 정표는 어떻게 지낼까? 그리고 동교동 사모님과 그 밖의 동지들은 어떻게 되었을까? 온갖 불길한 생각들이 꼬리를 물었다. 이내 아내의 다정한 미소가 창살 끝에서 어른거리다가 사라졌다. 그렇다면 살아 있다는 것일까? 서대문구치소에 온 지 4,5일이 지났을 때였다. 저녁을 먹고 독방 안을 운동삼아 거닐고 있는데 교도관이 문을 따주었다. 밖으로 나오라는 거였다. 무슨 일이냐고 물으니 담당검사가 찾아왔다고 했다. 긴 복도를 하염없이 지나 교도소 보안과에 들어서니, 키가 작달막한 검사가 날 기다리고 있었다. 자기를 김 검사라고 소개하면서 퍽이나 다정한 목소리로 말했다.

「고생 많이 하셨지요. 조서를 다 보았습니다. 아무런 죄가 없습니다. 그러나 이것은 정치적인 문제라 어쩔 수 없습니다. 큰 기둥과 뿌리가 흔들리면 가지가 상처를 입게 마련이지요. 나로서도 어쩔 수가 없습니다.」

그는 내게 자리에 앉으라고 권하더니 매우 송구스러운 표정을 지었다. 나는 '큰 기둥과 뿌리가 흔들리면 가지가 상처를 입게 마련이다'라는 그의 말을 떠올리면서 그에게 물었다. 「김대중 선생은 어디 계십니까?」 그는 「잘 계십니다. 아마 육군교도소에 있을 것입니다」라고 정중히 말했다. 그러고는 내일부터 가족면회가 된다고 덧붙였다. 나는 중앙정보부에서 당한 저 60일 동안의 참혹한 고문 사실에 대해 이야기했다. 그는 「다 압니다」라고 했지만 그런 얘기를 조서에 한마디도 기재하지 않았다. 형식적이고 의례적인 질문이 오갔다. 그가 다시 정치적인 문제라는 것을 들먹이며 내 손목을 감싸안았다.

「김 선생! 정말 고생 많으셨습니다. 그러나 희망을 버리지 마십시오.」 그러고는 김 검사와 헤어져 돌아와야 했다.

도대체 희망이라곤 눈 씻고 찾아봐도 찾을 수 없는 이 순간에 희망을 버리지 말라니……. 그의 말을 뒤켠에 남겨두고 나는 다시 독방으로 돌아왔다.
 면회가 된다……. 그렇다면 나의 가족들은 살아 있다는 말인가? 구치소로 넘어온 지 사나흘쯤 되자 각방에 누구누구가 있는지 알 수 있게 되었다. 세면시간이나 운동시간을 이용해 동지들의 근황을 자연스럽게 들을 수 있었고, 밤이면 통방을 통해 누가 언제 이곳으로 넘어와, 그 동안 정보부에서 얼마나 당했는지 서로의 아픔을 나눠 가질 수 있었다.
 박성철, 한화갑, 김대현, 김홍일, 전대열, 이협, 박정훈, 권혁충 동지들을 비롯해 많은 재야인사들이 갇혀 있었다. 그들은 모두 푸른 죄수복을 입고서 오랜 고문으로 편치 않은 몸을 추스리고 있었다. 담당검사로부터 가족들의 면회가 된다고 이야기를 들었지만 그 후로 며칠이 지났는데도 소식이 없었다.
 하루에도 몇 번이나 시찰구를 들여다보며 교도관이 다가와 「면회 왔습니다!」라는 소식을 전해주기만을 기다렸지만 감감무소식이었다.
 무소식이 희소식이라던데? 모두들 잘 있겠지 하면서 나는 매일매일 기도를 드렸다.

평화의 기도
 성 프란체스코의 '평화를 구하는 기도'를 내일은 반드시 희망이 올 거란 믿음으로 매일 매일 암송하면서 몇 번이고 되뇌었다.
 「주여, 나를 당신의 도구로 써주소서. 미움이 있는 곳에 사랑을, 다툼이 있는 곳에 용서를, 분열이 있는 곳에 일치를, 의혹이 있는 곳에 신앙을, 그릇됨이 있는 곳에 진리를, 절망이 있는 곳에 희망을, 어둠에 빛을, 슬픔이 있는 곳에 기쁨을 가져오는 자가 되게 하소서. 위로받기보다는 위로하고, 이해받기보다는 이해하며, 사랑받기보다는 사랑하게 하여주소서. 우리는 줌으로써 받고, 용서함으로써 용서받으며, 자기를 버리고 죽음으로써 영생을 얻기 때문입니다.」
 이런 기도의 나날 속에 어느 날 영치물이 들어왔다. 서대문구치소에 온 지 열흘 만이었다. 교도소 소지가 와서는 담요와 러닝, 팬티를 들여보내 주고는 물표에 사인을 하라고 했다. 영치한 사람의 이름을 보니 '윤영자'였다. 나는 깜짝 놀라 그 이름자를 다시금 쳐다보았다. '윤영자'란 이름이 틀림없었다.
 「아아, 아내가 살아 있구나! 내 가족이 살아 있었어!」 그 동안 얼마나 애타게 불러보고 싶은 이름이었는지 모른다. 아내의 이름을 몇 번이고 되뇌며 영치물품으로 들어온 담요를 가슴으로 껴안았다. 담요에서는 아주 좋은 향수 냄새가 났다. 아내가 뿌린 향수임에 틀림없었다.
 아내가 뿌린 향수 냄새를 맡자, 갑자기 그 동안 참고 참았던 울음이 한꺼번에 쏟아져 나왔다. 정보부의 그토록 가혹한 매질 앞에서도 나약한 모습을 보이지 않으려고 입술을 깨물며 흘리지 않았던 눈물이었다.

아내의 첫 면회

 아내가 살아 있다는 기쁨에, 그리고 가족들이 무사하다는 안도감에 나는 담요를 끌어안고서 북받치는 설움을 어찌지 못해 한동안 엎드려 있었다. 그날은 어찌나 울었던지 얼굴이 퉁퉁 부어올랐을 정도였다. 마침내 교도관이 나를 불렀다. 가족이 면회 왔다는 거였다.
 두근거리는 가슴을 안고서 나의 발걸음은 나도 모르게 빨라지고 있었다. 면회실은 어두컴컴했다. 아내의 얼굴이 흐릿하게 보였다. 집사람이 틀림없었다. 인터폰을 통해 아내의 목소리가 전해져 왔다.
 「머리를 일곱 바늘이나 꿰맸다면서요? 벽에다 머리를 부딪쳐 자해 행위를 했다고……, 우리들은 당신이 어디 있는지 몰랐어요. 여기저기 수소문해 봤지만……, 행방불명된 줄만 알고……, 죽었다는 말도 있고……, 당신 몸은 괜찮은 거예요?」 몹시 걱정스러운 목소리였다. 아마 중앙정보부에서 자기들 고문 사실을 은폐하려고 내가 자해 행위를 한 것처럼 거짓말을 한 모양이었다.

「여보, 걱정하지 말아. 나는 괜찮아. 여기선 말할 수 없고 다음에 법정에서 다 이야기할 거야. 아이들은 잘 크고……? 당신도 잡혀왔다는 말을 들었는데 별일 없었어?」 집사람은 바깥일은 걱정하지 말고, 몸조리나 잘하라면서 그간 일을 알려주었다. 「세 번이나 가택수색당했어요. 선생님이 써준 '敬天愛人'이란 액자도 가져갔고, 책도 여러 권 빼앗겼어요. 그간 고통도 심했고, 감시를 당했어요.」

나는 어떻게든 울지 않으려고 마음을 굳게 먹으면서 그간의 고통을 털어놓는 그녀의 모습을 지켜보았다. 아내 역시 나처럼 입술을 깨물며 참고 있는 게 분명했다. 「이제 걱정하지 말아. 이렇게 살아서 만난 것에 대해 하느님께 감사드리자구…….」 나는 거듭해서 주님께 고마움을 표시하면서 아내와 헤어졌다. 면회시간이 끝난 것이다. 아내의 면회는 매일 오전 계속되었다. 나는 용기백배하여 감옥생활을 열심히 해갔다. 매일 또다시 만보걷기 운동을 하면서 좁은 공간에서나마 마음을 편히 먹고 잘 지내려고 무진 애를 썼다.

고문후유증으로 귓속에서는 계속 진물이 흘러나왔다. 정보부에서 머리를 꿰맨 것이 잘못돼 의무실에서 다시 꿰매는 등 내 몸은 몹시 망가져 있었다. 또한 무릎에 물이 차 걸음을 잘 걸을 수 없어 물을 빼내기도 했다.

특별히 영양보충할 것도 없어 하루에 계란을 두 개씩 먹으며 어떻게 해서든지 하루빨리 건강한 몸을 되찾고자 했다. 밤이면 나도 모르게 식은땀을 뻘뻘 흘리면서 깜짝깜짝 놀라기도 했다. 몸은 쉽게 나아지지 않았다.

피고 김대중, 사형!

간첩도 일주일이면 만든다는데, 우리는 두 달간 철저히 고문당했다. 고문에 의해 조작된 '김대중 내란음모사건'은 무죄라고 당당하게 소리쳤다. 하지만 군사법정은 귀에 말뚝을 박았는지 들은 체도 안 했다.

우리는 모두 각자 최후진술에서 큰소리로 외쳤다. 「역사는 우리 편이다. 역사는 언젠가 우리의 진실을 밝혀줄 것이다. 기필코 정의가 승리할 것이다. 언젠가 당신들도 오늘 이 사실에 대해 심판을 받을 것이다」라고 부르짖으면서 공정한 재판을 촉구했다. 아울러 「김대중 선생은 이 땅의 국민을 위해서, 그리고 민주회복을 위해서, 정의의 편에 서서 싸워왔는데 무슨 죄가 있느냐. 김대중 선생에게 덧씌워진 것은 모두 조작된 것이다」라고 강력하게 항의했다.

담당검사는 법정모독죄를 추가시키겠다고 으름장을 놓았다. 우리는 모두 「추가시켜 우리도 사형시켜라」하면서 항의했지만 그들은 서둘러 재판을 끝내버렸다.

담당검사는 나에게 징역 5년을 구형했고, 재판관은 징역 3년을 선고했다. 항소심 역시 변함이 없었다. 형량은 줄어들지 않았다.

그런 와중에 김대중 선생은 군사재판에서 검찰로부터 사형을 구형받았고, 마침내 9월 17일 담당재판부는 검찰의 구형대로 사형을 선고해 버렸다. 그해 12월 4일 항소심에서도 역시 사형이 선고되었다. 미국,일본 등 전세계 여론이 들끓었고 대대적인 석방요구 시위가 벌어졌다.

이는 김대중 선생이 겪은 다섯 번째 죽음의 고비였다. 서대문구치소에 수감된 우리 동지들과 모든 양심수들은 이에 항의하여 일주일간 단식투쟁을 벌였다. 오직 물만 들이켜면서 전두환,노태우 등 신군부의 폭력적이고 야만적인 처사에 항의했다.

그러던 9월 어느 날 밤이었을 것이다. 김대중 선생 재판 때 군사법정에 다녀왔다는 수경사 군인 한 명이 시찰구를 통해 날 불렀다. 그는 수경사에서 파견 나온 교도관으로, 대학재학 중에 입대한 모양이었다. 무슨 일이냐고 물으니, 그 친구 말이 5월 17일 동교동에 갔었던 군인이란다.

「5월 17일 저녁에 수경사에서 간첩 잡으러 간다고 우리들을 동원했습니다. 착검한 채 동교동 쪽으로 갔는데 가보니, 김대중 씨 댁이더군요. 그때 우리는 부대 지휘자로부터 반항하면 죽이라는 명령을 받고 있었습니다. 엊그제 김대중 씨 재판을 볼 기회가 있었는데 우리도 진실을 알고 있습니다. 정말 고생 많으십니다.」

그 수경사 교도관은 그 후 이틀에 한 번씩 바깥 소식을 알려주었다. 때론 아무도 몰래 김대중 선생 관련 신문기사 쪼가리를 넣어주기도 했다. 한마디로 모두 조작된 거짓투성이였다.

이희호 여사의 위로 편지

대법원 확정판결이 나자 우리들은 대전교도소로 이감되었다. 김대중 선생만 청주교도소로 갔고, 우리들은 모두 백설이 온 누리를 포근히 감싸는 눈 덮인 설경을 바라보면서 대전교도소로 향했다.

1981년 1월 15일이었다.

창 밖의 풍경은 참으로 보기에 좋았다. 우리들은 모두 큰소리로 '우리는 승리하리라'라는 운동가를 부르면서 마치 소풍을 떠나는 아이들처럼 즐거워했다. 저녁 일곱시경 마침내 대전교도소에 도착했다.

포근하고 즐거운 마음으로 대전에 왔는데 교도소 측의 대우는 형편없었다. 우리들에게 배정된 감방은 냄새가 나고, 습기가 차오르고, 쥐가 돌아다니고 너무나 엉망이었다. 알고 보니 그곳은 과거 정신병자 수용 사동이었다.

그곳에 도착한 다음날 아침, 한화갑 동지가 조용필의 히트곡 '촛불'을 구성지게 부르자, 건너편 사동에서 「야 미친놈들아, 소리지르지 마라!」하는 소리가 들려왔다. 하지만 한 시간도 못 돼 동교동 비서진들이 왔다는 소문이 퍼졌고, 그들은 일제히 만세를 부르면서 아까는 죄송했다며, 건강하라는 격려를 아끼지 않았다. 우린 한 며칠을 참고 지내다가 일제히 강력한 소내 투쟁에 돌입하였다. 철문을 발로 차면서 양심수로서 정당한 대우를 해달라고 소리를 질러댔다.

교도관이 쫓아오고 보안과장이 찾아와 사과를 하고, 그 결과 우리는 소기의 성과를 거둘 수 있었다.

새벽 여섯시에 각자 독방의 문을 열면 한정된 장소에서나마 서로 만나 얘기를 나눌 수 있었고, 식사도 각방을 돌아가면서 한 방에 모여 할 수 있었다. 아울러 수감자들의 부식문제도 투쟁을 통해 상당 부분 개선할 수 있었다.

우리 11명의 동지들은 식사 때마다 한 방에 모여 이 땅의 민주화를 염원하는 기도를 한 뒤 식사를 하곤 했다.

어느 날은 한화갑 동지가 식사 때 나온 돼지고기 한 점을 누가 훔쳐먹을까 봐 감사기도 중에 등뒤에 몰래 감춰놓은 걸 보고 모두 배꼽 잡고 웃은 적이 있었지만, 그때 우리는 참으로 서로를 위로하고 격려하면서 그 아픈 겨울을 무던히도 잘 견뎌냈다.

우리는 모두 뜨거운 동지애로 뭉친 한 몸뚱어리였던 것이다. 특히 홍일이는 선생님의 사형선고 소식을 들었음에도 전혀 흔들리지 않고 의젓하게 수형생활을 하고 있었다. 오직 기도하면서 좌절하지 않고 묵묵히 버텨나가는 듯했다. 오히려 그는 우리 동지들에게 자신의 괴로움을 내비치지 않고 조금만 더 참고 기다리자고 따뜻한 위로의 말까지 아끼지 않았다.

대전교도소로 온 지 보름이 약간 지난 2월 초순경 동교동 이희호 여사로부터 위로의 편지가 왔다. 나는 이 편지를 몇 번이나 읽어보며 얼마나 큰 용기와 위안을 얻었는지 모른다.

엄청난 고난을 당하는 옥두 씨에게 내가 어떻게 위로와 도움을 줄 수 있을까요. 다만 우리를 오늘까지 참고 이겨내게 하신 하느님만 믿고 감사하고 있습니다. 그래서 뜨거운 기도만이 계속됩니다. 특히 건강에 지장이 있다는 소식을 듣고 내 마음이 아프고 저리며 가슴속으로부터 흐르는 눈물, 표현 못합니다. 그러나 부끄러움 없는 옥살이, 마음의 평화가 있는 그 고난, 모두 하느님께서 아시고 큰 상을 주실 것입니다. 건강도 하느님이 꼭 지켜주실 거라고 믿으세요.

우리는 누구도 미워하거나 원망하지 맙시다. 억울함도 누명도 하느님이 씻어주시고 밝혀주신다는 것을 믿어 의심치 않습니다.

수많은 사람들이 우리를 위해 기도해 줍니다. 하느님의 뜻과 그분의 크신 사랑 받고 깨닫고 감사와 기도만 하세요. 고난이 크면 클수록 앞으로의 기쁨은 더 큰 것이며 삶의 보람과 빛나는 내일이 있으므로 하루하루 값있게 보내도록 힘쓰시고 건강 회복 빌겠습니다. 속히 자유롭게 만나는 날을 기다립니다.

8·15 특사와 각서

5월 10일에는 초파일 특사로 박성철 장군, 김대현 씨 그리고 홍일이가 다행히 먼저 출소할 수 있었다. 남아 있던 우리들은 이를 얼마나 기뻐했는지 모른다. 홍일이는 형님을 놔두고 먼저 나가서 죄송하다고 미안한 마음을 감추지 못했다.

어느덧 세상과 격리된 지 1년이란 세월이 지나가고 있었다. 우리들은 교도소 안에서 운동시간이면 땅탁구놀이로 자장면 내기를 했고, 동교동 사모님은 한 달에 한 번씩 이곳에 들러 영치금이나 사식을 넣어주고 가시곤 했다. 면회는 일절 되지 않았던 것이다. 군사정권은 터무니없는 누명으로 우릴 감옥에 처넣었지만 우리는 소내 규칙을 위반하지 않고서 모범수로 생활했다. 교도관들도 고마움을 표시할 정도였다.

정의가 실종되고, 세상이 온통 군인들의 손아귀에서 재단되고, 모든 진실이 은폐되고, 불의가 판을 칠망정 우리는 묵묵히 참고 견디면서 이 나라의 참된 국민들과 떳떳하게 마주할 날을 손꼽아 기다렸다.
　교도소 수형생활 규칙에 위배되는 인권탄압이 있을 때는 단호히 항의하고, 비록 감옥에 갇혀 있다 하더라도 인간은 누구나 천부적인 인권을 지니고 있다는 것을 일깨워주려 했다. 어느덧 봄이 가고 여름이 왔다. 교도소의 8월은 뜨거운 태양 아래 마음껏 달구어지면서 숨이 탁탁 막힐 정도로 견디기 어려웠다.
　8월 12일이었다. 우리는 교도소 보안과로 각기 불려갔다. 정부 방침에 의해 8·15 특사로 풀려나게 돼 있다는 거였다. 그러면서 교도소 당국은 우리에게 각서를 쓰라고 요구했다. 각서를 써야 특사가 가능하다고 했다. '다시는 선동하지 않겠다'는 내용의 전향 각서를 쓰라고…….
　우리가 과연 무얼 선동했다는 말인가? 민주주의를 외치고, 국민과 나라를 위해서 온몸을 던져 김대중 선생을 보필한 것이 무슨 선동이란 말인가? 전두환 군사정권의 권력장악용 희생물이 되어 죄 없이 이렇게 감옥 살았던 것도 억울한데 각서라니……. 우리는 교도소 당국에 여기서 못 나가면 못 나갔지 절대로 그따위 각서를 쓸 수 없다고 항의했다.
　'각서 안 쓰고 이대로 여기서 감옥 살겠다'는 우리들의 주장에 깜짝 놀란 교도소 당국은 법무부로 전화를 해대고 한 이틀간을 위협해 대더니 결국은 포기하는 듯했다. 이렇게 조기에 우리들이 석방된 이유는 그 무렵 종교단체를 중심으로 석방운동이 활발히 이루어졌기 때문이다. 아울러 전두환이 정권을 잡기 위하여 '김대중 내란음모사건'을 조작했다는 사실을 상당수 국민들과 대부분의 지식인들이 알아버렸기 때문이다.
　또한 우리들이 재판정에서 장기간에 걸친 가혹한 고문 사실을 폭로함으로써 앰네스티를 중심으로 한 세계 여론의 압력으로 전두환 정권이 우리를 조속히 석방하지 않을 수 없는 상황이 되어버린 것이다. 그런 데다 권력기반을 다진 5공 정권은 대국민유화책의 일환으로 우리의 석방을 활용하려고 한 게 분명했다.

8월 14일 오전 열시경이었다. 이날 새벽에 풀려나기로 했지만 각서를 안 쓴다는 이유와 상고이유서를 찾느라고 몇 시간 동안 또다시 실랑이를 벌이다가 뒤늦게야 나왔다.

나는 한화갑, 이협 등 여러 동지들과 함께 석방절차를 밟고 책 꾸러미 등 사물보따리를 챙겨 교도소 정문으로 향했다.

이미 우리 동지들의 가족들과 민주인사들은 전날 모여 대전 시내 여관에서 1박을 하고 몇 시간 전부터 정문에서 기다리고 있었다.

나의 아내와 이희호 여사, 그리고 권노갑 특보와 여러 동지들 가족의 얼굴이 보였다. 사모님과 권노갑 특보는 석방돼 나온 우리들과 일일이 악수를 나누면서 「정말 그 동안 얼마나 고생들이 많았냐?」며 격려를 아끼지 않았다.

집사람이 얼굴 가득 함박웃음을 지으며 내 앞으로 왔다. 우리들은 뜨거운 재회의 기쁨을 맛보면서 그간의 노고에 서로 치하했다. 그리고 사모님 차를 타고 서울까지 올라왔다. 나는 아내의 손을 잡고서 그간 얼마나 고생이 많았냐고 조용히 어깨를 어루만져주었다. 사모님은 흐뭇한 듯 미소를 짓고 있었지만, 얼굴 한쪽에는 여전히 그늘이 남아 있었다. 김대중 선생이 사형에서 무기로 감형은 되었지만 여전히 청주교도소에서 옥고를 치르고 계셨던 것이다.

아내가 건네준 집 열쇠

아내의 손을 잡고 집을 떠난 지 15개월 만에 우이동으로 돌아왔다. 서울시 도봉구 우이동 23-46호로 돌아온 것이다.

아내가 그 동안 피땀 흘려 모은 돈으로 마련한 새로운 보금자리였다. 감옥에 있는 동안 아내가 보내준 사진 속에서 정원 널따랗고 꽃들이 만발한 우리 집 전경을 보아왔지만 막상 집으로 오니 가슴이 설레었다. 또 한편으로 이 집을 마련하기 위하여 아내가 얼마나 피눈물을 흘리며 고생했을까를 생각하면 가슴이 미어질 듯 아려왔다.

우이동 집 대문 앞에 서자, 아내는 내 손에 집 열쇠를 안겨주었다. 당신 손으로 한번 열고 들어가보라는 뜻이었다. 나는 아내가 더없이 소중하고 고마워 아내의 한쪽 손을 꼬옥 잡고 문을 열었다.

정말 꿈에 그리던 멋진 집이었다. 가슴이 탁 트일 정도로 널따란 정원이며 화사한 장미꽃이 담벽을 따라 아름답게 피어 있었다. 정란이와 정표가 뛰어나왔다. 두 아이들은 내 품에 안겨왔.

그날 밤 모처럼 가족이 한자리에 모여 따뜻한 저녁 밥상을 마주하니 모든 게 믿을 수 없는 꿈만 같았고 더없이 행복했다.

다음날 나는 집사람과 함께 경포대에 갔다. 우리는 마치 신혼여행을 가는 것처럼 가슴이 두근거렸다. 경포대 앞바다 모래사장을 거닐면서 망망대해를 바라보았다. 정말 몇 년 만에 와보는 바닷가인가. 나는 아내를 살포시 껴안아주었다. 그러고는 아내에게 당신을 사랑한다고, 정말 너무너무 당신이 자랑스럽다고 수없이 속삭이고 또 속삭였다. 아내의 얼굴은 참으로 해맑아 보였다.

다음날 집으로 돌아오니 반갑지 않은 손님이 또 찾아왔다. 도봉경찰서 정보과 형사였다. 나를 맡은 담당이라고 하면서 어디 갈 때는 꼭 신고하고 가라고 했다. 전날 내가 아무 말 없이 경포대로 사라져버려 꽤나 신경질이 난 표정이었다.

8월 16일 아침에 동교동으로 출근했다. 그러나 김대중 선생이 계시지 않는 동교동은 바다 위 외로운 섬처럼 한없는 적막감에 싸여 있었다.

전두환 정권은 이른바 김대중 내란음모사건을 조작하면서, 국민들과 김 선생을 철저히 격리시키기 위하여 엄청난 여론공작을 자행했다. 일국의 국회의원을 네 번이나 했고, 한 나라의 대통령 후보까지 지낸 사람을 온통 붉은 칠을 하여 빨갱이로 몰았던 것이다. 그들은 얼토당토않은 혐의 사실을 경향신문을 비롯한 거의 모든 신문에 특집 박스기사로 싣도록 해서 사상적 매도를 자행했다.

그래서 우리들은 감옥에서 나왔지만 사회적 눈길은 여전히 곱지 않은 채였다. 아울러 안기부를 비롯한 정보과 형사들은 우리 비서진 일행을 일 대 일 감시하면서 사회적 접촉을 철저히 차단시켰다. 아울러 사모님의 연금은 해제되지 않았고 비서들의 동교동 출입은 엄격하게 금지되었다.

우리는 구조의 손길 하나 내비치지 않는 고립된 무인도에 갇힌 듯 쓸쓸했다. 사람들은 우리를 만나면 반가움을 표시하고 싶어도, 워낙 감시가 심한지라 눈길마저 피했다. 잘못하면 우리를 만났다는 죄 하나만으로 불이익을 당할 수 있었기 때문이다.

1981년 말까지 나는 한동안 체력회복을 제1차 목표로 삼고 하루하루를 보냈다. 하지만 문제는 엉뚱한 곳에 있었다.

초등학교 4학년인 큰딸 정란이는 집에만 있는 내가 몹시 못마땅한 듯했다. 친구들 아빠는 아침마다 출근하고 저녁에 퇴근하는 생활을 했지만 나는 매일 방구석에 앉아 있었으니 어린 딸이 그것을 이해할 리가 없었을 것이다. 더구나 집사람은 비가 오나 눈이 오나 매일 가방을 들고 나가서는 저녁 늦게 돌아오기에, 학교에 갔다 돌아와도 엄마가 집에 없으니 다른 집 애들과 비교해 무척 서운했을 게 분명했다.

아이들의 불만은 날이 갈수록 심해졌고, 날 쳐다보는 눈길도 매우 차가웠다. 집사람은 아빠를 절대 나쁘게 생각해서는 안 된다고 타일렀지만 어린 철부지들이 내 속을 알 리가 없었다.

비가 오면 못 가고 날씨 좋으면 한동안 그렇게 산으로 출퇴근을 했다. 참으로 고역이었다. 아침 일찍 운동복 차림으로 집을 나와 산을 한바퀴 돌면서 체력단련하고 앞으로 어떻게 살아갈 것인가, 내일의 설계를 모색해 보았지만 뾰족한 대안이 없었다. 편치 않은 마음 때문인지 운동도 제대로 되지 않았다.

언젠가는 내 딸이 이 아빠의 마음을 이해해 줄 날이 있겠지……, 하면서 한동안을 그렇게 보냈다. 그러던 어느 날 저녁 묵묵히 신문을 보고 있는데 딸아이가 오늘 밤 엄마가 오시면 아빠에게 선물을 주겠다고 호들갑을 떨었다. 집사람은 늦게서야 집으로 왔다. 저녁을 먹고 오랜만에 거실에 둘러앉아 있는데 딸아이가 다소곳이 앉아서 고백할 게 있단다. 오늘 학교에서 일어난 얘기라고 했다.

오늘 담임선생님과 면담을 했다는 거였다. 이것저것 집안 형편에 대해 묻다가 아빠 직업이 뭐냐고 물은 모양이었다. 딸아이는 기가 죽어서 그냥 논다고 했더니 담임선생님은 놀기 전에 무엇을 했냐고 재차 묻더란다.

「저희 아빠는요, 선생님이 아실지 모르겠지만 김대중 씨 비서예요. 눈이 오나 비가 오나 김대중 선생님밖에 몰라요. 그래서 감옥 갔다 와서 지금은 집에서 쉬고 있어요.」 딸아이는 주눅들고 한편으론 아빠 이야기가 나와 성가시다는 듯 그렇게 대답했다는 거였다. 그러자 담임선생님이 김대중 씨 비서란 말에 깜짝 놀란 듯 딸아이의 손을 덥석 잡더니 다정한 목소리로 이렇게 얘기했다고 했다.

「정란이는 아주 훌륭한 아빠를 모시고 있구나. 아빠가 당한 고초가 이 나라의 민주주의를 위해서 당한 고통이란다. 정란이가 아빠를 잘 위로해 드리고, 앞으로 민주주의를 위해서 열심히 일하시도록 도와드려야 한다, 알았지?」

딸아이는 담임선생님으로부터 뜻밖에 이런 이야기를 듣자 너무나 기뻤고, 한편으로는 그 동안 아빠의 심정을 이해 못한 것이 원망스럽다면서, 이야기 끝에 내 품안으로 와락 안겨오는 것이 아닌가.

나는 딸아이의 등을 토닥이면서 속으로 얼마나 울었는지 모른다. 어찌 보면 그날 저녁 난 누구보다도 든든한 동지를 만나게 된 것이다. 아내 또한 흐뭇한 표정이었다.

다시 동교동으로

1982년 초부터 나는 다시 동교동으로 갔다. 동교동은 쓸쓸하고 황량했지만 사모님 혼자서 김대중 선생 옥바라지하시는 것을 더 이상 지켜볼 수만은 없었다.

사모님을 모시고 기독교회관에서 매주 열리는 목요기도회에 참석하거나 한 달에 한 번꼴로 허용되는 청주교도소 면회를 다니곤 했다. 면회는 사모님밖에 되지 않았다.

이 무렵 청주교도소에 수감 중인 김대중 선생은 외부 면회가 일절 차단되었다. 가족에게 보내는 편지 또한 한 달에 한 번밖에 허용되지 않았다. 김대중 선생은 관제 봉함엽서 앞뒷면에 2만 자가 넘는 사연을 깨알 같은 글씨로 적어 사모님 앞으로 옥중서신을 보내오곤 했다. 사모님 또한 그토록 오랜 기간 풀릴 길 없는 억울한 심정으로 하루하루를 보내고 계실 김대중 선생에게 조금이라도 위로와 격려가 될까 해서 눈이 오나 비가 오나 매일 우체통에 편지를 집어넣었다. 이때 사모님이 김대중 선생에게 보낸 편지가 약 640여 통에 이를 정도였다.

1982년 1월 중순 일본의 아사히신문 기자가 동교동으로 찾아와 이희호 여사에게 인터뷰 요청을 해왔다. 1980년 당시 일본에서는 김대중 선생이 군사재판의 항소심에서 또다시 사형을 선고받자 수백 명의 교포들이 주일 한국총영사관을 점거하고 항의농성을 하는 등 격렬한 구명운동을 펼쳐오고 있었다. 이 무렵 일본 교포사회의 최대 관심사는 김대중 선생 구명운동이었고 일본 지식인 사회에서도 대대적인 김대중 선생 석방서명운동이 펼쳐졌다. 82년 1월 23일자 아사히신문은 김대중 선생이 옥중에서 얼마나 모진 고생을 하고 있는지 생생하게 보도했다.

미국에서도 대통령 선거에 낙선한 카터가 레이건 대통령 당선자에게 제1의 부탁으로 사형선고된 한국의 김대중 선생을 미국정부가 반드시 살려야 한다고 얘기했고, 레이건 정부는 전두환 정권에게 김대중 선생을 살려주는 조건으로 전두환을 미국으로 초청하겠다고 하는 등 압력과 회유를 거듭하였다.

뿐만 아니라 서독의 빌리 브란트 수상을 비롯한 세계 각국의 지도자들이 구명운동에 나서고, 일본의 노동자들은 한국상품 하역을 거부하는 운동을 펼치는 등 전두환 정권은 도저히 김대중 선생을 죽일래야 죽일 수가 없었다.

그러던 82년 3월 2일 청주교도소에 수감 중인 김대중 선생은 무기징역에서 징역 20년으로 감형되었다. 그리고 그해 12월 16일, 2년 7개월 만에 석방되어 기나긴 독방생활로 인한 신경통과 귀울림, 관절염을 치료하기 위해 서울대학병원으로 이송되었다.

전두환 정권은 미국 등 세계 여론에 밀려 김대중 선생을 조속히 석방하지 않을 수 없는 상황에 이르렀다. 국내에 거주시키면 김대중 내란음모사건에 대한 조작 사실이 알려질 수 있고, 그렇게 된다면 정권 자체에 위기상황을 초래할 것 같아 미국 망명을 강압적으로 권하고 있었다.

미국 망명길에 오르기 전까지 나는 사모님을 모시고 서울대학병원으로 며칠 동안 다녔다. 하지만 사모님 외에 그 누구도 병실 방문이 허락되지 않았다. 수백 명의 경찰병력으로 병원 주변은 물론 병실 입구까지 완전 차단해 버렸던 것이다.

기약 없는 미국 망명길

사모님은 미국 망명길에 임박해 우리 비서진들을 동교동으로 불렀다. 그러고는 일일이 우리와 따뜻한 악수를 하면서 선생님의 정표를 하나씩 나누어주셨다. 우리 모두에게 생활이 어려울 테니 생활비에 보태 쓰라고 돈을 주셨고, 담배 피우는 사람에겐 파이프를, 그리고 나에게는 선생님이 교도소에서 쓰시던 담요를 주셨다. 집사람은 반지를 받았다.

　우리 모두는 뜨거운 눈물을 흘렸다. 사모님은 오히려 우리를 격려하면서 우리가 죽지 않고 살다 보면 반드시 만날 것이다, 만나면 헤어지고 헤어지면 다시 만나게 되는 것이 우리 인간사이니 너무 마음 아파하지 말라고 위로의 말씀을 해주셨다.

　12월 23일 동교동으로 가니 사모님이 그날 미국으로 떠나신다는 거였다. 하지만 몇 시에 무슨 비행기로 가는지는 모른다고 했다. 김홍일 내외는 서울에 남고 홍업과 홍걸이는 함께 미국 망명길에 오르기로 결정되었다.

　이날 오후 여섯시 안기부와 경찰은 극비 합동작전으로 앰뷸런스 두 대를 이용하여 후문으로 선생 가족 일행을 빼돌렸다. 병원 입구를 지키며 혹시나 하고 기다려보았지만 이미 신병을 빼돌리고는 경찰을 철수시켰다. 김포공항의 가로등이 꺼지고 앰뷸런스를 탄 가족 일행은 비상구로 들여보내졌다. 서울에 남기로 한 큰아들 홍일이와의 작별마저 못하게 만들었다.

　마침내 김대중 선생은 기약 없는 미국 망명길에 오른 것이다. 2년 7개월의 감옥생활 끝에 그토록 사랑하는 고국을 떠날 수밖에 없는 슬픔과 기구함을 삭이며 뜨거운 조국애와 민주회복의 의지를 담은 자작시 「인제 가면」을 눈물로 써내려 가며 이역만리 타국으로 떠나갔다.

20년 후의 소회

　1980년 5월 17일 밤 열시에 시작된 오욕의 역사는 온갖 고문과 조작, 투옥과 망명으로 이어졌다. 그리고 1985년 2월 6일 김대중 선생 부부가 서러운 망명생활을 청산하고 귀국하기까지도 그 상처는 아물지 않았다. 아니 시간이 갈수록 그 상처는 더욱 곪고 깊어져 이 상처를 치유하지 않고서는 민주주의의 발전도 역사의 성숙도 기대할 수 없는 민족의 아픔으로 남았다.

1980년대 이후 한국현대사는 5·17과 소위 김대중 내란음모사건의 진실을 밝히는 데 집중되었고 이 과정은 민주주의 발전의 한 과정이기도 했다. 김대중 선생도 진실은 밝히되 보복은 원치 않는다는 포용의 입장에서 이 문제를 바라보았고 결국 역사는 신군부의 폭거의 진실을 밝혀냈다.

1997년 12월 17일 마침내 헌정사 50년 만에 최초로 정권교체를 이루어냄으로써 5·17은 이 나라의 민주주의 발전에 기여한 위대한 민주화운동으로 재평가되었고, 김대중 대통령이 이끄는 국민의 정부에 의해 명예회복과 보상이 이루어졌다. 우리 동지들은 수령한 보상금을 개인적으로 사용하지 않고 대부분 장학기금 등으로 내놓았다. 나 또한 보상금 전액을 지역화합 차원에서 대구 경북고등학교에 장학기금으로 내놓았다.

1980년 5월의 그날, 그때는 차라리 죽기를 소망했지만 지금은 가슴 뿌듯한 자부심이 되어 있다. 그때 흘린 피와 눈물은 절망 그 자체였지만 지금은 겨레의 희망으로 되살아났다. 그날 왜곡되고 조작되었던 진실은 비로소 바로잡혔고 내란음모자라는 오명은 이 나라 민주화에 기여한 국가유공자라는 예우로 바뀌었다.

나는 지금도 20년 전의 상처를 그대로 간직하고 있다. 그때 그 고문의 흔적들이 아직도 내 몸 속에 남아 때때로 나를 괴롭히곤 한다. 결코 다시는 생각하기도 싫은 나날들이지만 그날의 고통을 인내하고 결코 굽히지 않았기에 오늘날 한반도의 새 역사가 있고, 김대중 대통령이 있으며, 내가 있음을 되새겨보곤 한다.

김대중 대통령에게 가해진 다섯 번의 죽을 고비를 비롯한 수많은 위기들, 그 탄압의 고통 모두가 나중에 그분을 높이 그리고 귀중하게 쓰려는 신의 배려였다는 것을 증명하고 있는 한국현대사의 한복판에서, 나는 참으로 지난날 나에게 주어진 고통과 시련을 감사한 마음으로 받아들이고 있다.

나에게 주어진 고통과 피투성이 상처가 오늘의 이 나라가 있고 오늘의 김대중 대통령이 있게 한 데 조금이나마 밑거름이 되었다면 나로서는 더 이상 행복한 일도 없을 것이다.

새 천년의 찬란한 역사는 이미 시작되었다. 20세기의 아픔들은 기억하기 싫은 악몽이 아니라 새 천년 새 역사를 열기 위한 밑거름이었음을 역사와 후세가 평가하리라.

그러나 가야 할 길은 아직도 멀고 험하다. 국민과 함께 김대중 대통령이 새롭게 열어놓은 민족 화해와 협력 시대를 성공적으로 발전시켜 통일의 관문에 도달하기 위해서 20세기에 다하지 못한 정열과 힘을 모두 합쳐야 한다. 분열과 갈등을 화합으로 바꾸고 대결과 대립을 협력으로 바꾸어가야 한다.

내 인생에 남아 있는 시간 동안 지나온 가시밭길을 다시 걷는다 하더라도 나라와 민족이 발전할 수 있다면, 김대중 대통령이 국가와 국민을 위해 더 많은 일을 할 수만 있다면, 그리하여 평화와 도약의 새 한반도 시대가 활짝 열리는 데 힘이 될 수있다면 비록 외롭고 힘든 길이지만 나는 기꺼이 이 길을 다시 가리라.

서울의 봄과 군사재판

한화갑

1939년 전남 신안 출생
국회의원
중국 사회과학원 명예교수
새정치국민회의 원내총무·사무총장
새천년민주당 최고위원
저서「행동하는 양심 김대중」(영어판)
「양심을 걸고 운명을 걸고」

서울의 봄과 군사재판

한화갑

　1980년 5월 17일 나는 집에서 김대중 총재의 연보를 만들고 있었다. 벌써 두 달 전에 완성했어야 할 것을 미루어오다가 이날은 완성을 시키겠다는 생각에서 서두르고 있었다. 그러다가 밤 열두시가 가까이 됐지만 끝내지 못하고 잠자리에 들었다. 바로 그때 초인종 소리가 들렸다. 문을 열었다. 나중에야 알게 되었지만 낮에 집 위치를 확인했다가 밤에 연행하러 온 것이었다. 두 사람이 들어왔다. 물어볼 것이 있어서 연행하되 내일 아침 여섯시면 돌아올 수 있다고 말했다. 처음에는 영장을 제시하라고 요구했으나 계엄사에서 왔기 때문에 영장 없이 연행할 수 있다고 말했다. 나는 아내를 안심시켜 놓고 그들을 따라 집을 나섰다. 바로 집 밖에 차가 대기하고 있었다. 뒷좌석에 내가 타고 양쪽에 기관원이 탔다. 앞좌석에는 총을 든 군인이 앉아 있었던 것으로 기억된다. 차가 출발하자 고개를 숙이라고 그들은 떼를 쓰기 시작했다. 캄캄한 밤이기 때문에 확인할 수가 없었다. '어디로 가고 있구나' 하고 짐작했을 뿐이다. 목적지에 도착했을 때에야 내가 예측했던 대로 중앙정보부라는 것을 알았다. 남산 어느 건물 앞에 도착하자 나는 차에서 끌려 내려졌고, 칙칙한 지하실로 들어갔다. 이내 신분을 확인하고 조그만 방으로 안내되었다. 이곳에 오면서부터는 인격이고 뭐고 던져버리고 그저 끌려다니는 동물에 불과했다. 방에 들어서자마자 나는 군복으로 갈아입혀졌다. 푸른 군복 차림이 되었다. 한 사람이 방에 남아서 나를 감시하고 있었다. 끌려간 지 한 시간 남짓 지났을까, 군복 입은 건장한 사내 한 사람이 들어오더니 나를 일으켜 세우고는 느닷없이 양 따귀를 갈기고 군화발로 앞다리 성문뼈를 서너 번 차면서「공산당 놈들!」이라고 소리를 지르고는 나가버렸다. 영문을 몰라 얼떨결에 서 있는데 나를 연행했던 두 사람이 들어와서 말했다.「오늘 새벽 0시를 기해 제주도를 포함한 전국에 계엄이 실시되었다. 김대중 이하 모든 동교동 사람이 연행되어 왔다.」1980년 서울의 봄, 1979년 10월 26일 박정희 씨가 저격당해 죽은 후 이 땅에서 군사독재는 영원히 끝나고 새로운 민주화의 시대가 올 것으로 생각했던 수많은 사람들의 기대는 5월 17일 김대중 총재와 그의 측근들 그리고 많은 정치인들이 연행됨으로써 산산조각이 나고 말았다.

  5월 17일 연행되어 7월 11일 서대문구치소로 옮겨가기까지 우리는 잊을 수 없는 갖가지 경험을 했다. 1979년 10월 26일 이후 무엇을 했는가를 적어야 했고, 1980년 2월 29일 김대중 총재가 복권된 후 연행되기까지의 사건들을 적어야 했다. 그리고 김대중 총재와 인연을 맺은 날부터 연행되기까지의 모든 것을 쓰고 조사받고 확인하는 일들이 시작되었다. 그 과정에서 나는 김대중 총재를 용공으로 몰아가고 있음을 느꼈다. 등골이 오싹하고 소름이 끼쳤다. 전신을 스쳐 지나가는 전율로 심장은 얼어붙은 듯했고, 그 엄청난 음모에 치가 떨렸다. 김대중 총재가 죽음의 음모 앞에 속수무책인데 내가 할 수 있는 것이 무엇일까를 생각해 보았다. 아무것도 할 수 없었다. 이것을 알고 있을 김대중 총재의 심정은 어떨 것인가. 나는 십자가에 못박혀 죽기 전 골고다에 올라간 예수를 생각하고 있었다.
　예수는 제자들과 함께 골고다 산에 올라가 하느님께 기도를 한다. 제자들에게도 기도하도록 타이른다. 죽음을 앞에 두고 불안과 초조에 떨고 있던 예수와는 달리 제자들은 잠을 자고 있었다. 제자들이 생각할 때 예수가 죽는 것이지 자기들이 죽는 것은 아니었다. 그래서 잠잘 수 있는 마음의 여유가 있었다. 문득 이러한 생각을 하면서 내가 잠만 자고 있는 예수의 제자가 아닌가 하고 반성했다. 열심히 기도를 했다. 김대중 총재의 생명을 구해달라고 말이다. 그러면서도 한편으로는 '김 총재는 절대로 죽지 않는다. 아무리 없애버리려고 해도 불가능하다. 왜냐 하면 하느님이 그를 돌봐주고 지켜주기 때문이다. 지금까지 김 총재는 다섯 번의 죽을 고비를 넘겼다. 한 사람이 한 번의 고비를 넘겨도 구사일생이라고 하는데 다섯 번의 고비를 넘겼으니 5×9=45사일생인 것이다. 이렇게 여러 번 생명을 구해준 것은 무엇인가 눈에 보이지 않는 김 총재를 돕는 힘이 있기 때문이었다. 그러니 이번에도 반드시 김 총재를 지켜줄 것이다. 그 힘은 바로 하느님이시다. 하느님이 지켜주지 않고서야 어떻게 인간의 힘으로 1973년 일본에서 납치당했을 때 호텔 방안에서와 바다 한가운데서 살아남을 수 있었겠는가. 그렇게 지켜준 하느님이 아닌가' 하고 그 암담한 가운데서도 김대중 총재를 구해줄 하느님을 부르면서 살아난다는 확신을 갖고 있었다.
　조사를 끝내고 정보부 지하실에서 사흘 밤을 보낸 후 서대문구치소로 송치되었다. 중앙정보부에 있을 때 나의 소망이란 첫째도 감옥, 둘째도 감옥, 셋째도 감옥으로 보내지는 것이었다. 그것만이 생명을 부지할 수 있는 길이라고 생각하고 있었기 때문이다. 얼마 동안 곤욕스러운 조사를 받은 후 감옥으로 보내지게 되어 자유로운 곳으로 간다는 착각을 하고 있었다. 이번까지 세 번째 감옥행이니, 그래도 감옥에 가면 감방 안에서 자유로운 생활을 할 수 있을 것이라고 생각했었다. 그러나 이게 웬일인가. 서대문구치소에 가보니 우리 일행을 감시하기 위해 일개 소대의 헌병이 배치되어 있지 않은가. 옥사마다 교도관과 헌병 두 사람이 집총을 하고 감시하면서 감방 안에서까지 똑바로 앉고 움직이지도 못하게 했다. 오랫동안 감시하에 있다가 또다시 구치소에 와서 감방 안에서조차 자유가 없다는 것은 우리에게 질식할 정도의 압박감을 주었다. 그러나 헌병이 하라는 대로 할 수는 없었다. 누웠다, 앉았다, 운동도 해야 했다. 살기등등하던 헌병들의 태도가 차츰 완화되어 나중에는 함께 대화를 나눌 수 있게까지 되었다.

우리가 연행되어 구속된 기간 동안 밖에서는 참으로 많은 일이 일어나고 있었다. 어정쩡한 최규하 과도정부는 혁신 군부세력에 눌려 제대로 숨조차 못 쉬고 있었고, 나는 새도 떨어뜨릴 수 있다는 '깜짝 파워집단'인 '국가보위 비상대책위원회'가 발족되어 국회를 해산시키고, 군부독재를 뒷받침하는 온갖 악법을 양산해 결국은 전두환 씨가 새 대통령에 취임하는 급변의 정세로 몰아가고 있었다.

우리는 9월 초 수도경비사령부 육군계엄보통군법회의에서 재판을 받았다. 나의 혐의는 두 가지였다. 첫째는 유언비어를 유포했다는 것이고, 둘째는 계엄령하에서 허가 없이 불법집회를 도왔다는 것이다. 김대중 총재가 1980년 3월 25일 YWCA 강당에서 '민족혼과 더불어'라는 제목으로 교양강좌 시간에 강연을 했는데 동교동 비서실에서 그것을 소책자로 만들어 배포했다. 그때 부산에서 왔다는 분이 몇백 부 달라고 해서 주었는데 그것을 가져간 사람이 잡혀가 조사를 받다가 내 이름을 대어 관련시켰던 것이다. 그런데 그 책 속에「박정희 씨 치하에서는 장관, 총리를 지낸 사람들이 수십억 수백억씩 부정축재를 하고, '월남의 호지명보다 더 깨끗해야 한다'고 말한 목사를 반공법으로 몰아 감옥에 보냈다」는 말이 있었다. 그때 계엄사는「총리를 지낸 김종필 씨가 2백억 부정축재를 했고, 장관을 지낸 김치열 씨도 몇십억 원의 부정축재를 했으며, 장관급이었던 이후락 씨는 백 몇십억 원의 부정축재를 했다」고 조사해서 발표까지 하지 않았던가. 그러고도 그 사실을 말한 것이 유언비어라고 처벌을 하는 것이다. 뿐만 아니라 강희남 목사가 「호지명보다 더 청렴결백해야 공산당한테 이길 수 있다」고 말한 것 때문에 그를 반공법으로 몰아 감옥살이시킨 것도 사실인 것이다. 나는 2심재판 때 이것이 유언비어가 아니라는 것을 입증하기 위해 김대중 총재와 김종필 씨, 강희남 목사를 증인으로 신청했었다. 그러나 여지없이 기각당했다.

두 번째의 '불법집회방조'란 이 얼마나 황당무계한 혐의인가! 4월 25일 김대중 총재는 '새로운 민족의 좌표'라는 제목으로 관훈클럽 초청 연설을 했었다. 그 연설문을 만들기 위해 서울대학교의 변형윤 교수와 한완상 교수, 성균관대학교의 장을병 교수, 고려대학교의 이문영 교수, 예춘호 의원, 한승헌 변호사, 양호민 선생 등이 하얏트 호텔에서 하룻밤을 보내면서 의견을 개진할 때 나는 연락을 맡았고 토의 내용을 메모해 김대중 총재께 전해드렸는데 그것이 불법집회방조라는 것이다.

처음 군사재판을 받는 우리들은 전혀 준비가 없었다. 첫날은 그저 인정신문 정도로 끝날 줄 알았다. 그러나 그날 구형까지 끝나버렸다. 따라서 우리는 법정에서 우리의 주장을 펼 아무런 준비도 없이 당하고 만 것이다. 일주일도 못 되어 선고가 있었다. 우리 일행은 지금은 고인이 된 박성철 장군, 김옥두 씨, 손주항 씨, 전대열 씨, 권혁충 씨, 김대현 씨(김 총재 실제), 김홍일 씨(김 총재 장남), 오대영 씨(현 평민당 인권위원회 부위원장), 그리고 나와 함윤식 씨였다.

나와 김옥두 씨가 4년형을, 박성철 장군 등 나머지 분들은 3년형을 선고받았다. 우리는 바로 항소를 해 계엄고등군법회의에서 재판을 받게 되었다. 이때의 재판은 육군본부에서 열렸다. 1980년 12월 31일 언도가 있었다. 바로 연말 마지막 날에 재판이 열렸기 때문에 우리를 싣고 육군본부로 가던 버스 운전사까지도 우리가 석방되는 것으로 알았었다. 그러나 그날의 재판은 그대로 기각되었고 4년이 3년으로, 3년이 2년이나 1년 반으로 감형되는 것으로 끝났다. 다시 우리는 대법원에 상고했다. 1981년 1월 15일 그 춥고 눈 내리던 날, 손주항 의원만이 석방된 채 나머지 전 피고가 대전교도소로 이감됐다. 온 천지를 덮고 있던 그 하얀 눈을 보고 어떤 희열과 길조를 생각하기도 했다. 대전교도소에서는 사용하지도 않고 방치해 두었던 옥사에 우리를 수용했는데, 그 옥사는 우리 일행 아홉 명이 각각 한 방씩 차지한 독채 건물이었다. 이렇게 해서 대전교도소에서의 감옥생활이 시작되었다. 그때 대전교도소에는 수십 명의 좌익수들과 계엄포고령 위반으로 온 전직 기자들을 주축으로 한 60여 명의 정치범들이 있었다. 대전교도소 당국은 계엄포고령 위반 정치범을 모두 한 군데 모아 수용했고 정치범 대표들과의 협상을 통해 마찰을 해결해 가고 있었다. 결국 정치범들과 교도소당국이 교섭을 통해 문제를 해결하는 좋은 선례를 남겼다고나 할까.

　대전교도소에 이송되고 10여 일 후에 1심과 2심에서 사형선고를 받았던 김대중 총재는 대법원에서 상고가 기각되자마자 바로 국무회의에서 무기로 감형을 결의하여 생명을 구했다. 그것은 전두환 씨가 미국 대통령 레이건의 초청으로 미국으로 떠나기 직전에 이루어진 것이었다. 우리 동교동 사람들은 김 총재가 절대로 죽지 않는다고 확신하고 있었지만, 막상 김 총재가 무기로 감형됐다는 말을 들었을 때는 모두 만세를 불렀다. 나중에 감옥에서 나온 후 미국문화원에서 워싱턴 포스트 신문을 훑어보다가 김대중 총재가 생명을 구할 수 있었던 과정의 얘기를 읽을 수 있었다. 당시 전두환 씨 주변의 대령급 군인 참모들은 김대중 총재를 사형시켜야 한다고 주장했었다. 그러나 인권외교를 주창해 온 카터가 그해 미국 대통령 선거에서 이란 인질사건으로 당선 가능성이 없어 보이고 레이건의 당선이 확실시되자 그들은 김대중 총재의 재판을 서두르지 않았다. 레이건이 당선되면 군사정권 편이 될 것으로 판단했었기 때문이다. 예상했던 대로 레이건이 당선되자 전두환 씨와 그 주변은 자신들의 승리인 양 아주 득의만면했었다.

새 대통령에 당선된 레이건은 1980년 12월 카터 행정부의 브라운 국방장관이 한국에 올 때 김대중 총재 사형에 반대하는 친서를 보냈고, 레이건의 안보담당 특별보좌역인 알렌을 보내 김대중 총재의 사형에 반대한다는 의사를 전두환 씨에게 전달했다. 레이건은 다시 미국의 한 실업인을 전두환 씨에게 보내 전씨가 김대중 총재를 사형시키지 않는다면 전씨를 레이건이 새 대통령에 취임한 후 첫 손님으로 초청하겠다는 의사를 전달했다. 이러한 제의를 전씨가 받아들여, 1월 21일 레이건이 취임하자 김대중 총재를 사형에서 무기로 감형시키고 3월 초 미국을 방문했던 것이다. 이렇게 해서 미국은 김 총재의 생명을 구하는 데 결정적인 역할을 했다. 그 외에도 김 총재의 생명을 구하기 위해서 전세계의 모든 양심세력들이 전력을 다했다는 것을 말하지 않을 수 없다. 독일의 전수상 빌리 브란트, 독일의 현 대통령 바이체커, 오스트레일리아와 일본의 노동총연맹, 미국의 종교인들, 일본의 지식인들이 총 궐기해 구명운동을 했던 것이다.

대전교도소에서의 생활은 서대문구치소에서보다 더 나은 환경이었다. 그러나 무엇보다도 마음에 부담을 주는 것은 면회의 불편함이었다. 아내가 서울서 대전까지 내려와야 되는데 학교 선생이니 평일에는 올 수가 없었다. 그래서 일요일에 면회할 수 있도록 부탁해 허락을 받았다. 가련한 내 아내는 그 고달픈 교사생활 중에도 일요일에 쉬지도 못하고 대전까지 면회를 다녀야만 했다. 그럭저럭 겨울이 가고 4월이 되었다. 우리의 대법원 상고는 그대로 기각되어 형기가 그대로 확정되었고 나는 세 번째 감옥에 온 이후 처음으로 기결수생활을 하게 되었다.

형이 확정된 후 5월 13일 석가탄신일을 계기로 많은 정치범이 석방되었는데 우리 일행도 나와 김옥두, 함윤식 씨를 제외하고는 모두 석방되었다. 우리가 석방된 것은 3개월이 지난 8월 15일이었다. 그러나 독재권력은 정치범을 석방하는 조건에도 차별을 두어 같은 공동피고 중 석가탄신일에 석방된 사람들은 잔형 면제였고, 우리는 형 집행정지였다. 그렇기 때문에 나의 형기가 만료된 것은 1987년 7월 10일이었다. 왜냐 하면 이날 사면과 복권이 동시에 이루어졌기 때문이다.

옥바라지를 했던 아내의 위치

남편이 세 번이나 감옥에 끌려가 억울하게 정치범으로 옥살이를 해도 아내의 마음은 떳떳하고 대견스럽고 자랑스럽기조차 했다. 그러나 주위의 눈총은 꼭 그렇지만은 않았다. 맨 처음 감옥에 갔을 때도 두 번째, 세 번째도 가장 문제가 되는 것은 네 살, 세 살 난 두 아들에게 어떻게 설명을 해주느냐 하는 것이었다. 아내는 아이들에게 아빠가 캐나다에 공부하러 갔다고 말해주었다. 학교에 나가는 아내는 형무소에 면회 오고 빨랫거리를 찾아오고 새 옷을 넣어주고 하는 일을 계속할 수가 없었다. 그래서 함께 살고 계시는 장모님이 그 일을 도맡아 하셨다.

애당초 결혼할 때부터 장모님은 우리의 결혼을 반대하셨다. 일정한 직업이 없는 사람인 데다가 아직 장래성도 뚜렷하지 못한데, 그저 아내 덕에 생계나 꾸려가려고 하는 사람을 사위로 맞이할 수는 없었기 때문이다. 그런 반대를 무릅쓰고 아내는 열 살이나 위인 나를 남편으로 택해 결혼을 했다. 게다가 사위는 감옥에나 드나들고 딸은 애비 없는 자식들을 거느리고 고달프게 살아가는 꼴을 볼 때 오죽 마음이 아팠겠는가. 그렇게 고달픈 옥바라지를 수년 동안 해주신 장모님도 이웃에서 내가 감옥 간 것을 오해하고 있을 때는 열을 내서

「옳은 일 하다 감옥 간 것이 무엇이 나쁘냐」고 설득하고 주위 사람들에게 현 정권의 독재성을 고발하기도 했다.

그때 나는 화곡동에 살고 있었다. 장모님은 화곡동에서 서대문구치소(서대문구 현저동 101번지)와 영등포구치소, 그리고 가락동에 있는 성동구치소까지 3년이 넘도록 그 먼 길을 버스로 오가시면서 옥바라지하셨다. 아내는 학교에서도 감시 속에 있었다. 어떤 때는 담당형사가 학교까지 따라와 감시하기도 했다. 어린애들이 아빠를 찾을 때나 다른 집 아빠 얘기를 할 때면 늘 가슴이 뭉클하고 허전하고 애들에게 죄를 짓고 있다는 느낌 속에서도 아내는 내게 보낸 편지마다 애들의 자라나는 모습이며, 나의 건강 걱정이며, 아예 집안 걱정일랑 일절 하지 말고 알찬 수확을 거둬가지고 나오라는 격려의 말뿐이었다. 아내는 학교에 있는 동료들이 내가 감옥에 간 것을 알고 시국에 대한 올바른 인식 없이 나쁘게 말할 때가 제일 분하고 가슴이 아팠다고 했다. 아내는 무거운 몸을 이끌고 집에 돌아와 싱싱하게 자라고 있는 아이들을 보면서 새로운 용기를 얻고 또 어린애를 껴안고 설움을 달래곤 했다. 아내가 잠자리에 들 때면 두 녀석은 엄마의 양쪽에 누워서 서로 엄마를 차지하려고 했다. 그래서 마침내 타협을 보았다. 양쪽 젖꼭지는 공평하게 한 사람씩 차지하고 얼굴은 한쪽으로 기울면 안 되니까 아내는 항상 천장만 쳐다보기로 한 것이다. 그러다가 옆으로 눕거나 하면 규칙 위반이라는 항의가 들어왔다. 그러나 아내는 두 아들의 그러한 재롱이 최대의 낙이었다.

학교에서 온종일 시달리고 나면 책도 사와야 하고 영치금도 마련하고 옷가지도 챙겨서 형무소로 보내주어야 하는데 통 시간이 나지 않았다. 더구나 학교수업이 끝나야 면회 갈 시간이 나는데 그때는 형무소의 모든 업무가 끝나게 마련이었다. 그래서 내가 감옥 안에 있을 때 아내의 얼굴을 볼 수 있는 것은 여름방학과 겨울방학뿐이었다. 그러니 아내는 내가 감옥에 있던 37개월 동안 여섯 번의 방학을 고스란히 감옥에 다니는 것으로 보내고 말았다.

　내가 감옥에 있는 동안 도와주신 주위 분들께 아내는 평생 감사한 마음이라고 말했다. 그분들의 격려와 도움이 없었다면 지탱하기 어려운 세월이었다. 내 영치금은 거의 전부가 이희호 여사가 보내준 것이었다. 김대중 총재와 이 여사는 우리가 감옥에 있을 때도 우리에게 지급했던 월급을 계속 배려해 주었고 그것이 아내에게는 말할 수 없는 격려와 힘과 용기와 자신감의 원천이 되었다.

　중간에 수업이 비는 시간이 있을 때는 교감선생님과 교장선생님께 말씀드리고 면회 올 수도 있었지만 형무소에 와서 면회신청을 거쳐 면회를 하자면 빨라야 한 시간이요, 오고 가는 시간까지 합하면 두 시간 내지 세 시간이나 걸리는데 어떻게 빠져나올 수 있었겠는가. 그런 사정도 모르고 왜 면회를 자주 안 오느냐고 아내에게 짜증까지 낸 적도 있었으니 이쯤 되면 적반하장도 유만부동이 아닌가.

　처음 내가 감옥에 갔을 때는 아내도 처음 당하는 일이라 곤혹스럽고 당혹감도 느꼈었으나, 두 번 세 번 가다 보니 이력이 생겨서 감옥에서 입다가 가지고 온 한복을 그대로 보관해 두기도 했다. 처음에는 어린 두 아들을 끌어안고 눈물도 많이 흘렸지만 두세 번 가다 보니 애들도 그 눈치를 알아차리고 협조까지 했었다고 한다. 화곡동은 김포비행장이 가까워 집 위로 하루에도 몇 번씩 비행기가 지나갔다. 그럴 때면 아이들이 저 비행기로 아빠가 캐나다에 갔느냐고 물어보기도 하고 아빠가 캐나다에 있는데 왜 엄마는 대전으로 아빠 만나러 가느냐고 질문도 했다. 아내는 아빠에게 가는 편지를 대전에 사는 사람을 만나서 캐나다로 보낸다고 거짓말을 하기도 했다. 한번은 국민학교에 다니던 큰아이가 이야기책을 읽다가 옛날에 독립운동하던 얘기를 읽은 후에 엄마에게 「아빠도 이런 사람이지」 하고 씩 웃었다고 한다. 아내는 아이들에게 거짓말을 했다는 죄책감이 있었지만 그래도 아빠를 나쁘지 않게 이해하고 있는 것이 고마웠다고 술회했다.

80년 서울의 봄이 끝나고 다시 독재의 태풍이 몰아칠 때 감옥생활은 최악의 상태였다. 직계가족이 아니면 면회가 안 됐다. 장모님조차도 처음에는 면회가 안 되다가 나중에야 가능했다. 학교생활도 엄격해서 아내도 자리를 비울 수가 없었다. 선생님들의 수업도 엄격해져서 교실에서 앉을 수조차 없었다. 아예 교실 안에 앉을 의자조차 없었다. 뿐만 아니라 아내에 대한 유형무형의 감시도 심해져 자리를 지키는 데 급급하다 보니 남편을 위한 시간을 가질 수가 없었다. 이런 판국이니 어떻게 면회를 올 것인가. 나는 서대문구치소 당국에 아내가 면회를 올 수 없으니 함께 사는 장모님이나 처남이 면회 올 수 있도록 조처해 달라고 요청했다.

마침내 서대문구치소에서는 토요일 네시까지 아내가 면회를 오면 영치금과 영치물도 받아주고 옷도 내보내주겠다고 약속했다. 나는 이 사실을 아내에게 통보했지만 토요일도 바빠서 면회 오기가 힘들었다. 그도 그럴 것이 학교 수업이 끝나고 학생들을 보내고 나면 두 시가 넘는데 그때 집에 가서 옷 보따리며 책을 챙겨가지고 택시로 와야 네시 안에 수속을 마칠 수가 있었으니 못 오는 주일이 많을 수밖에 없었다. 여하튼 오후 네시 안에 면회할 수 있다는 희망을 가지고 일주일을 견뎠다. 그러다가 면회를 못하는 날이면 그 주일은 완전히 우울한 나날이 되어버렸다. 그러나 다음 토요일에 기대를 걸고 또 기다렸다. 서대문구치소에서는 토요일 오후 면회할 때 철창을 사이에 둔 면회가 아니라 보안과장 방에서 아내를 만났다. 그러나 그날 근무하는 간부가 심술궂은 사람이면 엉뚱한 곳에 면회장소를 만들어 창살을 통해서 면회를 하기도 했다. 나는 아내를 면회할 때마다 바깥소식을 물었으나 아내는 세상 돌아가는 것을 전혀 모르고 있었다. 어느 날 면회가 끝나고 나올 때 아내가 입회했던 교도관에게 물었다. 악수해도 되느냐는 것이었다. 그 교도관은 괜찮다고 대답했다. 나는 아내와 악수했다. 아내의 따뜻한 체온을 손에서나마 느낄 수가 있어서 반가운 일이었지만 그저 '공식적인 악수'가 되었다. 그 날 나는 감방에 돌아와 크게 후회했다. '손만 만질 것이 아니라 한번 끌어안아 주는 것인데 내가 그렇게도 우둔했을까' 하는 생각이 들었다. 이때의 아쉬움을 나중에 대전교도소로 옮겨갔을 때 그대로 실행에 옮겨 마침내 교도관 앞에서 아내를 끌어안고 키스를 하게 되었다.

1981년 1월 15일 대전교도소로 옮겨간 후에 며칠간은 겨울방학 기간이라 아내도 다른 재소자 가족과 함께 면회를 왔었다. 그때는 보통 때처럼 철창을 사이에 두고 면회를 했다. 그러나 방학이 끝나고 나니 아내를 만날 수가 없었다. 나는 교도소장에게 일요일에 면회를 허락해 줄 것과 서대문구치소에서처럼 철창 없이 소위 특별면회를 하게 해달라고 요청했다. 그것이 받아들여져 아내는 매주 일요일이면 대전에 내려오는 것이 일과가 되었다. 처음으로 특별면회를 할 때 나는 아내를 끌어안고 키스했다. 아내는 전혀 뜻밖이라 멍청히 서 있기만 했다. 그러나 나는 서 있는 아내를 몇 번이고 포옹하고 키스세례를 퍼부었다. 그래서 서대문구치소에서 실행하지 못했던 것을 이행한 셈이 되었다. 그러나 어찌 뜻했으랴. 재소자가 교도소 안에서 불미스러운 짓을 했으니 앞으로 특별면회를 시킬 수 없다는 것이었다. 함께 옥살이를 하고 있던, 지금은 고인이 된 박성철 장군은 「남편이 아내와 포옹하고 키스하는 것이 왜 불미스러운 짓이냐. 재소자 앞도 아니고 교도관 혼자 입회한 자리인데 그것이 왜 문제가 되느냐」고 나의 입장을 옹호했다. 다음날 대전교도소 내에 나의 '키스소동'이 알려졌다. 대전교도소가 1919년에 생긴 이래 재소자가 아내와 포옹하고 키스한 것은 이번이 처음이라는 것이었다. 나는 교도소당국의 말을 무시했다. 다음주 아내가 면회 왔을 때는 지난번처럼 불미스러운 일을 하면 특별면회를 시켜줄 수 없다며 교도소 측은 정말로 나를 철창 있는 면회실로 데리고 갔다. 나는 그길로 바로 감방으로 되돌아와 버렸다. 그런 식으로 한다면 면회를 거부하겠다는 뜻이었다. 그러나 얼마 후 창살 없는 곳에서의 면회가 허락되었다. 그때부터는 면회 때 아내와 포옹하고 키스하는 것에 간섭이 없어졌고 어떤 교도관은 고개를 돌려주기도 했다.

1980. 12. 육군고등군법회의 최후진술

새벽의 약속이 없는 밤은 없다

먼저 재판장님께 이 법정에 선 피고로서 이 시간을 허락해 주신 데 대해서 감사를 드립니다. 나는 지난 5월 17일 밤에 집에서 연행되어 중앙정보부에서 조사를 받고 1심을 거쳐 오늘에 이르렀습니다. 그 동안 내 사건과 관련해 나를 고문했던 조사관에 대해서까지도 아무런 개인적인 원한이 없음을 분명히 밝히는 바입니다. 그것은 우리가 전생에 무슨 원수가 졌기 때문에 그렇게 된 것이 아니라 우리가 처해 있는 현실, 특히 정치적인 현실 때문에 그렇게 된 것이며, 하느님을 믿는 천주교 신자로서 하느님의 가르침에 충실하기 위해서라도 어떠한 사람에게도 개인적인 원한이 없음을 거듭 밝히는 바입니다.

어느 나라의 법전에도 '정치범'이라는 용어는 없습니다. 그러나 어느 나라도 정치범을 부인하는 나라는 없습니다. 나는 김대중 선생과 인연을 맺은 이래 오늘에 이르기까지 그분 곁에서 말석을 지키고 있지만 단 한 번도 공적이나 사적인 면에서 그분에게 실망해 본 적이 없을 뿐만 아니라 가장 훌륭한 지도자로 생각하고 있기 때문에 김대중 선생에 대한 나의 일편단심은 과거나 현재처럼 앞으로도 변함이 없을 것입니다.

1789년 프랑스혁명이 일어났을 때 한때 실권을 잡았던 당통은 반혁명세력을 구축하기 위하여 혁명재판소를 설치했었습니다. 자코뱅당의 로베스피에르가 다시 실권을 잡게 되자 자코뱅당의 좌파를 숙청한 후 이번에는 당통의 차례가 왔습니다. 당통은 1794년 3월 31일 체포되었습니다. 이때 당통은 말했습니다. 「내가 혁명재판소를 만들었을 때가 바로 이 계절이었다. 신과 인간에게 용서를 빈다.」 마침내 절차만 밟은 재판에서 사형이 선고되자 당통은 외쳤습니다. 「이 더러운 로베스피에르야, 단두대가 너를 부르고 있다. 이 다음은 네 차례가 될 것이다.」 과연 그의 말대로 4개월도 못 되어 로베스피에르는 체포되어 단두대의 이슬로 사라졌던 것입니다. 이와 같이 악은 언제나 악을 부르고 피는 언제나 피를 불러, 악과 피의 악순환 속에서 '자유·평등·박애'라는 프랑스 혁명정신은 산산조각이 나고 말았던 것입니다. 만약 어떤 사람이 자기의 의견은 최고의 선이고 상대방의 의견은 최악이라고 생각한다면 그 사람에게는 적과 동지의 구별밖에 없을 것이며 이러한 바탕 위에서는 민주주의가 꽃필 수 없는 것입니다.

우리는 김대중 선생을 모시고 정권을 잡으려고 했습니다. 김대중 선생은 1971년 대통령 후보로서 정권경쟁을 했을 뿐만 아니라 유신 7년 동안 누구보다도 앞장서서 민주화투쟁을 했다고 자부하고 있기 때문에 김대중 선생이 정권을 잡으려고 한다는 것은 대한민국뿐만 아니라 전세계적으로 부인할 사람이 아무도 없을 것입니다. 김대중 선생은 3월 1일 복권이 되어 5월 17일 연행되기까지 불과 3개월간의 정치활동을 했습니다. 정부가 정치발전을 공약한 이후 공화·신민 양당은 전국을 누비면서 정권을 잡게 해달라고 호소했습니다. 5월 17일 전국 계엄 이후 모든 정치활동을 금하기 전까지는 정치활동이 허용되었던 것입니다. 그럼에도 불구하고 김대중 선생의 정치활동만이 문제가 된 것은 첫째로는 우리만이 우뚝 솟았기 때문이며, 둘째로는 하느님을 믿는 천주교 신자로서 하느님이 우리들에게 보다 지혜로워지라고 보다 현명해지라고 이 시련을 주었기 때문인 것입니다. 지금 생각해 보니 '정치발전'이란 국민이 원하는 방향에서의 정치발전이 아니라 김대중 선생을 때려잡는 정치발전이었습니다(이 때 최후진술을 저지당했음). 그러나 나는 개인적으로 대한민국의 장래나 우리 개인의 장래에 대하여 비관하지는 않습니다. 아무리 두꺼운 먹구름이 하늘을 덮고 있다고 하더라도 밝은 태양의 미소가 언젠가는 대지를 비출 날이 찾아오고야 말 것입니다.

  역사적으로 정치재판 하면 소크라테스와 예수의 재판을 들 수 있습니다. 소크라테스는 아테네의 청년을 오도했다는 죄목으로 기소되어 사형선고를 받고 사약을 마시고 죽었습니다. 예수의 죄명은 유대인의 왕이라는 것이었습니다. 소크라테스는 주위의 권고를 받아들여 열심히 자기 변명을 했습니다. 그러나 예수는 일절 자기 변명을 하지 않았습니다. 소크라테스가 자기 변명을 한 것은 기록을 통해 자기의 주장을 후세에 남기기 위해서였으며, 예수가 자기 변명을 하지 않은 것은 십자가에 못박혀 죽어 3일 만에 부활함으로써 자기가 하느님의 아들이라는 하느님의 영광을 드러내기 위해서였던 것입니다. 나는 이 재판의 결과에 대해서 관심이 없습니다. 우리가 현실적으로 침묵을 강요당해 엄동설한에서도 독야청청하는 상록수가 되지는 못하고 철따라 낙엽이 지는 단풍나무가 될망정 우리의 뿌리가 대지에 깊숙이 내리고 있는 한 새봄이 오면 우리의 앙상한 가지에서는 푸른 잎이 무성하게 돋아나고야 말 것입니다.

  나는 구치소에 와서 많은 것을 생각해 보았습니다. 또 많은 책을 읽었습니다. 가끔 재판장님 이하 법무사님들의 생각이 어떨까도 상상해 보았습니다(이때 법무사가 고소를 지었음). 내가 읽은 글 중에서 우리 나라 여류시인의 수필을 떠올려봅니다. 그 수필의 제목은 '밤의 이야기'였습니다. 나는 처음에 이 제목을 보고 에로틱한 것을 생각했습니다. 그러나 그런 것이 아니었습니다. 여기서 그것을 소개할까 합니다.

새벽의 약속이 없는 밤이 있다고는 생각하지 않는다. 칠흑 같은 어둠이 폭포처럼 쏟아져도 다음 단계가 예비되어 있음을 알아야 한다. 어둠 그것 하나만이 오는 시대도 역사도 없다. 삶의 도장에서 고난을 통한, 새로운 신생아의 탄생이 없다면 생의 근력은 어디에서 솟는단 말인가.

이 수필은 이렇게 시작되었습니다. 우리가 처해 있는 현실이 아무리 어둡다고 하더라도 지금이 바로 새벽의 시작이라는 확신을 갖고 담담하게 살아갈 것입니다. 이 재판을 맡아주신 재판장님 이하 모든 분들의 무운장구를 빕니다. 아울러 우리 대한민국 국군의 무궁한 발전을 비는 바입니다. 끝으로 변론을 맡아주신 변호사님과 우리 같은 사람을 위해서 걱정해 주고 기도해 주신 국내외의 수많은 친지들에게 감사 말씀을 드리면서 저의 말을 마치겠습니다. 감사합니다.

편집자 주) 당시 이 글은 필자가 김대중 내란음모사건으로 투옥되었을 때 1980년 12월 31일의 육군고등군법회의에서 행한 최후진술문으로 감옥에 있을 당시 성경책의 여백에 기록해 두었다가 출소 때 가지고 나온 것이다.

오래 지워지지 않는 부끄러움

송기원

1947년 전남 보성 출생
1974년 중앙일보에 단편 「經外聖書」 당선
1974년 동아일보에 시 「회복기의 노래」 당선
소설집 「月行」 「인도로 간 예수」
장편소설 「청산」 「안으로의 여행」 「또하나의 나」
1993년 「아름다운 얼굴」로 동인문학상 수상
중앙대학교 예술대학 대우교수

오래 지워지지 않는 부끄러움

송기원

　무려 20년이 지났지만, 그때만 생각하면 아직도 생생하게 살아나는 부끄러움 때문에 그만 등줄기에서 식은땀이 솟는 느낌이다. 지금도 뚜렷이 기억한다. 내가 서대문의 옛 전매청 자리에 있는 합동수사본부의 낡은 벽돌 건물로 끌려갔을 때는 이제 막 점심시간이 시작된 듯 텅 빈 복도며 건물 전체에서 구수한 냄새가 풍겨나고 있었다.
　나는 자신도 모르는 사이에 꿀꺽 침을 삼켰다. 그리고 바로 코앞에 닥친 공포의 순간에도 불구하고 음식 냄새 따위에 침을 삼키는 스스로에 대하여 쓴웃음을 지었다. 그러고 보니 나는 아침을 거른 채였다. 그런 나의 속마음을 알았던 것일까, 두 사람의 취조관 중에서 한쪽이 말했다.
　「이 자식, 밥이라도 먹이고 시작할까?」
　그 말을 들은 나는 또다시 꿀꺽 침을 삼켰다. 그러나 나의 그런 기대는 다른 한쪽에 의해서 여지없이 짓밟히고 말았다.
　「귀찮은데, 그냥 시작하지.」
　나는 결국 점심밥을 먹지 못한 채 취조실로 들여보내졌다. 창문 하나 없이 사면이 온통 흰 벽으로 막힌 취조실에는 한 귀퉁이에 책상 하나만 덜렁 놓여 있었다. 내가 더 이상 두리번거릴 사이도 없이 이내 정복을 입은 거구의 하사관이 군화와 바지 사이에 넣은 링 특유의 쩔렁거리는 쇳소리를 울리며 들어왔다. 그리고 전혀 표정이라고는 없는 무슨 데드마스크 같은 얼굴로 낮게 외쳤다.

「차렷!」

내가 차려 자세를 취하자마자 곧바로 하사관의 주먹이 날아들었다. 두 주먹은 기계처럼 정확하게 어깨에서부터 가슴, 배, 이렇게 차례대로 난타하고는 다시 배에서 가슴, 어깨로 올라갔다. 그렇게 어깨에서 배 사이를 오르내리던 주먹은, 어쩌다 내가 바닥에 쓰러지기라도 할 지경이면 이번에는 기다렸다는 듯이 군화발로 바뀌었다.

주먹과 달리 군화발은 일정한 순서가 없이 마구잡이로 내 몸뚱어리에 날아들었다. 머리를 걷어차는가 하면 등을 걷어차고 이번에는 아래로 내려와 복부를 짓뭉갰다. 이런 식으로 얼마간 계속되던 발길질이 잠시 멈추는가 하면, 다시 하사관의 낮은 목소리가 들렸다.

「일어섯!」

그의 구령에 따라 몸을 일으키면 이번에는 또다시 주먹이 날아들었다. 어깨, 가슴, 배, 다시 배, 가슴, 어깨……. 역시 주먹질은 미리 동작에 대한 명령이 주입된 로봇처럼 정확했다. 그러다가 내가 쓰러지면 다시 발길질이 이어지고, 다시 주먹질, 다시 발길질, 다시 주먹질…….

이런 반복이 얼마나 계속되었을까, 문득 취조실의 문이 열리면서 취조관들이 들어왔다. 그때야 비로소 하사관의 로봇 같은 동작이 멈추고, 취조관 중 한 사람이 다짜고짜 물었다.

「너, 김대중한테 얼마 받았어?」

나는 미처 말귀를 알아듣지 못한 채 두 눈이 휘둥그래져서 취조관을 쳐다보았다.

「뭘…… 받아요?」
「이 새끼, 능청 떨기는. 돈 말이야, 돈.」
「오메, 나는 만난 적도 없는데요?」
내 말이 끝나자마자 취조관이 퉤 하고 침을 뱉었다.
「이 새끼가 아무래도 덜 맞은 모양이구먼. 어이 하사, 이 새끼 좀더 세게 조져!」
취조관들이 나가자마자 또다시 하사관의 로봇 같은 동작이 시작되었다. 주먹질, 발길질, 다시 주먹질, 발길질……. 이 무렵쯤 해서 나는 이미 하사관의 주먹질이나 발길질에 전혀 고통을 느끼지 못하고 있었다. 아마도 자칫 얼이 빠진 것인지도 모른다. 그렇듯 주먹질이나 발길질에 대한 고통을 느끼지 못하는 대신에, 나는 조금치의 빈틈이라고는 없이 숫제 사람을 때리기 위하여 고안된 무슨 기계와도 같은 하사관에 대하여 극도의 공포감에 사로잡혔을 것이다. 이자는 절대로 사람일 수가 없다. 다시 취조관들이 들어왔을 때, 나는 차라리 그들이 반가울 지경이었다.
「너, 국민연합에 누구 알아?」
「고, 고은 선생요.」
「고은? 고은이 누구야?」
「고, 고은태요.」
「아아, 고은태.」
하사관을 내보낸 취조관들은 본격적으로 취조에 나섰다. 그들이 다짜고짜 말했다.
「너 고은태한테 돈 받았지?」
「아, 아니오.」
「아니긴, 이 새끼. 임마, 고은태가 학생운동 하라고 돈 줬잖아?」
「고은 선생하고 저는 그런 사이가 아닙니다.」
나의 말에 취조관 중의 한 사람이 다시 한 번 퉤 하고 침을 뱉었다.

「이건 생각보다 악질이구먼. 안 되겠어. 우리가 한번 손을 봐야지.」
 취조관들은 두 다리를 비비 꼬듯 기이한 형태로 나를 맨바닥에 꿇어앉히더니, 양쪽에서 두 어깨를 짓누른 채 구둣발로 허벅지를 쿵쾅쿵쾅 짓뭉개는 것이었다. 그들이 구둣발로 짓뭉갤 때마다, 도무지 어떻게 해볼 수 없는 고통 때문에 나는 매번 두 눈을 희번덕거리며 자지러지고는 했다. 나중에 알고 보니 소위 주리를 트는 고문 중의 하나였다. 나는 차라리 조금 전 하사관의 주먹질이며 발길질이 보다 편했던 것처럼 여겨질 지경이었다. 취조관들은 그렇게 주리를 틀어대는 한편 연신 질문을 해댔다.
「빨리 대답해 임마, 고은탠가 그놈한테 돈 받았지?」
 나는 얼결에 엉뚱한 말을 하고 말았다.
「시, 시키는 대로 할게요.」
 나의 엉뚱한 대답에 취조관들이 피식 웃었던가? 그들이 다시 물었다.
「좋아, 너 임마, 돈 받았지?」
「예, 받았어요.」
「얼마 받았어?」
「5, 5천 원요.」
 5천 원이라는 나의 말은 사실이었다. 비교적 잔정이 없는 고은 선생이 언젠가 한번 내 집에 들렀을 때, 무슨 마음이 들었던 것일까, 딸아이 가은이의 손에 5천 원짜리 지폐 한 장을 쥐어주는 것이었다. 그때 나의 처는 두 눈을 휘둥그레 뜬 채 기뻐했다.
「해가 서쪽에서 뜨겠네. 오늘은 그 깍쟁이가 어쩐 일로 가은이한테 돈을 다 줄까?」
 나의 대답에 취조관들은 벌컥 역정을 내었다.
「5천 원? 이 자식이 지금 장난을 하자는 거야, 뭐야.」
 취조관들은 내 어깨를 움켜잡은 손에 더욱 힘을 가하면서 구둣발로 사정없이 허벅지를 짓뭉갰다. 나는 금방 숨이 끊어질 것 같은 고통 속에서 소리를 질렀다.
「5, 5만 원요오.」
「5만 원이 아니라 10만 원이겠지?」
「예, 10만 원요오.」
「아니, 그게 아니지. 10만 원이 아니라 15만 원이었지?」
「예, 15만 원요오.」
 어차피 한번 무너진 다음이었다. 설사 나더러 고은 선생의 항문을 빨았다고 한들 아니라고 했으랴. 나더러 고은 선생이 사람을 죽이는 것을 보았다고 한들 아니라고 했으랴. 취조관들은 그때서야 주리를 틀던 자세를 허물고 나를 고문에서 놓아주었다.
「이 자식아, 진작에 그렇게 나왔으면 덜 고생했지.」
 취조관들이 나가자 이내 처음 보는 헌병이 손에 식기를 들고 들어왔다.
「저녁 먹어.」
 내가 미처 말귀를 못 알아듣고 멀뚱멀뚱 쳐다보자 헌병이 그런 내 눈길을 못 견뎌하며 물었다.
「임마, 왜 그런 눈으로 보는 거야?」
「저녁이라고 했어요? 점심이 아니고?」
「그래 임마, 저녁이라고 했다.」
 이제 막 20세 언저리의 헌병은 별 미친놈 다 봤다는 듯이 잠시 나를 흘겨보더니 식기를 책상 위에 올려놓은 채 밖으로 나가버렸다. 나는 아직도 긴가민가하며 책상 위에 있는 식기를 바라보았다. 점심시간부터 시작하여 미처 몇십 분도 지나지 않은 것 같은데, 벌써 저녁이라니! 나는 마치 시간이 무슨 요술이라도 부린 것 같은 기분이었다. 어느 사이에 그렇듯 서너 시간이 훌쩍 흘러가 버린 것일까.
 나는 전혀 식욕을 느끼지 못하면서 거의 무의식적으로 식기 앞에 앉았다. 그렇게 수저를 들어 밥을 뜨자, 문득 밥 위로 눈물이 뚝뚝 떨어져내렸다. 그런 나는 어쩌면 누구보다도 내 자신이 죽도록 싫었을 것이었다. 그때 밥 위로 떨어진 눈물은 바로 자신에 대한 모멸감과 치욕감에 다름 아니었다.

고은 선생에게서 받은 '15만 원'은 나중에 몇 차례 고문이 더해지면서 '50만 원'으로까지 늘어났고, 거기에 덧붙여 '국민연합과 김대중이 정권을 잡으면 문교부 검열관 자리'까지 약속받게 되었다. 그랬다. 그때 나는 어차피 한번 무너져서 인간의 존엄성 따위는 걸레처럼 내던진 인간쓰레기가 된 다음이었다. 그렇게 볼장 다 본 인간쓰레기가 무슨 짓인들 못하랴. '문교부 장관' 운운한 것은 그나마 밖에 있는 사람들이 가장 믿지 않을 자리라고 생각한 인간쓰레기의 잔꾀에 불과했다.

고백하거니와 나는 자신이 고문 따위에 그렇듯 쉽게 무너져내리리라고는 상상조차 하지 못했다. 더군다나 소위 가장 친한 이에게 누명을 씌우는 일에 동조하고, 그렇게 추악하기 짝이 없는 배신을 하다니. 기관원들에게 잡히기 전에 나는 「꽃도 십자가도 없는 무덤」이라는 레지스탕스를 주인공으로 한 소설을 벅찬 감동 속에 읽은 적이 있었다. 아마 내가 그렇듯 벅찬 감동을 받은 것은 무엇보다도 주인공이 어떠한 고문에도 굴하지 않고 신념을 지켜 떳떳하게 죽음을 맞는 거룩한 장면 때문이었을 것이다.

그런데 나는? 바로 저 광주에서는 극악한 군부에 맞선 수백 명이 기꺼이 죽음을 택하여 꽃잎처럼 거룩하게 산화하고 있을 때, 나는 단 몇 차례의 고문에도 못 이긴 인간쓰레기가 되어 거짓 자백과 배신을 일삼았다!

그때부터 20년이 지난 지금까지도 나는 자신을 믿지 못하고 있다. 다른 문인들이 나서서, 저 눈부신 5월이며 광주를 노래하고 부르짖을 때마다 나는 쥐구멍을 찾기에 바빴다. 줄곧 문인입네 떠들면서도 나는 지금까지 남들이 모두 노래하고 부르짖는 눈부신 5월이며 광주에 대하여 단 한 줄도 쓰지 못했다. 나로서는 이 글이 바로 1980년 5월에 대해 처음으로 써보는 글인 것이다.

지난날의 자료를 들추다 보니, 무심코 항소이유서를 발견할 수 있었다. 나는 이 항소이유서를 글의 말미에 달고자 한다. 비록 서툴고 어눌한 항변에 불과하지만, 그러나 한편으로는 무엇보다도 80년 당시의 긴박한 분위기가 아직도 묻어나는 것 같아서이고, 그때의 상황을 더 이상 보태고 뺄 것도 없이 그대로 전하기에는 이편이 낫다 싶어서이다.

항소이유서

피고인 송 기 원

상기 본인은 내란음모 및 계엄법 위반 피고 사건으로 육군본부 계엄보통군법회의에서 1980년 9월 17일 선고한 판결에 대하여 항소를 제기한 바 다음과 같이 그 이유를 밝힙니다.

— 다음 —

본인은 육군본부 계엄보통군법회의에서 사실심리 및 반대신문, 최후진술 등을 통하여 검찰측의 공소사실이 대부분 사실무근일 뿐 아니라 그것이 수사기관의 고문행위에 의한 허위진술이었음을 거듭 밝혔으나 본인의 그와 같은 법정진술은 전혀 고려되지 않은 채 공소사실을 모두 인정하는 판결을 받았으므로 이에 그 부당함을 주장합니다. 아울러 다시 한 번 본인의 범죄사실로 되어 있는 이유 중에서 수사기관의 고문에 의한 허위진술 부분 및 본인의 사실과 다른 점을 밝힙니다.

첫째, 본인과 고은태 씨와의 관계에서 공소장에 나와 있는 사실 거의 모두가 전혀 사실이 아님을 밝힙니다. 본인이 6월 15일 검거되어 수사기관에 연행되자마자 본인은 두 명의 기관원과 한 명의 헌병 하사로부터 고문을 받았습니다. 수사관들은 처음에는 본인이 김대중 씨에게서 돈을 받은 사실을 자백하기를 강요했습니다. 본인이 완강히 부인하자 수사관들은 「너 따위 하나쯤은 죽일 권한이 있다」면서 본인이 거의 실신 지경에 이르도록 고문을 했습니다. 수사관들은 몇 차례의 고문 끝에, 그러면 국민연합 중에 아는 사람을 대라는 것이었습니다. 본인이 고은태 씨를 안다고 하자 그때부터 고은태 씨가 본인의 배후인물로 둔갑하고, 또다시 고문이 시작되었습니다. 수사관들은 본인의 다리를 비틀어놓은 채 구두 뒷굽으로 비튼 다리를 짓밟아대고 동시에 뒤에서 어깨를 짓누르며 무조건 돈을 얼마 받았느냐는 것이었습니다. 본인은 더 이상 고통을 견딜 수 없었을 뿐 아니라 공포 또한 떼쳐버릴 수가 없었습니다. 본인은 한 해 전에 교통사고를 당하여 발목 아래의 뼈들이 완전히 으스러져서 한강성모병원에 3개월 입원하여 가까스로 치유를 하였으나 아직도 상태가 온전하지 못하여 달리기 등을 못하는 때였는데, 다리를 뒤틀리는 고문을 당하다 보니 이러다가 자칫 불구자가 될지도 모른다는 공포를 견딜 수가 없었던 것입니다.

본인이 「시키는 대로 하겠다」고 하자 그들은 두 차례에 걸쳐 15만원의 돈을 받은 것으로 하고 본인의 고문을 끝냈습니다. 그리고 나서 본인은 다른 수사관에게 넘겨졌고, 그 뒤부터 본인은 무엇보다도 고문을 견뎌내지 못한 스스로에 대한 모멸감과 자포자기 때문에 수사관이 부르는 대로 대부분 진술을 하여 허위자백으로 진술서를 끝냈습니다. 그 다음에 검찰관의 신문과정에서 본인은 검찰관에게 본인의 진술이 대부분 그와 같은 허위진술임을 밝혔으나 검찰관은 공소장과 같은 진술서를 마련하여 본인에게 지문을 찍을 것을 끈질기게 강요했습니다. 본인은 검찰관에게「차라리 수사관들처럼 나에게 육체적인 고통을 가하시오. 더 이상 못 견디겠으면 그땐 찍겠소. 양심이 괴로워서 더 이상 허위진술은 못하겠소」라는 말까지 했지만, 모든 것은 법정에서 가리면 되지 않느냐는 검찰관의 말과 함께, 이 사건의 원인이 어쩌면 검찰관 한 사람의 힘으로는 사실 여부를 가릴 수 없는 보다 높은 상부에 있을 터인데, 공연히 검찰관과 부질없는 싸움을 벌인다는 것이 헛되다는 생각이 들어서 본인은 더 이상 버티지 못하고 공소장과 같은 내용으로 된 검찰진술서에 지문을 찍게 되었습니다.

거듭 밝힙니다. 본인과 고은태 씨와의 판결문에서의 관계는 모두 사실이 아닙니다. 1980년 3월 20일뿐 아니라 동년 5월 5일 본인은 고은태 씨를 만난 사실 자체마저 없습니다. 그것은 전혀 사실이 아닐뿐더러 수사기관의 날조입니다. 본인에게 고문을 가했던 수사관은 맨 처음 고은태 씨로부터 5만 원을 받은 것으로부터 다시 10만 원을 추가하여 15만 원을 받은 것으로 하였으나 곧이어 본인에 대한 수사진이 바뀌면서 새로운 수사관이 50만 원으로 올린 것입니다.

본인은 학생 신분이지만 아울러 5년 전부터 작가생활을 하며 처와 어린 자식들 그리고 노모를 모시고 가정을 꾸려나가던 생활인이기도 합니다. 본인을 담당해서 고문을 한 수사관은 본인이 학생 신분인 것으로만 알고, 돈에 궁하여 자금 따위를 받았으리라는 짐작 아래서 본인에게 그와 같은 식의 자백을 강요했는지 몰라도, 본인은 누구에게 돈을 받을 만큼 궁하지는 않습니다. 본인의 수입은 불규칙하지만 월 평균 30만 원은 되며, 더군다나 고은태 씨로부터 처음 돈을 받은 것으로 되어 있는 3월 20일 무렵에는 본인이 원고료로 1백만 원을 받은 직후입니다.

공소장에 의하면 본인은 고은태 씨로부터 총 50만 원을 받아서 그중 35만 원을 사사로운 생활비로 쓴 것으로 되어 있습니다. 백번을 양보하여 설사 고은태 씨로부터 본인이 돈을 받았다 치더라도 그것을 학생운동 자금으로 쓰지 않고 본인의 사사로운 생활비로 쓸 만큼 본인은 타락한 자가 못 됩니다. 학생운동 자금으로 썼다는 15만 원도 언어도단입니다. 15만 원 중에서 본인의 집에서 세 차례 만난 복학생들의 접대비에 5만 원을 쓴 것으로, 그리고 학생들과의 술값에 5만 원, 나머지 5만 원은 단식농성 중에 인쇄비용으로 썼다고 자백할 것을 수사관은 본인에게 강요했습니다. 이것은 전혀 수사관의 생각일 뿐입니다. 세 차례 본인의 집에서 복학생들이 모였을 때 준비된 것은 돼지고기 한 근, 닭 두 마리 그리고 소주 몇 병이 전부였으며, 본인이 복학생 백상태에게 준 5만 원은 전혀 별개의 돈입니다.

여기서 한 가지 사실을 밝힙니다. 본인은 4월 초에 학교당국으로부터 장학금 조로 10만 원을 받은 적이 있습니다. 본인은 처음에는 완강히 거부했으나 만일 돈을 받지 않으면 학교당국을 모욕하는 것이라는 말에, 그렇게까지 나오는데 거절하는 것은 본인이 너무 협량의 인간처럼 생각되어 받았던 것입니다. 본인은 그 돈을 받자마자 그 자리에서 백상태를 불러 앞으로 만들어질 복학생 서클인 산업민주주의연구회의 기금으로 사용하라고 5만 원을 주고, 나머지 5만 원으로는 본인이 소속되어 있는 예술대학 문예창작과 후배 학생들에게 술을 샀습니다. 물론 본인은 그 돈이 학교당국에서 나온 돈이라는 것을 밝혔으며 그날 본인은 1원 한 장 본인의 집으로 가져가지 않았습니다. 고은태 씨로부터 받았다는 유령의 돈 50만 원은 지금까지도 남달리 결벽증이 심한 본인의 자존심에 상처로 남아 있습니다. 상대편에 대해서 더없이 잔인했던 조선시대의 당파싸움에서도 '선비는 죽일지언정 욕보이지 않는다'라는 말이 살아 있었습니다. 단식농성 중에 성명서 인쇄비 등에 사용된 돈은 본인이 바로 백상태에게 준 5만 원의 일부이며, 따라서 50만 원의 자금 운운을 비롯한 고은태 씨와 본인의 공소사실은 모두 날조된 것임을 다시 한 번 밝힙니다.

둘째, 1980년 3월 이후 학원 민주화를 비롯한 일련의 학생운동은 이 나라 민주주의에 대한 사회운동 내지 의식혁명의 일환이었으며 한편 비폭력적이고도 평화적인 시위운동이었습니다. 3월에 복학이 되어 다시 학교에 간 본인은 남다른 감회가 있었습니다. 그것은 1975년 3월 학교에서 제적을 당한 이후 결혼을 하여 처와 자식들을 둔 지아비로서 혹은 암울한 시대에 글쓰는 일을 직업으로 택한 지식인의 한 사람으로서 다시 학생 신분이 되었다는 뜻깊은 감회였습니다. 이 감회는 학교에서 긴급죄로 제적되었던 복학생들을 만나자 보다 구체적인 계획으로 바뀌어졌습니다. 다시 말하면 복학된 사실에 대하여 좀더 뜻깊은 의미를 두자는 생각이었고, 그리하여 학교에서 허용해 준다면 복학생을 중심으로 한 서클을 조직하여 후배들에게 남겨주자는 것이었습니다. 이에 본인은 서클의 이름을 산업민주주의연구회로 하기로 하고 학생처에 서클 활동에 대한 문의까지 하였으며, 학생처에서는 총학생회 활동만 정상화되면 서클룸까지 줄 수 있다는 호의적인 반응이었습니다.

이 무렵 본인은 우리 나라가 정치적으로 민주주의가 되는 것은 기정사실로 여겼으며, 보다 중요한 문제는 유신체제가 남겨놓은 병폐 중에서도 가장 깊은 병폐인 경제적 민주주의, 즉 무분별한 외자도입에 따른 매판재벌들의 횡포로 인한 사회적 이중구조의 심화(빈부격차와 도시와 농촌 간의 소득차), 그리고 외국자본 특히 일본에의 경제적 예속화 문제 등에 대하여 학생의 입장에서 관심을 갖고 연구해야 된다는 생각에서 바로 산업민주주의연구회라는 서클을 복학생 중심으로 만들기로 한 것입니다. 본인은 비록 짧은 기간이지만 학교에 나가 학생들을 대하면서 그들에게서 큰 감명을 받았습니다. 학생들은 우리 나라의 민주화에 대해서 더없이 진지한 자세로 서로의 의견을 묻고 토론을 하며 뜨거운 참여의식을 보였고, 그런 학생들 앞에서 본인이 마치 유신체제의 일원이라도 되는 것처럼 까닭 없이 부끄럽기까지 했습니다.

학생운동이 소위 공소사실의 표현대로 정치 이슈화가 되었을 때, 본인 또한 마땅히 그래야 한다고 생각했습니다. 그때의 상황에서 유신잔당의 퇴진을 당당하게 요구할 수 있는 세력은 학생밖에 없었습니다. 공소장에서는 학생들이 유신잔당 및 과도정부의 퇴진을 요구하고 아울러 민주화의 일정을 밝히라는 등을 요구한 데 대하여, 그 사실이 바로 특정 정치인 즉 김대중 씨와 재야인사들을 위한 것처럼, 그리고 바로 그들의 사주를 받아서 행동한 것처럼 연결시키고 있는데, 이것은 검찰측의 지나친 신경과민적 반응이거나 아니면 가장 악질적인 조작이라고밖에는 생각할 수가 없습니다. 유신잔당들의 퇴진을 요구한 것은 결코 검찰측의 조작 같은 불순한 동기에서가 아니었습니다.

본인은 우리 나라 민주주의와 민족주의의 기원을 대저 동학혁명에서 찾습니다. 동학 농민들의 인내천 사상이야말로 민주주의와 민족주의의 실질적 발로이며 민중으로부터의 참다운 혁명사상이었습니다. 해방 이후 미군정하에서 어설프게 이식된 민주주의는 그 당시 대부분의 후진국들이 그랬듯이 헌법상의 민주주의에 불과하여 대다수 민중을 위한 민주주의는 될 수가 없었습니다. 더군다나 그런 절름발이 민주주의를 운용했던 정치, 문화적 인사들은 바로 일제 아래서 친일을 했던 친일파들이 대부분이었습니다. 일제의 황국군대 장교로 간도지방에서 독립군을 사살하던 자들이 대한민국의 고위장교가 되고 일제시대의 밀정 출신들이 대부분의 고급경찰 간부직을 차지했습니다. 이들이야말로 우리 나라의 민주주의를 저해한 핵심인 것입니다. 이들은 또한 유신정권 아래서 정치, 경제, 군사, 문화의 중심을 담당하던 유신체제의 핵심이기도 했으며, 본인과 학생들이 그토록 물러나기를 원했던 유신잔당의 구체적인 모습이기도 했습니다. 본인은 유신잔당들을 숙청할 수 있을 때 비로소 참다운 민주주의가 이 땅에서 꽃피어나리라는 것을 지금도 굳게 믿습니다. 또한 10·26사태의 역사적 의미는 바로 유신잔당이 완전히 물러나는 것이라고 믿습니다.

한편 본인이 학생시위에 나서서 5월 14일 유신잔당의 상여를 메고 가두로 진출한 것은 공소장에서 지적하는 식의 대규모 폭동이나 내란 따위와는 전혀 무관함을 밝힙니다. 본인은 가두시위를 보다 적극적인 여론조성책으로 보았으며, 또한 학생들에게 민주주의에 대한 책임의식을 길러주는 작업으로 보았던 것입니다. 민주주의란 누가 누구에게 줄 수 있는 하양식은 아닐 것입니다. 본인은 학생시위를 통해서 민주주의에 대한 정당하고도 비폭력적인 요구, 즉 학생들을 위시한 민중세력으로부터의 요구에 의해서만이 이루어질 수 있다는 확신을 학생들은 물론 본인 스스로에게도 심고자 했던 것입니다. 거듭 말하지만 본인은 이 땅에서 민주화가 이루어지는 것은 불변으로 여겼으며, 그럼에도 불구하고 학생시위를 계획한 것은 무엇보다도 학생들에게 민주주의에 대한 확고한 신념과 의식을 피부로 느끼게 하고 싶었기 때문입니다. 아직까지도 학생들은 이 나라에서 가장 순수한 혁신세력이며 뜨거운 피를 지닌 혁명세력입니다. 특정 정치인이나 재야세력과의 어두운 결탁 따위는 학생들의 순수한 정신에서는 도무지 상상조차 할 수가 없는 것입니다. 그런 상상은 학생세력을 지극히 두려워하는 집단에서 나온 음흉하고도 악랄한 날조입니다.

셋째, 본인은 1980년 5월 14일의 가두시위 및 서울역의 유신잔당 상여 화형식에 대하여 틀린 점을 밝힙니다. 본인은 5월 9일부터 서라벌고등학교에 교생실습을 나가고 있었습니다. 그러던 중 5월 14일 서라벌고등학교에서 조퇴를 하고 열두시경에 중앙대학교에 간 것은 그날의 가두시위와는 전혀 관계가 없는 일 때문이었으며, 따라서 본인은 그날 학생회에서 준비한 가두시위나 상여 등에 대해서는 그 내용을 잘 알지 못한 상태였습니다. 본인은 가두시위보다는 그날 저녁에 교내에서 열리기로 예정된 '민주화를 위한 문학의 밤' 행사에 관여하는 입장이었습니다. 그날의 행사에 많은 문인들을 초청해 놓은 상태여서 팸플릿이며 장소 등의 관계가 걱정되었던 것입니다.

본인이 학교에 도착한 한시경에는 학생들의 대부분이 이미 가두시위차 영등포로 나가고 난 후로, 의대생과 예술대학 학생들만이 '유신잔당 장례식' 행사 때문에 학교에 남아 있었습니다. 총학생회로부터 비로소 유신잔당 장례식의 자세한 내용을 전해들은 본인은 세시가 되어 장례식을 거행하였습니다. 장례식을 마친 후 1천여 명의 학생들과 함께 상여를 들고 교정을 한 바퀴 돈 다음에 정문으로 왔는데, 어찌 된 일인지 이미 경찰들이 철수하고 없는 상태였습니다. 이어 학생들이 자연스럽게 가두로 나갈 것을 요구했고, 본인 또한 학생들의 요구를 당연하게 받아들였습니다. 여기에서 본인은 분명하게 밝힙니다. 본인은 학교 정문에서부터 상여 행렬에 앞장을 선바, 그것은 무엇보다도 학생들을 염려해서였습니다. 정문을 나서면서 본인은 학생처 교직원들에게 분명하게 말했습니다. 「경찰들을 만나면 즉시 돌아오겠다. 결코 학생들을 다치게 하지 않겠다. 학생들이 내 말은 들을 것이다.」

본인은 상여 행렬에 앞장선 채 노량진으로 해서 영등포, 여의도, 마포, 서대문, 시청 앞 로터리로 해서 서울역으로 왔습니다. 그 사이에 학생들은 노량진에서부터 비를 맞았으며 오후 3시 30분에서 서울역에 도착한 여덟시 무렵까지 거의 4시간 30분 동안을 쉬지 않고 걷다 보니, 서울역에 도착했을 때는 저마다 누구랄 것 없이 극도로 피로한 상태였습니다. 본인이 서울역에서 상여를 불태우기로 한 것은 바로 더 이상 꼼짝할 수 없이 지쳐 있는 학생들 때문이었습니다.

서울역에서 학교로 상여를 다시 가져간다는 것은 엄청난 무리였으며 더군다나 상여를 맡은 학생들은 의과대학의 어린 1학년생들이었습니다. 상여를 불태우기 위해서 석유를 산 것은 이미 상여가 비에 젖어서 그대로는 태울 수가 없었기 때문입니다.

보통군법회의에서 검찰관이 본인에게 「상여를 불태움으로써 군중심리를 유발하려고 하지 않았느냐?」고 물어서 본인은 「그런 마음도 있었겠지만 그것이 목적은 아니었다」고 대답한 적이 있습니다. 만일 본인이 일반 시민들과 학생들의 군중심리를 유발하여 대규모 폭동을 일으킬 작정이었다면 본인은 결코 서울역으로 오지도 않았을 것입니다. 본인이 시청 앞 로터리를 돌 무렵에는 오히려 서울역보다도 더 많은 숫자의 시민들이 연도에서 본인을 위시한 시위행렬을 지켜보고 있었으며, 일부 학생들은 본인에게 그대로 중앙청으로 밀고 나갈 것을 요구하기도 했습니다. 이에 본인은 시청 앞에서 학생들을 향해 메가폰으로 「어디까지나 평화적으로 시위를 해야 한다. 지금 중앙청으로 갔다가는 어쩔 수 없이 폭력과 함께 유혈사태를 유발하게 된다. 우리의 목적은 어디까지나 우리의 의사를 시민들에게 알리는 데 있다는 것을 명심하자」고 외치기도 했습니다. 또한 서울역에서는 상여를 불태운 다음 맨 먼저 중앙대학교 학생들을 인솔하여 학교로 돌아왔으며, 이에 따라 5월 14일의 학생시위는 어떠한 사고도 없는 평화적인 시위로 끝날 수가 있었습니다.

이상과 같이 대략 중요한 부분에 대해서 본인은 본인의 입장을 밝혔습니다. 그러나 여기에서 본인이 미처 밝히지 않은 많은 부분도 계획적인 날조와 허위사실인데도 본인의 진술인 것처럼 둔갑되어 있음을 지적하지 않을 수 없습니다. 따라서 본인은 본인에게 내려진 내란음모는 전혀 무죄할 뿐만 아니라 포고령 또한 받아들일 수 없다는 것을 밝힙니다. 권력자의 실정법이 잘못 적용되거나 운용되면 지식인은 실정법보다는 자신이 믿는 진실이나 정의에 입각한 자연법에 따라 신념대로 행동하는 양심을 지식인 최고의 사명으로 삼을 뿐 아니라 그 고초 또한 웃으면서 감내합니다. 그것은 어떠한 암흑의 시대에도 불구하고 역사는 항상 발전하고 있다는 것을 믿기 때문입니다.

1980년 10월 5일
피고인 송기원
확인관 교도 ○○○

육군고등군법회의 귀중

아버지가 지신 십자가

김홍일

1948년 전남 목포 출생
국회의원
민주당 중앙당 청년특별위원회 위원장
중국 연태대학 명예교수
저서 「한국 근대 민족주의운동 연구」
「새로운 도전의 문턱에서」
「밝은 미래로」「세계를 향한 지방자치」

아버지가 지신 십자가
— 옥중서신 중 —

김홍일

사랑하는 아버지께

꿈속에서도 간절히 만나뵙고 싶었던 아버지께 편지를 쓴다고 생각하니 먼저 눈시울이 뜨거워지는군요. 무엇보다도 먼저 저희 가족들과 많은 분들의 기도를 들어주시어 아버지의 생명을 지켜주신 주님의 크신 은혜에 감사를 드리고 있습니다. 하느님께서 아버지와 같이 하시며, 이사야 48장 10절의 「보라, 내가 너를 연단하였으나 은처럼 하지 않고 너를 고난의 풀무에서 택하였노라」 하신 말씀과 같이 보다 더 귀하게 쓰시려고 이 어려운 시련을 주시는 것으로 믿고 있으면서도 저 자신 미약한 인간인 탓인지 얼마나 가슴을 죄던 시간이었던가 생각하니 지금도 온몸이 오싹하는 것 같습니다.

저희들은 이곳에서 매주 한 번씩 미사를 보고 많은 도움을 받고 있습니다. 이번의 어려운 시련을 이겨나가는 데는 전지전능하신 아버지

하느님의 보살펴주심과 저희들 자신의 강한 믿음이 필요하였습니다.
제 자신 그 동안 다 큰 어른이 되었다고 생각하고 있었는데 이번에 보니 아직도 어린애란 생각이 들었습니다.

너무도 아버지를 그리워한 탓인지 저희 형제가 어머니께서 돌아가신 뒤 아버지 손을 양쪽으로 나란히 잡고 남산 팔각정에 올라가 사진을 찍는 등 여러 가지로 아버지께 사랑을 받던 생각이 나곤 합니다. 어머니, 홍업, 홍걸, 제 처를 통해 아버지 면회와 편지에 대해서 전해 듣고 있습니다만 아버지 건강이 좋지 않으심이 무척이나 가슴이 아프군요. 주님의 보살펴주심을 믿으며 간절한 마음으로 기도를 드리고 있습니다만 아버지께서도 힘을 내시고 건강에 유의하여 주시기를 간절히 부탁드립니다.

저 자신 이곳 생활을 하면서도 아버지께 죄송스럽게 생각하는 것은 너무도 부족함이 많은 탓으로 아버지를 제대로 돕지도 못하고 걱정만 시켜드리고 있는 점입니다. 그러나 아버지께서 평소 하신 교훈의 말씀들을 가슴 깊이 명심하고 실천해 가도록 노력할 것을 약속드립니다. 저 자신 이곳의 생활을 함에 있어 마음의 평온을 찾을 수 있음은 먼저 훌륭하신 부모님을 모시고 있다는 자부심과 아직 어린 줄만 알았던 제 처가 너무도 현명하게 가정을 잘 지켜주고 있기 때문인 것 같습니다. 이곳에 들어와 가족의 귀중함을 더 절실히 느끼게 되는 것 같습니다.

가능한 한도에서 홍업, 홍걸에게 자주 편지를 하여, 이 시기를 헛되이 하지 않고 더욱 성장할 수 있는 시기가 되도록 노력할 것을 당부하고, 형제간의 우애를 더 돈독히 할 것을 이야기하고 있습니다.

요즈음 여러 곳에서 격려 편지와 책, 영치금을 보내주고 있어 제게 큰 힘이 되고 있습니다. 저 자신 아버지와 그분들의 기대에 보답하는 뜻에서라도 이곳 생활을 보람 있게 하여 무언가 한 가지는 얻고 나갈 각오입니다. 이 시간들을 그냥 허비함은 너무도 억울하다는 생각이 드는군요. 저 자신 부족하나마 노력하여 천주님의 자녀로서 '나를 태워 세상을 비추고, 나를 녹여 세상의 썩음을 막는 빛과 소금의 역할'을 하는 참된 삶을 살아가도록 힘쓰겠습니다.

오늘이 저희들의 대법원 재판날입니다. 어떤 판결이 있었는지는 아직 알지 못합니다만 기대는 하지 않고 있습니다. 그러나 한편으로는 저 자신, 약한 인간인 탓인지, 하느님의 크신 은혜가 있어 우리 가족과 또 아버지와 같이 고생하시는 많은 분들께 '만남'과 '자유'라는 기쁜 소식이 있기를 기도드리고 있습니다.

이번 19일은 부활대축일이고, 그 다음날인 20일은 제 사랑하는 딸 지영이의 다섯 번째 생일입니다. 지금은 유치원에 다니며 정화와 같이 건강하고 영리하게 잘 자라고 있는 것 같습니다. 아버지께서도 아이들이 보고 싶으셔도 참고 계시는 것과 같이 저 역시 아이들이 보고 싶어도 이런 상황을 어린아이들 머릿속에 심어주고 싶은 생각이 없어 참고 있습니다.

지영이가 다른 사람들에게 「저한테 돈도 있는데 아빠가 보고 싶으니 있는 데를 알면 데려다 달라」는 말을 한다더군요. 아이들이 식사 때와 잠잘 때 꼭 기도를 하며 「할아버지와 아빠가 건강하게 지내고 빨리 우리들한테 돌아오게 해달라」고 기도한다더군요. 아이들의 기도가 이루어지기를 간절히 바라는 마음입니다.

이제 저희들도 기결이 될 터이니 사정이 허락하는 한 자주 편지를 보내도록 하겠습니다.

아버지가 무척 뵙고 싶군요. 건강하시기를 간절히 기도드리겠습니다. 안녕히 계십시오.

1981년 4월 14일
큰아들 홍일 올림

추신 : 이 편지를 취급하시는 분들께

이 편지를 아버지께서 받아보실 수 있도록 선처하여 주시기를 간절히 부탁드립니다.

영원히 잊지 못할 그 모습

설 훈

1953년 경남 창원 출생
국회의원
아·태평화재단 이사
새정치국민회의 원내부총무
민화협 수석집행위원장
새정치국민회의 김대중 총재 특별보좌역
새정치국민회의 기획조정위원장

영원히 잊지 못할 그 모습

설 훈

 영원히 잊지 못할 장면일 것이다. 나는 수많은 얼굴을 대했지만 그렇게 무심한 모습은 본 적이 없다. 그 후로 20년이 지났고, 나에게 많은 날들이 남아 있지만 앞으로도 그런 감정을 느낄 수는 없을 것이다. 화가 난 듯도 하고, 어떻게 보면 슬픔이 한껏 어려 있기도 하고, 또 어떻게 보면 겁먹은 모습 같은, 수많은 감정들이 뭉뚱그려져 하나로 합쳐진 얼굴! 내게 그분의 첫 모습은 완벽한 '무표정' 그 자체였다.
 한복을 입고 양팔을 헌병에게 붙잡힌 채, 용산의 육군본부 군사법정에 들어서는 김대중 선생의 모습이었다. 1980년 '종범'인 나는, 너무도 무표정해서 차라리 평화로워 보이는 '주범' 김대중 선생을 그렇게 첫 대면했다.
 신군부가 1980년 5월 17일 정권을 완전히 장악하기 위해 전국으로 계엄을 확대하고 김대중 선생 등 민주인사와 학생 들을 대량 검거하자 나도 바로 도피행각에 나섰다. 나는 6월 18일 체포되었다. 한 달 가량 도피하면서 나는 세 번에 걸쳐 시위를 주도했다. 영등포, 용산, 성수동 일대에서 고려대 후배들과 학생운동 동지들과 함께 광주학살의 진상을 알리는 전단을 살포하고, 학살자들에 항거했던 광주시민의 위대함과 억울함을 알리기 위해 결사대까지 조직하여 싸웠다.

그러나 나는 결국 체포되고 말았다. 6월 18일 후배와 함께 숨어 있던 반포아파트에서 체포되었고, 그 자리에서부터 고문이 시작되었다. 그들은 아파트 화장실로 끌고 가서 수갑을 채우고 화장실 욕조에서 물고문을 시작했다. 뒤에 고 박종철 군이 당한 그런 행태의 고문이었다. 2, 30분쯤 물고문을 하다가 완전히 늘어진 상태가 되자, 경찰차에 태워 연행해 갔다. 고문 이유는 단 하나, 도망간 사람들이 어디에 있느냐는 것이었다. 데모를 했느냐, 광주사태와 관련이 있느냐, 김대중 선생을 아느냐 등에 대해서는 한마디도 하지 않고 오직 도망간 '놈들'이 어디 있느냐고만 물어보며 고문했다. 팬티만 입힌 채 몽둥이로 4, 5명이 돌아가며 2, 30분쯤 또다시 구타, 또 물고문. 바로 지옥이었다.

체포될 당시 새 팬티를 사서 입었었는데 팬티가 닳아서 결국 걸레처럼 구멍이 날 정도였다. 유치장까지 걸어갈 수도 없게 되자 경찰관이 업다시피 해서 입감시켰다. 성북서에 체포된 후 이틀 뒤 합수부로 인계될 때는 거의 중환자였다. 나를 인계시키던 사람이 내가 워낙 많이 당했기 때문에 더 이상 당하지 않게 해주겠노라고 말했다. 그러나 합수부 책임자가 나의 몰골을 보고는 인수를 거부하면서 「이 새끼들, 사람을 이렇게 만들어놓으면 우리는 뭘 가지고 수사하란 말이야. 인수 못해, 데리고 가」라고 고함을 치며 인수를 거부했다. 자기들도 고문을 해서 뭔가 밝혀내야 하는데 성북서에서 먼저 망가뜨려놓았으니 더 이상 고문할 곳이 없어 못 받겠다는 뜻이었다. 할 수 없이 성북서로 다시 돌아와서 의사를 불러 주사를 놓고 물리치료사를 불러 안티푸라민으로 마사지를 하고 야단법석을 떤 후 다음날 다시 합수부로 인계되었다.
 인계자는 처음에 더 이상 당하지 않게 해주겠다던 말과 달리「설훈은 독종이라 고문하지 않으면 안 불기 때문에 할 수 없이 했고, 할 때마다 새로운 사실이 나온다」라고 하면서 자신들이 고문한 사실을 변명했다. 인수인계가 이렇게 되니 합수부 직원들도「네 몸을 보니 더 이상 손댈 데가 없지만, 너는 독종이니까 할 수 없이 처음부터 새로 한다」며 또 고문을 시작했다.
 계엄확대 후 한 달 만에 체포되었기 때문에 이미 합수부에는 학생들과 민주인사들로 만원이었다. 그들은 벽을 향해 하루 종일 앉아 있어야만 했다. 5·17 직후에 체포된 사람들은 광주 상황에 대해 알 수가 없었고 대화는 일절 금지되었으며 계호는 헌병들이 맡았다. 조금만 행동이 마음에 들지 않으면 헌병들은 무차별 구타를 했기 때문에 벽을 보고 앉아 있는 대부분의 학생들과 시민들은 폭행에 대한 공포에 떨고 있었다. 나도 마찬가지였지만, 그래도 나는 광주항쟁을 알고 있었고 무고한 광주·호남인들의 희생을 잊을 수가 없었기 때문에 저항을 멈출 수가 없었다. 그래서 식사시간에 대화는 불가능했지만 의사표시는 할 수 있었기 때문에 헌병 몰래 손가락으로 V자를 만들어 싸우자는 의사를 표시했더니 어떤 사람들은 아주 못마땅한 표정으로 거북해하기도 했다. 그 사람들은 이미 폭력 앞에 굴복하고 '노예화'되어 버린 것이었다. 정의고 뭐고 다 싫다는 것이었다. 이해할 수는 있었다. 그들은 광주의 상황을 모르고 또 엄청난 폭력 앞에서 무기력해지고 저항 자체를 포기해 버린 셈이었다. 그러나 나는 그럴 수 없었다. 광주의 원혼들을 생각하며, 참으로 위대한 광주시민들을 생각하며 저항할 것을 결심했던 것이다.
 나는 도피 중에, 광주의 상황을 듣고 광주시민들이 얼마나 위대하다고 생각했는지 모른다. 나는 그들의 희생을 안타까워했고 고마워했다. 그 반면에 학살자들을 얼마나 증오했는지 모른다. 그때는 민주화되면 광주시 전체를 성역으로 만들어야 한다는 생각을 했고, 학살자들에 대해서는 자손대대로 응징해야 한다고 생각했다. 재판정에서 김대중 선생이 유언이라면서 「우리를 탄압한 사람들을 용서해야 한다」고 했을 때 나는 마음속으로 반발했다. 어떻게 그들을 용서한단 말인가. 다른 말은 다 옳아도 그 말만은 옳지 않다고 속으로 거부했다.

　내가 체포되고 이어서 이해찬, 조성우 선배 등이 체포되었다. 40여일 간의 합수부 생활은 또 언제 고문을 당하나 하는 공포의 시간이었다. 밥을 먹다가도 잠을 자다가도 언제 고문이 시작될지 모르기 때문에 공포로 가슴 졸이는 시간은 참으로 두려웠다. 수사관들은 자신들의 요구에 맞춰주지 않으면 고문했다. 물론 거짓말을 했을 때에도 가차없이 고문했다. 수시로 하는 폭행은 고문으로 치지 않더라도 대여섯 명이 몽둥이로 돌아가며 하는 집단구타와 물고문은 참으로 괴로웠다. 물고문은 질식시키는 것이다. 숨을 못 쉬게 하는 고통이 얼마나 지독한지! 손목에 수건을 감고 수갑을 채우고 철봉에 매달려 구타당하고 물고문당하는 것이 얼마나 고통스러운지! 수갑에 조여서, 징역 사는 2년 내내 양손의 손가락이 시큰거렸다. 지금도 날씨가 추워지면 손가락 끝의 감각이 무뎌지는 것을 느낀다.

　수사받는 내내 고문의 연속이었기 때문에 그들이 하자는 대로 할 수밖에 없었다. 체포되고 2주일쯤 될 때까지는 김대중 선생과의 관계에 대해 별말이 없었다. 사실, 나는 그때까지 김대중 선생을 한 번도 만난 적이 없었으니 물을 것도 없었을 것이다. 그러다가 7월 초순 이후부터 '김대중을 만났지 않았느냐, 돈을 받았냐, 볼펜을 받았냐, 메달을 받았냐' 등으로 고문하며 자백을 강요했다. 고문하면 만났다고 했다가 고문 끝나면 안 만났다고 하고 그러면 또 고문하고 또 끝나면 안 만났다고 하고 또 고문하고, 그러다가 아예 「하자는 대로 할 테니 고문하지 말라」 해도 고문은 계속되었다.

그러나 나는 수사를 받으면서도 김대중 선생과 공범이 될 것이라고는 생각도 못했다. 서대문구치소로 송치되어서도 내 죄명이 내란음모인 줄을 몰랐다. 내겐 이미 세 번째인 징역살이였기 때문에, 그 방면에 훤했는데도 설마 내란음모로 몰아갈 줄은 몰랐다. 감방 앞에 꽂아두는, 죄명이 표시된 나뭇조각조차 보지 못하게 엎어두었으니 모를 수밖에.

8월 초에 서대문구치소로 들어오자 3일 만에 공소장이 날아왔다. 3일 만에 공소장이 오는 것도 예외였다. 보통 서대문구치소에 와서 20일쯤 되면 공소장이 오게 마련인데 이번에는 속전속결이었다. 공소장을 받아보고 나는 깜짝 놀랐다. '김대중 내란음모사건'. 내가 만나본 적도 없는 분과 공범이 되다니!

어처구니없기도 하고 묘하게 흥분되기도 했다. 공소장 내용을 보니 김대중 선생을 신군부가 죽이겠다는 의지가 확실히 보였다. 공소장 내용대로라면 김대중 선생은 사형을 면하기가 어렵겠다는 생각이 들었다.

나는 여러모로 생각한 끝에 이번 재판에 임하는 나의 목표를 두 가지로 정리했다. 첫째, 나는 김대중이라는 이름만 들어보았지 어떤 분인지 본 적도 없으니, 이번 기회에 확실히 관찰해 두자. 왜 신군부가 죽여야겠다고 나서는지 어떤 인물인지 살펴보자. 둘째, 어쨌든 민주화를 위해 간난신고를 겪고 있는 분인데 죽게 할 수는 없다. 어떻게든 보호해야 한다. 바로 그것이었다.

'관찰과 살리기'라고나 할까. 어쨌든 이것으로 재판에 대한 나의 준비는 된 셈이었다. 드디어 8월 14일 오전 열시 군사법정이 개정되었다. 피고인 양 옆으로 헌병들이 앉아 꼼짝 말고 정면만 응시하게 했다. 처음 헌병들의 태도는 살벌했다. 재판에서 사실이 밝혀지기 전까지는 젊은 헌병들도 모두 우리들이 내란을 음모하고 선동하고 국기를 뒤흔든 범죄자들인 줄로 아는 것 같았다. 그래서 우리들의 행동에 대해 처음에는 폭력이라도 행사할 듯했다. 모든 분들이 위압에 눌려 있었다. 앞만 볼 수밖에 없었다.

23명 모두가 앉아 있고 마지막으로 뒤에서 김대중 선생이 들어왔다. 나는 궁금했다. TV에서나 보았지 실제 모습은 처음이었다. 헌병에게 맞을 것을 각오하고 고개를 뒤로 돌렸다. 이 글의 첫 부분에 언급한 바와 같이 무표정한 그분의 모습은 영원히 잊혀지지 않는 강한 이미지로 나의 머리에 각인되어 있다. 그 무표정! 그 후로 어떤 누구에게서도 그런 표정을 본 적이 없다.

재판은 한마디로 재판이 아니었다. 우리의 변호인은 모두 국선이었다. 변호인은 피고인을 위한 변호인이 아니라 검찰의 주장에 구색을 맞추기 위한 장식에 지나지 않았다. 결국에는 변호인과 피고인이 법정에서 싸우는 희한한 사태까지 발생했고, 송기원 선배와 변호인 김숙현이 서로 삿대질까지 하는 등 모든 피고인이 변호인을 기피하였다. 심지어 재판을 신속히 진행하여 김대중 선생을 사형집행하겠다는 신군부의 의지를 읽은 우리 피고인들은 시간을 벌어야겠다는 절박한 심정에서 7일 이내 하도록 되어 있는 항소도 맨 마지막날 했으나 변호인들은 첫날 해버리는 식이었다. 오직 허경만, 소정팔 변호사만이 제대로 변호를 하다가 소정팔 변호사는 항소심부터 변호인에서 제외되고 말았다. 소정팔 변호사에게 감사드린다.

재판은 매일 진행되었다. 오전 열시에 시작해서 저녁 늦게까지 진행했다. 유례없는 재판 진행이었다. 신군부는 속전속결로 사형을 집행해 버리겠다는 의지를 확연히 드러내었다.

첫째 날 내 눈에 비친 김대중 선생은 묵비권을 행사했기 때문이기도 했지만 마치 멍한 상태에 있는 것 같았다. 그러나 이틀 사흘이 지나면서 진면목이 드러나기 시작했다. 처음 사진을 찍기 위해 김대중 선생을 중심으로 문익환, 이문영, 예춘호 등이 앉게 하고(현재 신문 등에 나오는 사진), 사진 찍은 후에는 김대중 선생만 중심에 두고 번

호순으로 앉게 했다. 그런데 묘하게도 김대중 선생 바로 뒤에 내가 앉게 되어 나는 김대중 선생의 숨쉬는 소리까지 정확히 들을 수 있었다. 8월 14일부터 항소심이 끝나던 11월 3일까지 처음 내가 목표했던 '김대중 선생 관찰'을 제대로 할 수 있게 되었다.

결론부터 말하자면, 신군부가 그분을 두고서는 대한민국을 마음대로 할 수 없다는 것을 알았고, 그래서 꼭 죽이겠다고 작정했다는 것을 깨달았다. 김대중 선생은 자신이 죽더라도 역사에서는 승리자가 될 것이라는 순교자적 결심으로 타협을 거부하고 투쟁했던 것이다.

그는 우리들의 지도자였고, 희망이었고, 적어도 나에게는 나를 헌신해야 할 대상이었다. 나는 재판받는 동안 수도 없이 「이분이야말로 지도자구나」하고 경탄할 수밖에 없었다.

민주주의에 대한 확실한 신념, 대한민국에 대한 넘쳐나는 애정, 동지들에 대한 신뢰, 공범(?)들을 이끌고 가는 지도력, 도도한 언변, 한 치의 오차도 없는 정확성. 우리들은 책으로 된 공소장을 일일이 들쳐보며 검찰의 질문에 답변하는데 김대중 선생은 아예 공소장은 쳐다보지도 않고 다른 피고인의 문제 되는 부분까지 일일이 지적해 주었다.

헌병들의 태도가 먼저 변해갔다. 재판이 진행될수록 젊은 그들도 사실을 알게 되었고 우리들을 동정하게 되었다. 형이 확정되어 순천 교도소로 이감되어 갈 때 길 안내를 하던 전남 출신 헌병은 내가 고속도로 변에서 무등산을 보고 「저게 무등산이냐」고 묻고 울어버리자 나와 함께 울었다. 그때 우리들은 광주라는 말만 들어도 눈물이 나오고 가슴이 설레었었다.

재판은 요식행위였다. 정해진 각본대로 진행될 뿐이었다. 우리들은 저항했다. 그러나 소용없었다. 모두 다 엉터리였다. 우리들은 오직 불법 부당한 계엄령이 해제되기를 바랐고, 민주화만이 소원이었다.

김대중 선생은 1심 최후진술에서 「80년대에는 민주화가 될 것이며, 민주화가 되더라도 정치보복은 하지 말라」는 유언성 최후진술을 했다. 1심 선고 사형. 항소심 선고 사형. 항소심 재판장 유근환 소장은 판결문을 부들부들 떨며 읽어 내려갔다. 그때까지만 해도 신군부는 김대중 선생을 사형집행해 버리겠다고 작정하고 있었다.

오직 국제여론과 세계시민의 압력만이 김대중 선생을 구할 수 있었다. 미국 대통령 선거에서 카터가 낙선하고 레이건이 대통령에 당선되었다는 소식을 듣고 김대중 선생은 우셨다고 한다. 헌병들의 전언이었다. 죽음의 공포를 확연히 느꼈을 것이다. 그러나 나는 절대 신군부가 김대중 선생을 죽이지 못한다고 확신하고 있었다. 광주의 수많은 희생이 김대중 선생을 지켜주는 안전판이 될 것이라고 생각했기 때문이다.

재판과정에서 꼭 기록해 둘 것이 있다. 우리 공범 24명 중 몇 사람을 제외한 모든 분들이 한마음으로 저항했다. 민주화를 이루어야 하고 김대중 선생을 살려야 한다는 절박감에 사로잡혀 온몸으로 부딪치며 싸웠다. 문익환 목사, 이문영 교수, 예춘호 의원, 고은 선생, 김상현 의원, 한승헌 변호사, 유인호 교수, 송건호 선생, 서남동 목사, 이해동 목사, 한완상 교수, 이호철 선생, 김윤식 의원, 김녹영 의원, 조성우, 이신범, 송기원, 이해찬, 이석표 선배 들 모두 한마음이었다.

남한산성 육군교도소에서의 생활은 서대문구치소에 있을 때보다 오히려 조건이 나았다. 1심이 끝나고 석방되지 않은 분들은 모두 남한산성으로 이감되었다. 희한하게 그 시절에도 남한산성은 난방시설이 되어 있었다.

앞에서 언급한 대로 헌병들은 처음에는 사건의 진실을 모르고 우리들을 범죄자로 취급하다가 나중에 사실을 알고 나서는 거의 대부분 우리들을 동정했다. 그만큼 신군부는 처음부터 지지받지 못할 집단이었다. 엄격히 독거 수용하도록 되어 있었지만 우리들은 김대중 선생만 예외로 하고 모두 나와서 함께 밥도 먹고 운동도 하고 했다.

1980년 12월은 정말 피를 말리는 하루하루였다. 국제정세의 변화에 김대중 선생의 생명이 달려 있다고 보았기 때문이다. 그때는 미국 등 세계 시민의 신군부에 대한 압력 외에 희망을 둘 곳이 없었기 때문이다. 재판을 초고속으로 진행시키는 것 등으로 보아 신군부는 실제 사형집행을 할 각오였고 우리는 어떻게든 김대중 선생을 살려야 한다는 안타까움으로 애타는 시간이었다. 1981년 1월, 사형에서 무기로 감형되고 난 뒤에 김대중 선생의 마음은 어떠했을까? 1981년 1월 31일 우리 모두는 육군교도소에서 전국 교도소로 뿔뿔이 나뉘어 이감되었다. 김대중 선생은 청주교도소로, 나는 순천교도소로 갔다.

순천교도소의 직원들은 광주상황에 대해 잘 알고 있었기 때문에 처음에는 쉬쉬하며 두려워했으나 이내 대부분의 교도관들은 우리를 동정하는 입장이 되었다. 정의는 외롭지 않고 민주주의는 반드시 이루어진다는 믿음을 갖게 되었다. 그 당시 순천교도소 직원들에게 이 글을 통해서나마 감사드린다.

두 명의 교도관에 의해 24시간 1 대 1로 생활하게 되었다. 누구도 가까이 오지 못하게 하는 감옥 속의 감옥생활을 하게 되었다. 그러나 공부하는 데는 그만이었다. 책 속에 깊이 빠져들 때는 역설적이지만 오히려 신군부에게 감사하곤 했다. 그들이 나를 감옥에 보내지 않았다면 내가 어떻게 이렇게 공부할 수 있었겠는가?

그러나 광주 상황을 생각할 때마다, 또 내가 당한 고문을 생각할 때마다 미칠 것 같았다. 과거 유신 때 했던 두 번의 감옥생활에서는 박정희 대통령에 대한 특별한 증오심은 없었던 것 같은데 신군부에 대한 증오는 어떻게 할 길이 없었다. 필설로 설명하기 어려운 증오심을 키워나갔다. 상상 속에서 그들을 얼마나 잔인하게 살해했는지 모른다. 밥을 먹다가도 문득, 공부하다가도 문득, 심지어는 잠을 자다가도 문득 생각나면 살해했다.
　어느 날 갑자기 나는 내가 악마가 되었다는 사실을 홀연히 깨달았다. 그들이 악마가 아니라 내가 악마인 것을 알게 되었다. 내가 악마가 되어서야 되겠는가? 나는 악마가 아니다. 벗어나야 한다. 방법은 그들을 용서하는 것뿐이다. 참으로 신기했다. 용서해야 한다는 생각이 들자 가슴속에 꽉 막혀 있던 무엇이 발 밑으로 쑤욱 빠져나가는 것을 분명히 느낄 수 있었다. 그러고는 정말 홀가분해졌다. 감방 안을 몇 바퀴 돌아보았다. 상쾌하기가 그지없었다. 그랬다. 내가 악마가 되지 않는 길은, 내가 사는 길은 '용서'뿐이다. 그러자 1심 최후진술에서 그들을 용서해야 한다는, 정치보복하지 말라는 김대중 선생의 유언 아닌 유언이 생각났다. 맞다. 나는 그 시간 이후로 그들을 용서했다. 그러나 절대 잊지는 않는다.
　그 후 감옥생활에서 즐거움조차 느꼈다. 갇혔다는 느낌이 들지 않았다. 독서하고 사색할 수 있어 좋을 뿐이었다. 우리가 절대 승리한다는 믿음이 감옥생활조차 넉넉히 받아들일 수 있게 했던 것이다.
　1981년 8월 6일 아버지께서 돌아가셨다는 소식을 교무과장으로부터 전해 들었다. 울지 말아야 한다고 이를 앙다물면서도 화장실에서 얼마나 서럽게 울었던지! 중풍으로 불편한 다리를 끌고 면회 오시던 모습에 얼마나 안쓰러워했던가!

　이제 그분께서 대통령이 되셨고 노벨평화상까지 받으셨다. 한마디로 사필귀정이고 정의가 승리한 것이다. 나는 항상 주장했다. 대통령이 되면 정말 좋은 나라를 만드실 분이라고! 광주의 영령들이 지켜주실 것이다.

20년간 못다 한 이야기

이석표

1953년 서울 출생
민주청년협의회 운영위원
민주화운동 청년연합 발기인 및 운영위원
실천문학사 대표
(주)문화유통북스 대표

20년간 못다 한 이야기

이석표

올해는 소위 '김대중 내란음모사건'이 일어난 지 꼭 20년이 되는 해이다. 20년 전 김대중 씨를 비롯한 우리는 생사의 갈림길에 서 있었다 해도 과언이 아니다. 그로부터 20년이 지난 오늘, 김대중 씨는 역사의 중심에 서서 새 역사를 창조하고 민족사의 숙원 중 하나인 남북정상회담의 주역이 되어 이산가족상봉을 성사시키는 등, 지난날의 아픔을 치유하고 추억으로 더듬어볼 수 있는 위치에 섰다. 반면에 우리들을 단죄했던 군사정권은 '성공한 쿠데타도 처벌할 수 있다'는 법원의 판결을 받아 비록 몸은 자유로워졌지만 역사의 죄인으로 낙인이 찍힌 채 가족 대대로 수치를 안고 살아가게 되었다.

얼마 전 당시 사건의 주역이었던 몇몇 분들이 이 사건의 역사적 의미를 되새기는 자리를 만들면서 개인적인 후일담도 남겨둘 필요가 있지 않겠느냐는 제안을 하였다.

그러나 2000년 5월 숙명여대 이만열 교수를 모시고 '김대중 사건의 진실과 그 역사적 의미'라는 주제로 토론회를 개최하여 많은 관계자들의 공감을 자아냈고, 또 개인적인 경험들은 5공 청문회 등 이러저러한 자리에서 언급된 것이 많아 중언부언될 소지도 있겠다 싶어 망설이기도 했다. 게다가 이 사건의 주범이 정치권력의 정점이 된 마당에 지나간 이 문제가 다시 제기된다면 일반 국민들의 눈에는 한풀이로 비쳐질 것이고, 무엇보다 정권 담당자에 대한 중간평가도 남북문제나 노사문제 외에는 이렇다 하게 내세울 것도 없는 상황에서 위치가 바뀌었다고 한가롭게 추억담이나 늘어놓는 것 같아 곤혹스럽게 느껴졌다. 그러나 사건의 중심은 아니더라도 한켠에 서 있었던 관련자로서 비록 개인사적이기는 하지만 지나간 역사의 현장을 더듬어보는 것도 의미 있는 일이라 생각되어 기억을 되살려보기로 했다.

  내가 중앙정보부에 연행된 것은 1980년 6월 15일께로 기억된다. 광주항쟁도 폭력적인 군사정권에 의해 진압되고, 서울을 비롯한 여타 도시에서의 조그만 시위 기도도 불발로 그치고 말아 무기력하다 못해 처절한 심정으로 세월을 보내던 시절이었다. 그렇다고 수배자가 허송세월할 수는 없는 일이었으므로 시위 상황이나 세상 돌아가는 사정을 파악하기 위해 매일 동료들과 약속이 되어 있었다. 그날도 여느 때와 마찬가지로 되도록 검문을 피할 요량으로 정장을 한 채 양평동의 가로공원에서 친구를 기다리고 있었다. 그러나 나타나야 할 친구는 나타나지 않고 7, 8명쯤 되는 무지막지하게 생긴 사람들이 무전기를 하나씩 든 채 나를 에워싸는 것이 아닌가. 그들은 다짜고짜 내 팔목을 비틀고 나의 상의 주머니를 뒤져 신분증을 확인하고는 어디론가 연락을 취하더니 재빨리 눈에 수건 같은 것을 씌웠다. 그리고 서울 시내를 몇 바퀴 배회한 끝에 도착한 곳이 중앙정보부 지하 3층이었다.

  기선을 제압할 요량으로 먼저 군복으로 갈아입히고 난 다음 자백을 받을 게 많다고 생각한 모양인지 백지를 한 묶음 들고 들어와, 너 같은 놈을 잡기 위해 우리가 얼마나 고생한 줄 아느냐, 여하튼 잡혀주어서 고맙다, 이제부터 네가 태어나서 지금까지 살아온 과정을 육하원칙에 입각해 누가 보더라도 너에 대해서는 궁금증이 없을 정도로 자세히 쓰라고 다그쳤다. 백지를 앞에 놓고 보니 어디서부터 어떻게 풀어나가야 할지 감이 잡히지 않았다. 단지 나보다 먼저 연행되어 고초를 겪었을 동료들을 생각하면서 그들에게 부끄럽지 않게 행동해야겠다는 상념뿐이었다.

불현듯 지난 1978년 10월 '광화문 시위사건' 배후조종 혐의로 수배된 이후 지금까지 살아온 날들이 주마등처럼 스쳐 지나갔다. 그해 10월에 나는 예비군 동원훈련 중이었다. 마침 점심시간이라 불암동 훈련장을 여기저기 쏘다니며 소일하고 있는데 조교가 오더니 나를 찾는 사람이 있는데 아무래도 경찰 같다는 것이었다. 경찰이 왜 날? 혹시 주대환과의 약속이 틀어진 게 아닐까? 이런 저런 생각 끝에 당장은 삼십육계가 최선이니 우선 몸을 피하고 보자고 결정했다. 불암산의 샛길로 예비군 훈련장을 빠져나와 옆집에 살고 있는 이상우라는 친구를 찾아가 사정을 말하고 민간복으로 갈아입은 뒤 바로 문국주에게 연락을 취했다. 염려했던 대로 주대환은 연행되었고, 그때부터 나는 하릴없는 수배자 신세가 되었다.

그때는 박정희 시절이라 연행되면 무조건 구속되는 상황이었다. 급한 대로 친구들 집을 전전하다가 장기적으로 피신할 곳을 물색하던 중 면목동 자연우유대리점에 총무로 취직하게 되었다. 우유대리점 일은 새벽에 시작해서 오전 9시면 다 끝났다. 그 후에는 자유롭게 시간을 쓸 수 있기에 나 같은 수배자들이나 독학생들에게는 더할 나위 없이 편한 자리였다. 나는 다음해 10·26사건이 날 때까지 1년여를 이곳에서 보내고 집으로 돌아왔다.

이 대리점에서 지내는 동안 나는 몇 가지 잊지 못할 일을 겪었다. 우유보급소의 냉장고는 일반 냉장고와 달리 섭씨 4도에 맞춰져 있다. 그래서 한여름에라도 이 냉장고 안에 들어가면 시원하기가 이루 말할 수 없다. 또한 공간이 넓어 성인 20명이 들어가도 충분했다. 나는 이 냉장고의 이점을 살려 여름철에는 냉장고 안에서 모임을 갖곤 했다. 물론 보급소 소장님의 배려가 있었기에 가능한 일이었지만 두고두고 잊지 못할 추억거리가 되었다.

기국서라는 연극 연출하는 친구가 있었는데, 당시 이 친구가 연출한 '관객모독'이라는 연극이 성황리에 공연되고 있었다. 오랜만에 나와 친구들은 연극도 관람하고 축도 할 겸 신촌에 있는 공연장을 찾았다. 공연이 끝나고 술 한잔 걸치고 나니 통행금지 시간이 다 되어 결국 여관방 신세를 지게 되었다. 그런데 다음날 새벽에 첫차를 타고 보급소에 도착해 셔터 문을 여니 사무실 내에 연기가 가득 차 있고, 방에서 자고 있던 배달 직원들이 하나둘 일어서는데 일어나는 대로 고꾸라지는 것이 아닌가. 직감적으로 연탄가스 중독이라는 감은 잡았으나 어떻게 해야 할지 몰라 허둥대다가 식초가 좋다길래 열지도 않은 구멍가게의 주인을 깨워 빙초산을 구해 코에 들이부어 코 언저리를 다 태운 기억이 새롭다. 만약 전날 밤 보급소에서 잤더라면 나는 지금쯤 저 세상 사람이 되었을지도 모른다.

어쨌거나 10·26사건이 터지면서 나는 자유로운 몸이 되었고, 광화문에 있는 민주청년협의회의 섭외담당 운영위원으로 일을 하게 되었다. 민주화를 위한 대장정을 마칠 절호의 기회라고 여긴 우리는 이 상황에서 최선의 방안은 무엇인가를 놓고 열띤 논전을 벌인 끝에, 명분 없는 계엄통치의 조속한 해제, 직선제에 의한 대통령 선출을 요구하는 집회를 열기로 합의하였다. 우선 '통일주체국민회의에 의한 대통령 선출 저지 국민대회'를 개최하기로 결의하고 연대 가능한 단체로 기독청년협의회를 선정하여 각자 역할을 분담하였다. 계엄하에서 집회는 원칙적으로 불가능하므로 결혼식이라는 형식을 빌려 누가 보아도 실제 결혼식처럼 여기도록 준비하기로 했다. 신랑도 실명으로 세우고 주례도 모셔야 했다. 당시 신랑은 홍성엽이 맡았는데 가족들을 설득하여 어머니가 진짜 결혼식과 같이 하객도 맞고 축의

금 접수도 받았다. 나는 날짜 정하는 일과 결혼식장 잡는 일을 맡게 되었는데, 갑작스럽게 진행하는 식이라 장소와 날짜 모두 문제였다. 우여곡절 끝에 장소는 YWCA로 하고 날짜는 이에 맞추어 11월 24일로 확정하게 되었다.

  결혼식을 가장한 이 집회는 신랑 입장에 이어 선언문을 낭독하는 중에 경찰이 들이닥쳐 아수라장이 되었으나 우리의 의사를 표출하는 데에는 성공하였다. 현장에서 많은 동료들이 잡혀가고, 남은 우리들은 선언문에 나온 국민궐기대회를 준비하여야 했다. 당시 우리들은 대회선언문에 우리들의 의지를 더욱 확산시키기 위해 11월 26일부터 28일까지 광화문 네거리에서 집회를 갖자고 제안하였다. 물론 계엄당국은 이 집회 장소를 원천봉쇄하였다. 이는 이미 다 예견했던 일이었으나 국민들에게 약속을 한 이상 할 수 있는 데까지는 해보아야 한다는 의견이 우세하였다. 그래서 나온 안이 광화문 일대에 돼지나 닭, 토끼 등을 풀어 교통이 마비되는 동안 공간을 확보해 보자는 이신범 선배의 제안이었다. 우리는 이 안이 실현성 있다고 판단해 지금은 고인이 된 권운상 씨에게 책임을 지고 이 일을 추진하도록 부탁하였다. 나도 그때 이 일의 일부분을 맡아 무교동 뒷골목에 닭과 토끼 들을 풀어놓았다. 그런데 웬걸 뛰어다녀야 할 닭과 토끼 들이 밝은 대로변으로 나오는 게 아니라 도리어 어두운 곳으로 내빼는 것이었다. 결국 이 제안은 공간을 확보하는 데 실패하여 아쉬움만 남기고 국민대회는 불발로 그치고 말았다. 후일담이지만 우리가 확보한 닭과 토끼의 숫자는 1톤짜리 용달차로 하나 가득이었다. 또 양계장 닭은 안 된다고 하여 집에서 놓아 기르는 것들을 찾느라고 고생고생한 끝에 확보한 것들이었다. 이것을 처리하는 일도 우리에게는 큰 짐이었다. 결자해지의 정신으로 권운상은 당시 남영동에 있는 통일사회당 당사에서 수백 마리나 되는 닭과 토끼를 잡아먹었다. 그것도 하루나 이틀도 아니고 일주일 내내 닭백숙과 토끼탕을 해먹었다는데 당시 건물뿐만 아니라 남영동 일대에 냄새가 진동하였다고 한다. 이 사건으로 나는 한 달여 만에 다시 수배자가 되었고, 이번에는 현상금까지 붙어 피신하기가 수월치 않았다. 할 수 없이 친구의 도움으로 광주에 내려가 겨울을 나게 되었는데, 어쨌든 광주에서는 손님 대접을 받아가며 시간 가는 줄 모르고 지냈다. 특히 내가 피신했던 선배 집의 어머님과 아버님은 아들을 올바로 키웠다는 자부심이 대단한 분들이셨다. 그러니 활동공간이 없다는 점말고는 생활하기에 전혀 불편한 점이 없었다. 석방된 후 인사차 이 집을 방문하게 되었는데, 광주항쟁이 일어난 후 광주시민의 의식이 한결 성숙되었음에 더욱 놀랐다. 선배 부모님은 광주항쟁을 겪고 난 후 재야 시사평론가가 되어 있었다.

1980년 봄이 되자 구속된 동료들을 제외한 우리들은 다시 모여 민주청년협의회를 재정비하기로 하고 회장에 이해찬, 운영위원에 원혜영, 이호웅 등을 추대하고 수시로 만나 모임을 갖고 상황에 대처해 나갔다. 당시 우리의 행위는 운동권 내부에 많은 논쟁을 불러일으켰다. 언제나 그렇듯이 주전론과 준비론, 양쪽의 입장은 다 일정한 근거를 가지고 있었다. 그 당시 준비론을 주장했던 대표적인 분이 김대중 선생이었던 것으로 기억한다. 나중에 우리는 한 사건으로 엮여 함께 고생을 하긴 했지만 우리의 행동이 군사정권으로 하여금 탄압을 가할 명분을 주었다고 농담으로 자주 말씀하시는 것을 들었다. 농담 속에 진담이 있다고, 그분 입장으로서는 두고두고 생각해도 보고 싶지 않을 정도로 미운 놈들이 아니었을까? 문득문득 죄송스러울 때가 있다.

한편, 4월 19일을 전후하여 학생운동이 격렬하게 진행되더니 4월 말경에는 신입생들이 문무대 입소를 반대하며 거리로 나오기 시작하였고, 5월 13, 14일에는 서울 시내 대학생 10여만 명이 거리를 메워 즉각적인 계엄해제를 요구하기 시작했다. 이때 강·온 양 의견이 맞붙었는데, 시위를 계속하여야 한다는 입장과, 우리의 의견은 충분히 개진됐으니 얼마간의 시차를 두고 시위를 갖자는 입장이 팽팽히 맞서 있었다. 그러나 계엄당국은 이를 빌미로 계엄을 전국으로 확대하고, 이에 대항하는 광주시민을 무참하게 학살하는 만행을 저질렀다. 그 당시 나는 춘천에 있는 후배 최윤과 전국적인 시위 현황에 대해 정보를 교환하고, 춘천도 서울에서의 상황을 보아가며 가능한 방법을 동원하여 조속한 민주화 일정을 추진할 수 있도록 함께 노력해 보자는 요지의 만남을 가졌다. 그런데 다음날 최윤은 계엄사로 연행되고 말았다. 그 후 최윤은 나보다도 늦게 출옥하여, 윤의 어머니는 나를 보면 주범이 종범보다 더 먼저 나오는 법이 어디 있느냐며 윤의 석방운동에 나서도록 재촉하셨다.

5월 17일을 전후하여 상황은 반전되고, 우리는 '전두환 광주상륙작전'이라는 광주에서의 상황을 담은 유인물과 이와 유사한 유인물 몇 가지를 제작 배포하는 일에 매달리게 되었다. 나는 이 유인물을 제작하기 위해 고속인쇄기를 구입하여 삼선교 복개천에 있는 후배의 아파트에서 밤낮을 가리지 않고 인쇄하였다. 그러던 어느 날, 늦은 밤이었다. 아파트 주변에 가스 냄새가 진동하는 것이었다. 그 밤에 아파트 주민들을 깨워 대피시키고 파출소에 신고하고 나니 우리들의 작업장은 자연스럽게 없어지고 나 또한 갈 곳을 다시 찾아야만 했다. 이러한 일들이 1980년에 내가 사회에서 했던 마지막 일이었던 것 같다. 그 며칠 후 나는 연행되었으니 말이다.

연행되고 나니 마음만은 홀가분하였다. 먼저 잡힌 친구들이 있으니 그들의 조서를 보면 나에 대한 혐의내용은 대략 파악할 수 있을 것이고, 계엄포고령이야 최고 형량이 3년이니 마음 편하게 먹고 시간만 잘 활용하면 되겠다 싶었다. 그때까지 부족했던 나 자신의 역량을 키워놓자, 언젠가는 닥칠 일, 전부터 마음먹어 둔 바 있지 않았나, 다만 계엄사라는 공포감만 잘 극복하면 될 것이다. 그러나 하루

20년간 못다 한 이야기 367

도 지나지 않아 이러한 나의 계획은 여지없이 무너져버리고 말았다. 일이 크게 되려고 그랬는지 선배나 동료 들이 하루 걸러 줄줄이 수사기관에 잡혀 들어왔던 것이다. 이때의 일이 나에게는 행인지 불행인지 지금도 판단이 서지 않는다. 나는 중앙정보부에서 20여 일을 보냈다. 햇빛이 차단된 이곳은 하루가 어떻게 시작해서 어떻게 지는지 전혀 알 길이 없었고, 2개조로 구성된 담당 수사관들이 바뀌면 열두 시간이 지났다는 것을 짐작으로 알 수 있을 뿐이었다. 거기에서 만난 내 담당 수사관들은 각 2인씩 2개조가 하루 열두 시간씩 교대로 조서를 받았던 것으로 기억된다. 나이가 들어 보이는 선임조는 자기 손으로 넥타이공장에 열일곱 명을 달아매었다는 둥, 네가 열여덟 번째가 안 되었으면 좋겠다는 둥 공포분위기 조성으로 일관했다. 그가 네 머릿속에 든 것은 다 뱉으라면서 그저 이유 없이 화풀이하고 나가면, 후임조가 들어와 수사에 협조하지 않은 대가가 어떤 것인지 보여주겠다며 시간만 나면 들고 패는 것이었다. 심하다 싶으면 군의관을 불렀는데, 이때가 그래도 쉴 수 있는 유일한 휴식시간이었다. 자기들이야 돌아가면서 자고 오면 되지만 나는 거의 24시간을 조서와 매타작으로 보내야 했다.

    그로부터 한참 뒤인 1983년 9월 30일, 나는 다시 정보부에 연행된 적이 있는데 그때도 역시 이 팀을 만나게 되었다. 그때의 공포감은 겪어보지 않은 사람은 모를 것이다. 그러나 인간사 새옹지마라, 이때 연행된 것은 후에 나에게 적지 않은 경제적인 도움을 주었다. 여하간 지옥 같은 이곳에서 20여 일을 보낸 후 치안본부로 신병이 옮겨지게 되었다. 우선 밤낮은 구별할 수 있어 환경은 좀 나아졌으나 옆방에서 두들겨맞는 소리가 다 들려 공포감은 여전하였다. 더욱이 정보부에는 없던 헌병들이 경찰 보조업무를 맡았는데, 여기서는 이들이 주로 패고 기합을 주는 역할을 맡고 있었다. 이들은 모두 우리들보다 나이가 어렸는데, 그래서인지 더 심한 모멸감을 느낄 수밖에 없었다. 그래도 선배나 동료 들의 얼굴을 볼 수 있어 약해지는 마음을 다잡곤 했던 기억이 새롭다. 조작사건의 조서를 받을 때의 서글픔은 당해본 사람만이 알 것이다. 내가 혐의사실을 더 뒤집어쓰느냐, 아니면 남한테 뒤집어씌우느냐의 갈림길에서 번민하지 않을 수 없었던 것이다.

치안본부에서 보름을 보내고 7월 23일에 서대문구치소로 송치되었다. 그때의 후련함, 아마 장시간 수사기관에서 보낸 경험을 가진 사람만이 알 것이다. 우리가 구치소에 송치되던 날 동료 이해찬은 6백만 원이나 되는 거금을 가지고 있다가 체포되었는데, 계엄사는 이 돈이야말로 소요를 꾀하기 위해 김대중 씨로부터 받은 자금이라고 뒤집어씌웠다. 그러나 그 돈은 당시 돌베개출판사를 운영하던 본인이 신간을 계약하기 위해 마련해 둔 계약금이었다. 그는 이 돈을 가지고 다니다가 이런 저런 사유로 필자는 못 만나고 자기의 활동비로 축내고 있었다. 그러다가 잡혔으니 계엄사야말로 얼마나 좋은 기회였던가. 그는 이 돈을 구치소에 입감되기 전 우리들에게 공평하게 나누어주었다. 일인당 60만 원쯤 됐던 것으로 기억하는데, 당시로서는 거금이었다. 당시 구치소에서 한 달에 3만 원이면 그런대로 풍족한 생활을 할 수 있는 금액이었다. 이 자리에서 말하기는 좀 뭣하지만 그와는 대조적으로 어떤 선배는 주지도 않은 돈을 나한테 주었다고 공개석상에서 떠벌렸으면서 나한테는 미안하단 말 한마디 없으니 다 인격 차이일 것이다. 구치소 생활이야 이미 경험한 바 있고, 한 방 건너 온통 동료 선배들로 채워져 있으니 마음의 위안도 되고 하여 어려움은 없었다.

송치되고 바로 검찰조사를 받은 것 같다. 내 담당검사는 지금은 한나라당 소속 국회의원인 정인봉 대위였다. 그는 나와 동갑내기였는데 자기가 요구하는 조서내용에 비교적 별다른 이의를 제기하지 않는 나를 가혹하게 취급하지는 않았다. 1992년도에 국가보안법 위반으로 구속되었을 당시에는 무료 변론을 하겠다고 구치소로 면회를 오기도 했었는데, 이미 변호사가 선임되어 있었기에 불발로 그치고 말았다. 그래도 나의 형량을 미리 알려주는 등 자기가 할 수 있는 한 호의를 베풀기도 하였다. 검사와 피고 관계에서 피고와 변호인 관계로 발전할 뻔했으니, 살다 보면 소설보다 더 극적인 경우를 겪기도 하나 보다. 사실 우리 모두가 그러했지만 나도 공소장을 받고 나서야 내가 김대중 사건의 일원이라는 것을 처음 알았다. 김대중 사건은 이미 내가 잡히기 전에 중간수사 결과를 발표하였던 터라 나하고는 전혀 관계가 없는 별개의 사건으로만 알았다. 그러던 내가 공범이 되었으니 이 사건이 처음부터 정해진 각본에 따라 진행된 것임을 확인할 수 있다. 어떻게 보면 당시 재야 민주화운동의 상징이었던 그 사건에 내가 끼이게 된 것이 나로서는 영광스러운 일이라 할 수 있겠다. 별로 한 일도 없는 나를 전두환은 자기가 연출한 이 영화에 조연으로 픽업한 셈이었다. 문제는 이 사건이 전두환 입장에서는 자기가 필요해서 한 일이지만, 당하는 우리는 이유야 어찌 됐건 사람의 생명이 왔다갔다하는 사건으로 맞게 된 것이다.

 7월 23일 송치된 다음날부터 이어진 검찰조사 후 바로 기소, 그 열흘 후 1심재판, 공휴일을 제외한 매일매일의 공판. 무리하다 싶을 정도로 재판을 강행하는 걸 보면 개봉 날짜를 정해놓고 찍는 영화촬영 같은 일정이었다. 피고인 한 사람당 가족 한 명씩만 방청이 허락된 이 재판은 일사천리로 진행되어 9월 중순에 검찰 구형 10년에 판결 7년이라는 형을 선고받고 끝났다. 이런 재판이야 박정희 정권 시절 신문 지면에서 민청학련사건 등을 통해 알고 있었지만 직접 당해보니 가관이었다. 이러한 과정을 통해 서먹서먹했던 우리의 관계는 동지애로 굳게 다져지게 되었다. 똑같이 반복됐던 2심재판을 받고 난 후에는 그 동안 서대문구치소와 육군교도소에 분리 수용되었던 우리들을 남한산성에 있는 육군교도소의 한 공간 속에 몰아 수용하였다. 육군교도소의 수용 감방은 정보부 지하실의 시설과 똑같았다. 밀폐된 공간에서의 수용생활은 우리를 더욱더 결속시키는 과정이었다.

해가 바뀌어 1981년 1월, 우리는 대법원 형 확정과 함께 김대중 씨가 사형에서 무기로 감형된 것을 비롯하여, 전원 조금씩 감형되었다. 김대중 씨가 사형에서 무기로 감형되던 날 남한산성 육군교도소 화장실에 모여 안도의 한숨을 내쉬었던 기억이 새롭다. 감형이 된 다음날 우리는 전국의 각 교도소로 한 명씩 이감되었다. 나는 부산교도소로 이감되었는데 내가 수감될 방을 얼마나 닦고 광을 내었는지 좀 과장해 말하면 눈이 부실 정도였다. 교도소 내에서는 김대중 씨가 이감 온다고 소문이 나돌았던 것 같다. 나는 '특별 요시찰'이라는 딱지도 모자라 방 앞에 카메라를 설치해 놓고 양 옆의 방들은 다 비워놓아 사람이라고는 얼씬도 못하게 하여 감옥 안의 또 다른 감옥에 갇힌 꼴이 되었다.

그럭저럭 교도소생활도 익숙해질 무렵 부산 미문화원 방화사건이 터졌다. 내가 수용되어 있던 9동에도 이 사건관계자가 들어왔고 옆 사동에는 전부터 알고 지내던 김현장 형이 들어왔다. 그런데 형의 사교성이 얼마나 뛰어난지 이곳에서 1년이나 생활한 나보다 교도관들이나 소지들을 더 잘 알고 있었다. 김현장 형은 식사할 때도 교도관이 먼저 시식하고 나서야 배식할 정도로 요시찰 대상이었다. 그런 형이 볼펜을 어떻게 구했는지 서신을 띄워오고 교도관과 함께 나의 방을 찾아오곤 했으니 그 대인관계는 누구도 따라올 수 없는 경지에 도달해 있었다 하겠다. 또 다른 면으로는 어떤 극한 상황에서도 인간관계는 지속될 수 있다는 평범한 진리를 일깨워준 계기이기도 했다.

그 후 2년 2개월간의 수감생활을 한 나는 1982년 8월 15일 형집행정지로 출소하였고 그해 부산 미문화원 2심재판을 대구에서 방청하기도 했다. 거기서 나는 정보부에서 나를 취조했던 선임조를 만나게 되었다. 지옥의 사자도 사회에서 만나면 한 사람의 평범한 시민에 불과할 뿐, 우리는 반갑게 인사를 하고 헤어졌다. 오늘 우연히 길거리에서 그들을 만나게 된다면 어떠할까? 감옥에서 만난 교도관들은 또 어떤 느낌일까? 지나온 역정 중에 만난 사람들을 떠올려보며 이런 저런 상상을 해보는 건 쓸데없는 짓인지. 평범한 말이지만 자기가 한 행위는 절대 없어지지 않고 잊혀지는 것뿐이라는 말이 생각난다. 그러니 평생을 조심하면서 스스로 반성하며 살 수밖에.

1982년 12월, 사건관계자 전원이 석방되어 김대중 씨는 미국으로 추방되고, 나머지 사람들은 새로운 출발을 하게 되었다.

1983년 2월에 나는 문익환 목사님으로부터 호출을 받았다. 목사님 댁에 도착하니 두툼한 원고뭉치를 주시며, 이번 옥중생활에서 가족과 나눈 편지를 모은 것이니 책으로 엮어보라고 말씀하셨다. 나는 주변에 출판인이 많으니 그들과 상의해서 빠른 시간 내 처리하겠다고 흔쾌히 승낙하고 나서 동료인 이해찬, 설훈 등과 이 문제를 상의하였다. 동료 이해찬은 구속될 당시 돌베개라는 출판사를 운영하고 있었는데 석방될 때에는 출판사의 운영구조가 어느 정도 안정된 상태여서 괜스레 이 일에 관여해서 지금까지 잘 운영되고 있던 출판사에 짐이 되는 상황을 원치 않았던 것 같다. 이런 점이 그의 훌륭한 점이다. 돌이켜보면 당시 정국 상황을 고려치 않고 무작정 아는 사람이 많으니 목사님의 원고를 책으로 내는 데 어려움이 없을 것이라 판단한 나의 생각이 짧았던 것 같다. 당시에는 출판등록이 나오지 않던 시절이었다. 방법은 출판사를 인수하는 길뿐이었다. 그러니 부르는 게 값이었다. 우리는 광고료가 비교적 싼 한국일보에 '출판등록 구함'이라는 1단짜리 광고를 내고 하루 종일 전화통 앞에서 기다리고 있었다. 문의전화도 몇 건 없었지만 등록을 갖고 있다는 사람들도 터무니없는 가격을 제시하였다. 결국 이 시도는 실패로 돌아가고, 별다른 대안이 없던 우리는 시간을 두고 적절한 방법을 찾기로 하였다. 원고정리를 하면서 지내기를 몇 개월, 우연히 친구가 근무하는 약국에 놀러갔다가 시간도 때울 겸해서 신문광고를 살펴보다가 출판등록을 판다는 1단짜리 광고를 보게 되었다. 급한 대로 용건을 말하니 우리가 받아들일 수 있는 조건의 답변이 왔다. 출판사 하는 데 큰 사무실은 필요 없으니 처음부터 일을 벌이지 말고 자기가 쓰는 사무실에 책상 하나만 놓고 시작하라. 자기도 어려운 형편이니 상부상조하면서 지내보자는 제안에 이를 수락하고 출판사 인수금액 2백만 원, 발행인 변경에 따른 행정절차 수속비 30만 원, 사무실 임대료 보증금 50만 원에 월세 5만 원으로 출판업무를 시작하게 되었다.

그러던 어느 날 출근해 보니 사무실이 폐쇄된 채 집기가 길거리에 나뒹굴고 있었다. 예상한 일이지만 우리에게 출판사를 넘긴 사람은 사업에 실패한 알거지였다. 그러니 사무실 임대료라고 변변히 내었겠는가. 보증금 다 까먹고 몇 개월 치의 임대료를 연체하다 보니 건물주도 더 이상 참지 못하고 사무실 집기를 건물 밖으로 끄집어내 놓은 상태였다. 그래도 우리가 하소연할 곳은 우리에게 출판사를 양도한 사람뿐이었다. 여기저기 수소문해서 집으로 찾아갔더니 오히려 한푼이라도 있으면 도와주고 나와야 할 형편이었다. 우리는 사회 진출에 따른 수업료라고 여기고 구기동에 있는 민족문화연구회 건물에 달린 가건물 4평을 보증금 50만 원에 월세 5만 원을 주고 얻었다. 여기서 문익환 목사님의 옥중서간집 〈꿈이 오는 새벽녘〉을 출간했다. 이것이 내가 출판계에 종사하게 된 계기가 되었고, 지금까지 책과 인연을 맺고 살아온 시작이 되었다. 책은 예정보다 늦게 출간되긴 하였지만 주어진 과제는 완수하였다. 시작은 있어도 끝이 없는 업종이 출판업이었는데 우리는 이 점을 간과하고 있었다. 우리가 인수한 출판사의 명칭은 '도서출판 춘추사'였다. 우리는 이 출판사의 이름으로 네 권의 책을 더 내게 되었다. 하지만 처음부터 목사님의 책을 발간하기 위하여 시작했을 뿐 그 외의 생각은 해본 바가 없어 출판사 자체가 짐이 되어버린 상황이 되었다. 이 출판사는 1985년까지 겨우겨우 꾸려오다가 김상현 선생에게 양도해 버렸다.

이 자리에서 나는 이해찬과 설훈 두 동료에게 감사의 말을 전하고 싶다. 내가 결혼해서 방 한 칸이라도 장만할 수 있었던 것은 순전히 이 출판사 덕분이었다. 출판사를 운영하면서 그럭저럭 생활하는 동안 해가 바뀌어 1983년 9월 30일이 되었다. 학생운동권 출신들이 길음동 상지회관에 모여 군사정권의 탄압을 분쇄하고 투쟁성을 회복하자는 기치를 내걸고 '민주화운동청년연합'이라는 공개 운동단체를 출범시켰다. 심벌로는 두꺼비를 채택하였다. 두꺼비는 새끼를 배면 스스로 뱀에게 먹혀 죽고 새끼는 뱀 몸 속의 자양분을 먹고 자라 뱀을 죽이고 태어난다. 1980년대 우리가 나아갈 길을 이 두꺼비는 상징적으로 보여주었다.

창립대회가 열리기 전 마무리할 일이 남아 있어 정문화와 최열 두 선배가 운영하는 공해문제연구소에 들르게 되었다. 서로 그 동안의 안부를 주고받으며 창립대회에 필요한 마무리작업을 하고 있는데 낯선 사람 몇몇이 사무실로 들이닥쳤다. 그들은 다짜고짜 정문화 선배를 찾더니, 너희들은 누구냐고 물으면서 상부에 전화를 걸어 이름을 확인하고는 다 같이 가자는 것이었다. 그 순간 무언가 잘못됐다는 직감이 들었고, 또다시 그 지긋지긋한 정보부 지하실로 끌려갔다. 상황은 3년 전이나 별반 다름없었다. 변함없이 군복으로 갈아입혀진 채 골방에 갇혔다. 잠시 후에 들어온 수사관을 보니 3년 전에 나를 담당했던 그 후임조가 아닌가. 모골이 송연하다 함은 이럴 때 쓰기 위해 있는 것 같았다. 어차피 나에게 선택의 길은 없었다.

수사관은 오늘 밤 어디에서 모이고, 누가 주도를 했으며, 너는 무엇을 맡기로 되어 있느냐며 닦달을 하였다. 우선 버티는 수밖에 달리 방법이 없었다. 장기전으로 갈 때는 옛날이나 지금이나 오리발로 대응하는 수밖에 없다. 그들은 물리적인 수단을 사용하지 않고는 입을 열게 하지 못한다는 것을 잘 아는 듯 별로 추궁을 하지는 않았다.

이번에 연행해야 할 대상은 내가 아닌 것 같았으나 이왕 연행한 이상 필요한 것은 조사해 두어야겠다는 계산인 듯했다. 동료, 선배 들의 신상 정보를 자세히 물어본 것으로 보아 개인적인 파일을 정리하려는 것 같았다. 나흘 만에 석방되기까지 정보부 직원들은 이 기회에 나를 꼭 만나보아야 한다는 듯 하루 종일 드나들어 나는 정보부 직원들 얼굴 익히기에 바빴다. 어차피 나가서 만나게 될 바에야 이 기회에 안면이라도 익혀 나중에 좀 편해보자는 심사인 듯했다. 하여튼 잡혀 있는 나야 취사선택할 처지가 아니었다.

그러나 인간사 새옹지마라. 그 후 나는 1985년에 송기원, 이해찬 등과 같이 실천문학사에 근무하게 되었는데, 그해 5월 현직교사들이 엮은 〈민중교육〉이라는 책을 발간하였다. 당국은 이 책을 '당신의 자녀 그들은 이렇게 노린다'며 대대적으로 언론재판을 하면서 공안정국을 조성하고 있었다. 송기원 선배와 필자들인 현직교사들이 구속되고, 제작된 책들은 제대로 팔아보지도 못한 채 압수되었으며, 출판사로서는 막대한 경제적 손실을 감수해야 될 상황이었다. 이때 책을 압수하러 온 정보부 직원이 1983년 정보부 지하실에서 만난 사람이었다. 그 동안 세월이 흘러 진급하였는지 팀장으로 행동하고 있었다. 잘 알지는 못하지만 그래도 안면이라도 있는 게 큰 도움이 되었다. 우선 시간도 벌고, 잠시 그들을 밖으로 유인할 수도 있었으니 말이다. 내가 되는 소리 안 되는 소리 떠들면서 시간을 버는 동안 우리 직원들은 부지런히 책을 사무실 밖으로 빼돌려 창고 안에 있던 책 만여 권을 딴 곳으로 무사히 옮길 수 있었다. 나중에 이 사실을 안 이들은 상부에 보고해야 될 책은 꼭 있어야 한다며 30여 권을 구걸하다시피 하여 얻어갔다.

1992년에도 이와 같은 일이 또 벌어졌다. 그때는 내가 구속되었는데, 장사꾼에게는 인신 구속보다도 개인적인 금전문제가 더 중요할 수도 있다는 사실을 깨달았다. 1984년 겨울, 제적생 복교허용조치가 내려졌다. 내가 속한 민청련에서는 이 복학조치를 한껏 타오르는 반정부투쟁 의욕을 분산시키려는 기만적인 조치로 판단하여 복학거부 지침을 내렸다. 그러나 나는 1980년 복학수속도 못한 서러움에 복받쳐 조직의 결정에 불복한 채 복학을 하여 학교당국에 맘껏 화를 풀고 난 뒤 1985년 가을, 입학한 지 12년 만에 졸업을 하였다. 이 일로 해서 나는 민청련으로부터 자연스럽게 제명되었고, 개인적으로는 공식적인 기구운동을 마감하게 되었다. 그때 내 나이는 30이 넘어 있었다.

나이가 30이 넘다 보니 나의 어머니는 다니시는 곳마다 나의 결혼이야기를 하여 주변 사람들을 곤혹스럽게 만드셨다. 1970년대 학창시절에는 그렇게도 운동을 반대하시던 분이셨는데 1980년대에는 어느새 동지가 되어 계셨다. 어머니 말씀인즉 젊은 너는 나가서 집안살림을 책임지고, 나이 든 당신이 더 열심히 싸우시겠다는 것이다. 어느 곳에서든 군사정권에 반대하는 집회가 있으면 어떻게 아셨는지 하루 24시간이 부족하다며 바쁘게 돌아다니셨다. 이런 와중에 당신도 아들과 마찬가지로 경찰서 신세를 수차례 지기도 하셨으니, 자식의 도리를 생각하면 지금도 죄송스러운 마음에 몸둘 바를 모르겠다. 어쨌든 혼자 산다면 모르지만 그렇지 않다면 결혼은 해야 할 형편이었다. 자주 만나는 친구들이야 관계없지만 오랜만에 만나는 사람마다 수인사가 결혼은 어찌 됐느냐는 것이었다. 그러다 보니 내 스스로 대인관계를 제대로 유지할 수 없을 지경이었다. 주변의 선후배들이 나서서 선을 주선하였지만 그때마다 이런 저런 사유로 틀어지고 말았다. 지금의 아내 이희순을 만나게 된 건 행운이었다. 1980년 수감생활을 하다 보니 믿음을 갖는 것이 여러모로 낫겠다 싶어 석방되자마자 평소 생각하였던 천주교에 입교하였다. 우연인지 필연인지 이 행위가 결혼을 성사시켜 준 유일한 조건이 되었다. 그런데 살다 보니 이 종교가 가족을 결집시키는 힘이 되기도 하고 갈등의 씨앗으로 작용하기도 하니 알다가도 모르겠다.
 어찌 됐든 결혼을 하게 되니 생활비가 문제였다. 그전까지는 김경남 선배가 주변 동료들에게 얼마를 걷어 모아 매달 20만 원씩 활동비를 조달해 주고 있었다. 당시의 물가로서는 상당한 금액이었기에 총각인 나로서는 부족함이 없었다. 그러나 한 가족이 살아갈 생활비를 여기에 기대고 산다는 건 무리였다. 정해진 월급이 내겐 필요했다. 여기서 또 나를 도와준 친구가 이해찬이었다. 당시 내가 소개받은 직장은 두 곳이었다. 하나는 지금은 고인이 된 김병곤 동지가 다니던 수출업체였는데 근무조건도 양호한 편이었다. 다른 하나는 실천문학사였는데 송기원 선배가 주간으로 취임하면서 함께 해보자는 것이었다. 나는 이해찬과 함께 실천문학사로 출근하게 되었고, 1990년에는 송기원 선배의 뒤를 이어 발행인이 되기도 하였다. 이 실천문학사에서 나는 두 가지 목표, 지속적인 운동에의 참여와 직장인으로서 생활수단 마련이라는 양쪽을 모두 충족시켰다. 더불어 나는 이 출판사에서 베스트셀러를 발간해 웃어보기도 하였고 생각지도 못했던 국세청 세무조사를 몇 달씩 받느라고 울기도 하면서 10년을 보냈다. 오랜 기간 실천문학사에서 근무한 나는 선배가 나에게 자리를 물려주었듯이 후배에게 자리를 내주고 지금의 직장인 문화유통북스로 옮겨 근무하고 있다. 문화유통북스는 출판유통업체인데 출판계라는 큰 테두리로 보면 지금까지 출판계에 종사하고 있다고 보아도 무방할 것 같다.
 지난 1987, 1992, 1997년에 걸쳐 세 번의 대통령 선거를 치렀다. 그때마다 우리는 자기가 속한 단체에서 김대중 씨의 당선을 위해 최선의 노력을 경주하였다. 1997년 대통령 선거에서 김대중 씨의 당선이 확정되었을 때 그 시각이 새벽이었음에도 불구하고 너무 기쁜 나머지 아파트 베란다에 태극기를 걸어놓고 만세를 불렀던 기억이 새롭다. 그때 우리가 기뻐했던 진정한 이유는 무엇인가? 단순히 개인적으로 내가 아는 김대중이란 분이 권력의 정점에 올라섰다는 것이 기뻤겠는가. 결코 그렇지는 않았을 것이다. 우리가 그토록 갈망했던 보다 인간적이고 민주화된 사회, 분단된 조국의 염원인 민족통일이 하루라도 빨리 다가올 수 있으리란 믿음이 있었기 때문 아니겠는가.

학생시절로부터 30년, 1980년으로부터도 20년이 지나갔다. 짧지 않은 세월이다. 그 사이에 나의 무엇이 어떻게 변했을까? 자문자답해 본다. 이제는 왜 사는가에 대해 책임을 지고 살아가야 될 연배가 되었고, 자기자신을 뒤돌아보며 삶이 스스로에게 주는 여유를 지녀야 할 나이가 되었다. 또 남도 나와 같이 귀중하다는 평범한 진실을 깨달아야 할 세대이며 내가 남에게 무엇을 베풀 수 있는가를 생각해 봐야 할 연배이기도 하다.

지난 20년 동안 학생운동에서 청년운동으로, 민중운동에서 지역운동으로 활동의 위치는 변했지만 지금도 활동공간을 확보한 채 하고 싶은 일들을 하고 있다는 자부심을 갖고 있으니, 이제까지는 나름대로 만족한 삶을 살아오지 않았나 싶다.

제2장

죽음을 넘어

죽음을 넘어

이희호

대통령 영부인
여성문제연구회 회장
한국여성재단 명예이사장
중국 천진대학교 명예교수
용감한 여성상, 1984년 인권상
이해의 탁월한 여성상
장한 무궁화 어머니상 등 수상
저서 「나의 사랑 나의 조국」
「내일을 위한 기도」

죽음을 넘어

이희호

5·17 군사 쿠데타

1980년 3월 1일, 남편은 복권이 되었다. 강연을 해달라는 요청이 끊임없이 밀려왔다. 수년 만에 우리 집은 방문객들로 넘쳤고, 민주주의에 대한 국민들의 열망은 열기를 더해갔다. 오랜만에 정치의 유연한 물결이 방향을 찾아 제대로 흘러가는 듯도 보였다. 그즈음 3김 가운데 한 사람이 대통령이 되리라는 것은 일반적인 생각이었다.

그러나 남편과 나는 무척 조심스럽게 생각했다. 남편을 빨갱이로 몰려는 세력이 계속 존재했고, 지금도 그렇지만 그즈음 한국에서의 반공은 만병통치약이었다. 더구나 12·12사태를 일으켰던 군부 집권세력과 19년 동안이나 뿌리내린 유신 잔재세력들의 결탁과 정비가 점점 이루어지고 있었다. 그 전해 11월 소위 명동 YWCA 사건은 CIA와 보안사령부가 개입한 사건이었는데 민주세력이 그것을 간과하지 못했고, 그래서 무차별적이고도 잔인한 고문들을 당했다. 그것을 계기로 민주화운동이 대중운동으로 변해가고 있었다. 10·26사태 이후 민주화대행진은 광범위하게 진행되기 시작했는데 4월과 5월로 접어들면서 학생운동이 고조되었다.

4월이 되자 전두환 보안사령관이 중앙정보부장 서리까지 겸임했다. 그리고 12·12사태 때 상관을 체포하여 군기를 파괴했던 하극상의 반역행위에 대해 아무도 처벌되지 않고, 오히려 그들이 권력을 잡게 되었다. 그때까지도 이유 없는 계엄령을 해제하지 않고 있었다.

1980년 5월 2일, 서울대학교의 민주화대총회에서는 1만여 명의 학생들이 궐기하여 민주화대행진 기간을 전국적 연계로 선포 결정하였다. 5월 13일로 접어들면서 6개 대학 2천5백여 명의 학생들이 계엄철폐를 부르짖으며, 소위 안개정국의 애매한 태도를 더 이상 용납할 수 없다고 광화문 등지에서 가두시위를 시작하였다. 14일에는 전국 37개 대학에서 민주화에 대한 요구가 봇물처럼 터져나왔다.

학생들의 야간시위가 사흘 밤낮 동안 계속되자, 남편은 15일 학생들에게 자제를 호소했다. 14일, 김옥길 문교부 장관도 대학생들의 가두행진에 우려를 표명했다.

중동을 방문 중이던 최규하 대통령이 일정을 하루 앞당겨 16일 귀국했고, 그 즉시 밤 11시부터 청와대에서 시국관련 대책회의를 소집했다. 그 전 5월 11일, 남편은 기자단 앞에서 공개적으로 시국에 관한 대책을 대통령과 계엄사령관, 그리고 3김씨 이렇게 5인이 만나 회담하자고 제의했으나 신문에는 한 자도 보도되지 않았다. 계엄사령부에서 검열 때 지워버렸던 것이다.

16일, 서울 시내의 각 대학들은 가두시위를 일단 중지하고, 당분간 시국의 추이를 지켜보기로 결의했다. 지방대학에서도 일단 서울지역의 결정에 따라 가두시위를 중지한 상태였다. 그러나 5월 17일, 정부는 확대 비상계엄령을 선포했다. 5월 17일 밤 11시 40분, 정부는 5월 17일 24시를 기해 비상계엄령을 전국으로 확대한다고 이규현 문공부 장관이 발표했다.

1979년 10·26사태 직후인 27일 새벽 네시를 기해 제주도를 제외한 전국에 선포되었던 비상계엄령이 그때까지 해제되지 않고 있었다. 1980년 5월 17일에 선포된 확대 비상계엄령은 겉으로는 제주도를 포함하는 것이 되었으나, 그 내면에는 유신군부가 노골적으로 가면을 벗어 던지는 군 일부세력의 대반란이었다. 그러나 정부측의 제안 설명은 '현재 북괴의 동태와 전국적으로 확대된 소요사태 등을 감안할 때 전국 일원이 비상사태하에 있다고 판단'되므로 내린 조치라고 했다.

계엄사령부는 5월 18일 0시를 기해 사전에 작성된 명단을 가지고 민주화운동에 앞장섰던 전국학생운동 지도부, 종교계 인사, 노조 지도부 등을 순식간에 검거하기 시작했다. 민주·재야인사들에게는 그동안 사회불안 조성과 학생운동, 노동운동의 소요를 배후조종했다는 혐의의 명분이었다. 그들은 또한 민주화세력뿐만 아니라 권력형 부정축재 혐의자와 유신잔당세력의 보수우파 정치인들도 정치적 제물로 동시에 검거했다. 서울에서는 26명의 재야인사와 남편이 체포, 구금되었다.

군부의 총부리와 남편의 체포·구금

이제는 5월 17일, 그 밤중에 우리 집에서 일어났던 이야기를 해야겠다.

그날 밤, 그러니까 11시 40분 확대 비상계엄령이 선포되기 전이었다. 나는 아무것도 모른 채 방안에 있었는데 남편이 방으로 들어오더니「놀라지 마라, 나를 붙잡으러 왔다」고 말했다.「왜? 무엇 때문에?」하고 나는 급히 물었지만 남편은 아랑곳하지 않고 옷을 든든히 입었다. 응접실로 나가보니 30여 명의 군인들이 남편의 목에 총을 겨누고 있었다. 나는 너무 놀라 커다란 소리로 외쳤다.「가자는 말 한마디면 따라나설 사람인데 왜 총은 겨누느냐」고. 남편은 그들이

겨누는 총부리에 둘러싸여 구두를 신고 따라나섰다. 나는 그렇게 떠나가는 남편을 향해 다시 외쳤다. 「하느님이 당신과 함께해 주실 것입니다.」

나는 너무 순식간에 당한 일이라 휘청거리는 다리로 비틀거리며 응접실로 들어왔다. 그런데 거기에는 또 사복을 입은 사람들 예닐곱 명이 내 앞을 가로막았다. 그 중 키 큰 사람이 내 앞으로 나서며 말했다. 「아주머니, 집을 수색해야겠습니다.」

그때 집 안에는 막내아들과 집사 한 사람, 가정부 둘, 그리고 경호원 들이 있었는데 다 어디로 갔는지 나만 혼자 응접실에 서 있었다.

가택수색은 새벽 세시가 지나서야 끝났다. 그들은 안방, 서재 할 것 없이 샅샅이 뒤지고, 닥치는 대로 물건들을 가져가면서 목록 하나 남기지 않고 떠나갔다. 조금 후 수사관 두 명이 다시 왔다. 그들은 서랍에 있던 10만 원짜리 수표 27매를 내놓으라고 했다. 나는 아무런 항의도 하지 못하고 그들의 요구대로 응했다.

그들이 떠난 후 집 안을 돌아보니, 한 방에 남자들을 다 가두어놓고 수색이 끝날 때까지 움직이지 못하게 하고 있었다. 가정부 두 사람은 무서워서 방안에 가만히 웅크리고 있었다.

새벽 네시쯤 홍걸이가 잠이 오지 않는다면서 안방으로 들어왔다. 홍걸이는 그때 고등학생이었다. 우리는 함께 기도를 했다. 기도가 끝난 후 나는 생각했다. 왜 하느님께서는 우리에게 이렇게 엄청난 고난을 거듭 주시는 것인지 이해하기가 어려웠다. 「하느님! 너무하십니다」라는 말이 금방이라도 입 밖으로 터져나올 것만 같았다. 그러나 한치 앞도 내다보지 못하는 제한된 자원 안에서 살고 있는 인간들이 어떻게 초월자의 계획을 알 수 있으랴. 나는 하느님의 크신 뜻이 반드시 있을 것을 믿었다.

아침이 되었다. 몇몇 분들이 찾아와 위로를 해주었다. 신문기자들도 왔다. 그 기자 중 한 사람이 말했다. 지금 상도동에 들렀다가 오는

데 그 집 분위기는 평온하다고 하면서, 김영삼 총재가 동교동에 들른 다고 했는데 만나지 말라고 당부했다. 그러나 나는 그분이 들러주었 기에 고맙게 대했다.

　신문을 보니 남편에 대해서 너무도 어마어마한 사건이 만들어져 있었다. 물론 군인들이 총부리를 겨누면서 연행해 갔으니 심상치 않 은 조짐이라는 생각은 들었지만, 이렇듯 사건을 조작하여 남편을 민 족의 반역자라도 된다는 듯이 발표할 줄은 꿈에도 몰랐다.

다시 닫혀진 대문

　5월 17일 밤에 우리 집에서는 남편 외에 큰아들과 시동생, 비서 한 화갑 씨와 김옥두 씨, 경호실장 박성철 씨, 경호원 함윤식 씨, 이세웅 씨 등이 연행되었다. 둘째아들 홍업이는 마침 그날 밤 집에 없었다. 이튿날 아침에 정보부 사람이 와서「홍업이가 오면 마포서로 자진출 두하게 해라. 자진출두하면 금방 나오게 된다」고 말하고 갔다. 그날 홍업이가 집에 왔다. 나는 돈을 건네주면서 잠시 어디 가서 숨어 있 으라고 했다. 그때 내 생각으로는 며칠만 피해 있으면 별일 없으리 라고 여겼다. 마침 일본의 아사히신문 기자가 차를 타고 왔길래 홍업이를 그 차에 태워 빠져나갈 수 있도록 해달라고 부탁했다. 그 러나 홍업이도 그 후 반년이 지나서야 집으로 돌아올 수 있었다. 석 달 동안은 숨어 다니고, 두 달은 중앙정보부 본부에 감금당한 채 조 사를 받았다.

　다시 그 5월로 돌아와서 20일이었다. 마포서 담당자가 왔는데 나 와 홍걸이, 운전기사 이씨, 집사 조씨, 가정부 둘만 남고 그 외의 사람 은 모두 집에서 나가라고 했다. 외출은 홍걸이가 학교 왕래하는 것 과 가정부가 시장 보는 것 외에는 모두 금지되었다. 나는 집 밖으로 한 발자국도 내디딜 수가 없었다. 그리고 홍걸이는 물론, 가정부가 시장 봐 오는 것도 반드시 미행했다. 운전기사 이씨와 집사 조씨가 번갈아가며 며칠에 한 번씩 집에 다녀오는 길도 꼭 미행했고, 아침에 한 번 밖으로 나가면 그날은 절대 집으로 들어오지 못하게 했다. 분가해 사는 며느리조차 들어오지 못하게 했다. 우편물은 검열당했고 전화도 도청당했다. 수십 명의 정복과 사복 경찰 들이 빈틈없이 철두철미하게 우리 집을 포위하고, 사람들의 출입을 통제 금지시켰다. 우리 집 대문은 또다시 굳게 닫혔고, 나는 유폐당했다.

남편이 어디로 연행되어 갔는지, 무슨 수모와 고문을 당하고 있는지, 그 외 다른 사람들은 또 어떻게 되었는지 나는 깊이 갇힌 상태에서 아무것도 알 수 없었다. 다만 신문을 통해서 남편이 연행당한 다음날 광주에서 학생들이 「김대중을 석방하라!」 「비상계엄 해제하라!」 「민주주의를 회복하라!」 「○○○ 물러가라!」 등의 구호를 외치며 대대적으로 시위를 벌였다는 것만을 알 수 있었다. 그러나 모든 사건의 보도는 비상계엄하의 철통 같은 검열 속에서 발표되는 것들이니 그 진상이 제대로 보도될 리가 없었다. 그들의 각본대로 드라마는 진행되고, 또 보도되고 있었다. 아, 광주! 지금도 그 5월의 광주를 생각하면 자다가도 벌떡 일어나지는, 피멍울 맺혀 가슴속 깊이에서 사그라지지 않는 남도의 땅 광주여! 빛고을이여! 계엄당국은 당시 선량한 학생들과 시민들을 무참히 학살해 놓고는 그들을 폭도로 몰아세웠고, 남편에게는 그들을 조종했다는 죄명을 덮어씌웠다. 그때 나는 모든 일들이 어떻게 돌아가는지 자세히 알 수 없었지만, 다만 비상계엄당국이 남편을 제거하려는 음모를 착실히 꾸미고 진행시키고 있다는 것만은 감지할 수 있었다.

밤 10시 30분에 나오는 '미국의 소리' 방송에서는 아주 놀라운 뉴스를 내보냈다. '한국정부가 발표한 김대중에 대한 혐의가 그대로 군법에 회부된다면 최고 사형까지 처하게 될 것'이라는 뉴스였다. 나는 순간 눈앞이 캄캄해졌다. 사람의 힘으로는 자제하기 힘든 원통함과 절망감으로 나는 오랫동안 한자리에서 움직일 수조차 없었다.

그러나 다음 순간, 인간의 생사회복을 주관하시는 분은 오직 하느님이시니, 하느님만이 이 모든 것을 역사할 수 있기에 반드시 남편을 살려주실 것이라고 믿었다. 하느님이 하시는 일을 어찌 인간이 마음대로 좌지우지할 수 있다는 말인가.

나는 날이 갈수록 더욱더 하느님께 의지하였다. 참으로 일생을 통해 그때처럼 간절한 마음으로 하느님께 매달려보기는 처음이었다. 나는 식사와 자는 시간을 제외하고는 하느님께 의지하여 모든 것을 그의 뜻에 따르고자, 기도와 찬송을 했고, 성경이나 설교집, 종교서적을 읽었으며, 기독교방송과 극동방송을 들었다. 칠흑 같은 어둠에 휩싸여 있는 암울함 속에서도 나는 하느님께서 내려주시는 한 줄기 빛이 내 마음속을 조용히 비추는 것을 느꼈다. 집에서 수고하시는 아주머니들과 같이 매일 쉬지 않고 기도하고 찬송을 부르고 성경을 열심히 읽으면서, 나는 지금 우리가 당하고 있는 고난이 하느님의 귀중한 사랑의 선물이라는 것까지 깨달았다.

하느님은 너무도 좋은 말씀으로 나를 이끌어주셨다. 그때, 고난을 감사한 마음으로 받아들여 인내할 수 있게 하시고, 하느님의 크신 사랑의 뜻을 알게 해주신 성경 말씀은 다음 구절들이었다.

다만 이뿐 아니라 우리가 환난 중에도 즐거워하나니 이는 환난은 인내를, 인내는 연단을, 연단은 소망을 이루는 줄 앎이로다. 소망이 부끄럽지 아니함은, 우리에게 주신 성령으로 말미암아 하느님의 사랑이 우리 마음에 부은 바 됨이니.(로마서 5:3~5)

우리의 모든 환난 중에서 우리를 위로하사 우리로 하여금 하느님께 받는 위로로써 모든 환난 중에 있는 자들을 능히 위로하게 하시는 이시로다. 그리스도의 고난이 우리에게 넘친 것같이 우리의 위로도 그리스도로 말미암아 넘치는도다. 우리가 환난받는 것도 너희의 위로와 구원을 위함이요, 혹 위로받는 것도 너희의 위로를 위함이니, 이 위로가 너희 속에 역사하여 우리가 받는 것 같은 고난을 너희도 견디게 하느니라. 너희를 위한 우리의 소망이 견고함은 너희가 고난에 참여하는 자가 된 것같이 위로에도 그러할 줄 앎이라. 형제들아 우리가 아시아에서 당한 환난을 너희가 알지 못하기를 원치 아니하노니, 힘에 지나도록 심한 고생을 받아 살 소망까지 끊어지고, 우리 마음에 사형선고를 받은 줄 알았으니, 이는 우리로 자기를 의뢰하지 말고, 오직 죽은 자를 다시 살리시는 하느님으로만 의뢰하게 하심이라.(고린도후서 1:4~9)

그러므로 너희가 이제 여러 가지 시련을 인하여 잠깐 근심하게 되지 않을 수 없었으나 오히려 크게 기뻐하도다.(베드로전서 1:6)

내 형제들아 너희가 여러 가지 시험을 만나거든 온전히 기쁘게 여기라. 이는 너희 믿음의 시련이 인내를 만들어내는 줄 너희가 앎이라. 인내를 온전히 이루라. 이는 너희로 온전하고 구비하여 조금도 부족함이 없게 하려 함이라.(야고보서 1:2~4)

날이 갈수록 고난에 대한 하느님의 말씀을 깨닫게 되었다. 내 마음은 한결 평안해졌다. 또한 하느님께서는 감당할 수 있는 고난을 주시고 이에 피할 길도 주실 것을 고린도전서 10장 13절 말씀을 읽고 믿었다.

며칠이 지난 후, 집을 수색했던 기관원 중 한 사람이 와서 남편의 내의와 책 몇 권을 달라고 했다. 그리고 나더러 함께 가자고 했다. 나는 나도 연행해 가는 것은 아닌가 하는 생각과 아니면 혹시 남편을 면회시켜 줄지도 모른다는 한 가닥 희망을 가지고 그의 차를 탔다.

차는 용산고가도로를 올라가고 있었다. 나는 「연행해 가는 것은 아니구나」 하고 생각했다. 그가 나를 데리고 간 곳은 군검찰이었다. 검사는 이것저것 조사한 후 돌아가라고 했다. 그 후 나는 그런 식으로 군검찰에 세 번 출두되었다.

세상이 어떻게 돌아가는지, 남편이 어디에서 어떻게 있는지, 그 외 다른 사람들은 또 어떤지, 여전히 궁금증에 싸인 날들이 불안과 초조 속에서 흘러갔다. 밖의 소식을 들을 수 있는 유일한 길은 출퇴근하는 운전기사 이씨, 조씨, 혹은 가정부의 딸 혜숙이를 통해서였다.

그들은 밤에 집으로 갔다가 기관원 몰래 나와서 여기저기 들러 밖의 소식을 조금씩 알아다가 주었는데 좋은 소식은 별로 들리지 않았다. 그들 중 누구든지 집에 오는 날 오지 않으면 혹시 연행되어 간 것은 아닐까 하고 몹시 불안했다. 전화로 몸이 불편하여 못 온다든지 무슨 전갈이 있기까지는 한시도 마음을 놓지 못했다. 특히 혜숙이를 통해 여기저기로 조그만 쪽지를 보내기도 했는데 혹시 나가다가 걸리지 않을까 하여 반드시 속옷에 지니게 하고, 가정부는 혜숙이가 집 앞을 빠져나갈 때까지 빨래를 너는 시늉을 하면서 높은 곳에 올라가 밖의 동정을 살폈다. 그런 다음날 연락 없이 나타나지 않을 때에는 연행되어서 조사받고 다시는 집에 오지도 못하는 것이 아닌가 하는 걱정으로 어찌할 바를 몰랐다. 이같이 불안하고 초조한 날들이 끝없이 계속되었다. 벌써 밖에서는 여름의 햇볕이 작열하고, 그 뜨거운 열기와 함께 사람의 간장이 오그라드는 듯한 날들이 덧없이 흘러가고 있었다.

나는 순간순간 이사야서 41장 10절 말씀으로 큰 위로를 받았다.

두려워 말라 내가 너와 함께 함이니라. 놀라지 말라 나는 네 하느님이 됨이니라. 내가 너를 굳세게 하리라. 참으로 도와주리라. 참으로 나의 의로운 오른손으로 너를 붙들리라.

「아멘! 아멘! 아멘!」 나는 속으로 울부짖었다. 망망한 대해에서 난파당한 배의 한 조각을 붙들고 두둥실 흘러가고 있는 듯이 느껴졌다. 그런 가운데에서도 하느님의 사랑과 의에 대해서 의심하지 않고 믿고 있었다. 그런 믿음이 없었더라면 그때에도, 그리고 훗날에도 견뎌내기 힘들었을 것이다.

육군교도소 수감

7월 12일이었다. 5월 17일 이후 나에게 최초로 우편물이 배달되었다. 「육군교도소에 수감되어 군사재판에 송치됐으니 변호인을 선정하라」는 내용의 통지서였다. 남편이 군인들의 총부리에 둘러싸여 그렇게 집을 떠난 후 55일 만에 들은 남편의 소식이었다. 그 통지를 받은 즉시 문밖에 서 있는 경찰에게 「변호사 선임을 해야 하니 외출하도록 해달라」고 말했다. 그러자 그는 상부에 연락을 하고 난 후 「아직 시간 여유가 있으니 염려하지 말라」고 대답했다. 그러나 며칠이 지나도 외출은 허락되지 않았다. 같은 사건에 관련된 사람의 가족에게서 걸려온 전화에 의하면 어느 변호사든지 변호하기를 꺼려한다고 했다. 그만큼 이 사건은 담당하기가 어려웠기 때문이었다. 지금도 생생하게 기억하지만, 당시 사회분위기는 온통 공포로 가득 차 있었다. 비상계엄사령부에서는 사회정화라는 명목 아래 각계각층의 수많은 사람들을 정당한 이유 없이 해고시켰다. 억울하게 당한 사람들 중에는 병에 걸려 세상을 떠나기도 하고, 생활고에 시달려 심한 고생으로 나락에 빠진 사람들이 허다했다. 그런 분위기에서 어느 누군가가 자신을 내던져 희생하면서 변호를 맡아준다 하더라도, 사건에 도움을 줄 수는 없는 상황이었다. 또 변호를 맡지 못하도록 갖은 압력도 가한다는 소식이었다. 나는 변호사의 선임을 단념할 수밖에 없었다.

  8월 초였다. NCC 인권위원회 위원장인 조남기 목사로부터 드디어 남편의 소식을 확인하게 되었다. 그는 육군교도소에 가서 남편을 면회했는데 건강이 나쁘지는 않은 것 같다고 했다. 나는 안도의 가슴을 쓸어내렸다. 남편이 살아 있다는 사실만으로도 나는 뛸 것 같았다. 그의 건강이 괜찮아 보인다니 남편 역시 하느님께 의지하는 마음으로 이 어려운 고비를 잘 넘기고 있다는 확신이 왔다.

  8월 8일, 육군교도소 면접과장으로부터 전화가 왔다. 면회가 허락된다는 것이었다. 다음날 면회를 가기 위해 몇 달 만에 드디어 대문을 나서는데, 앞에는 마포경찰서의 정보과장 차가, 뒤에는 또 다른 기관원의 차가 내 차를 포위하고 있었다. 나는 그들에게 포위당한 채로 몇 달 만에 서울거리를 바라보면서 육군교도소로 향했다.

  육군교도소의 면접실에는 보안사 사람과 군교도관이 앉아 있었고, 책상 위에는 녹음기가 놓여 있었다. 드디어 남편이 나타났는데 남편의 얼굴과 몸은 반쪽으로 여위어 있었고, 표정도 심각해 보였다. 방 안의 분위기는 숨이 막힐 듯했다. 그 분위기 때문에 그렇게도 하고 싶었던 말들은 전부 막혀버리고 말았다. 다만 건강문제와 차입할 의복과 책에 관해서, 그리고 시동생, 홍일이, 비서들은 아직 어디에 있는지 모르며, 홍업이는 수배 중이라는 말만 했다. 답답한 내용의 말만 나누고 우리는 헤어졌다. 그러나 남편은 살아 있었다. 나는 남편이 살아 있음을 확인했고, 살아 있는 남편을 만나 이야기를 나눈 것이었다. 돌아오는 차 안에서는 감사의 눈물이 흘러내렸다.

  8월 9일은 토요일이었다. 그 두 번째 면회부터는 내 차에 경찰관과 정보원이 각각 한 명씩 올라탔다. 그래야만 집에서 육군교도소로 떠날 수 있게 했다. 그뿐만이 아니었다. 육군교도소에 가면 어느 누구와도 말을 건네지 못하게 했다. 많은 분들을 공범으로 관련지어 수

감시켜 놓고, 그분들의 가족과 만나기는커녕 먼데서 바라보는 것도 금지시켰다. 어느 세상에 이런 무법천지가 허용된단 말인가. 우리가 무엇 때문에 이런 부당한 대우를 받아야만 한단 말인가. 잔인하고도 몹쓸 사람들이 세상을 판치고 있었다.

군법회의 첫 공판

8월 14일, 군법회의의 첫 공판이 열린다는 기사가 신문에 실렸다. 그리고 우리에게는 이른바 '김대중 내란음모사건'으로 알려진 이번 사건과 관련된 가족들의 방청을 일절 거부한다는 연락이 왔다. 이 재판은 '3·1 민주구국선언' 사건 때보다 더 엄격하게 방청을 규제하여 방청권을 발급했으며, 방청객은 몸에 아무것도 지니고 들어갈 수 없게 했다는 후문이었다.

그 전 7월 30일, 국가비상상임대책위원회가 발표되었고, 그 다음 날부터 과외와 대학 본고사를 폐지한다고 보도하였다. 그리고 언론은 정화의 명목 아래 주간, 월간, 계간 등 174종의 잡지를 폐간시켰다.

8월 27일에는 통일주체국민회의라는 모임에서 전두환 씨를 제11대 대통령으로 선출했다.

8월 28일에는 비상계엄에서 계엄 41호로 바꾸고 각 대학은 학교 재량으로 개강을 허락한다고 발표했다. 9월 1일 오전 11시, 전두환 장군은 잠실체육관에서 9천 명의 사람들 앞에서 대한민국 제11대 대통령으로 취임식을 가졌다. 선량한 국민들을 학살하고, 고문하고, 억지 누명을 씌워 가둬놓고 그리고 군화발로 뚜벅뚜벅 스스로 올라앉은 권좌인 것이다. 나는 저 속으로부터 힘을 다해 부르짖었다. 부르짖으며 하느님을 찾았다. 「이 세상을 창조하시고 역사를 주관하시는 하느님이시여! 악은 그 발등상을 쳐서 힘을 못 쓰게 하소서! 바람에 티끌처럼 날려버리소서!」

사랑하는 벗들

9월 초, 여러 달을 숨어 지내던 홍업이가 연행당해 중앙정보부로 옮겨졌다는 소식을 다른 사람을 통해 들었다. 그 소식을 듣고 나는 차라리 잘된 일인지도 모른다고 자위했다. 항상 불안하게 마음 졸이면서 수중에 가진 것도 없이 숨어 다녀야 하는 처지를 생각할 때마다 너무 마음이 아팠다.

9월 8일은 큰아들 홍일이가 서대문구치소에 수감되었다는 소식을 며느리로부터 들었다. 아침에 서대문구치소에 가서 오랜만에 며느리의 얼굴을 보았다. 얼마나 반갑고 기쁜 만남이었는지 모른다.

면회 신청을 하려고 줄을 섰는데, 아는 얼굴들이 눈에 띄었다. 그러나 내 옆에는 경찰과 정보원이 서서 지키고 있었으므로 말 한마디 건네지 못하고 살짝 눈인사만 나누었다.

면회 신청을 마치고 대기실로 갔다. 그곳에는 그 동안 너무도 보고 싶었던 분들이 나를 반겼다. 그들은 모두 이른바 김대중 내란음모 사건에 관련된 분들의 가족들로서, 그 중에는 3·1 민주구국선언 사건 때 고락을 같이 나누던 벗들도 있었다. 그분들은 내가 처해 있는 상황들을 알고 있었다. 나는 아무 말도 할 수 없었다. 그들은 내가 앉을 자리를 내주었고, 그들 중 두 분이 내 옆자리에 앉아 딴 곳을 쳐다보면서 나에게 몇 마디 말을 해주었다. 그리고 지금은 민주당 최고위원이 된 박영숙(안병무 박사 부인) 씨와 이종옥(이해동 목사 부인) 씨가 내 손에 무엇인가를 살짝 쥐어주었다. 나는 기관원들의 눈을 피해 그것을 핸드백 속에 집어넣었다. 나중에 집에 와서 보니 그것은 돈이었다. 그들은 내 생활을 염려했던 것이다. 그분들의 애틋한 마음에 위로를 받고 뜨거운 정을 느꼈다.

면회할 차례가 되어 며느리와 함께 면회실 복도에서 잠깐 기다리고 있을 때였다. 다행히 그 복도에는 감시의 눈이 없었다. 그러자 며느리가 핸드백에서 봉투를 꺼내 주었다. 그것은 내 이화여전 동기동창생인 이영복 씨가 여러 사람의 성금을 모아서 자신의 가톨릭 친구를 통해 며느리에게 전해준 것이었다. 아픈 고난에 같이 동참하려는 그들의 거룩한 마음에 감사하면서 그 성금을 받았다. 며느리와도 오래간만에 이야기를 나눌 수 있었다. 처음에는 눈물을 흘리고 약한 마음을 가진 것처럼 보이던 며느리였는데, 아주 침착하고 꿋꿋하게 일을 잘 처리해 나가고 있었다. 마음이 한결 놓였다. 젊은 나이에 그렇게 큰 충격을 받고 어린아이들까지 데리고 잘 참아내고 이겨나가는 것을 보면서 대견하고 든든한 마음까지 들었다. 이렇게 집안이 어려울 때 며느리로 들어와 험난한 일을 겪는 여인답지 않게 오히려 밝게 웃으며 나를 위로해 주었다.

드디어 홍일이의 면회 차례가 되었다. 죄수복을 입고 초췌한 모습을 한 홍일이가 나타났다. 순간, 「왜 이 아이까지 이런 모습으로 이곳에 서 있어야 한단 말인가」 하는 생각으로 가슴에 통증이 일어났다. 그 아이 뒤에는 헌병이 지키고 있었다. 교도관은 우리의 면회상황을 기록하고 있었다. 나는 아무리 참으려 애써도 뜨거워지는 눈시울을 감추지 못한 채 「몸조심해라. 아버지는 면회했다. 건강에는 큰 지장이 없어 보이셨다」라고 유리창 너머의 큰아들에게 말했다.

며느리도 옆에서 소리 없이 눈물을 흘리고 있었다. 하지만 홍일이의 태도는 떳떳하고 당당했다. 자기 염려는 하지 말라면서 아버지 걱정만 했다. 그런 홍일이가 든든하고 자랑스러웠다.

면회를 마치고 집으로 돌아오는데 기관원들이 며느리를 내 차에 타지 못하게 했다. 그리고 오히려 자기들은 내 차에 마음대로 올라탔다. 이렇게 죄 없는 국민의 자유와 권리를 철저히 송두리째 빼앗으면서도 민주주의 법치국가라고 할 수 있는 것인가. 이렇게 관권을 함부로 남용하면서 인간이 인간을 이처럼 괴롭히고도 과연 하늘이 무섭지 않단 말인가. 면회하러 가서 며느리와 나는 이미 이야기를 나누었고 쪽지까지 서로 주고받았는데, 이제 와서 내 차를 같이 타지 못하게 하는 이유를 알 수 없었다.

남편의 사형선고

9월 11일 남편에게 사형이 구형되었다. '미국의 소리'에서 방송되었던 내용이 예언처럼 된 것이었다. 나는 너무도 엄청난 사실에 눈물마저 말라버렸다.

남편은 5월 17일 그렇게 끌려간 후 합동수사본부 지하실에서 60일 동안 조사를 받았다. 우리는 남편이 내란음모죄로만 기소된 줄 알았는데, 알고 보니 국가보안법도 포함되어 있었다.

이야기는 1973년으로 거슬러 올라간다. 그해 7월 6일, 남편은 미국에서 '한국민주회복통일촉진국민회의'를 발족했고, 일본에 가서도 같은 조직을 결성하려다 납치당한 것인데, 남편을 마치 공산주의 조직에 관여한 것으로 취급하여 이제는 목숨까지 앗아가려 하고 있었다.

1973년 7월 13일, 남편은 납치 전 일본에서 내게 편지를 보냈었다. 그 회의에서 남편이 말했다는 내용을 소개하면 다음과 같다.

「우리는 박 정권을 반대하는 것이지 대한민국을 반대하는 것이 아닙니다. 통일운동은 어제도 오늘도 할 수 있는 것이지만, 통일은 정권을 잡기 전에는 안 된다. 먼저 민주주의 회복이 선행되어야 한다. 나는 이북도 이남도 아닌 제3의 입장이 아니다. 우리는 어디까지나 대한민국의 입장이다. 이 점 세 가지를 분명히 하는 사람만이 나와 같이 행동하는 것이다」라고 규정했습니다. (……) 일본에 와서도 반박(反朴) 세력에게 나의 태도를 분명히 하고 있습니다. 여기도 나의 노선에 귀일되고 있습니다. (……) 만일 일본 교포들이 나의 노선을 수긍

하지 않는다면, 나는 함부로 행동하지 않을 것입니다. 나는 박 정권이 나를 '북'과 결부시켜 몰고 있으며, 그렇게 몰기 위해 갖은 음모를 꾸미고 있다는 사실을 잘 알고 있습니다. 그러나 그들의 음모에 넘어가지 않을 것이며, 또 설사 음모가 없더라도 나의 신념을 함부로 바꾸지 않을 것입니다.

그런데 남편이 납치되었다가 집으로 돌아온 바로 그날, 일본에서는 남편을 의장으로 '한민통'이라는 단체가 결성되었다고 한다. 우리에게는 일절 연락도, 양해도 구한 일이 없었다. 더구나 그때 우리 전화는 당국에서 끊어놓아 11월 연금이 해제된 후에야 사용할 수 있었다.

남편의 친구가 그 단체에 관여하고 있었으나 단 한 번도 한민통에 관한 내용의 전화는 없었다. 다만 안부전화일 뿐이었다. 그것은 내가 그의 전화를 받아 통화를 했었으므로 알고 있는 사실이다. 그보다도 그것은 우리 전화를 쉬지 않고 도청하고 있는 당국이 더 잘 알고 있을 것이다.

남편은 일본을 방문하는 야당의원이나 이태영 박사를 통해 한민통의 의장직에서 빼달라고 여러 번 부탁했었다. 수락을 한 사실이 없으니 사표를 낼 수도 없는 일이었다. 그 동안도 당국에서는 어떻게 해서든지 남편을 용공분자로 몰려고 갖은 음모를 꾸몄었다. 얼마나 인간적인 억울함을 당했었던가. 그러나 반공을 철통 같은 국시로 삼고 있던 당국이 확실한 근거가 있었다면 굳이 TV 드라마 정도로 홍보하는 데 그쳤겠는가. 누구의 말대로 손바닥으로 하늘을 가리려는 짓을 한 것인데, 이제 와서 남편을 반국가사범이라고 몰아세워 사형선고를 하기까지 이른 것이다.

남편은 사형이 구형되기 전부터 면회를 할 때면 유언 비슷한 말을 자주 하였다. 그래서 면회를 하고 돌아오는 길은 괴로운 마음을 어떻게 형언하기가 어려웠다. 나는 그러한 남편과 큰아들의 면회를 하고 집에 와선 그들의 한복을 손질하기에 바빴다.

남편은 1심이 끝나기 전 나에게「집에《세계》라는 일본 월간지가 있는데 거기에 그 잡지 편집장과 한민통에 관한 나의 대담 내용이 실려 있으니 증거물로 제출하라」고 말했다. 그 책을 집에서 찾아냈으나 전할 길이 없었다. 일하는 아이 편에 작은집으로 보낸다 해도 그것이 어디서 났느냐고 추궁당할 것 같았다. 그래서 마침 미국 국무성에서 파견한 스미스 변호사에게 보내기 위해 그 부분만 한글로 옮겨적었다. 그런 후 내가 잘 알고 있는 선교사에게 그 내용을 일일이 스미스 변호사에게 알려달라고 부탁했다. 이 내용을 스미스 변호사의 손에 닿게 하기까지는 몹시 힘이 들었다.

두 번째 가택수사

1심이 끝난 후 남편이 내게 말했다.

「미국에서 한민통을 발족시킬 때 내가 말한 녹음 테이프가 있으니 찾아서 변호사에게 주시오.」

그런데 그 다음날 합동수사본부에서 여러 명이 나와 다시 가택수사를 시작했다. 나는 응접실에 걸려 있는 예수님의 사진을 보면서 '우리에게 고난을 주셔도 너무 주십니다. 이같이 엄청난 어려움을 어떻게 감당하라 하십니까. 그러나 당신의 뜻대로 하소서' 하고 마음속으로 외쳤다. 이번 가택수사는 더욱 철저하게 진행되었다. 테이프란 테이프는 모두 모아놓고 닥치는 대로 가져갔다. 옛날에 외국에서 온 편지의 갈피갈피를 모두 찾아보고, 남편의 양복 호주머니까지 샅샅이 뒤졌다. 또한 남편에 대해서 만든 소책자도 전부 가져갔다. 모든 것을 자기네 마음대로 조작하기 위해, 남편에게 유리한 증거가 될 만한 것은 무엇이든지 없애기 위함이었다.

어느 날인가는 여러 사람들이 우리 집으로 들어왔다. 그 맨 앞에는 학생 같아 보이는 자그마한 청년이 포승에 묶여 있었다. 나는 또 무슨 일인가 하여 응접실로 나와 담당경찰에게 물어보았다. 「나를 만나러 온 것이냐」고. 그는 「아닙니다」라고 대답했다. 나는 이상해서 응접실에 잠깐 서서 지켜보았다. 그들은 현관 안에서 응접실에 놓여 있는 의자를 가리키며 무엇인가 그 청년에게 이야기를 하더니 떠나갔다. 나중에 안 사실은 이랬다. 그 청년은 심재철이라는 학생인데, 사건을 조작하려고 해도 그가 우리 집에 온 일이 없으므로 응접실에 있는 의자의 위치를 보여주기 위해서 데리고 왔었다는 것이다.

또 한번은 정보부에서 내가 만난 일이 있었던 두 사람이 찾아왔다. 자신들은 합동수사본부 소속인데 나를 만나러 왔다고 했다. 오래 쓰지 않은 응접실에는 죽음의 고요가 깃들여 있는 듯 삭막했고, 뿌옇게 먼지가 쌓여 있었다. 그들은 내게 무슨 서류들을 보여주면서 「이것을 누가 가지고 왔었느냐. 본 일이 있느냐. 내용을 아느냐」 등을 물었다. 아마도 우리 집에서 압수해 갔던 물건 중에서 가져온 모양이었다. 나는 모르는 것이었다. 그런데도 그들은 모르는 것에 대한 서류를 작성하라고 했다.

조작사건의 내막

재판 중에 문익환 목사의 자당께서 내게 전화를 걸어 「이번 광주사건에 김 선생이 돈을 주었다고 아랫사람들이 그러니까 김 선생도 그대로 말하는 모양이다. 재판 때는 사실대로 말해야 하니까 면회 때 꼭 말하라」고 말씀하시면서 무척 걱정을 해주셨다. 말로 표현할 수 없는 고마움을 느꼈다.

그때 남편에게 뒤집어씌워진 혐의들 가운데 하나는 남편이 정동년이라는 청년에게 5백만 원을 주어 광주사태를 선동했다는 것이었다. 남편은 광주사태가 일어나기 전에 이미 합동수사본부로 끌려가 사건이 일어난 지 60일 후에야 사실을 알았고, 또 광주의 그때 상황을 아는 사람들은 그것이 얼마나 허황된 조작인가를 눈감고도 알 수 있는 사실인 것이다.

　나중에 안 사실인데 정동년이라는 청년은 5월 17일 예비검속을 당해 끌려갔는데 심한 고문 끝에 결국 남편에게서 돈을 받고 광주사태를 주모했다는 것을 인정한다고 굴복했다는 것이다. 그런데 금액을 결정하는 단계에 가서 조사관이 말하기를 「얼마로 정할까. 1천만 원을 학생에게 주었다면 너무 많은 액수지. 그러니까 너는 김대중으로부터 5백만 원을 받은 것이다. 잘 기억해 두어라. 5백만 원이다」라고 각본을 짰다는 것이다. 그것은 정동년 씨가 출옥하여 폭로한 말이다. 그는 감옥에서 양심의 가책을 느껴 끝을 뾰족하게 간 플라스틱 숟가락으로 동맥을 끊어 두 번이나 자살을 기도했다는 것이다. 당시 정동년 씨는 우리 집에 한 번 찾아온 일이 있었는데 남편을 만나지 못해서 방명록에 이름과 주소를 적어놓고 간 적이 있었다. 그것이 화근이 된 것이다. 남편은 정동년 씨의 얼굴도 모르고 있었다. 그 후 1985년 우리가 미국에서 귀국한 지 얼마 후에 그가 우리 집을 방문했을 때 처음으로 얼굴을 대할 수 있었다.

　문 목사의 자당이 전화했던 다음날, 나는 조사를 받았다. 그 전화의 내용은 무엇이고 그 내용을 누구에게 전했느냐고 물어보았다. 국민의 전화를 일일이 도청하고, 사건을 조작하여 혐의를 씌우려니까 그런 식으로 사람을 괴롭히고 있었다. 당국은 정정당당하지 못했던 것이다. 우리들은 그렇게 핍박을 받으면서도 행동과 마음이 당당했던 시절이었다.

1심에서의 사형선고

　9월 17일, 1심에서 남편에게 사형이 선고되었다. 그날 함석헌 선생에게서 전화가 걸려왔다. 군법회의를 방청하려다가 거절당하셨다며 위로의 말씀을 해주셨다. 그 다음날은 김수환 추기경에게서 전화가 왔다. 기도해 주시겠다고 했다. 두 분에게 너무도 감사했다. 그 어려운 상황에서도 두려움 없이 전화를 주시는 종교지도자는 과연 다르다고 느껴졌다. 미국에서는 임병규 박사, 심기섭 씨, 김경재 씨, 송정률 목사, 문동환 박사, 이우정 교수 등이 전화를 걸어 격려해 주었다. 그러나 같이 정치하던 분들에게서는 단 한 통의 전화도 오지 않았다.

남편의 사건을 변론하기 위해 국선변호사를 형식적으로 사선변호사인 양 선임하게 되었는데, 허경만, 박병호, 김동정 변호사가 변론을 맡기로 했다. 아무도 출입하지 못하는 우리 집 문을 그들에게만은 열어주었다. 그들은 가끔 우리 집을 방문했지만 별로 의논하고 알릴 이야기가 없었다. 그래서 서로 답답한 가운데 돌아가곤 했다. 그분들의 수고가 남편의 형량 감소에는 아무런 도움이 되지 못했다. 짜여진 각본대로 당국의 흉계 아래 진행된 재판이었을 뿐이었다. 그것은 정치재판이었기 때문이다.

어느 날이었다. 문득 하느님을 믿는다면서도 제대로 전도한 일이 없는 것이 마음에 걸렸다. 그래서 면회를 하고 돌아오는 길에 허락을 얻어 신앙서적만 파는 서점에 들어갔다. 성경과 찬송가를 여러 권 샀다. 그것을 나와 같이 다니는 경찰과 정보원, 우리 집에 있는 기사와 집사에게 주면서 전도했다. 성경을 열심히 읽고 하느님을 믿으라고 했다. 어떤 방법으로든지 전도할 수 있는 길은 얼마든지 있다는 것을 나는 발견하게 되었다.

부친의 추도일에

10월 31일은 친정아버지의 추도일이었다. 아버지는 1964년에 별세하셨다. 내가 남편과 결혼한 지 2년째 되던 해였다.

나는 10월 20일경부터 같이 차를 타고 다니는 경찰과 정보원에게

「충효를 부르짖는 이때, 아버지의 기일에도 친정집을 방문 못하는가. 방문해서 형제들과 함께 추도예배를 드릴 수 있게 해달라」고 했다. 그 동안 나는 큰오라버니가 병원에 입원, 수술을 받았는데도 한 번 찾지를 못했던 것이다. 내 요청이 상부에 알려져 10월 29일경 추도예배를 드리러 친정에 가도 된다는 허락이 떨어졌다.

나는 면회하러 갔을 때 며느리에게, 남편의 사건과 관련된 가족 중 두 분만 부친의 추도일에 큰오라버니 댁에 나보다 30분 먼저 가서 있으면 같이 예배드리고 식사를 하며 이야기를 나누고 싶다는 전언을 비밀리에 알리도록 했다. 그래서 그들과 함께 만날 수가 있었다. 나는 너무 오래간만의 만남이라 무엇부터 물어보아야 할지 알 수 없었다. 그들은 남편의 사형선고에 대해서 염려와 위로를 해주었다. 그리고 그 사건의 관련자들이 모두 발가벗겨져 수치와 모욕감 속에서 무서운 고문을 받았다는 이야기도 비로소 들을 수 있었다. 주로 남편으로부터 돈을 받아 학생들의 데모를 조종했다는 허위고백을 받기 위해서였다고 하니 잔인하고도 소름 끼치는 일이었다.

11월 1일부터 나는 금식기도에 들어갔다. 내가 남편의 생명을 구하기 위해 그 당시 할 수 있는 일이란, 오직 하느님께 의지하고 그에게 부르짖으며 구원을 바라는 것뿐이었다. 구하면 주실 것이라고 약속하신 주님의 말씀을 '믿음으로' 믿고 나는 다만 쉼 없이 기도를 드렸다.

홍업의 귀가

11월 5일 오후 7시 20분경, 홍업이가 돌아왔다. 중앙정보부에 끌려간 지 두 달 만에 귀가한 것이다. 훈방으로 풀려났다고 했다. 너무나 반가워서 말도 나오지 않았다. 죽음 같은 적막 속에 잠겨 있던 집에 다소 생기가 도는 듯했다.

밤이 새도록 이야기를 나눠도 끝이 없었다. 마주앉아 지난 반년간 홍업이가 숨어 다닌 그 아슬아슬했던 고비들의 이야기를 듣고, 남편의 이야기를 나누고, 홍일이의 이야기를 나누고……, 새벽이 희뿌옇게 밝아와도 이야기는 끝이 없었다. 홍업이가 무사히 돌아와서 정말 감사했다. 특히 홍업이의 이야기 중에서 감사한 일이 있었다. 마의 소굴로만 느껴졌던 중앙정보부에 하느님께서 천사를 보내 홍업이를 돕게 하신 것이다. 며칠간의 조사를 받은 후에 책 한 권 없이 갑갑하게 지내고 있는 홍업이에게 직원 누군가가 다른 사람 몰래 성경책을 넣어주었다는 것이다. 또 밤이면 멀리서 찬송가 소리가 은은하게 들려왔는데, 나중에 알고 보니 찬송을 부르는 사람이 성경책을 넣어준 바로 그 사람이었다는 것이다. 그는 자신이 신학교에 나간다고 말했다고 한다. 홍업이는 그 성경책을 남의 눈에 띌까 봐 몰래 감춰두었다가 틈틈이 열심히 읽었다는 것이다. 그러면서 힘을 얻었고, 고생을 고생으로 보지 않고 오히려 젊어서 좋은 체험을 하게 되었다는 마음으로 변해갔다는 것이다. 그가 찬송을 부를 때면 조용히 귀를 기울여 속으로 같이 불렀고, 하느님께 감사하는 마음으로 지냈다는 놀라운 이야기였다.

그러나 홍업이를 숨겨준 분들이 세 분이나 구속되어 서대문구치소에 수감되었다. 우리 집안을 도와주는 은인들이 괴로움을 당해야 하니, 그분들에게 미안한 마음은 말로 표현할 길이 없었다.

홍업이는 풀려났으나 연금당했다가, 11월 21일부터야 비로소 육군교도소와 서대문구치소로 아버지와 형을 면회할 수 있었다.

이 이야기는 10월 중순경의 일이다. 홍일이를 면회하기 위해 서대문구치소의 의자에 앉아 순번을 기다리고 있었다. 내가 앉아 있는 앞쪽에는 항상 나를 따라다니며 감시하는 경찰이 서 있었다. 그는 까다롭고 시비를 잘 거는 경찰이었다. 그때 그 경찰이 옆에 서 있던 이종옥(이해동 목사 부인) 씨를 쳐다보았다. 그러자 이종옥 씨가 그 경찰을 향해 「나는 경찰을 보면 기분이 나쁘다. 오늘 같은 심정으로는 아무라도 붙들고 싸우고 싶은데 왜 나를 자꾸 쳐다보느냐」라고 소리를 질렀다. 그 경찰은 내가 앉아 있는 곳에 남편과 관련된 사건의 가족들이 함께 있다는 것을 참을 수 없다는 듯이, 나에게 일어나 딴 데로 가서 기다리라고 말했다. 나는 그 자리에서 일어나 좀 떨어진 곳에 서 있었다. 수모였다. 그럼에도 나는 인내할 수밖에 없었다. 그 후 이해동 목사가 살점이 뜯겨나가도록 고문당했다는 말을 듣고 치가 떨렸다.

그때 나는 남편이 있는 육군교도소에는 오후에, 큰아들이 있는 서대문구치소에는 오전에 면회를 다니고 있었다. 그런데 이종옥 씨 일이 있었던 그 이튿날 경찰로부터 상부의 전갈이라면서 「서대문구치소를 오후에 가라」고 했다. 남편은 되도록이면 오후에 오기를 바라고 있었다. 그들은 하나에서 열까지 사람을 괴롭혔다.

나는 하는 수 없이 오전에 육군교도소로 남편을 찾아갔다.

며느리는 담당형사가 차로 육군교도소까지 데리고 왔다. 우리는 그곳에서 면회를 마치고 나와도 각기 다른 차를 타고 헤어져야 했고, 점심시간이 되어도 각기 다른 식당에서 식사를 해야 했다. 그러다 가끔 덜 까다로운 형사가 따르게 될 때도 있었다. 그러면 두 담당형사끼리 서로 양해가 되어 며느리를 내 차에 동승하게도 했다. 그것도 다른 기관원들에게 보이면 안 되므로 육군교도소를 나온 후 아무도 보지 않는 곳에서 며느리가 내려 내 차에 동승하고, 또 서대문구치소 못미처 지하도 근처에서 며느리를 내려놓고 따로따로 온 것처럼 가장하기도 했다. 육군교도소와 서대문구치소에는 각각 기관원들이 있었으므로 만일 그들에게 보고가 올라가면 우리 담당이 걸리기 때문이었다.

육군교도소에는 난방장치가 되어 있다고 했다. 그런데 남편은 유난히 추위를 탔다. 마음이 추우니까 더 추위를 타는 것 같았다. 홍일이는 추위를 조금도 타지 않고 아버지에 대해서만 걱정했다. 아버지에 대한 사랑이 홍일이의 추위를 녹여내는지도 몰랐다. 장하고 고마운 일이었다.

1980년 5월을 생각하면서

조영창 (고 김녹영 부인)

　1980년 5월 17일 밤은 우리의 역사가 또 한 번 어두운 긴 터널로 진입하는 태풍전야의 밤이었다. 외형적으로는 너무나 평온했었고 TV에서는 미스코리아 선발대회 전야제가 방송되는 아무런 풍파가 없는 여느 날과 다름없는 조용한 밤이었지만 역사는 어두운 터널로 한 걸음 한 걸음 발을 내디뎠던 것이다. 며칠 전부터 학내에서 거리로 진출하여 정부의 민주화 일정을 국민 앞에 선명하게 공개해 줄 것을 요구하며 정부의 미온적 태도에 강력히 항의하는 학생들의 시위 이외에는 아무런 소요가 없었던 것이다. 5월 17일 당일 오후에 학생대표들이 자신들의 입장을 정리하기 위해 이화여자대학에서 모임

김녹영 (1924~1985)
전국회의원
신민당 원내총무
민주통일당 총재권한대행
민주화추진협의회 상임운영위원
제12대 국회부의장

을 갖고 있는 것 외에는 여느 날과 다를 게 없는 그런 밤이었다.

그날 밤 그이는 정부의 미온적 태도로 인해 학생들의 시위가 더욱 확산되는 등 나라의 어지러운 사정으로 며칠을 바쁘게 보낸 탓인지 일찍 잠자리에 들겠다고 얘기했다. 11시가 되었을 때쯤 대문의 벨소리가 울렸다. 평소처럼 누군가의 방문이겠거니 하고 거실로 나와보니 생면부지의 남자 세 명이 다짜고짜 그이를 만나겠다고 했다. 합동수사본부에서 나왔다는 그들은 물러설 기세가 아니었고 나는 부득이 그이의 곤한 잠을 깨울 수밖에 없었다. 그들은 다짜고짜로 조사할 것이 있으니 그이에게 합동수사본부까지 동행해 달라는 것이었다. 세상에 아닌밤중에 홍두깨라더니, 투표로 선출된 국민의 대표이고 더군다나 정당대표이기도 한 그에게 이런 무법천지가 어디 있단 말인가? 그이는 내일 가겠다고 버텨보았지만 그들은 좀처럼 수그러들 자세가 아니었으며 점점 고압적이고 협박에 가까운 어투로 동행해 줄 것을 요구하지 않는가……. 결국 그이는 그들에게 강제로 붙들려가게 되었고 이후 60여 일 동안 생사가 확인되지 않는 초주검의 세계에 감금되는 처지가 되었다. 다행히도 집 가까이 살고 있던 운전기사를 불러 기관 차량을 따라가 그이가 어디로 갔는지나마 확인해 둔 것이 다행이었다.

그이가 이름도 성도 모르는 기관원들에 의해 강제연행된 후 '정치활동 중지와 비상계엄 확대'라는 TV 자막 뉴스가 전해지고 있었다. 그제야 나는 이 정부가 학생들이 그렇게도 주장했던 민주화 일정에 대한 공개 요구에 대하여 왜 그토록 묵묵부답이었던가를 어렴풋이 이해할 수 있었다. 불안과 초조함이 갑자기 밀려왔다.

그렇게 긴 밤이 지나도록 행여나 돌아올까 했던 그이로부터는 아무런 연락이 없었고 5월 18일 아침이 밝아왔다. 오전에라도 그이로부터 무슨 연락이 있을까 기다렸으나 아무런 소식이 없었으며 광주시민과 그이의 지역구 당원들로부터 전화만 빗발치는 것이 아닌가.

당시 그이는 광주시민이 선출한 광주 출신 국회의원으로서 지역구가 광주인 관계로 많은 시민과 당원들이 집에 전화를 걸어 광주의 피비린내 나는 실상에 대하여 도움을 호소하였다. 어떤 시민은 울먹이며 말을 잇지 못하기도 하였고, 어떤 시민은 광주가 쑥대밭이 되어가는데 김 의원은 무엇을 하느냐고 항의하기도 하였지만 그이 또한 이미 자유의 몸이 아니니 어떻게 할 수 있단 말인가?

그이가 기관원에게 붙들려간 지 며칠이 지났을 무렵 기관원들이 다시 집 안에 들이닥쳤다. 온 집 안을 뒤져 자기들이 필요한 것이라 생각되는 것들을 전부 가지고 간 것이다. 나는 그이의 소식이라도 알아볼까 하여 물어보았지만 그들이 자세히 알려줄 리가 있는가? 잘 계시니 그리 알라는 말밖에는…….

그렇게 우리는 아무런 소식과 영문도 모른 채 몇 날 며칠을 보냈으며 광주의 암울한 소식마저도 당국의 조치에 의한 전화 단절로 끊기고 말았다. 그러던 중 김대중 씨 외 23명이 연행되어 당국에서 내란음모로 조사 중에 있다는 계엄사령부의 짤막한 보도가 나왔다. 연행되어 조사 중에 있다는 소식만으로도 얼마나 반가운지……. 그이의 생사만이라도 확인된 것이 아닌가?

한 달쯤 지났을까. 두 명의 기관원이 그이의 메모장을 보여주며 인감인장을 달라는 것이었다. 나중에야 안 일이지만 그들은 의원직 사퇴를 강요하였고 의원사퇴서를 작성케 하기 위해 인감을 가지러 왔던 것이다.

그이는 연행되어 남산의 중앙정보부 지하실에서 겪은, 밤낮이 구분되지 않는 60여 일 간의 고초에 대해서는 나중에 자유의 몸이 된 뒤에도 말하기를 주저하였다. 평소에 집에서는 말이 적은 성격 탓도 있었겠지만 깡그리 무너져버린 당신 자신에 대한 마지막 지킴이 아니었던가 싶다. 가끔씩 당신과 가까운 지우들과 얘기할 때 중앙정보부 지하실의 고문과정을 말하면서 당신이 고문을 당했던 것보다도 고문을 못 이기는 옆방의 다른 동지들의 고함소리가 당신을 더욱 괴롭히더라는 얘기를 하였다. 몇 날 며칠 잠을 재우지 않기는 다반사였으며, 심지어 집에서 수색해 간 책 중에 김대중 씨의 연설문 홍보 책자 중 「민주주의는 국민의 피와 눈물을 먹고 자란다」라는 내용에 밑줄이 그어져 있음을 보고 이를 김대중 씨의 사상과 연결시켜 김대중 씨가 공산당과 연계되어 있음을 자백하라고 사흘을 꼬박 고문하더라는 것이었다. 나중에 안 일이지만 조카가 그 책을 읽던 중 그 내용에 밑줄을 그어놓았었는데 그들은 이처럼 허위 날조된 수사를 진행하였고 자기들이 짜맞추어 넣는 엉터리 수사를 진행한 것이다.

모든 조사는 김대중 씨가 공산당으로서 그가 학생들을 선동하였고 국가를 전복하고자 했다는 데에 초점이 맞추어졌던 것이다. 참으로 한심하기 짝이 없는 일이 아닌가. 이외에도 정당의 대표로서 기자회견한 내용마저도 국가 전복에 동조한 행위로 몰아갔으며, 일본 방문시 우쓰노미야 의원이 김대중 씨에게 전해달라 하여 김대중 씨에게 전한 일화 20만 엔까지 외환관리법 위반으로 김대중 씨의 공소장에 기록할 정도로 악랄한 짓을 자행했던 것이다. 그들은 오직 김대중 씨의 목숨을 빼앗기 위한 한 가지에 집착하였고 나머지 인사들을 동원하여 그럴듯한 각본을 작성하였다. 그이는 출소한 뒤 어느 지인과 얘기할 때 당국의 조작된 그 사건을 이렇게 얘기했다. 「그 당시 우리는 상대를 너무 모르고 있었다. 내가 중앙정보부에 갔을 때 이미 그들은 치밀한 각본에 의해 모든 자료를 준비하고 있었고 나의 일거수 일투족까지 이미 조사해 놓았으며 더욱이 김대중 씨의 목숨을 빼앗기 위한 모든 준비가 되어 있었다」라고……

연행 후 60여 일이 지난 후 재판은 요식적 절차로 진행되었으며, 언론통제에 의해 보도마저 관제보도되었고, 국민의 눈과 귀를 모두 막아버린 뒤 진행되었다. 평소 심장판막증 때문에 계속 치료를 받고 있던 그이로서는 고문의 후유증 등으로 몸은 만신창이가 되었고 얼굴은 환자의 티가 역력하였다. 고등군법회의에서 3년 6월의 징역과 5년의 집행유예로 출감한 그이는 위로차 방문했던 지인들에게 「김대중 씨와 다른 동지들을 놓아둔 채 먼저 나오게 되어 목이 멘다」며 몇 번이고 눈물을 보이곤 하였다.

그 쓰라린 역사의 한 점이었던 5·18이 벌써 스무 해가 다 되어간다. 20여 년 전 그 아팠던 시절의 이야기를 한 권의 책으로 묶어놓는다니 감회가 새로울 뿐이다. 그나마 이런 세상이 되었으니 얼마나 감사한 일인가. 또 그토록 그이가 평생을 두고 오매불망 소원하였던 평화적 정권교체도 이루어졌으니 얼마나 감사한 일인가. 더욱이 그이가 그토록 소망했던 김대중 씨가 대통령으로 취임하였으니 얼마나 기쁜 일인가. 그렇지만 그이는 이런 기쁨을 보지도 못한 채 먼저 떠나고 말았으니 참으로 가슴이 미어지는 듯하다. 그러나 그토록 보고 싶어했던 모든 일들이 이 땅 위에 이루어져 가고 있으니 지하에서나마 기뻐할 것이 아닌가? 다만 그이가 평생을 학수고대했던 소망 중 하나인 조국통일이 그이가 간 지 15년이 지났으나 이루어지지 않고 있으니 그것이 안타까울 뿐이다. 그러나 이것 또한 금강산의 뱃길이 열리고 패티김이 평양에서 '이별'을 부르는 세상이 되었으니 곧 찾아올 것이 아니겠는가? 「당신이 그토록 오매불망 소원하던 평화적 정권교체가 이루어졌고 조국통일의 날이 가까워오니 편히 쉬세요」라는 말을 전할 수만 있다면 그이에게 전하고 싶다.

편집자 주) 이 글은 당시 옥고를 치렀던 김녹영 의원이 1985년 작고하여 그 부인이 남편에게서 들은 당시의 이야기를 정리한 것이다.

아버지의 이름으로

김학민(고 김윤식 아들)

내 탓이오

1980년 5월 16일 밤 11시 20분경, 장안동 나의 아파트 문을 누군가가 세차게 두드렸다. 그때 나는 밖에서 막 돌아와 화장실에서 양치질을 마치고 세수를 하려던 참이었다.

문을 여니 문국주가 서 있었다. 문국주는 집 안으로 들어오지도 않고 숨을 헐떡이며 다급하게 말했다.

「형, 오늘 밤 열두시를 기해 전국으로 계엄을 확대하고, 민주인사들을 모두 검거한답니다. 오늘 오후 이대에서 있었던 전국학생회장 모임에도 계엄군이 습격해서 모두 도망쳤습니다. 형도 도망가

김윤식(1914~1994)
경기도 용인 출생
전국회의원
민주화 운동으로 2회 투옥
저서 「고난의 길을 따라」

야 합니다. 시간이 없습니다. 빨리 나오세요! 밑에 김경남 형이 기다리고 있습니다!」
「그래? 그게 사실이란 말이야?」
「형! 시간이 없어요. 잔말 말고 빨리 나와요!」
「잠깐만 기다려! 발 좀 씻고, 옷 갈아입고 나갈게.」
「하! 그럴 시간이 없어요. 그럼 밑에서 기다릴 테니까 빨리 나오세요.」

문국주는 다급하게 문을 닫고 나갔고, 나는 '생각대로' 발을 씻은 후 옷을 갈아입고 집사람과 갓난아이 딸을 한 번 안아준 후 현관을 향했다.

그때였다. 누군가가 다시 세차게 문을 두드렸다. 조금 전 문국주의 말을 그렇게까지 절박하게 여기지는 않았는데, 직감적으로 기관원일 것이라는 생각이 들었다. 순간적으로 당황하여 어찌할 바를 몰랐으나, 달리 방법이 없었다. 퇴로가 전혀 없는 아파트임에 어찌하랴.

문을 열자 느닷없이 기관원 두 명이 권총을 나의 머리에 겨누고 뛰어들어왔다. 5월 16일 밤 그렇게 나는 체포되었다. 화장실에서 발 씻다가……. 그날 문국주와 김경남은 아파트 입구 멀찍이서 내가 기관원들에게 잡혀가는 것을 숨죽이며 보고 있었다.

나중에 이야기하겠지만, 나는 합수부에 끌려가서 무수히 얻어맞았다. 나는 얻어맞을 때마다 유치장에 돌아와서는 사도신경의 한 구절을 외웠다. 「내 탓이오, 내 탓이오. 내 큰 탓이로소이다…….」 발 씻다가 도망가지 못해 잡혀서 얻어맞고 있으니, 누구 탓이란 말인가?

같은 시간에 화양동 작은누나 집에 계시던 아버지도 계엄군에 체포되었다. 그때 어머니께서는 LA에 사는 여동생의 산구완을 하러 가셨기 때문에 아버지는 작은누나 집에서 지내고 계셨다.

아버지가 본격적으로 민주화운동에 나서시게 된 것은 1974년 내가 민청학련사건으로 구속되었을 때부터였다.

아버지는 자유당 때부터 줄곧 경기도 용인에서 당시 야당인 민주당의 당원으로 활동해 오셨다. 박정희나 전두환의 독재정권에 비하면 상대적으로 '순진한 독재'였지만, 1950년대 자유당 이승만 독재정권하에서 시골에서 야당생활을 하는 것은 쉽지 않았다. 아버지는 동성고등학교 은사였던 장면 박사의 요청으로 민주당에 참여하게 되었다.

1960년 4월혁명이 일어나고, 그해 7월에 있었던 선거에서 아버지는 용인에서 국회의원에 당선되셨다. 그러나 다 아는 바와 같이 제2공화국 장면 정부는 1961년 박정희의 군화발에 민주화의 꽃도 피워보지 못한 채 시들어버렸고, 따라서 아버지의 의정활동도 짧게 끝나버리고 말았다.

이런 아버지의 개인사가 박정희 정권에 대해 극도의 반감과 원한을 갖게 하였지만, 1970년대 접어들어 이미 아버지는 정치에의 꿈을 접고 조용히 자식들의 성장에 희망을 품고 계셨다.

그러던 차에 내가 구속된 것이었다. 아버지는 민청학련 구속자 가족들과 만나면서 구속자가족협의회를 만드셨다. 그때 공덕귀(윤보선 대통령의 부인) 여사가 회장을 맡았고 부회장은 아버지가 맡으셨는데, 아버지는 아들인 나뿐 아니라 모든 구속자의 석방운동, 지원운동에 열심이셨다.

이때의 구속자가족운동은 각자의 사랑하는 자식, 남편의 문제 때문에 시작되었지만, 곧 이들이 외쳤던 조국의 민주화와 민족통일, 그리고 민중생존권 문제를 이해하게 되면서 곧바로 국민의 동정과 정서를 등에 업고 가족을 뛰어넘어 거대한 반독재운동의 물결로 변해버렸다.

여러 가족들과 함께 아버지도 걸핏하면 유치장에 갇혔고, 또 멀리 인적이 없는 곳에 끌려가 격리 차원에서 '버려지기도' 했다. 이때의 구속자가족운동은 1980년대 민주화투쟁의 선두에 나섰던 민가협

(민주화실천가족운동협의회), 유가협(전국민족민주유가족협의회)의 모범이 되었다.

아들의 이름으로

1975년 내가 출옥한 후에도 아버지는 민주화운동에 열심이셨다. 옛날 야당생활을 같이했던 분들, 또는 재야의 어른들과 어울리며 각 지역의 민주 인맥을 이어가게 하는 데 최선을 다하셨다.

이러한 활동으로 유신정권의 미움을 받아 1975년 10월에는 긴급조치령 제9호 위반으로 구속되어 1년 6월의 실형을 사셨다. 그리고 다 아는 바와 같이 1980년에는 소위 김대중 내란음모사건으로 구속되어 5년 징역형을 선고받고 항소심에서 3년 집행유예로 출소하셨다.

1983년, 나는 아버지가 쓰신 글들을 모아 고희기념문집 〈고난의 길을 따라〉를 내드렸는데, 아버지는 자신의 '민주투쟁 30년'을 소회한 글에서, 김대중 내란음모사건과 관련하여 다음과 같이 기술하였다.

> 1978년 여름에 민주회복국민의회를 대체할 국민조직을 만들려고 부산, 광주에 합동기도회가 있을 때 내려가서 광주에서 은명기 목사, 임기준 목사, 홍남순 변호사, 부산에서 김광일 변호사, 임기윤 목사, 노경규 씨, 천주교 신부들과 회합하여, 지방 대표들의 서명을 받도록 하였다.
>
> 서울·기호 지방은 내가 직접 받았더니 약 480명이 수집되어서 이를 이름하여 '민주주의를 위한 국민연합'이라 하고 기독교회관에서 창립총회를 갖기로 준비하였는데, 탄압제지를 받아서 대회는 열지도 못하였고, 일부 인사들이 대회장에 일찍 들어가 선언만 하였다. 이때 2주간 경찰서와 집에서 연금당하였다. 나는 박종태 의원과 같이 정치인을 대표하여 운영위원으로 참여하였

으며, 대표위원은 윤보선 씨, 함석헌 씨, 김대중 씨 3인이었다.

　1979년 10월 26일 박정희가 부하에 의해 살해되어 유신체제가 종결되어야 함에도 군부의 태도는 석연치 않았고, 독재는 계속 체질을 보완해 나갔다. 명동 YWCA 결혼을 위장한 민족선언대회 당시는 지명수배되었으나 도피하고 말았다.

　1980년 1월에 동지들과 더불어 민주헌정동지회를 발족시켜 전국 민주세력의 조직 작업에 열중하던 중 동년 5월 16일 야밤에 김대중 씨를 위시하여 계엄당국에 의해 무더기로 검거되었으며, 이때 학민이와 한꺼번에 구속된 것이 가장 가슴이 아팠고 괴로웠다.

　그 중 주요인물 24명이 기소되고, 김대중 씨는 사형, 기타 20년, 10년 등 중형들을 선고받았으며, 나는 항소심에서 집행유예로 방면되었다. 위조 날조된 것을 가지고 기소를 하려니 우리가 당한 고문은 이루 말할 수가 없었다. 어떤 야만국에서도 이러한 일은 없었을 것이다. 광주학살사건과 더불어 천추의 한이요, 어떤 방법으로라도 속죄할 수 없는 대죄를 권력자들은 서슴없이 저지른 것이다.

　나는 최후진술에서 「로마서 13장 4절에 따르면 통치자는 결국 여러분의 이익을 위해서 일하는 하느님의 심부름꾼이다. 하느님의 심부름꾼으로서 그가 공연히 칼을 차고 있는 줄 아느냐. 정의를 위해서 악을 치는 것이라 기록되어 있다. 이 재판정에서도 재판장의 권위에 승복하라고 하는데, 재판장이 올바른 재판을 하였을 때는 역사에 빛나게 기록되고 우리도 승복하겠지만, 그렇지 못하면 천추에 오점을 남기는 것이니 정당한 판정을 내리라」고 말하였다.

　여러 해의 옥고와 수십 번의 연행, 억류 등 수난 중에 견디기 어려운 일도 한두 번이 아니었지만, 그때마다 누가복음 12장 11

절에 「너희는 관리나 권력자들 앞에 끌려갈 때에도 무슨 말로 어떻게 항변할까 걱정하지 마라. 성령께서 너희가 해야 할 말을 바로 그 자리에서 일러주실 것이다」 하는 내용을 되새기며 기도하고 기다리고 있으면, 저절로 어마어마한 일들이 풀려나가곤 하였다.

옥중에서는 책읽기와 기도로 시간을 보내니 세월은 그럭저럭 흘러갔다.

칠십 당년의 몸으로 여러 번 악형을 치렀음에도 건강을 유지하게 된 것은 오로지 하느님의 가호와 은총이라 생각한다. 인간의 자유 인권은 하느님의 뜻으로 주어진 것이기에 우리는 자유로워질 권리를 가지고 있다. 가짜 권력자들이 아무리 탄압하고 짓밟으며 거짓말로 온 겨레를 희롱할지라도 오직 진리는 참된 것이고, 하느님의 뜻은 거역할 수 없는 것이니, 이를 배반하는 자 반드시 망할 것이며, 안일과 탐욕으로 불의와 결탁하는 자, 양심의 괴로움 더욱 심하리라. 주님의 뜻에 만분의 일이라도 순응하며 양심에 따라 가난한 가운데 평화를 찾으며 백세청풍하리라. 정의를 위하여 박해를 받는 이는 복되다. 그들은 천국을 차지하리라.

마지막 유고

1980년 5월 16일 밤, 앞에서 말한 것과 같이 아버지와 나는 각각 따로 체포되었기 때문에 나는 아버지의 체포경위와 수사과정, 그리고 김대중 내란음모사건과 아버지의 구체적인 관련 부분은 잘 모른다.

기골이 장대하고 건강이 좋으셨던 아버지는 출옥 후 혹독한 조국의 현실에 낙담한 탓인지 1990년대 들어 급속히 건강이 나빠지셨다. 칠순에 두 번이나 감옥생활을 하였으니, 강철 같던 아버지도 어쩔 수 없으셨던 것 같다.

1994년 12월 14일 아버지는 81세를 일기로 한 많은 생을 마감하셨다. 돌아가시기 몇 해 전부터 건강이 좋지 않아 일절 바깥 출입을 하지 않으셨는데, 아버지께 그나마 기력과 의식이 있을 때 내란음모 사건에 대해 좀 정리해 놓으시라고 했더니, 돌아가시기 25일 전인 그해 11월 20일 체포에서 석방까지의 경위를 백지 한 장에 아래와 같이 간략하게 적어놓으셨으니, 이것이 아버지의 마지막 '유고'이다.

1. 체포
5월 16일 11시 50분 성동구 화양동 둘째딸(김하자) 집에서 체포되었음.
2. 가혹행위
없었음.
3. 수사과정
수사 시작하기 전에 만 이틀간 잠을 재우지 않았으므로 3일째는 졸도하였음.
4. 조작
진주 김용하 씨를 통하여 부산지방 대학생 데모를 선동하였다고 우겨댐. 김대중 씨에게서 자금을 얼마나 받았냐고 추궁하였으나 단돈 1원도 받은 바 없으므로 증인을 거명하였으나 허사였음.
5. 석방과정
서류 일체 압수당하고 비밀리에 승용차로 환가하였음.

아버지가 중앙정보부에서 고초를 당하셨던 그 시각, 나 역시 서대문 전매청 자리 합동수사본부(현 경찰청)에서 이루 말할 수 없는 고문과 구타를 당하고 있었다.
5월 16일 밤 11시 30분경에 장안동 집에서 체포된 후 나는 강남경찰서 유치장으로 넘겨졌다. 5월 17일은 일요일이었다. 16일 밤부터 17일 오후 네시경까지 나는 아무런 취조도 받지 않고 그냥 유치장에 앉아 있었다. 속으로는 그냥 '예비검속'하고 내보내주는 것이 아닌가 생각했다.

　오후 네시경 수사관 두 명이 나를 호명하더니 지프에 태웠다. 그리고 바로 서대문 합동수사본부에 데려온 것이다. 들어갈 때는 합수부가 그곳에 있는지도 몰랐다. 그곳은 그때 전매청이 종로4가로 막 이사 가고 국립과학수사연구소가 구 전매청 건물 하나에 들어 있어 정문에는 '국과수' 간판만이 걸려 있었다.

　합수부는 전매청 본관 뒤의 담배창고에 설치되었던 것 같다. 7, 8개의 수사반이 편성되어 있었는데, 각 반마다 4, 5명의 수사관이 있었고, 청와대를 근접 경호했던 수경사 33헌병대 병력이 연행자 감시와 '구타업무'를 맡았다.

　내가 합수부에 도착한 것은 5월 17일 오후 다섯시경이었던 것 같다. '5반'이라는 사무실로 인계되었다. 그곳에 들어가자마자 무차별 구타와 고문이 시작되었다. '정'이라는 수사관이었는데, 그는 나의 얼굴에 수건을 씌우고 주전자로 물을 부어댔다. 헌병들도 무조건 온몸을 가격했다.

　그간 학생운동과 재야운동에 몸담아 온 이래, 이토록 엄청나게 맞아본 적이 없었다. 지금도 합수부에 대한 기억이란 불법 연행되어 있는 동안 매일매일 엄청나게 얻어맞았던 것과, 같이 잡혀와 있던 장선우, 유시민, 박문식 등이 맞는 것을 보고 공포에 떨었던 기억뿐이다. 그들은 인간이 얼마나 맞을 수 있는가를 시험해 보는 것 같았다.

　비극 속의 희극인가? 고문과 구타의 공포 속에서도 '당하는 자'의 당당함, 순박함, 블랙 코미디가 피아(彼我) 모두 사이에 회자되기도 했다.

　영화감독 장선우가 얻어맞던 풍경은 하나의 블랙 코미디이다. 그때 장선우는 학생시절의 탈춤운동을 정리하고 TV나 영화 등 영상매체 쪽에서의 활동공간을 모색하다가 잡혀왔는데, 우리들 대부분이 그렇듯이, 그의 가정은 부인이 피아노 교습으로 꾸려가고 있었다.
　수사관은 장선우를 구타할 때마다 한 대에 한마디씩 뱉어냈다.
「장선우 이 새끼! 마누라는 피아노 치고, 너는 데모대에서 돌 던지고!」
　피아노와 시위 사이에는 아무 연관관계가 없는데도, 장선우는 무슨 이유에서인지 부인의 피아노 교습 때문에 더 맞는 것 같았다.
　지금은 공인회계사로 활동하고 있는 박문식. 그는 합수부로 이첩될 때 입구의 '국립과학수사연구소' 간판을 보았던 것 같았다.
　그는 합수부로 넘어오기 전에 서울대학교 관할인 남부경찰서에서 무지막지하게 얻어맞았다 한다. 그런 후에 합수부로 넘어오면서 '국과수' 간판을 보고는, 이제 무조건 고문과 구타로 자백을 강요당하지 않고 '과학수사'를 하겠구나 하고 생각했다 한다. 실제 박문식은 한참이 지나기까지 자기는 '국과수'에 잡혀왔다고 생각했다. 그러나 그가 잡혀온 곳은 '국과수'가 아니라 '합수부'였다.
　어느 날 그야말로 '돼지게' 얻어맞던 중 박문식의 외마디소리가 들려왔다.
「아니, 이게 대한민국 경찰의 '과학수사'란 말이오! 이렇게 증거도 없이 마구잡이로 때리기만 하는 것이…….」
　수사관이 그 뜻을 알아차리기에는 한참이 걸렸으나, 그는 이후에도 '과학수사'보다는 무지막지한 '원시수사'를 더 받았다.
　여인이 애를 낳는 일부터 인류의 고귀한 정신문화의 정화인 문화예술의 창조에 이르기까지 '창작의 고통'은 얼마나 힘들던가?
　박정희의 피살 이후 명동 YWCA 위장결혼식 사건부터 5·17사태까지 강남 고속버스터미널 앞 지하 생맥주집 '애천' 등을 전전하며 반독재투쟁에 앞장섰던 조성우 역시 '내란음모 창작의 고통'을 만끽하였다.
　조성우는 마구잡이로 구타하는 수사관들에게 「90년대 대통령을 이렇게 때려서 되느냐!」고 외쳐 합수부 내에 화제가 되었지만, 수사관들은 그 후로도 조성우를 '90년대 대통령'으로 대접하지는 않았다.

감옥에서 쓴 편지

나에게는 서울대 심재권 형으로부터 김대중 씨가 전해준 자금을 받아 연세대학교 학생들을 선동, 정부를 전복하려 했다는 혐의가 들씌워져 있었다.

6월 초던가, 이 혐의를 완강히 부인하자 그들은 나를 정신없이 고문 구타하기 시작했으며, 순간 나는 의식을 잃어버렸다. 그들은 당황해서 서대문 적십자병원으로 나를 긴급히 후송했다. 병원에서 응급조치를 받고 돌아와 '특별 배려'로 한참을 쉬고 나자 수사관 한 명이 처에게 간단한 편지를 한 장 쓰면 보내주겠다고 했다.

나중에 알았지만, 5월 16일 밤 시아버지와 남편이 체포되어 행방을 알 수 없게 되자, 아내는 그때 6개월 된 딸애를 등에 업고 온 서울 시내를 찾아 헤매고 있었다.

'눈물로 쓴 편지'가 아니라 '매 맞고 쓴 편지'가 아래의 글이다.

이 편지의 '좋으신 수사관'이란 몇 시간 전에 나를 짓이겨놓은 그 사람이며, 매일 매 맞고 지낸 것이 '편하게 지낸' 일과이다.

사랑하는 아내여

항상 어렵고 괴로울 때 믿고 의지하게 되는 하느님의 은총과 사랑이, 또 평안과 위로가 당신과 설아에게 함께하기를 빕니다. 이러한 상황에서 당신에게 보내는 나의 첫 편지를 써야 하다니 좀 착잡한 기분이 듭니다.

해경. 걱정이 많았지요. 그러나 1978년 초겨울 어느 날 슬기롭고 사랑스러운 당신을 만난 나의 일생일대의 행운처럼 무척이나 좋으신 수사관님을 만난 덕택으로 밖에서 생각하는 것보다는 무척 편안히 지낸답니다.

해경. 나의 의지와 당신의 사랑이 결합하여 이룩한 우리 가정에 닥친 이 첫번째 시련에 보다 슬기와 용기를 갖고 대처하기 바랍니다.

당신에게 어떠한 위로의 말을 하더라도 당신에 대한 나의 미안한 마음은 어찌할 도리가 없습니다만, 보다 넓은 마음으로 나를 이해해 주고 위로해 주기 바랍니다.

해경. 나는 당신을 깊이 신뢰합니다. 당신은 어리석은 듯하지만 슬기롭고, 약하디약한 듯하지만 무척 강한 여자임을 믿습니다. 그리하여 당신은 상황이 어려워지면 어려워질수록 슬기와 용기로 더욱더 굳건해질 수 있으리라 믿습니다.

해경. 오늘 우리가 함께 바라보는 뿌우연 잿빛 하늘은 내일의 파아란 맑은 하늘이 될 것이라는 나의 믿음에 당신도 동감할 수 있으리라 생각합니다.

앞으로 나의 상황이 어떻게 변할지는 아직 알 수 없지만 보다 나쁜 상황을 예상하고 그에 맞춰 대처하기 바랍니다.

당신 스스로 모든 일을 잘 처리해 나가리라 믿습니다만, 몇 가지 도움의 말을 전하고 싶습니다.

1. 친가, 처가 가족들과 자주 연락하고 필요한 도움은 적극 요청하기 바랍니다.
2. 어머니가 귀국하시면 설아를 맡기고 자립할 수 있는 방안을 강구해 보시오. 나 대신 한길사에 나갈 수 있는지?
3. 신혜수 씨 등 같은 처지의 가족들과 연락하여 위로와 도움을 받으시오.
4. 혼자 해결하기 어려운 점은 나의 친구, 후배, 김언호 사장, 변용의 씨 등에 부탁하시오.
5. 필요하면 외환은행 명동지점 8층의 한국투자금융에 예금한 돈 (30여 만 원) 찾아 쓰시오(도장은 아파트에 있는 형 도장이오).

6. 변호사 문제는 다른 사람들과 의논하여 따라 하도록 하시오 (보미 아빠와 의논하여 처리하시오).

7. 당분간 소설, 역사책 등 가벼운 것을 넣어주시오.

해경. 설아를 예쁘고 건강하게 키우시오. 설아의 방실거리는 귀여움을 꿈에서나 그려볼 수밖에 없는 나의 마음은 무척 아픕니다.

시대인으로서, 또 한 아내의 남편과 한 아이의 아빠로서의 역할이 얼마나 어려운지 모르겠군요. 설아가 이 다음 크면 아빠로서의 나의 못다 함을 충분히 이해해 주겠지요.

해경. 건강히 지내시오. 보이지 않는 나의 모습이 당신 곁에 있는 것처럼, 들리지 않는 나의 목소리가 당신 가까이에서 항상 들리는 것처럼 태연하게, 또 굳건하게 지내시오.

사랑하는 아내여, 나를 슬픈 눈으로 바라보지 마시오. 우린 곧 다시 만날 것이니…… 안녕.

창작의 고통

그러나 온정도 한때일 뿐, 이후에도 나는 무수히 얻어맞았다. 6월 말경에는 헌병에게 따귀를 무자비하게 얻어맞은 끝에 왼쪽 고막이 터져버렸다. 마땅히 치료도 받지 못해 석방될 때까지 왼쪽 귀에서는 항상 마차 굴러가는 소리가 들려 견딜 수가 없었으나, 석방 후에 다행히 치료를 받았다. 의사는 조금만 더 지났으면 고막이 찢어진 채 살에 들러붙어 완전히 귀가 먹었을 것이라 했다. 나의 왼쪽 귀는 지금도 상태가 별로 좋지 않아 컨디션이 아주 나쁘면 귀가 '샌다'.

긴 창작의 고통 끝에 '김대중 내란음모사건'의 얼개가 대강 짜여지자 수사관들과 피의자 간의 긴장도 약간은 풀어졌다. 수사관들은 가끔 5반의 수감자 모두를 모아 시국 이야기를 나누기도 했다.

그때 5반의 수사관이었던 이석채는 「이번에 김대중은 꼭 죽는다. 만일 죽지 않으면 내 손에 장을 지져라!」하고 단언했고, 우리들은

「절대 그렇게 되지는 않을 것」이라고 대답했다.

1997년 12월 27일 김대중 선생이 대통령에 당선되던 날 새벽, 갑자기 정읍이 고향이라던 이석채가 불현듯 떠올랐던 기억이 난다.

7월 초순쯤 지긋지긋하던 합수부를 떠나 서대문구치소에 수감되었다. 나는 그때 처음 감방 구경을 하는 유시민 등 재학생 후배들에게 서대문구치소는 '젖과 꿀이 흐르는 땅'이라고 위로했다.

서대문구치소에 수감될 때 이해찬 씨는 합수부에 잡혀올 때 갖고 들어온 돈을 나를 비롯하여 몇 사람에게 나누어주었다. 이해찬 씨는 그때 자기가 관계하던 돌베개출판사의 원고계약금 5백여만 원을 갖고 있다가 체포되었던 것으로 기억되는데, 그것을 나누어주다 보니 나에게도 70여만 원이 돌아와 덕분에 서대문구치소에서 요긴하게 썼다.

구치소에 있으면서 검취가 모두 끝났는데, 7월 중순경 또다시 군검찰에서 나를 소환했다. 검찰관은 나에게 아버지와 아들 중 한 사람을 석방하려는데, 어떻게 생각하느냐는 것이었다. 나는 당연히 아버지를 석방해 달라고 했고, 검찰관은 알았다고 대답했다. 그런데 7월 하순에 아버지 대신 내가 석방되었다. 기소를 유예한 것이었다.

김대중 내란음모사건 관련자 중 나만이 유일하게 기소유예로 나오게 되었는데, 5월 16일 밤 강제 연행된 지 80여 일 만이었고, 온몸은 엉망진창이 된 상태였다.

편지로 못다 한 옥바라지 이야기

김정완(고 유인호 부인)

1980년 6월 26일 화창한 초여름, 여느 때 같으면 아이들 데리고 야외로 바람이나 쐬러 나갔을 날씨였다. 열시 조금 전 제자라며 교수님 계시냐고 전화로 확인하고 들이닥친 인상 고약하고 체격이 우람한 사내들에게 남편이 연행되었다.

요새 같으면 인권단체라도 찾아갔을 테지만 그때만 해도 하루하루 애만 바짝바짝 태우고 있는데 7월 4일 신문에 대서특필로 '김대중 내란음모사건'과 함께 남편의 이름이 적혀 있었다. 더욱이 과도정부 구성에 농업경제 담당으로 올라 있었다. 정말 어처구니없는 얘기였다. 김대중 씨와 만난 적이 한 번도 없다는 것은 나와 우리 아이들이 너

유인호(1926~1992)
전 중앙대학교 정경대학 교수
저서로는「경제정책원리」
「한국경제의 실상과 허상」
「민중경제론」
「민족경제의 발전과 왜곡」

무나 잘 아는 사실이다. 총칼로 정권을 잡는 자는 무엇이나 마음대로 조작한다는 것을 익히 알고 있기에 나는 어린아이들 넷과 이 난관을 어떻게 극복해야 할지 너무 막막한 심정이었다. 그러나 친지들, 형제, 그이가 재직하는 학교의 몇몇 고마운 교수님들, 그이의 제자들, 특히 신촌의 박 선생님, 그분들이 나에게 많은 위안을 주었다.

어떤 제자는 역설적으로 「사모님, 너무 걱정 마세요. 오늘 저로서는 술 한잔 안 마시고는 집에 들어갈 수 없습니다. 우리 훌륭한 교수님 세상에 광고하는 기사입니다. 얼마나 기쁘십니까?」 하며 위안하기도 했다.

그렇지만 나는 내심으로 1960년대 이래 대부분의 학자들이 이 나라 경제발전을 찬양하던 때에도 그이는 언제나 발전 뒤에 가려진 문제들(이를테면 요새 심각하게 거론되는 공해문제, 빈부격차문제 등)을 걱정하고 찬양 아닌 비판을 해왔기 때문에 주목을 받았던 교수였으니 엉뚱한 사건에 포함시켜 고생을 시키려는가 하는 생각도 해보았다. 또 1979년 박정희 씨 시해사건 이후 80년 봄, 민주화를 부르짖는 속에서 그이를 포함한 지식인 134인이 모여 시국을 걱정하는 성명을 발표했으니 터무니없는 이런 사건에 엮이어 고생하는 것이 아닌가 하는 생각도 해보았다. 그렇지만 그이는 아마도 별 탈 없이 나올 것이라는 희망을 버리지 않고 있었다.

그러나 희망은 희망으로 끝나나 보다. 7월 15일 계엄포고령 위반으로 서대문구치소에 구속되었다는 통지서를 받았다. 뒤이어 8월 1일 기어코 계엄사령부 군법회의에 기소되고 말았다.

우리 아이들은 어렸지만 늘 저녁상에서 아버지와 대화를 했다. 아이들은 아버지가 무엇을 생각하고 있는지 알고, 또 아버지에게 저희들의 생각도 알리는 생활을 해왔다. 그랬기에 더 더욱 이와 같은 말도 안 되는 일이 있을 수 있는가 하면서 납득을 하지 못했다. 대학 1학년인 아들은 이런 엄청난 조작극에 자기 나름대로 의견을 갖고 있었지만, 고등학교 3학년인 맏딸은 그 중요한 시기에 너무나 큰 충격을 받았고, 감수성이 가장 예민할 때인 중학교 3학년인 둘째딸은 억울한 그 심정을 아버지께 전하려고 편지도 많이 썼다. 구치소의 편지 검열에 통과하려고 감정을 눌러가며 애를 썼으나 검열에 걸려 전달되지 않은 적도 허다했다. 초등학교 6학년인 막내딸은 너무 억울하여 아버지 생각에 언제나 굵은 눈물을 뚝뚝 떨어뜨려 나의 가슴을 아프게 했다.

설상가상으로 남편이 20년 가까이 몸담고 있던 학교에서마저 사표를 쓰지 않으면 파면조치하겠고, 그렇게 되면 퇴직금도 받을 수 없다고 강요했다. 도대체 본인이 아닌 그 가족에게 사표를 강요하는 일이 이치에 맞는 일일까? 지성의 보루라는 대학마저도 오랜 독재권력에 길들여져 오직 권력의 시녀 노릇만 하는 작태가 원망스럽고 한심스러울 뿐이었다. 그 후 시국에 관한 성명서에 동참했던 교수들은 거의 대부분 해직되고 변호사들은 휴업을 강요당했다.

이렇게 말도 되지 않는 사건을 조작해 놓고 정권을 탈취한 군부는 긴장에 긴장을 고조시키고 어느 누구도 말 한마디 못하게 억압했다. 서슬이 퍼런 그 상황에서 시국관련 구속자 가족들이 할 수 있는 일이란 아무것도 없었다.

남편이 구치소로 이감된 뒤로 나는 혹시나 면회가 될까, 아니면 옷가지나 책이라도 받아줄까 해서 날마다 꾸러미를 들고 가서 기다려볼 뿐이었다. 구치소로 이감된 지 3일이 지나니 옷과 책을 받아주었다. 그리고 열흘 뒤, 그이가 집에서 입고 나갔던 옷이 집으로 전달되었다. 남편과 같은 사건에 연루된 한 목사님 속옷은 핏자국이 얼룩져 있어 그 가족들의 마음을 찢어지게 했다. '남산 지하실'에서 얼마나 많은 고초를 당했을까 짐작이 가고도 남을 것이었다.

모두가 살얼음판을 걷듯 그 어려운 때에 구속자 가족 중 몇몇 분들이 외신 기자를 통해 우리의 상황을 외국에 알리고, 국제인권기구에 호소도 하고 NCC(한국기독교교회협의회) 인권위원회를 통해서 항의도 하였다. 그 결과 얻어낸 것이 구속자들과 가족과의 면회였다. 드디어 8월 9일, 남편이 괴청년들에게 끌려 집을 나간 지 45일 만에 면회가 된 것이다. 아들과 나는 너무나 초췌한 그이의 모습에 말문이 막히고 가슴이 미어지는 것 같았다. 남산 지하실에서 중앙대학교 학생이 매를 이기지 못하면서도, 우리 유 교수님도 묵비권 행사하다 몹시 맞으셨다는데 젊은 내가 이것을 이기지 못하랴 했다는 소문도 들은 터라, 철창과 두꺼운 플라스틱으로 된 이중 칸막이를 사이에 두고 저편에 서 있는 남편은 더욱 상한 모습 같았다. 너무나 짧은 면회였다.

몸이 어떠냐고 제대로 묻지도 못했고, 그 동안 밖의 사정을 전혀 모르고 있었을 테니 알려주려고 수첩에 빽빽이 적어간 것도 다 말하지 못하고 경황없이 안타깝게 면회는 끝나버렸다.

구속자들과 면회가 시작되면서 전혀 모르고 지내던 김대중 사건의 가족들(주로 부인이나 어머니 들)이 서로가 서로를 위로하며 울고 웃는 가운데 한 덩이가 되어갔다. 자기 남편 또는 아들과 면회한 이야기를 들려주고, 구치소에서 집으로 편지가 오면 서로 돌려 보고, 남편 생일이 돌아오면 음식을 차려와 구치소 마당에서 가족끼리 나누어 먹기도 했다.

그때 잊을 수 없었던 면회 장면은 지금은 고인이 된 김녹영 의원과 그 부인의 대화다. 김 의원이 아마 가지나물을 좋아하셨나 보다. 부인이 궁금해하며 「그 속에서도 가지나물이 나오나요?」 하니까 「그럼 나오지」 「편지는 어디서 쓰시나요?」 「여기 좋은 서실이 있지!」라고 했다. 그 대화를 옆에서 듣고 순진한 부인을 안심시키려는 김 의원의 마음이 한편으로 우습기도 하고 한편으로 안타깝기도 했다.

또 한 분, 고인이 된 박성철 장군과 그 부인은 얼마나 금실이 좋았던지 면회 끝나면 그 두꺼운 칸막이 양쪽에서 두 손을 꼭 맞추어보고 헤어졌다. 그것을 볼 때마다 얼마나 애절했던지.

같은 사건 구속자가 하도 많아서 한꺼번에 7, 8명씩 면회를 했는데 구속자들 사이사이에는 칸막이가 있었으나 면회하는 사람들은 옆으로 죽 늘어서서 했다. 옆에서 하는 말소리도 다 들리고 서로 볼 수도 있었으나 교도관이 못 보게 감시했다.

많은 분들이 구속자 가족들을 위로하러 구치소까지 오곤 했는데, 남산 지하실에서 구치소로 이감되지 않고 요행히 풀려난 언론계 임 선생님은 먼저 풀려난 것이 죄스러운지 가족 외에는 면회도 되지 않는 구치소로 번번이 나와서 오랫동안 서성거리다 가고 한 것이 특히 기억에 남는다.

조작극이 분명한 김대중 사건의 구속자들이 모두 서대문구치소로 송치된 것은 아니었다. 김대중 씨를 비롯하여 문익환, 예춘호, 이문영, 고은, 김상현, 이신범 씨는 남산 지하실에서 곧바로 남한산성에 있는 육군교도소로 송치되었고, 서대문구치소에는 어른 열한 사람, 김종완(14)(이 글을 쓰려고 1980년에 적어놓은 메모를 뒤적이다 보니 수번호가 있어 괄호 안에 적어둔다), 김녹영(24), 김윤식(32), 한승헌(49), 송건호(51), 서남동(52), 한완상(58), 이해동(65), 이택돈(79), 유인호(82), 이호철 씨(99)와 학생 여섯, 조성우, 송기원, 이해찬, 설훈, 이석표, 심재철 씨(사실 이들은 학생이라지만 대부분 나이가 많은 사람들이었다) 그리고 김대중 씨 비서진 열 몇 명, 김홍일(10), 박성철(29), 한화갑(31), 김옥두(53), 함윤식(76), 김대연(125), 손주항(128), 오대영 씨(149) 등이 송치되었다. 서대문구치소에는 1980년의 여러 사건 관련자와 많은 학생들이 수감되어 있었다. 이 많은 숫자의 시국관련 구속자 가족들과 우리를 감시하는 주소지 경찰서 정보과 형사들과 정보부 요원들로 늘 구치소 마당이 북적거렸다. 웃고 떠들고 아무 거리낌 없이 당당한 시국관련 구속자 가족들의 태도에 일반 재소자 가족들은 의아해했다. 한 노인은 우리에게 「여기는 웃고 이야기하는 곳이 아니다」라며 순박한(?) 충고를 한 적도 있다. 그이들에게 우리는 죄인의 가족이 아니라고 설명해 봤자 무슨 뜻인지 모르고 더욱 어리둥절해할 뿐이었다.

 남편이 기소됐다는 소식을 들었을 무렵 NCC 인권위원회의 금 목사님은 외신보도에 재판이 8월 4일이나 5일쯤에 있을 것이라고 보도되었다고 전화로 알려왔다. 그런데도 우리 나라 신문에선 보도가 통제되어서 그랬겠지만 그런 기사를 한 번도 읽을 수가 없었다. 금 목사님은 비공개재판이 될 테고 가족들은 한 사람도 방청 못할 재판이 될지도 모르겠다고 안타까워하며 소상히 알려주었다. 우리 가족들은 구속자들이 재판을 받게 되었으니 변호사를 선임해야 한다는 생각들을 했었다. 그러나 군법회의에 기소되기 전에 우리를 변론해 줄 만한 변호사는 모두 연행되어 휴업을 강요당했다. 그러니 이 사건을 누가 변론해 줄 수 있겠는가. 그렇지만 기소는 되었으니 재판은 열릴 것이었다. 가족들은 서너 명씩 짝을 지어 서울 시내의 변호사 사무실 간판 붙은 곳에는 하루에도 열 몇 곳씩 방문하여 변론을 부탁해 보았다. 하지만 수락하는 사람은 아무도 없었다.

 그러는 동안 광화문에 있는 남편과 잘 아는 김 변호사를 찾아갔다. 그분 말씀이「그 사건 변론 맡으면 잡아간대요. 우리 같은 일반 변호사말고 군 출신 변호사를 찾아가세요」였다. 그분은「이 말은 변호사들 사이에서 이미 파다하게 퍼진 소문」이라고 덧붙였다.

 이 사정을 전해들은 외국인 자유기고가가 외국 언론에 이 사실을 글로 썼다. 여러 외국 신문에 그런 소식이 전해진 뒤부터 가족들에 대한 감시가 더욱 심해졌다. 계엄당국은 안 되겠는지 태도를 바꿔 변호사협회에 변론을 해주라는 공문을 보내기도 했다. 그러나 어차피 조작된 각본에 따른 재판인데 변호사의 변론이 무슨 소용이 있나? 가족들 거의는 변호사 선임을 포기하기로 했다. 그래서 재판은 군부가 선정한 국선변호사가 맡았다(그러나 한두 사람은 변호사 선임을 하기도 했다).

8월 14일은 보통군법회의 공판날이었다. 사건 가족들은 그곳에 참석한다면 그 재판을 인정하는 것이 되므로 불참하기로 결정했다. 그날 종로5가 기독교회관 인권위원회에 모이기로 하고 아침 일찍 집을 나섰다. 날마다 아침에 집으로 찾아오는 형사들은 닭 쫓던 개 지붕 쳐다보는 식으로 가족들의 행방을 모르니 야단이었다.

가족들 모두가 인권위원회로 갔으니 재판에는 한 사람도 참석하지 않았는데, 재판이 있은 후의 첫 뉴스에 그 사건 가족과 친지가 2백여 명 참석했다고 보도되었다. 사건도 조작했고 재판도 이미 만들어놓은 각본대로 진행했고 언론에마저도 거짓 보도를 시키는, 수단과 방법을 가리지 않는 정권이었다. 그때 첫 재판을 겪으면서 나는 이런 사람들이 정권을 잡았으니 무엇이 올바로 될까, 그저 한심스럽고 걱정스러울 뿐이었다.

8월 28일 두 번째 재판날이었다. 이 재판에는 가족들이 참석하기로 결정했다. 아침 일찍 형사가 와서 오늘 재판이 있다고 알려주는 대로 육군본부로 떠났다. 구속자 한 사람에 가족 두 사람이 방청할 수 있다고 하므로 우리 집에서는 아들과 나 둘이서 삼각지 육군본부로 갔다. 입구에는 이미 많은 형사와 정보부 직원들이 와 있었다. 구속자 가족 모두는 주민등록증 대조하에 방청권을 받고 버스에 실려 군법회의 재판정으로 갔다.

재판정 입구에서 가족 한 사람 한 사람에 대하여 몸수색을 하고 소지품을 몽땅 보관시키고 특히 필기도구는 모두 압수하고 안으로 들여보냈다.

좌석에 앉자마자 가족들 사이사이에는 보안사 요원들이 진을 치고 앉았다. 재판 중에는 가족끼리 말도 못 건네게 했다. 법정 안에는 군인, 헌병, 정보부 직원, 보안사 직원 들이 그 사건 가족의 몇 배나 되었는데 기자는 외신 기자 한 사람, 국내 기자 한 사람뿐이었다고 기억된다. 그때 들은 이야기로는 이 기자들은 취재하러 온 것이 아니고 단지 계엄당국이 주는 홍보물을 받으러 온 것뿐이었다고 한다.

재판은 비공개였을 뿐만 아니라 계엄당국은 군법회의 법정을 벗어나지 못하는 영원히 묻혀버리는 재판으로 끝맺으려 했다. 그러나 가족들은 필기도구까지 몽땅 뺏긴 상황이었지만 각자의 남편, 아버지의 진술을 모두 머릿속에 외우고 법정을 나가기로 약속했다. 그때 그 사건의 주인공이었던 김대중 씨 가족은 모두 연금되어 재판에도 참석하지 못했으며, 또 구속된 학생들의 노모들은 기억력이 약했으므로 그 재판에 참석했던 우리 집 아들과 같은 젊은이 몇 사람이 나누어서 그들의 진술을 외워나가기로 했다.

재판은 28일부터 30일까지 3일 동안 계속되었고 곧 이어 9월 2일부터 4일까지 계속되었다. 가족 전원이 재판이 끝난 다음 같이 점심을 먹으면서(그러나 그 중에는 사건 가족들과 한 덩이로 어울리면 구속자에게 좋지 못한 결과가 온다고 하는 중앙정보부의 협박을 그대로 믿고 끝내는 우리와 어울리지 않는 가족도 두어 집 있었다), 듣고 나온 진술을 모두 기록했다. 그렇게 기록된 재판기록은 국제인권기구를 통해서 세계 여러 곳에 알려졌다. 그 살벌하고 어려운 때에 이 모든 과정을 가족 중에서 세 분(박용길 장로님, 김석중 사모님, 이종옥 사모님)이 이끌어나갔는데 어떻게 행동해야 할지 아무것도 모르는 대다수 가족들에게 많은 힘이 되었다. 그 고통스러운 재판 중에도 구속된 목사님 한 분(이해동)은 이 재판은 나와 상관없는 것이라며 아예, 뒤에 앉은 가족들만 웃음 띤 얼굴로 돌아보시고 앞에서 벌어지고 있는 재판에는 관심도 두지 않았다. 정말 웃을 수밖에 없는 광경이었다.

찌는 듯한 더위 속에 재판은 계속되어 9월 11일에는 구형이 있었다. 김대중 씨 사형, 그 외 많은 분들이 중형을 받고 학생 대다수가 중형을 받았다. 남편은 징역 4년의 구형이었다. 민주주의 국가에서 지식인이 모여 단지 성명을 발표했다는 한 가지 이유만으로 징역 4년을 구형하다니 어처구니없는 일이었다. 그러나 그것이 현실이라면 받아들여야 한다고 나는 스스로 채찍질하기도 했다.

그 뒤 9월 12일부터 13일까지 구속자들의 최후진술이 있었다. 사람의 마음이란 참 복잡한 것인가 보다. 재판에 임하는 가족의 마음이 이율배반적이라고 할까? 부드럽고 약한 진술을 하면 선고에 참작이 되리라고 생각은 하면서도 꿋꿋하고 당당한 진술을 바라는 것이 그때 가족들의 솔직한 심정이었다. 빨리 나오기를 바라면서도 한편으로는 나오는 데에 조금도 도움이 되지는 않지만 떳떳한 진술을 하여 법정에 있는 가족들의 마음이나 시원하게 해주었으면 했다.

그이는 떳떳한 최후진술을 했다. 학생들은 용감한 진술을 했다. 김대중 씨는 1시간 40분 동안 진술을 했다. 필기도구도 사용할 수 없는 구속된 상황에서 그토록 오랜 시간을 진술했다는 점에서 감탄하지 않은 사람은 아무도 없었다. 논리정연함보다 우선 그 놀라운 기억력에 모두 감탄할 뿐이었다.

9월 17일, 그이는 3년 6개월의 선고를 받고 19일에 계엄사에서 확정통고를 받았다.

이제는 서대문구치소에서 쉽게 벗어날 수 있으리라는 희망을 포기하고 선고된 사실을 현실로 받아들일 수밖에 없었다. 가족들의 심정은 허탈할 뿐이었다. 특히 김대중 내란음모사건에 묶였지만 지식인 서명에만 관계된 남편과 송건호 선생님, 이호철 선생님 가족들은 더욱 심정이 착잡할 뿐이었다.

10월 초 날씨가 쌀쌀해지기 시작하자 우리는 두꺼운 내의나 털옷을 받아달라고 구치소당국에 요구했다. 그러나 당국은 규정상 10월 15일 이후에나 받을 수 있다고 거절했다. 그런데 기온이 갑자기 떨어지자 그이는 하체가 마비되는 충격을 받았었다(그때 너무 충격을 받았기 때문에 지금까지도 해마다 10월 초가 되면 날씨에 신경이 쓰이는데, 언제나 10월 초에는 기온이 한 번 몹시 떨어졌다가 다시 평상기온을 유지한다는 것을 알았다. 구치소는 날씨를 참작해서 규정을 바꾸어야 하는데 지금은 어떤지 궁금하다). 보통군법회의 재판이 끝난 다음 구속된 분들이 더 겪어야 할 고초에 마음의 갈피를 잡을 수 없었던 가족들은 10월 9일 종교단체의 도움으로 다 함께 강릉으로 놀러갔다. 따라다니는 형사를 따돌리고 새벽 일찍 모여 버스를 타고 쓸쓸한 가을바다를 보며 원주에 들러 놀다 오니, 남편은 감옥에 두고 다녀왔지만 답답했던 마음에 약간 위로는 되었다.

보통군법회의 재판 동안은 풀려나리라는 희망을 가졌지만 고등군법회의 재판이 다가오자 살아남으려면 가만히 당하고만 있을 수는 없으며 몸부림이라도 쳐야 된다고 가족들은 생각했다.

고등군법회의 재판이 10월 24일부터 30일까지 계속되었다. 24일부터 시작된 재판은 각본대로 지지부진하게 계속되다가 29일 오전에 문제가 터졌다. 검찰이 신청한 증인인 재일교포의 증언이 있었다. 이 증언은 조작을 해도 너무 한 것이었다. 완전히 한 사람을 사형시키려는 음모였다. 구속자와 그 가족들은 모두 흥분했다. 구속자들은 재판을 거부하고 그 가족들은 모두 퇴장했으며 밖으로 나와 항의하고 있었다. 우리 사이사이에 앉았던 보안사 직원들도 모두 따라 나와 한 군인이 눈짓으로 지시하니 가족들에게 일제히 달려들었다. 무술에 숙련된 솜씨로 부녀자가 대부분인 가족들의 양팔을 꽉 잡아 버스에 실어버리는데 온몸에 힘이 빠져 저항 한 번 못하고 쫓겨났다.

오후 재판이 다시 열리자 몇몇 가족에 대해서는 입장시키지 않으려고 했다. 그 꼴을 보고 가족들은 일제히 다시 퇴장했다. 고작 퇴장하는 방법만이 혹독한 계엄령 아래에서 저항할 수 있는 유일한 길이었다. 다음날(30일) 오전 재판에서는 구속자들도 퇴장하고 그 가족들도 모두 퇴장했다. 구속자의 가족들은 말할 것도 없고 구속자마저 없는 텅 빈 법정에서 변호사의 변론이 있었다.

  11월 3일, 선고 공판일에 그이에게는 징역 2년형이 선고되었다. 보통군법회의 때보다 엉뚱한 출연자도 많았고 대활극도 벌어졌던 고등군법회의 재판이 끝나자 구속자들이 이감된다는 소문이 돌았다. 그날 구치소에 왔던 구속자 가족들은 기다리다 거의 집으로 돌아가고 나는 발걸음이 떨어지지 않아 혹시라도 이감된다면 이감되는 버스라도 마주치지 않을까 싶어 구치소 마당에서 기다려보았다. 아니나다를까, 오후 네시쯤 구치소 안에서 버스 한 대가 나오고 있었다. 나는 틀림없이 우리 사건관계자가 아니겠는가 생각했다(버스 창문은 전부 커튼으로 가려져 보이지 않았다). 그때 낯익은 형사 한 사람이 육군교도소로 가는 차량이라고 말해주었다.

  그 사건관련자 중에서 집행유예를 선고받거나 관할관(계엄사령관)의 확인으로 일곱 사람(어른 여섯 사람, 학생 한 사람)이 석방되고 나머지는 남한산성에 있는 육군교도소로 이감됐다. 모두 한 곳으로 모아서 감금한 것이다. 들러리 역할을 해온 지식인 시국선언 서명자 세 사람 중에서 한 사람은 석방되고 두 사람은 그곳으로 끌려갔다.

  육군교도소로 이감된 소식을 그날 늦게 접한 가족들은 다음날인 11월 4일, 오랜만에 사랑하는 남편, 아들과 창살 없는 방에서 탁자를 가운데 두고 면회를 하게 되었다. 아침 일찍 만난 가족들은 성남까지 무려 두 시간쯤 차를 타고 달려갔다. 그래도 창살 없는 곳에서 만날 수 있다는 이야기를 듣고 오랜만에 남편 손도 만져보고, 포옹도 해보자며 웃었다. 면회 때 입회자가 많겠지만 무슨 상관이냐고 서로 우스갯소리도 해가며 기대에 부풀어 있었다. 면회를 마친 다음 가족들 모두 모여서 면회 때 이야기를 돌려가며 하던 중에, 체면만 차리던 한 분은 부인이 「손 좀 만져봅시다」 하니까 놀라며 뒤로 한 발 물러섰다는 이야기를 듣고 다들 박장대소를 한 일도 있었다.

  그이 또한 아내의 심정은 조금도 몰라주고 여기는 정말 살 곳이 아니라고 얼마나 펄펄 뛰던지 잠시나마 기대했던 면회는 정말 엉망이 되고 말았다.

나중에 들으니 육군교도소는 감방이란 것이 창문이라고는 하나도 없고 겨우 출입할 수 있는 좁은 문 하나에 콘크리트 벽이라고 했다. 남편은 처음 그곳에 들어서자마자 가슴이 꽉 막히는 것 같은 좁은 공간에 대한 공포증에 걸렸던 것 같다. 고공공포증에 걸려 심하면 전신이 마비되기도 한다는데, 좁은 공간에 대한 폐쇄공포증 또한 심각한 것이다. 남편이 그것을 극복하기까지는 여러 날이 걸렸다.

지식인 시국선언 서명자인 남편과 송 선생님은 상고해 봤자 각본에 의한 것이니 상고를 포기하기로 결정했다고, 그이는 면회 때 알려주었다. 이감되고 면회한 다음날인 11월 5일은 교도소 체육대회가 있어 면회를 안 시키더니 그날 오후에 느닷없이 교도소로부터 석방에 필요한 서류를 해오라는 연락이 왔다. 다음날 11월 6일 같은 시국선언 서명자인 한 분은 석방되었다. 당연히 같은 사건이니 그이도 같은 날이나 다음날이면 석방되려니 했다. 그러나 내일내일하면서 석방시키지 않았다. 그야말로 남편이나 나 아이들은 애간장이 녹을 지경이었다. 「법의 집행이란 공평해야 된다. 지식인 서명자 두 사람은 같이 석방시켜야 옳지 않느냐」고 남편이 강도 높여 몇 날을 항의해 보았지만 부질없는 일이었다. 참다못해 그이는 「이제 상고 포기했으니 나를 일하는 노역장으로 보내달라」고 요청했으며 그 좁은 공간에 있을 수 없다고 항의도 하였다. 11월 중순쯤이 되자 언론사와 방송사가 통폐합되고 신문에는 정치활동 규제자 명단도 나왔다. 김대중 내란음모사건에 연루된 사람은 거의 그 명단에 있었으나 그이의 이름은 없었다. 그이는 교수였을 뿐 정치에 관여한 적도 없었으니 거기에 끼이지 않은 것은 당연한 일이었다. 그런데 그런 사람을 무엇 때문에 석방시키지 않는지 정말 모를 일이었다.

육군교도소 소장과도 면담했으나 그분도 자기가 할 수 있는 권한

밖의 일이니 만나봤자 무엇을 요구할 상황도 아니었다. NCC 인권위원회 위원장께도 도움을 요청했으나 모두가 허사였다.

서대문구치소와는 달리 자유롭게 면회가 되니 그 와중에도 그이를 위로하려고 친척들, 제자들, 같은 학교 교수님들이 면회를 왔다. 그리고 그이가 가장 보고 싶어하던 막내딸도 면회를 했다.

오늘 내일 내보내준다며 시간만 끄는 술책에 시달리기를 한 달하고도 8일 만에 칠흑 같은 어둠 속을 달려가 12월 11일 새벽 다섯시에 내가 보호자로서 그이를 인수인계받았다.

악몽 같은 여섯 달이라는 시간은 지났다. 그러나 사람의 습관이란 참 무서운 것이다. 그이는 집으로 돌아왔지만 감옥에 있던 습관대로 방에 가만히 앉아서 손만 만지작거리거나 시간을 가늠하려고 햇빛만 쳐다보기를 한동안 계속했다(시계 볼 생각은 하지 않고). 그것을 바라보는 나는 너무나 안타까웠다.

그러나 어쨌든 자유인이 되었고 실직자라는 현실로 돌아왔다. 편지에서 많이 이야기되던 농장에서는 소득이라곤 없었으며 한 경제학자의 꿈이었던 그 농장 때문에 나는 더 고생을 했다. 농장경영 20년에 오늘까지 적자뿐이다. 그것이 오늘날 농업경제의 실상이 아닐까?

1982년부터 기독교 단체의 여러 곳에서 강연을 할 수 있게 되었고 그이는 그 동안의 공백을 메우려는 듯 경제학 연구에 더 열중했다. 그 결과로 석방된 후 세 권의 저서(1982년 〈민중경제론〉, 1984년 〈한일경제 100년의 현장〉, 1985년 〈민족경제의 발전과 왜곡〉)를 냈다. 그리고 차차 긴장된 정국 속에서도 해직교수들은 모임을 갖게 되었고 가르치는 직업이니 여러 곳에 가르칠 만한 장소도 마련되었다. 그때부터 중앙정보부는 해직교수들의 모임을 갖지 못하게 막는 것이 일이었다. 모임이 있는 날이면 용하게 알고 그이를 못 나가게 하느라 집 앞에 와서 진을 치는 바람에 화가 난 우리 가족은 견딜 수 없어 격투 직전까지 갔던 것이 한두 번이 아니었다.
  해직교수는 1백 명에 가깝지만 해직교수협의회에 참여한 50명쯤 되는 교수들의 투쟁의 결과라고나 할까, 만 4년 만인 1984년 2학기에 해직교수들 대부분은 복직되었다.
  그 후(1989년 2학기부터 1990년 1학기까지) 학교에서 안식년 휴가로 영국 런던대학 연구교수로 초청되어 막내딸과 세 식구가 1년 동안 지내면서 유럽 여러 나라를 구경하고 돌아왔다.
  1991년 중앙대학교를 퇴임한 그이는 1년 후 1992년 10월 담낭암으로 세상을 떠났다. 1980년 한 사건에 묶여 한 덩이가 되어 지내던 당사자와 가족들, 1998년 김대중 선생님이 대통령에 취임한 후 요소요소에서 자기 몫을 하고 있으니 참 다행이라고 생각된다.
  인생이 너무 짧고 허무하다는 것을 실감한다. 지금 그이가 살아 있다면 어떤 역할을 할까 상상해 본다.

가족일기

가족대표 / 박용길·김석중·이종옥

  1980년 5월 16일, 문익환 목사의 부인인 박용길 장로가 이상한 소식을 들었다. 주한미국대사관에서 문동환 목사 부인에게 급한 연락이 왔는데, 곧 큰일이 벌어질 테니 모든 미국 국민들은 속히 미국으로 귀국하라는 것이었다. 마침 문동환 목사가 미국에 체류 중이었기 때문에 부인은 미 대사관의 조치에 따라 귀국할 것이라고 했다.
  하지만 박용길 장로는 이 사실을 그다지 심각하게 여기지는 않았다. 어디에도 심각하게 생각할 만한 조짐은 보이지 않았다. 파란 눈의 미국인인 동서 문혜림은 단지 남편을 만나기 위한 핑계쯤으로 이 기회를 이용하는 것이리라 생각하고 있었다. 그건 이문영 박사의 부인 김석중도 마찬가지였고, 이 소식을 함께 들은 이해동 목사의 부인 이종옥도 같은 생각이었다. 우리는 헤어지는 것만 섭섭해서 눈물을 흘렸지, 그 뒤에 무시무시한 무엇인가가 숨어 있을 것이라는 의심은 누구도 하지 못했다.
  바야흐로 서울의 봄이었다. 그 지긋지긋한 박정희 체제가 마침내 끝을 맺고 있었다. 서울의 거리는 연일 시민들과 학생들의 민주화를 위한 시위와 행진이 끝없이 이어지고 있었다.

이문영 박사는 누구보다 활기에 넘쳐 있었다. 실로 오랜만에 보이는 활달함이었다. 무엇보다 이 박사가 가장 기뻐하는 것은 복직이었다. 1974년 민우지 사건으로 퇴직한 이후 이 박사는 오랫동안 고려대학교로 돌아갈 기회를 찾지 못하고 있었다. 그 후 3·1 명동사건으로 2년 넘게 수감되어 있었고, 또다시 YH사건으로 붙들려가서 박정희가 죽은 뒤에야 보석으로 나올 수 있었던 것이다.

서울의 봄을 맞아 마침내 이 박사에게도 복직이 허용되었다. 한동안 교문이 닫혀 있었지만, 며칠 전인 14일부터는 그마저 풀렸다. 이제 민주화 일정만 마치고 나면 이 박사는 다시 교수의 신분으로 돌아가 부족한 연구를 위해 한동안 유학을 떠날 생각이었다. 이미 출국신청까지 해놓은 상태였다.

12일 저녁 북악파크호텔에서 있었던 모임에서도 이 박사는 그 뜻을 재차 확인했다. 김대중 씨는 일전에 이 박사에게 정치에 참여할 뜻이 있는 인사들을 알아봐 달라고 부탁했었다. 이제 민주화의 봄이 찾아왔으니 오랫동안 민주화운동을 이끌어온 분들에게 현실정치의 일선에 나설 수 있는 기회를 먼저 주겠다는 배려였다. 하지만 이 박사는 물론이고 문익환, 고은, 예춘호, 이해동, 한승헌 씨 등 고락을 같이했던 누구도 정치에 나서겠다는 사람은 없었다. 모두가 한결같이 이제 투사로서의 길을 접고 나면 자기의 본분으로 되돌아가겠다는 마음뿐이었다. 그날 모임에서 이 박사는 이러한 결과를 최종적으로 김대중 씨에게 전달했다.

너무나 오랜 기다림이었기 때문에, 누구 한 사람 미국대사관의 갑작스러운 움직임에는 눈을 주려 하지 않았다. 어쩌면 애써 외면하려 했던 것인지도 몰랐다. 그 길고 길었던 공포의 세월이 이제 막 끝나고 따사롭기 그지없는 햇볕이 거리에 쏟아지고 있는데, 누가 방정맞게 다시 밤이 올 것을 생각하고 싶겠는가. 하지만 말을 하지 않았을 뿐이지 조짐은 비단 그 하나뿐이 아니었다.

  14일, 대학교 정문을 지키고 있던 전경들이 갑자기 사라졌을 때에도 조심스러운 사람들은 어딘가 미심쩍어했다. 김대중 씨도 그 점을 간파했던지 분위기에 들뜬 학생들이 너무 과격하게 나가지 않도록 요청했고, 이화여대에서의 집회에서도 비슷한 의견이 모아져 일단은 교문 밖으로 나가지 않을 것을 결정했었다.

  12·12 전에도 비슷한 경험을 한 적이 있었다. 윤보선 씨는 그때 「군이 시민운동 편이니 나가서 하라」고 했었다. 박정희와 감정이 좋지 않았던 윤보선 씨로서는 박정희가 사라진 뒤에 나타난 사람들은 누구라도 반갑게 보였을 것이다. 어쨌든 혼란한 시기에 복잡한 권력 상층부의 면면들을 잘 알 수 없었던 우리로서는 윤보선 전대통령의 말을 믿을 수밖에 없었다. 그래서 YWCA에 모였었는데, 그날 기습을 당했다. 난데없이 소총을 들고 뛰어든 군인들의 개머리판에 밀려서 모조리 트럭에 실려 서빙고로 끌려 들어가고 말았던 것이다. 다행히 우리 세 사람은 무사히 현장을 빠져나왔었다.

  이런 경험도 있고 해서 이번 시위대는 최대한 목소리를 자제했다. 구호는 '신현확은 정치 일정을 밝혀라' 정도에 그쳐 있었다.

  이것말고도 석연치 않은 구석은 또 있었다. 13일 한완상 교수의 모친이 돌아가셔서 문상을 갔는데, 문상은 하지도 못하고 다른 방으로 안내되었다. 그 방에는 김대중 씨를 제외한 거의 모두가 모여 있었다. 토론 끝에 성명서가 채택되었다. 그 성명서를 들고 동교동에 들러 문안을 수정한 뒤 다시 윤보선 씨 댁으로 갔을 때였다. 윤보선 씨는 미국에서 온 교포 누군가의 얘기라면서 이런 말을 했다.

「그가 김영삼과 김대중의 의견 조정에 나섰는데 실패했다. 둘 중 하나는 이제 죽여야 한다고 하더라.」

  우리가 이 말을 오래도록 기억하는 것은 아마도 '죽음'이라는 단어 때문일 것이다. 그건 결코 함부로 뱉을 말이 아니었다. 혹 그 말이 한국의 정치를 걱정하는 일반 시민에게서 나온 말이라면 너무 지쳐서 그렇겠지, 하고 대수롭잖게 흘려버릴 수도 있을 것 같다. 하지만 아니었다. 그 교포라는 사람이 누군지는 몰라도, 이 미묘한 시기에 혼자 독자적으로 중재에 나선 것은 아닐 것임에 틀림없었다. 따라서 그 말은 혼란의 와중에서 권력을 놓고 시소게임을 벌이고 있을 정치권과 군부세력 어디쯤에선가 흘러나온 말이었을 것이다. 무엇보다 우리의 심장이 섬뜩했던 것은 그 말을 태연하게 전하고 있는 사람이 바로 전대통령이자 민주화운동의 좌장 격인 윤보선 씨라는 사실이었다.

17일 아침, 이문영 씨는 예춘호 씨와 함께 동교동에 들어갔다. 거기엔 상도동에서 온 박권흠 씨 일행이 있었다. 김대중 씨와 김영삼 씨, 두 세력이 만난 것이었다. 이 자리에서 김대중, 김영삼 두 세력이 합칠 것을 합의하고 성명서가 만들어졌다. 다행이었다. 성명서는 다음날 발표하기로 합의되었다. 그러나 바로 그 시각 또 다른 곳에서는 이 성명서가 발표되지 못하도록 당장 그날 밤 음모를 시행하기로 결정하고 있었던 것이다.

이문영 박사는 무언가 이상한 걸 느끼고 있는 것 같았다. 집에 돌아와서 한참을 서재에 앉아 있더니 주섬주섬 책을 쌌다. 두툼한 책들이었다. 김석중은 그것이 무엇을 의미하는 것인지 잘 알고 있었으나 아무 말도 하지 않았다. 일이 다 잘 풀렸는데도 또다시 집을 떠날 준비를 하는 이 박사……. 그 동안 수없이 험악한 꼴을 당해왔던 이 박사는 또다시 급작스러운 절망이 찾아올 것을 대비해 이번엔 미리 준비해 두고 싶었던 것이다. 김석중 역시 지나친 기우이길 바랐지만 그렇게 이 박사를 보내야 했던 기억이 너무 많았다. 잠자코 그 모습을 지켜보면서, 속으로는 이제 더 이상은 제발 그런 일이 벌어지지 않기를 마음속으로 빌고 또 빌었을 뿐이었다.

무례한 손님들은 한빛교회 이해동 목사 댁에 먼저 찾아들었다. 밤 열한시가 조금 넘은 시간이었다.
 토요일이어서, 이해동 목사는 다음날 있을 설교 준비를 하느라 늦게까지 서재에 있다가 그대로 잠들어 있었다.
 전화벨이 울렸다.
「이해동 목사님 댁이죠?」
「그런데요.」
 이종옥이 받았다. 모르는 목소리였다.
「지금 계십니까?」
「서재에서 주무시고 계세요. 누구시죠?」
「아니, 됐습니다.」
 모르는 남자는 갑자기 전화를 끊었다.
 11시 30분쯤, 가족들이 모두 잠들어 있는데, 네 명의 건장한 남자가 들이닥쳐 문을 두드렸다. 이종옥이 문을 열어보았더니 그들은 다짜고짜 이 목사를 데려가야겠다고 말했다. 이종옥은 떨리는 마음을 간신히 진정시키며 누구냐고 물었다.
「대체 누구신데 한밤중에 찾아와서 이러세요?」
「알 것 없어요.」
 남자들은 완력으로 이종옥을 밀쳤다. 이종옥 역시 한두 번 이런 일을 당한 사람이 아니었다. 그러나 이럴 때 할 수 있는 일의 한계는 너무나 분명했다.
「좋아요. 신분증만 보여주세요.」
 남자들은 신분증을 꺼냈다. 굵고 붉게 사선으로 그어진 두 줄. 그 두 줄은 그들이 무슨 짓이든 할 수 있다는 뜻이었고, 그들이 어떤 못된 짓을 하든지 어느 누구도 반항할 수 없다는 뜻을 의미했다. 그들은 자기가 누구라는 것을 말하고 있었지만 그 소리는 들리지도 않았다.
 소란을 듣고 이 목사가 내려왔다. 그들은 다짜고짜 이 목사의 팔을 꺾으면서 소파에 눌러앉혔다. 한 명은 이 목사를 붙잡은 채 앉고, 두 명은 구둣발인 채로 서재로 뛰어 올라가고, 한 명은 이 목사 앞에 서서 말했다.

「우리와 같이 가야겠습니다.」

그러고는 입을 다물어버렸다. 이 목사는 크게 숨을 내쉬면서 지그시 눈을 감았다. 어쩔 수 없다는 것을 그는 알고 있었다. 그러나 이종옥은 달랐다. 또다시 자신의 남편을 붙잡혀 가게 내버려둘 수는 없었다. 이종옥은 왜 이러냐고 소리도 지르고 이 목사를 잡아당겨 남자들의 손아귀에서 빼내보려고도 했다. 그러나 허사였다. 이종옥은 마지막으로 애원했다.

「좋아요, 내일 예배만 하게 해주세요. 남편은 목사잖아요. 예배 마치고 자진해서 출두하겠어요.」

그러자 남자는 매우 귀찮다는 표정으로 콧등에 주름을 만들더니 저고리 속 겨드랑이께로 한 손을 집어넣었다. 불쑥 권총이 들려 나왔다. 그는 총부리를 이 목사의 이마에 들이댔다.

「못 가? 나는 지금 꼭 데려가야 돼. 못 가겠다면 모가지를 빼서 가져갈 수밖에.」

남자는 금방이라도 방아쇠를 당겨버릴 것 같은 기세였다. 이종옥은 너무 놀라서 몸이 뻣뻣하게 굳어 꼼짝할 수가 없었다.

서재에서 요란한 소리가 흘러나오고 있었다. 이 목사가 권총 든 남자에게 항의했다.

「도대체 뭘 하는 거요? 나만 데려가면 그만이지, 남의 집 서재는 뭐 한다고 뒤집어엎습니까?」

이 목사가 소릴 쳤어도 남자들은 눈 하나 깜짝 안 했다. 이 목사는 벌떡 일어서려 했다. 그러나 남자들의 완력에 눌려 겨우 엉덩이만 들썩였을 뿐이었다.

「당신이 좀 가봐요. 뭔 짓을 벌이고 있나.」

이 목사가 이종옥에게 말했다. 이종옥은 그때까지도 남자의 권총과 으름장에 놀라 넋이 빠져 있었다.

「뭘 가져가는 건 좋은데, 이 사람들이 뭘 놓고 가면 어떡해? 없는 걸 가지고 있었다고 말이야.」

이 목사가 다시 채근했다. 그제서야 이종옥은 퍼뜩 정신을 수습했다. 벽장에 있는 서류 보따리. 남편은 그걸 말하는 것이구나. 그게 발견되면 큰일이었다. 이종옥은 평소에 이런 일이 있을 것을 대비해서 중요한 서류들은 그 동안 모두 다른 집에 분산시켜 두었었다. 그랬다가 이제 유신도 끝나고 민주화도 되어 모두 찾아왔던 것이다.

서재로 올라가 보니 온통 난리였다. 두 남자가 서재에서 찾는 것은 책과 종이였다. 금지된 책, 그리고 금지된 내용이 적혀 있는 유인물 따위. 그것 한 권, 한 장이면 몇 년씩 잡아 가두는 세상이었다. 다행히 벽장은 아직 열려 있지 않았다. 하지만 책장을 훑던 한 명이 시들해졌는지 벽장 쪽으로 눈을 돌리고 있었다. 이종옥은 방망이질 쳐대는 가슴을 누르지 못하고 냅다 소리를 질렀다.

「도대체 남의 집은 왜 뒤지고 난리예요!」

이종옥은 한걸음에 벽장으로 뛰어가서 벽장 문을 벌컥 열어젖혔다.

「좋아, 뒤지려면 다 뒤지라구요. 내가 뒤집어줄까요?」

이종옥은 악다구니를 썼다. 벽장 속에는 철 지난 여름옷이 보따리 보따리로 묶여 있었고, 잘 안 쓰는 이불과 기타 자질구레한 옷가지들이 개켜져 있었다. 그리고 또 하나의 서류 보따리. 이종옥은 신경질적으로 보따리들을 풀어서 이불가지와 옷가지 들을 마구 쏟아냈다. 이불이 떨어지고 이불 위에 서류 보따리가 떨어진 뒤, 그 위에 다시 옷가지가 어지럽게 덮였다.

남자들은 잠시 손을 놓고 물끄러미 쳐다보다간 별로 재미없다는 듯 눈을 돌려버렸다.

「옷은 필요없어요.」
 남자들은 이종옥 쪽으로는 더 이상 눈길 한 번 주지 않고 오랫동안 책장을 살폈다. 성경책 갈피까지 뒤진 뒤에야 무언가를 써놓은 종이 몇 장과 책상 위에서 챙긴 책 몇 권으로 만족한 듯했다. 그들은 이종옥을 쳐다보고 말했다.
「기왕 푼 거, 그 보자기 한 장만 주시죠.」
 이종옥은 보자기 한 장을 홱 집어던졌다.
「자, 가지고 빨리 나가요.」
 남자들은 책을 보자기에 싼 다음 서재를 나갔다. 그와 동시에 거실의 남자들이 이 목사를 일으켰다.
 이윽고 그들은 이 목사를 앞세우고 밖으로 나갔다. 이 목사는 그 무례한 손님들과 함께 번호판이 가려진 검은 세단을 타고 어두운 골목길을 빠져나갔다. 뒤이어 집 주위에서 몰려든 서너 명의 남자들이 또 다른 차를 타고 그 뒤를 따랐다. 하지만 이종옥은 너무 무서워서 문밖까지 나가보지도 못했다.

 이종옥의 전화를 받고서, 김석중은 문익환 목사 댁으로 전화를 해보았다. 목사님은 안 계셨고, 박용길 장로가 울면서 전화를 받았다. 저들은 똑같은 시간에 모두 데려갔던 것이다.
 다행히 박 장로도 기지를 발휘해 중요한 서류는 뺏기지 않은 모양이었다. 박 장로는 그들이 덮치는 순간 사태를 감지하고는 목사님 책상 밑에 들어 있던 서류가방부터 챙겨 시어머니 방으로 가져갔던 것이다. 문 목사가 현관에서 실랑이를 벌이는 동안 시어머니가 누워 계신 이불 밑에 그것을 묻고는 무슨 일이 있어도 일어나지 마시라고 당부했다.
 이문영 박사의 집에 들이닥친 사람들은 무례하지는 않았다. 아마도 이 박사가 미리부터 준비를 하고 있었기 때문인지도 몰랐다. 이 박사는 마치 기다리고 있기라도 했듯이 자지 않고 있다가 태연하게 그들을 맞았다. 때문에 김석중 역시 뒤늦게 뭘 숨기고 할 필요가 없었다. 이 박사는 그들이 신분증을 제시하자 순순히 들어오게 해주었다. 그래서인지 그들은 신발을 벗고 들어오는 예의까지 차려주었다. 잠에서 깨었는지, 아니면 밤늦게까지 공부를 했는지, 여고 3년생인 큰딸이 중2인 작은딸과 함께 주방으로 가더니 차를 내왔다. 그리곤 음악까지 틀어놓고 들어갔다. 비발디의 사계. 따뜻한 차와 온화한 음악 때문인지 남자들이 서재를 뒤지는 소리는 그다지 요란하지 않았다.

이문영 박사는 일부러 다이어리를 가져갔다. 무슨 혐의로 잡아가는지 몰랐으므로 정확한 대답을 하기 위해서인 것 같았다. 그런데 나중에 안 일이지만 엉뚱하게도 그 다이어리가 이 박사에게 족쇄를 채우는 결정적인 역할을 하고 말았다. 그 무렵, 이 박사는 시국에 관한 글을 모으고 있었다. 재야인사들이 각기 자기 전공에 맞는 글을 써서 한꺼번에 발표하기로 했던 것이다. 남편을 잡아간 사람들은 바로 그 명단을 가지고 반국가단체를 구성했다고 주장했다. 경제에 관한 글을 쓰기로 한 사람은 경제장관, 주변국과의 관계를 쓰기로 한 사람은 외무장관 하는 식으로 말이다.

우리 세 사람에게 당장 급한 것은 사람들이 어디로 잡혀갔나 하는 것이었다. 그런데 아무리 애를 써도 알 수가 없었다. 그들이 내민 신분증은 합동수사본부였다. 그러나 합수부는 중앙정보부, 보안사, 검찰을 모두 합해놓은 것이니만큼 실질적으로 데려간 사람들이 누구인지는 알 길이 없었다.

불안했다. 전에는 없던 일이었다. 사람들이 잡혀가는 것을 주위에서 숱하게 보아왔지만 아무리 느닷없이 일어난 일이라 해도 금방 어디에 있는지 말이 새나오게 마련이었다. 중앙정보부든 보안사든 치안본부든 거기도 사람이 사는 곳이었다. 소문은 반드시 새나왔다.

그런데 이번엔 전혀 짐작조차 할 수가 없어 불안하기 그지없었다.

5월 18일, 한빛교회 주변을 경찰들이 완전히 점령하고 있었다. 사복경찰들은 골목 입구에서 철저하게 신분을 확인하며 외부 사람을 막았다. 갈릴리교회 사람들은 물론이고 모든 출입을 통제하는 것이었다.

갈릴리교회는 따로 예배당을 가지고 있지 않았다. 1975년 장준하 선생이 암살된 날을 기해 해직된 교수들이 모여 시작한 갈릴리교회는 명동성당 근처 대성빌딩에서 첫 예배를 본 후 당국에 의해 곧바로 폐쇄되었다. 그 후 얼마간 한일관에서 모이다가 그마저도 힘들어지자 당시 문익환 목사에 이어 이해동 목사가 이끌고 있는 한빛교회에서 더부살이를 하고 있는 중이었다. 오전에 한빛교회의 예배가 끝나고 난 뒤 오후 두시에 갈릴리교회 예배가 시작되곤 했는데, 이날은 아침 일찍부터 외부인의 출입을 철저히 막고 있는 것이었다. 평소에도 교회 앞은 늘 사복 형사들이 서성거리고 있었지만 그날은 규모부터가 달라서 골목 입구부터 들끓었다.

아침 일찍부터 미리 들어가 있던 사람들만으로 예배가 진행되자 형사들이 교회 안까지 덤벼들어 사람들을 끌어내기 시작했다. 이종옥을 비롯한 여러 명은 현관에 드러누워 문틀을 붙들고 늘어졌다. 들어가려면 밟고 들어가라고 악을 질러댔다.

우리는 아우성인 교회 안에서, 그리고 들어가지 못한 사람들은 길목에서 웅성거리며 소식들을 나누었다. 그러나 아무도 이번 일에 대해 제대로 된 소식을 가지고 온 사람은 없었다. 이리저리 연락을 하던 김옥두 씨마저 잡혀갔다는 소식, 그리고 안병무 박사 댁에 이종옥이 연락을 했는데 그 소식을 들은 안 박사님이 심장발작을 일으켜 세브란스병원 응급실로 실려가는 바람에 오히려 화를 피할 수 있었다는 얘기. 그런 주변 소식만 더해졌을 뿐, 정작 잡혀간 사람들이 어디서 어떤 고통을 당하고 있는지는 알 길이 없으니 그저 답답할 따름이었다.

다음날 우리는 NCC 인권위원회 사무실에 모였다. 사무실에는 광주로부터 구원을 요청하는 비명이 쏟아져 들어오고 있어서 정신을 차릴 수가 없을 지경이었다. 소식마다 살려달라는 아우성으로 그야말로 아비규환이었다. 그제서야 우리는 이번 일이 전과는 비교할 수 없는 엄청난 일이라는 것을 온몸으로 느끼기 시작했다.

민주화의 봄이 온통 핏빛으로 물들어가고 있었다. 광주로부터 시시각각 무서운 소문이 날아들고, 서울의 계엄은 살벌하기 그지없었다.

그러나 우리 세 사람에게 무엇보다 시급한 것은 남편들의 소재였다. 누가 어디로 잡아갔는지 알아야만 일말의 도움이라도 줄 수 있고, 또 외부에 구체적인 도움을 요청할 수가 있으니 말이다.

김석중은 매일 아침 아이들을 등교시킨 후 이종옥과 박 장로를 만났다. 우리 셋은 3·1 명동사건 이후 아주 친해져 이미 주변 사람들에게 '삼총사'라는 별명을 얻고 있었다. 제일 연장자인 박 장로를 큰언니처럼 여기면서 우리는 아침마다 만나서 새로운 소식을 주고받으며 대책을 세우려 애썼다. 남편을 수없이 붙들려 보내고 옥바라지를 해왔기에 이런 일은 누구보다 경험들이 많았다.

그러나 이미 피맛을 듬뿍 본 서슬 퍼런 계엄하에서, 우리의 노력은 매번 힘에 부칠 수밖에 없었다. 매일같이 모여 신발 밑창이 다 터지도록 돌아다녀 봐도 소식 한 자락 얻는 것이 없었다. 동교동의 김대중 씨 댁으로 몇 번이나 전화를 해보았지만, 이희호 여사 대신 낯선 남자가 전화를 받고는 바꿔주지도 않았다. 무작정 그 집을 찾아가 보았더니 사복 형사가 골목 입구부터 시작해서 집 둘레를 빙 둘러 지키고 있었다. 하릴없이 기웃거린 적도 여러 번이었지만 뾰족이 만날 방법이 없었다. 그 집은 시장도 제대로 볼 수 없을 것 같아서 좋아하는 멸치포 등을 사다가 담벼락 안으로 던져주고는 돌아설 뿐이었다.

통제가 너무 심했다. 누구 한 사람 선뜻 나서서 우릴 도와줄 수가 없었다. 우리에겐 그림자처럼 따라붙어 다니는 미행자가 셋 있었다. 하나는 보안사 요원, 또하나는 중앙정보부 요원, 나머지 하나는 치안 본부 정보과 요원이었다. 이 세 명의 그림자들은 우리가 시장에 갈 때, 학교에 갈 때, 심지어 목욕탕에 갈 때까지 쫓아와서 지켜 서 있었다. 다른 사람들도 마찬가지였다. 매일 아침 우리 삼총사가 모이면 도합 아홉 명의 그림자들이 우리 주변을 맴돌고 있었다. 그들은 사사건건 참견했다. 우리가 친척집을 방문하면, 그 친척은 어김없이 협박을 받았다. 이러니 누구도 우리와 가까이하기를 꺼리는 것이었다. 친구들도 그랬고, 심지어 같이 운동을 했었던 사람 중에도 우리를 기피하는 축이 있었다. 서운한 마음이 없지 않았다. 하지만 얼마나 무서우면 그들까지 그럴까. 그들이 오히려 측은했고, 우리는 외떨어져서 외로운 만큼 더 무서웠다.

어느 날 함께 붙잡혀 갔던 윤반웅 목사님이 집으로 돌아왔다는 소식을 들었다. 황급히 택시를 타고 그 댁으로 가보았다. 그런데 윤 목사님은 고개를 설레설레 흔들었다. 자신 또한 아무것도 모른다는 것이었다. 잡혀 있던 곳이 지하실인 것 같았고, 옆방에서 비명소리가 수없이 들려왔다는 것뿐, 그곳이 어디인지, 자신을 잡아온 사람이 누구인지도 알 수 없었다는 것이다. 워낙 연세가 많고 허약해 곧바로 돌려보내 준 모양이었다.

윤 목사님을 만나고 난 뒤, 우리는 육군본부에 있는 계엄사령부로 찾아갔다. 찾아온 용건을 말하자 잠시 후 중령 계급장을 단 군인이 나왔다.

우리는 잡혀간 사람들이 어디 있는지 그것만이라도 제발 알려달라고 부탁했다. 중령은 한숨을 쉬더니 우리에게 차라도 한 잔 하라며 정중한 태도로 권했다. 그러나 기대했던 대답은 아니었다.

「그분들이 어디 계신지, 저희로서는 알 수가 없습니다. 알 방법도 없구요.」
「하지만 합수부에서 잡아간 것은 분명하잖아요. 그리고 같이 잡혀갔다가 돌아온 분도 계시구요.」

우리는 입을 모아 열심히 그를 설득했다. 그러나 그는 머리를 흔들 뿐이었다.

「저 역시 최선을 다해 도와드리고 싶습니다. 최소한 가족들에게 연락이라도 해줄 것이지……. 도와드리고 싶지만, 제 능력으로는 불가능합니다.」

중령은 진심으로 말하는 것 같았다. 그는 우리 셋 앞에서 정치군인들을 싸잡아서 나쁜 놈들이라고 비난하기까지 했다. 그에게서 뜻하지 않은 소리를 들어 다소 위안이 되기는 했으나, 결과는 역시 처참할 뿐이었다. 그가 합수부 위치를 가르쳐주고, 그것이 안 되면 보안사에서 실종신고를 받고 있으니 그리 가보라고 가르쳐준 것이 소득의 전부였다.

중령의 조언대로 합수부에 먼저 가보았으나 예상했던 대로 들여보내 주지도 않았다. 보안사에선 서류를 만들어오라고 했다. 다음날 일찍 서류를 준비해서 가져가니 서류만 받을 뿐, 아무 대답도 않고 돌아가라고만 했다. 집에 돌아가서 기다려봐야 마땅한 대답이 오지 않을 것이 뻔했다. 그래도 서류라도 접수시켜 놓으니 일말의 기대감이 없지 않았다. 그 알량한 기대감 때문이었는지 갑자기 다리에 힘이 빠져 셋은 잠시 힘없이 계단에 앉아 있었다. 따가운 햇살 아래 앉아 있자니 눈물이 흘러내렸다. 보안사 마당에는 검은 세단에 태워진 학생들이 줄줄이 붙들려오고 있었다.

잡혀간 사람들의 소식을 듣지 못한 채 안타까운 시간만 보내고 있던 어느 날, 이문영 박사의 제자 부인이 집으로 달려왔다. 그 여성이 교사로 근무하고 있는 학교에 이상한 공문서가 내려왔다는 소식이었다. 문서에는 이번에 잡혀간 사람들이 모두 적색분자들로서 북의 지시를 받고 내란을 획책했다는 내용이었다. 학교마다 모두 그 공문을 받았다는 것이었다.

내란이라니……. 계엄상태에서 내란죄가 뒤집어씌워지면 어떻게 된단 말인가. 국가전복 기도, 북의 지시. 하나같이 무시무시한 용어들이었다. 풍문에 떠돌던 몽땅 죽일 거라는 이야기가 이제는 실제로 눈앞을 막아서서 더 이상 아무것도 보이지가 않았다. 둘 중 하나는 죽여야 한다던 말, 그리고 광주에서 벌어진 수많은 참상 같은 것들이 머리 위에서 빙빙 돌고 있었다. 3·1사건 때도 국가전복이 죄목이었지만, 지금은 그때와는 상황이 너무도 달랐다. 우리는 절망감에 몸을 가눌 수가 없었다. 그날을 잊을 수가 없다. 6월 6일 현충일. 나라를 위해 죽어간 고귀한 혼들의 진혼곡이 울려퍼진 바로 그날이었던 것이다.

우리는 이제 기대볼 곳이라고는 외국밖에 없을 것 같았다. 미국대사관에 찾아가 보기로 마음을 모았다. 영어를 잘하는 박영숙 씨(안병무 박사 부인)와 김형 씨(한완상 교수 부인)가 함께 모였다.

대사 면접을 신청했지만 대사 대신 참사관이 나왔다. 그는 이 일을 벌써 알고 있는 것 같았다. 미리 준비하고 있던 대답인 듯 그 즉시 답변이 나왔다. 이번 사건이 법대로 처리되어 법의 보호를 받을 수 있도록 노력해 주겠다는 것이다. 만족할 만한 성과는 아니었지만, 최소한 법의 요식을 갖추어 재판절차를 밟을 수 있게 된 것만도 큰 다행이었다.

며칠 뒤, 국보위로부터 정식 공문이 날아왔다. 실종자 신고에 대한 공식 회답이었다. 지금 조사 중이며 곧 연락이 있을 것이라는 짤막한 내용이 전부였다. 살아 있기나 한 건지, 그조차 알 수 없는 매정한 답변이었다.

우리는 윤보선 씨 댁으로 찾아갔다. 그 댁에 가면 길거리에서 듣지 못하던 소식 한 자락이라도 얻을 수 있을까 해서였다.

점심 무렵에 찾아갔다가 저녁상이 준비된 식당 방에서 겨우 윤보선 씨와 마주할 수 있었다.

마침 TV에서 9시 뉴스가 시작되고, 시작되자마자 예외 없이 전두환의 얼굴이 화면 가득 비쳤다. 바로 그 사람. 윤보선 씨는 전두환의 얼굴을 물끄러미 쳐다보더니 찻숟가락으로 웅담을 떠먹으면서 우리에게 이렇게 말했다.

「저 사람, 악하게는 안 생겼죠?」

그 말을 들었을 때의 심경을 어떻게 표현해야 하나. 말할 수 없는 당혹감과 절망감, 그리고 그 처참한 기분을 이루 다 설명할 수가 없다. 지금도 그 장면만 떠올리면 똑같은 심경이 되곤 한다. 갑자기 심장이 멎어버리고, 얼굴의 피란 피는 죄 빠져서 입술 한 번 옴짝할 수가 없고, 단지 웅담을 우물거리고 있는 그의 입술만 크게 확대되어 보일 뿐이다. 너무나 혐오스럽다는 것도 훨씬 시간이 지나서야 느껴지기 시작했다. 그날 우리는 모두 저녁상에는 손도 대지 않고 나와버렸을 뿐이었다.

다음날부터 우리는 집중적으로 외국인들을 만나기 시작했다. 국내에서의 도움은 더 이상 청할 만한 곳이 없다는 것을 우리는 확실히 인식하고 있었다. 우리는 철저히 주변과 격리되어 있었다. 대낮에도 길거리에서 숱한 사람들이 죽어 넘어지고 야밤이면 집에서 잠자던 사람들이 끌려나가 실종되는 마당에 누구라서 겁도 없이 우리를 도와줄 수 있을까. 야속한 마음도 없지 않았으나 그들을 원망할 수는 없는 일이었다. 또 미국대사관에 갔다가 어느 정도의 소득을 얻었다는 자신감도 있어서 우리는 이제 본격적으로 외국에 호소하기로 전략을 세웠다.

제일 먼저 종로5가의 NCC 인권위원회부터 찾아가 보았다. 거기가면 아무래도 외신 기자들을 만나기 쉬울 것이란 생각에서였다. 하지만 그곳은 더 이상 들어갈 수가 없었다. 우리를 따라다니는 아홉 명의 감시자들이 곱게 놓아둘 리가 만무였다. 한번은 인권위원회에 외신 기자가 모인다는 소식을 듣고 뒷길로 뛰어 연동교회 뒷담을 넘었다. 이종옥이 먼저 뛰고 다음에 김석중이 뛰었다. 마지막으로 박 장로가 뛰었는데, 나이 때문인지 그만 바닥에 나뒹굴고 말았다. 무릎이 심하게 까져서 피가 배어나왔다. 미안한 마음에 몸둘 바 없었지만 그래도 무사히 들어왔다는 기쁨에 절룩거리는 박 장로를 부축하고 지하주차장 쪽으로 들어섰다. 하지만 거기엔 또 다른 감시자가 있었다. 시경 소속의 형사가 별도로 배치되어 있었던 것이다. 그 대머리 형사는 오래 전부터 우리를 잘 알고 있는 전담이었다. 오랜 미운 정 때문이었는지 우릴 거칠게 대하지는 않았다. 오히려 걱정하는 투로 왜 이런 위험한 짓을 하시냐며 조심해서 돌아가시라고 살펴주었다.

　이때부터 우리와 감시자들의 숨가쁜 추격전이 시작되었다. 아침마다 우리는 각자 속옷과 양말과 성경책 등을 곱게 싼 보따리를 들고 집을 나왔다. 언제 소식을 들을지 몰라 이 보따리는 내내 들고 다녔다. 셋이서 만나면 어떻게 하면 감시자들을 따돌릴까부터 궁리했다. 한번은 원남동 고가차도 위에서 잠시 버스가 서 있는 틈을 이용해서 얼른 다른 버스로 바꿔 타보기도 하고, 택시를 타고 가다가 커브길에서 차가 지체될 때 박 장로만 남고 김석중과 이종옥은 재빨리 뛰어내리기도 했다. 이 방법은 제법 효과가 있어서 이후에도 몇 번 요긴하게 써먹었다. 그러나 매일같이 이들을 따돌리는 궁리를 하다 보니 훨씬 쉬운 방법을 찾을 수 있었다. 우릴 따라다니는 사람들의 하루 경비가 1천3백 원에 불과하다는 사실을 알게 된 것이다. 세 명이 모아봤자 4천 원. 당장 그날부터 우리는 하루에 1만 원씩 경비를 모았다. 그 돈으로 택시를 잡아 타고 하릴없이 서울 시내 드라이브를

즐겼다. 그렇게 몇 차례 돌아다니다 보면 결국엔 자금 부족으로 떨어져 버리는 것이었다. 이 방법으로 우리는 한동안 자유롭게 돌아다닐 수 있었다.

많은 외국인을 만났다. 그리고 그들의 도움은 아주 컸다. 악한 짓을 저지르고 있는 자들의 최종 목적은 두말할 것 없이 권력을 완벽하게 거머쥐는 것이었다. 저들이 가장 무서워하는 것은 외국으로부터 인정을 받지 못하는 것. 따라서 우리가 외국 언론에 저들의 실상을 공개하는 것은 악의 무리들에게 큰 타격이 될 것임에 틀림없다고 우리는 믿었다.

미행자를 따돌렸다 하더라도 남의 눈에 띄지 않게 외신 기자들을 만나는 것은 무척 어려운 일이었다. 이상하게도 민주화운동 과정에서 알게 된 외신 기자들은 만날 수가 없었다. 우리에게 우호적이던 외신 특파원들을 미리 솎아낸 것 같았다. 우리는 먼저 외국인 선교사들을 만나서 도움을 요청하는 한편, 사건내용을 상세히 적은 유인물을 만들어 외신 기자가 많은 연합통신 건물 9층에 올라가 방방마다 밀어넣었다. 이런 일은 주로 김석중과 이종옥이 맡았다. 성명서에는 가족대표로서 박 장로 이름을 넣었다. 만일 일이 잘못되어 잡혀가는 일이 생길 경우, 우리들은 아직 어린 학생들 뒷바라지를 해야 할 입장인 데 비해 박 장로는 자제들이 다 장성해 결혼했으므로 기꺼이 나섰던 것이다.

선교사들이 많은 도움을 주었다. 외국 언론과 연락을 취해주었고 외국 대통령에게 보내는 호소문도 기꺼이 전해주었다. 특히 미국인 선교사 박대인 목사는 그의 집에서 뉴욕타임스와 회견을 주선해 주었고, 부인 김진희 씨는 고립되어 있는 이희호 여사에게 시장을 본 바구니를 밀어넣어 주기도 하고 직접 만든 케이크를 전해주면서 혼자가 아니라는 희망을 갖게 해주었다.

캐나다에서 온 구미혜, 구혜련, 방매륜 씨의 도움도 컸으며, 슈바이처 씨를 비롯한 독일 선교사들은 유달리 우리의 일을 자기 일처럼 걱정하고 도와주려 노력했다. 그분들과 안병무 박사 덕분에 우리는 유력 언론지인 슈피겔과도 인터뷰를 가질 수 있었다.

그 무렵 우리는 감시자들을 따돌리기 위한 온갖 방법을 모색하고 있던 중, 저들의 허점을 발견하게 되었다. 밤엔 우리를 거의 감시하지 않는다는 사실이었다. 우리가 모두 가정주부여서 저녁에 집에 들어가면 밀린 집안일과 식구들 뒤치다꺼리를 하느라 한 번도 나오지 않았기 때문이었다. 저녁이 되어 집으로 들어서면 그림자들은 '재가 중'이라는 보고를 끝으로 감시의 눈길에 힘을 풀었다. 그러면 우리는 때론 뒷담을 넘기도 하고 때론 야음을 틈타 살며시 대문을 나섰던 것이다. 슈피겔의 기자들도 그렇게 해서 밤에 만났다. 독일문화원에서였다. 하소연 한번 제대로 할 곳 없어 가득 고여 있던 눈물을 펑펑 쏟아내며 겨우겨우 인터뷰를 마쳤을 때, 독일 기자는 사진을 찍겠다면서 우릴 뒤로 돌아서게 했다. 앞모습이 실리면 우리에게 해가 미칠까 봐서 뒷모습을 찍겠다는 배려였다. 등뒤에서 플래시 빛이 터질 때 신세가 얼마나 처량하게 느껴졌던지…….

돌아오는 내내 우리는 노래를 웅얼거렸다. 솔아 솔아 푸르른 솔아……. 내 머리는 너를 잊은 지 오래……. 길거리에서, 그리고 택시 안에서, 헤어질 때까지 실성한 사람처럼 끝도 없이 부르고 불렀다.

며칠 뒤, 우리는 색다른 기획을 하고는 함께 잡혀간 사람들의 부인들을 모두 불러모았다. 동교동 비서진 부인까지 모두 모이자 전세버스 한 대가 가득 찼다. 우린 강릉의 경포대로 차를 몰았다. 파도가 넘어 들어오는 넓은 모래사장에 우르르 달려가 냅다 소리를 지르기 시작했다. 누군가를 향해 욕설도 날렸다. 바람에 포르르 날아갈 뿐이었지만 그래도 시원했다. 더 악을 썼다. 남편 이름을 부르면서 아무개야 사랑한다고 소리치는 사람도 있었고, 마구 비명만 질러대는 사람도 있었다. 이렇게 많은 사람들이 같이 있다고 생각하니 더욱 힘이 솟았다. 점심을 먹고 돌아오다가, 시간이 조금 여유 있어 오죽헌 대나무숲에서 다시 내렸다. 누가 보건 말건 거기서도 목청껏 악을 써대기 시작했다. 서울로 되돌아오는 길에는 노래도 불렀다. 울면서……

시간은 속절없이 흘러 가까스레 파릇한 싹을 내밀던 서울 거리의 가로수들이 검푸른 잎으로 단장한 채 비를 맞고 있었다. 죽어간 수없이 많은 영혼들의 원한 때문인지 장마가 시작된 하늘은 전에 없이 무거워 보였다.

눅진하게 불어오는 바람결에, 한 가닥 소식이 묻어왔다. 끌려간 사람들이 중앙정보부에 갇혀 있다는 소식이었다. 이런 종류의 소식은 소문이라 할지라도 거의 정확했다. 아무리 꽁꽁 묶어두어도 결국 소식은 흘러나오는 법이었다. 더욱이 그 소식은 다름 아닌 한완상 교수 주변에서 나온 것이어서 더 믿을 만했다. 제자가 많다 보면 별의별 사람이 다 있게 마련이었다. 제자 중에 중정 요원이 있다는 것이었다. 나중에 알게 된 일이지만, 거의 두 달 가까이 이런 소문조차 흘러나오지 않았던 데에는 그만한 이유가 있었다. 남편을 붙잡아간 사람들은 물론 신문을 담당한 사람들까지도 그 안에서 나오지 못하도록 철저하게 통제했다는 것이다. 지독할 정도로 무서운 사람들이었다.

남편들이 어디 있는지 알게 된 이상, 우리는 보다 적극적으로 나서기 시작했다. 맥을 잃어가던 우리의 발걸음에도 다시 활기가 붙었다. 그러나 우리의 구명운동이 구체적으로 진행되기도 전에 저쪽에서 먼저 김석중에게 연락이 왔다. 한밤중에 끌려나가는 남편을 본 지 두 달이 다 되어가던 7월 12일이었다. 그 기간 동안 이문영 박사는 중앙정보부 지하 2층에서 네 명의 신문 담당자들로부터 고초를 겪고 있었다. 단 한 시간을 버티기 힘들다는 중앙정보부 지하실에서

두 달씩이나 있었던 남편. 제발 살아 있기나 하라고 빌고 또 빌었다.
　김석중의 집으로 전화 연락을 해온 사람은 정인봉이었다. 그는 자신이 이 박사의 담당검사관이라고 밝혔다.
「이 박사가 읽을 책을 가지고 육군본부로 들어오십시오.」
　얼마나 기뻤는지 모른다. 최소한 살아 있다는 것만으로도 더없이 다행한 일이었다. 이종옥도 같은 연락을 받은 모양이었다. 둘이서 함께 정인봉을 찾아가자 그는 우리의 구치소 보따리 속에서 책만 받아들었다. 자기가 전해주겠다는 것이었다. 언제 만날 수 있느냐고 물었더니 며칠 이내라고만 짤막하게 대답했다.
　그의 말은 사실이었다. 바로 다음날 누런 색깔의 종이 한 장이 우편으로 배달되었다. 육군교도소 소장이 보낸 이송통지서였다. 7월 10일 육군교도소로 이송되었다는 사실 통보가 내용의 전부였다.
　한달음에 남한산성으로 달려갔다. 수유리에서 탄 택시 기사는 용케도 남한산성 육군교도소 가는 길을 잘 알고 있었다. 서울을 벗어나 넓은 들판을 한참 달리더니 성남 못미처에서 산속 길로 방향을 틀었다. 얼마간 산속으로 들어가자 커다란 철문이 길을 가로막고 서 있었다. 일반교도소와는 달리 좌우론 담장 대신 철조망이 둘러져 있었고, 철망 안에는 군 막사로 보이는 건물이 몇 동 있었다. 교도소 본 건물은 보이지가 않았다.
　철문 한켠에 '희망대'라는 이름이 커다랗게 씌어 있었다. 어설퍼 보이는 이름이었지만, 이곳에 남편과 동지들이 살아 있다고 생각하니 희망이 넘쳐나는 그럴듯한 이름으로 보였다.
　위병소에서 면회를 신청하고 기다렸다. 한 사람씩 순번대로 3분씩의 면회시간이 주어졌다. 제일 먼저 박 장로가 헌병 지프에 올라탔다. 면회장소는 하얀색 건물인데 정문과 교도소 건물 중간쯤에 위치해 있었다. 박 장로를 태운 지프가 출발하자 위병은 무전기에 대고 이렇게 보고했다.

「도봉산 1호 출발한다. 이상.」

면회를 마친 박 장로가 손수건을 눈가에 댄 채 나오자, 이번에는 도봉산 1호가 도착했다고 무전을 했다. 뒤를 이어 김석중이 지프에 올랐다. 그러자 위병은 도봉산 2호가 출발한다고 보고했다. 우리가 도봉산 근처에 살아서 그런 번호를 붙인 모양이다.

두근거리는 가슴을 눌러가면서 면회실로 들어섰다. 면회실은 의외로 좋았다. 가운데께에 책상 하나가 놓여 있었다. 거기에 직접 마주 앉아 면회할 수 있게 되어 있었다. 구멍 몇 개 뚫린 두꺼운 유리로 가로막혀 있는 일반교도소의 면회실에 비하면 너무나 인간적이었다. 원래가 그런 것인지, 아니면 군인만 수용하던 교도소에 처음으로 민간인이 수용되었기 때문에 특별히 배려한 것인지는 알 수 없었지만, 민간인 교도소보다 살벌할 것이라는 예상과는 너무나 달랐다. 옆에 군인 몇 명이 서 있고 그 중 가장 상급자로 보이는 소령 계급이 사사건건 말을 못 하게 막는 것만 빼면 말이다.

이문영 박사는 너무 말라 있었다. 몸무게가 반 이상 줄어든 것 같아 보였다. 하얀 옷을 입고 있어서 더 그랬다. 기근이 든 아프리카 사람을 보는 것 같았다. 움푹 팬 볼 위에서 광대뼈가 턱도 없이 튀어나와 있었다. 머리카락은 단정하게 자르고 있었으나 너무 푸석거려 보였고, 목에는 핏줄이 셀 수 있을 정도로 다 드러나 있었다. 그나마 움푹 꺼진 눈두덩에서 눈이라도 반짝거리지 않았다면 시체가 걸어오는 것으로 보였을 터였다. 입에선 아무 말도 나오지 않았고, 눈물만 쉴새없이 입가로 흘러내리고 있었다.

이문영 박사는 앞에 놓인 의자에 앉으면서 가느다랗게 웃었다. 그 웃음이 아니었다면, 이 사람이 정말 남편이라는 확신을 가지지 못했을지도 몰랐다. 지금은 그때 처음 마주앉은 자리에서 무슨 얘기를 나누었는지 기억나지 않는다. 하고 싶은 말을 맘대로 할 수 있게 해 줄 리도 없거니와, 그렇게 만나고 싶었던 남편인데도 막상 만나고 나니 딱히 할말도 없었다. 고생 많았냐는 말을 물어 무엇할 것이며, 걱정 많이 했겠다고 남편이 물어온들 딱히 대꾸할 필요도 없는 일이었다. 남편의 웃음을 본 것만으로도, 그리고 눈가에서 눈물이 마르지 않았다는 것을 남편에게 보여준 것만으로도, 그저 이렇게 마주앉아 잠시 쳐다볼 수 있는 것만으로도 첫 면회는 충분히 잘 끝났다고 얘기할 수 있을 것이었다.

첫 면회를 마치고 나온 김석중은 그 벅찬 감정을 오래도록 유지할 수가 없었다. 도봉산 3호가 되어야 할 이종옥이 남편인 이해동 목사를 만나지 못한 것이었다. 이 목사는 이곳에 수감되어 있지 않았던 것이다.

며칠 뒤, 이해동 목사가 서대문구치소에 있다는 사실을 알아낸 이종옥은 우리와 함께 면회를 갔다. 이호철 씨 부인과 유인호 씨 부인도 와 있었다. 무슨 일 때문인지는 모르지만 같은 사건인데도 육군교도소와 서대문구치소로 나뉘어 있었던 것이다.

첫 면회를 마친 뒤부터 우리의 발걸음은 더욱 바빠지기 시작했다. 면회시간은 매주 수요일 3분간뿐이었으므로 나머지 시간은 온통 구명운동에 쏟아부을 수 있었다. 생사조차 모르던 이전까지와는 달리 이제 우리는 이전의 강인한 아내로 돌아가고 있었다. 그즈음 신문은 이 사건으로 온통 대서특필이었다. 이른바 '김대중 내란음모사건'이었다. 김대중 씨가 주동해서 학생들을 부추겨 내란을 일으켰다는 것이다.

어이없게도 안에 있는 사람들은 이런 사실조차 모르고 있었다. 정작 당사자들은 자신들의 목에 무슨 죄목이 걸려 있는지도 정확하게 모르고 있었던 것이다. 아니, 광주에서 그런 일이 있었다는 사실마저 아무도 모르고 있었다. 그 사실을 알려줄 방법이 없어 고심했는데, 문 목사의 모친께서 기지를 발휘하셨다. 아들과 며느리가 만나서 애기하고 있는 동안 모친은 내내 기도를 하셨다. 기도 내용 중에 은근 슬쩍 광주에서 4·19보다 큰 난리가 나고……, 운운하며 광주 일을 귀띔해 주셨던 것이다.
　우리는 이 사건의 진실을 알리기 위해 발이 부르트도록 뛰어다녔다. 만나는 사람마다 이 사건이 당사자조차 모르는 조작된 것이라고 설명했다. 하지만 너무나 힘든 작업이었다. 언론은 결코 우리 편이 되어주지 않았다. 저들의 주장만 실어줄 뿐 우리의 피눈물 나는 절규는 한 토막도 실어주지 않았다. 어느 한 사람 선뜻 우리의 편에 서주려 하지 않았다. 저들의 주장을 믿지 않는 사람도 없진 않을 것이지만, 그렇게 무서운 시대에서는 그들의 입이 쉽게 열리지 않는 것이었다.
　제일 화급한 것은 변호사 선임이었다. 이제 투쟁 장소가 재판정으로 옮겨간 이상 그 싸움을 이끌 유능하고도 정의감이 투철한 변호사를 찾는 것이 급선무였다.
　박세경 변호사가 먼저 생각났다. 박세경 씨는 3·1사건 때도 변호를 맡아준 사람으로서 신의가 있는 분이었다. 우리의 부탁을 받은 박세경 변호사는 두말할 것도 없이 선뜻 응낙을 하고는 곧 변호인단을 구성하겠다며 3·1 멤버들에게 연락을 취했다. 그러나 저들은 이 것까지도 미리 예상해 둔 것 같았다. 박세경 씨는 물론이고 변호인단에 참여하려던 다른 변호사들까지도 무언가 죄목을 걸어 몽땅 잡아갔던 것이다. 박세경 씨는 구속되었고, 나머지 사람들은 1년간 영업정지를 내려서 변호사 일을 못하게 만들었다.
　이 정도면 나서줄 변호사를 찾기가 여간 어려운 일이 아닐 터였다. 영업정지를 받은 변호사 중 한 사람인 이돈명 씨에게 자문을 구했다. 그가 가르쳐준 방법은 간단했다. 변호사 사무실을 가가호호 전부 방문하라는 것이었다. 그렇게 해서도 안 되면 이 재판은 국제적으로 큰 비난을 받게 된다는 것이었다. 그러면 저들이 더 이상 막을 수 없게 된다는 이야기였다. 일리가 있었다.

　구속자 가족들이 전부 모여서 3인 1조로 팀을 짰다. 7월 29일부터 시작했다. 찌는 듯한 삼복 더위에 우리 셋은 한 조를 이루어 서대문 일대를 돌기 시작했다. 우리는 모두 1백 군데가 넘는 변호사 사무실을 헤맸다. 그러나 모두 한결같이 거부했다. 어느 누구도 이 사건은 맡지 못하겠다는 것이다. 못 맡는 이유도 다양했다. 어떤 사람은 솔직하게 말했다. 무서워서 못 하겠다고. 어떤 사람은 아예 우릴 안 만나려고 자리를 피했고, 어떤 사람은 능력이 부족해서 자신이 없다며 물러섰다. 미리부터 짐작했던 결과였지만, 막상 아무도 변호사가 되어주겠다는 사람이 나오지 않자 허망하기 이를 데 없었다. 우릴 거부한 그들이 너무 원망스러웠고, 너무 외로웠으며, 저들의 힘이 너무 강해 무서웠다.

　우리는 계획대로 국제앰네스티에 호소했다. 우리가 방문한 변호사 명단과 방문 일자, 그리고 거부 사유까지 기록한 자료를 첨부한 호소문이었다.

　일이 여기에 이르자 예상했던 대로 안달이 난 것은 저쪽이었다. 중앙정보부 사람들이 우리를 졸졸 쫓아다니면서 제발 변호사를 선임하라고 졸랐다.

　하지만 우리는 끝내 그들의 회유책을 뿌리쳤다. 국선변호인으로 재판을 강행했던 것이다. 단지 김대중 씨만 예외로 했다. 김대중 씨는 죽일 것이라는 소문이 돌고 있었기 때문이다. 이희호 여사는 허경만 씨를 선임했다. 그러던 중에 소문은 점점 더 선명해지더니 마침내 소문 끝자락에 명년 1월 6일 사형할 것이라는 날짜까지 매달려서 튀어나오기 시작했다. 우리는 한동안 울면서 거리를 쏘다녔다.

　한편으로 안에 있는 사람들의 옥바라지 투쟁도 본격적으로 불붙기 시작했다. 특히 육군교도소는 민간인을 수용했던 전례가 없어서 오히려 좋은 면도 있었지만, 대체로 모든 면에서 어수선하고 일관된 규칙이 없었다.

  제일 먼저 싸운 것은 면회 때문이었다. 행형법상 형이 확정되기 전까지는 날마다 면회를 할 수가 있는데, 매주 수요일만 한차례씩 허용하는 것이었다. 우리는 날마다 몰려가서 농성을 벌였다. 철창문을 열라며 흔들고 소리쳤다.

  한번은 수요일인데도 면회신청 접수를 받지 않았다. 이런 일이 벌어지면 가족들의 불안은 이루 말할 수 없었다. 안에서 무슨 사고라도 난 건 아닌지, 몹쓸 병이라도 생긴 것은 아닌지, 맞아서 다친 것은 아닌지. 방정맞은 별의별 생각이 다 나게 마련이었다. 가족들은 눈에 보이는 것이 없었다. 우리는 아예 위병소를 점령해 버렸다. 놀란 위병소 군인들이 제지하려고 했지만, 이런 일에 경험이 없어 순박하기만 한 그들은 노련하고 억척스러운 데다가 악다구니까지 해대는 우리 아줌마 부대의 적수가 될 수 없었다. 군인들은 여자들이 한꺼번에 위병소로 들이닥치자 어떻게 해야 할지 몰라 쩔쩔매기만 할 뿐 감당할 엄두조차 내지 못했다. 이때 누군가가 솥단지까지 들고 들어왔다. 유인호 교수 부인인 김정완 씨의 차 트렁크에 마침 솥이 실려 있었던 것이다. 그걸 위병소 한복판에 걸어놓고 밥 지을 준비를 하고, 가지고 온 음식들을 그 옆에 몽땅 풀어놓고는, 보자기를 깔고 주저앉아 장기전에 돌입했다. 보따리를 베게 삼아 벌써 드러누운 사람도 있었다. 면회를 시켜주지 않으면 한발짝도 물러서지 않겠다며 버텼다. 결국 성남경찰서 소속의 기동대가 출동하고 말았다. 우리는 끌려나가지 않으려고 철망에 달라붙었다. 끌어내리려고 하면 더 높이 올라가고, 따라서 올라오면 발을 휘두르며 반항했다. 그들은 우리를 하나씩 떼어내는 대로 차에 싣고 한 시간쯤 내달리다가 낯선 곳에 내려놓고 가버렸다.

  나중에 알고 보니 이학봉이 문 목사를 회유하려고 밖으로 데려가는 바람에 면회가 되지 않았다는 것이다. 이학봉은 그날 문 목사를 회유하는 데 실패하자 박 장로에게 손길을 뻗쳤다. NCC 인권위원회 조남기 목사를 통해서 만나자고 제의해 온 것이다. 박 장로는 일언지하에 거절해 버렸다. 전두환이라면 만나겠지만, 그 졸개들과는 절대 만나지 않겠다고 분명히 말했다. 그렇게 한 데에는 이번 사건에 정치인이 끼여 있다 해서 인권위원회가 도움을 주지 않은 데 대한 섭섭함도 작용했다.

안에 있는 사람들도 나름대로 수시로 단식을 하는 등 지속적인 투쟁을 해나갔다. 교도소당국은 골치 아픈 민간인 수용자들의 거센 투쟁에 밀려 많은 부분 환경을 개선해 주었다. 음식물 반입이 허용된 것도 그 결과였고, 면회객 제한도 없어져 이후부터는 아이들도 자주 데려갈 수 있었다. 특히 행형법에 밝은 이 박사는 아주 사소한 것들까지도 얻을 수 있는 권리란 권리는 다 챙겼다. 법과 논리를 정확하게 들고 나오면 군인들은 더 이상 골치를 썩이기 싫었던지 대부분 들어주었던 것이다. 나중에는 일곱 명이 한꺼번에 모여서 얘기를 나눌 수 있게도 되었고, 같이 목욕도 할 수 있게 해주었다.

하지만 김대중 씨만큼은 여전히 철저하게 격리되었다. 이희호 여사도 마찬가지였다. 아예 면회 날짜를 다르게 해놓았고, 그 댁에는 여전히 접근할 수가 없었다. 단 한 번, 이희호 여사가 친정의 제사에 참석하게 해달라고 요청하고는 몰래 사람을 보내 우리를 친정으로 오게 한 것이 만남의 전부였다. 우리는 감시자들을 따돌린 채 먼저 가서 집 안에 숨어 있다가 살짝 만날 수 있었다.

8월 4일 첫 공판이 열렸다. 가족들과의 첫 면회가 있은 지 20일도 되지 않았고, 더욱이 안에 있는 사람들은 자신들에게 얽혀진 혐의가 정확히 무엇인지조차 모르고 있는 상태였으니 제대로 된 재판 준비란 애초부터 불가능한 상태였다. '광주사태'라는 것이 있었다는 것도 모르고 있었으니 말이다.

하지만 저들은 아랑곳하지 않고 일사천리로 재판을 진행시켰다. 그때까지 모두 변호사 선임을 안 하고 있었는데, 갑자기 이세중 변호사가 한밤중에 잡혀갔다. 이 변호사는 슬리퍼 차림으로 헌병에게 끌려가 육군교도소에서 이문영 박사를 만났다. 그 자리에서 강제로 이 박사의 변호사로 선임시킨 것이다. 피의자 중 한 명도 변호사 선임을 하지 못했다는 국제적인 비난이 두렵기도 했을 것이다. 김대중 씨 외에 유일한 선임변호사였던 이세중 씨는 결국 얼마 가지 않아 엉터리 재판을 그만두겠다며 가족들에게 의논을 해왔다. 김석중 역시 그게 좋겠다는 생각이어서 선선히 사퇴서 제출을 승낙해 주었다.

우리는 친인척으로부터 압박을 받았다. 저들이 친인척을 찾아다니며 협박하고 회유해서는 찾아오게 만든 것이었다. 고문받은 사실을 발설하지 말라는 얘기들이었다. 이런 일은 우리뿐만이 아니라 거의 모든 가족들이 겪었다. 하지만 누구 한 사람 그 말을 믿거나 수락할 사람은 없었다. 편하게 살고 싶었으면 처음부터 이런 일을 겪지 않았을 거였다.

재판은 비공개 군사재판이었다. 내신 기자는 한 사람도 들어오지 못했고, 외신 기자 두 명에게만 방청권이 주어졌다. 가족에게도 피의자 한 사람당 1매씩만 방청권이 배당되었다. 우리는 그 방청권을 무시해 버렸다. 방청권을 찾지 않고 그냥 재판정으로 들어갔던 것이다. 그런다 하더라도 가족들을 안 들여보낼 수는 없는 일이어서 그들은 신분을 확인하고 한 명씩만 통과시켰다.

가족들은 육군본부 입구에서 군용버스에 태워졌다. 버스는 재판정 건물에 다다르기 전 마당에서 세워졌다. 거기서 모든 소지품이 압수되었다. 특히 필기도구는 절대불가였다. 그러고도 모자라 우리는 다시 재판정 인근에 급히 만들어진 임시 가건물로 끌려 들어갔다. 그 안에서 다시 철저한 몸 수색이 있었다. 완전히 맨손으로 들어가게 하는 것이었다. 재판정에 들어가 보니 재판관이 있는 단상만 빼고 3

면 전체가 제복을 입은 헌병들로 꽉 메워져 있었다. 피고들은 그 앞 피고석에 앉아 있었는데, 온몸이 묶여 있었으며 양편에 헌병이 한 명씩 앉아 있었다.

그건 우리 가족들도 마찬가지였다. 빡빡머리의 사복 청년들이 가족 한 사람당 두 명씩 지키고 앉아 있는 것이었다.

공판 첫날부터 고문 사실이 불거져나왔다. 변호사의 입에서가 아니라 피의자의 입에서였다. 피고 중 맨 마지막 차례로 일어선 이 박사는 귀찮다는 듯이 퉁명스럽게 말했다.

「고문을 많이 받아서 오래 버티기 힘드니까 시간 끌지 말고 재판을 빨리 끝내주시오.」

이 재판을 도저히 인정할 수 없으니 아무렇게나 빨리 끝내달라는 소리였다.

재판은 처음부터 끝까지 엉터리였다. 도저히 지켜보고 있기조차 가증스러웠다. 국선변호인들은 처음부터 이길 생각이 없는 듯, 자기 차례가 되면 아무 말이나 지껄이며 시간만 때웠다. 물론 그 중에서도 소신껏 일하는 사람이 없는 것은 아니었다. 소정팔 변호사가 그런 사람이었다. 그는 검사측의 주장이 터무니없다고 일축해 버렸다.

「내란사건이라고 하는데, 피고들은 각목이나 화염병은커녕 부지깽이와 박카스 병 하나 가지고 다녔다는 증거는 물론, 사실기록도 기소장에 없다. 도대체 뭘 들고 내란을 하려 했다는 말이냐?」

이렇게 따지고 덤벼든 그는 재판 중간에 쫓겨나 소식이 두절되었다.

다시 채워진 국선변호인들은 소정팔 씨처럼 쫓겨나는 일이 없도록 무던히도 애를 썼다. 피고인들은 자신의 변호사가 무슨 말을 하든지 도통 관심이 없다는 표정들이었는데, 젊고 혈기가 왕성한 송기원 씨가 그만 참지 못하고 버럭 소리를 질렀다.

「야, 이 자식아! 너, 하지 마! 도저히 못 들어주겠으니까 너 그만

해! 변론하지 말라구!」
그랬더니 변호사인 김숙현도 지지 않고 대응했다.
「이 자식이라니! 넌 애비 에미도 없냐? 새파랗게 젊은 놈이……..」
「네가 지금 변호사냐, 검사냐? 아무리 조작이라도 그렇지, 이건 뭐 삼류소설보다 못한 얘길 지껄이고 있잖아.」
송기원 씨는 당장 그에게 달려들 기세였으나 곁에서 붙잡고 있던 헌병들의 완력에 의해 그만 주저앉고 말았다. 우리 가족들도 일제히 일어나 집어치우라고 소동을 벌였다. 옆에 있던 빡빡머리들이 우리의 팔다리를 붙잡고 입을 틀어막았다.
그러는 중에도 재판은 계속 진행되었다. 변호사가 피고를 옹호하는 것인지 검사관측을 옹호하는 것인지 얼토당토않은 말을 계속하자 참다 못한 김종완 씨도 소리쳤다.
「야, 이 자식아! 입 닥치라는 데 왜 자꾸 하구 있어? 피고가 변론하지 말라는데 왜 자꾸 헛소리야, 헛소리가.」
다시금 고성과 삿대질이 오가는 난장판이 되어버렸다. 도대체 처음부터 재판이랄 수가 없는 것이었다.
끝내 문익환 목사가 일어섰다.
「재판부 기피신청을 하겠소. 우린 이런 재판을 받고 싶지가 않소.」
그러자 김대중 씨가 먼저 일어났고, 나머지 사람들도 그 뒤를 따라 걸어나가 버렸다.
재판정 안에서 이런 일이 일어나고 있다는 사실을 바깥세상에 알릴 사람은 우리 가족뿐이었다. 어차피 국내 언론은 외면하고 있으니 포기하더라도, 국제사회에만큼은 이번 일의 진행을 분명히 알려야 했다.
그 일을 하는 데에 가장 걸림돌은 재판정에 필기구를 가지고 갈 수 없다는 것이었다. 필기구가 없으니 재판기록을 할 수가 없었다. 생각다 못해 볼펜 심만 빼내어 숨겨 들어가는 시도를 해보았다. 가지고 들어가는 데에는 일단 성공했지만, 그걸 꺼내자마자 옆의 빡빡머리에게 뺏기고 말았다. 연필심을 부러뜨려서 갖고 가봤어도 그걸 가지고 빠르게 진행되는 재판을 따라갈 수는 없는 노릇이었다. 한번은 송기원 씨 부인 백은숙 씨가 초소형 녹음기를 고무줄로 묶어서 치맛속 허벅지에 매달고 들어가는 데 성공했다. 하지만 밖에서 틀어보니 하나도 알아들을 수가 없었다. 거리가 너무 멀었던 것이다.

어쩔 수 없었다. 우리는 각기 한 사람씩 배정했다. 재판관이 하는 말만 외우는 사람, 검사관이 하는 말만 외우는 사람, 변호사가 하는 말만 외우는 사람 등으로 나누었던 것이다. 휴식시간이나 점심시간이 되면 얼른 밖으로 나와서 잊어버리기 전에 자기가 외운 것을 읊어내고 그걸 받아적었다. 정확하지는 않지만 이렇게라도 해야만 바깥 세상 사람들에게 알릴 수 있었다.

공판이 있을 때마다 우리는 성명서를 만들어 발표했다. 그리고 그 성명서와 호소문 등을 세계 각지의 인사들에게 보내는 데 총력을 기울였다. 우편을 이용할 수가 없으니 외국으로 나가는 사람의 신발 밑창에 넣기도 하고, 선교사에게 부탁하기도 하고, 미행을 따돌린 뒤 외신 기자의 방을 직접 찾아가서 밀어넣기도 했다.

우리의 이런 노력에도 불구하고 재판은 계속 저들의 의도대로만 진행되었다. 피고측이 요청한 증인은 단 한 사람만 채택되었다. 이태영 박사가 그분인데, 아마 이 박사가 여자라는 것 때문에 저들이 받아들여 준 것 같았다. 서슬 퍼런 군사재판에서, 그것도 내란사건 재판이 진행되고 있는데 피고를 옹호할 배짱을 가진 여자가 설마 있으랴는 생각에서였을 것이다. 그러나 그들은 이 박사를 몰랐다. 이 박사는 당당하게 나서서 김대중 씨가 한민통 의장을 몇 번이나 사양했었다는 진술을 해주었다. 그런 사람이 어떻게 빨갱이냐는 것이다. 재판이 끝난 뒤 이 박사는 우리에게 더워서 혼났다고 말했다. 그 자리에서 끌려갈지도 모를 일이어서 미리 속옷과 치마를 여러 겹 껴

입고 재판정에 들어갔다는 것이었다.
 마침내 검사관의 구형이 끝나고 재판관의 선고가 내려졌다.
 피고 김대중, 사형……,
 이 말이 떨어지기가 무섭게 누가 먼저랄 것도 없이 방청석에서 애국가가 울려 퍼지기 시작했다. 피고들도 같이 부르고 있었다. 당황한 빡빡머리들이 얼른 우리의 입을 손바닥으로 막았다. 이종옥은 그 손을 야무지게 깨물어버렸고, 다른 사람들도 힘껏 밀쳐내며 계속 불러댔다. 빡빡머리들이 힘을 주어 우릴 제압하려 했다. 우린 발버둥을 치면서도 더 크게, 점점 더 크게 악을 쓰기 시작했다. 빡빡머리들은 더 제지할 수 없다고 판단했는지 우리를 밖으로 끌어내려 했다. 기를 쓰고 버텨보았지만 여럿이서 번쩍 들고 나가는 데에는 도리가 없었다. 신발짝이 나뒹구는 아수라장 속에서 박 장로가 혼절하는 모습이 순간적으로 눈에 들어왔다. 김석중은 있는 힘을 다해 장로님을 불렀다. 다행히도 박 장로는 완전히 넋을 놓진 않았는지 들려나가면서도 희미하게나마 계속 노래를 따라 부르고 있는 것이었다. 계속해서 이어지는 '우리 승리하리라'를 말이다.
 헌병들은 우리가 끌려나올 때마다 한 명씩 차에 태워 어디론가 데려갔다. 어딘지 모르는 으슥한 곳에 차를 세우더니 내리라는 것이었다. 김석중은 혼자 울면서 터덜터덜 걸어서 무작정 건물이 많이 몰려 있는 곳으로 갔다. 버스가 오길래 올라탔다. 버스 안에서도 내내 울었다. 가다가 눈에 익은 거리가 나오길래 버스에서 내려 집으로 가는 차를 갈아탔다. 그 동안에도 눈물은 내내 멈추질 않았다.

 1심재판이 끝난 것은 여름이 지나고 아침저녁으로 찬바람이 불기 시작할 무렵이었다. 일부 정치군인들의 빗나간 야망에 의해 시작된 이 사건은 군사재판을 통해 그들의 의도대로 모두 유죄를 선고한 채 잠시 휴지기를 맞았다.

서남동 목사와 한완상 교수, 이호철 씨, 김녹영 씨 등이 집행유예로 먼저 나오고, 서대문에 있던 사람들은 모두 육군교도소로 이송되었다.

서대문보다는 여러 가지로 여건이 좋아서 모두들 좋아했는데, 특히 이해동 목사가 좋아했다. 요리하기를 좋아하는 이종옥은 그 바쁜 와중에도 이 목사가 좋아하는 삶은 돼지고기며 각종 야채, 그리고 햇밤 같은 간식거리를 꼬박꼬박 들고 들어갔다. 그때마다 결혼을 안 한 고은 씨 몫까지 꼬박꼬박 챙겨주었다. 이 목사는 육군교도소를 천국이라고 표현했다. 그는 이곳으로 이송된 뒤 동지들과 얘기를 나누면서부터 이전까지의 침울한 표정을 차츰 걷어내기 시작했다. 자유로운 면회 분위기를 즐기면서 이종옥은 이 목사와 뽀뽀까지 했다고 털어놓았다.

이 박사의 얼굴도 조금씩 옛모습을 찾아가고 있었다. 왕성한 식욕도 되살아났다. 교도소 안에서 가장 견디기 어려운 것이 무엇이냐고 물었더니 이 박사는 두 번 생각도 않고 '단식'이라고 대답했다. 안에 있는 사람들이 할 수 있는 투쟁의 방법이란 것이 한계가 있어서 단식 외에는 별다른 것이 없었다. 그래서 단식투쟁을 자주 하는데, 식욕이 강한 이 박사는 그게 제일 견디기 어렵다는 것이다. 그렇게 힘든 싸움을 하면서도 이 박사가 예전의 기백을 되찾고 있는 것 같아 기쁘기 그지없었다.

첫 공판이 시작된 지 한 달여 만에 1심재판이 끝났다. 한 사람을 죽이려는 결정이 이렇게 쉽게 내려진다는 사실이 도저히 믿어지지 않았다. 사형이라는 말은, 이전까지 숱하게 들어온 징역형과는 근본적으로 느낌이 달랐다. 몹쓸 사람들……. 우리 가족들은 변함없이 구명운동에 온 힘을 쏟고 있었으나, 자꾸만 사형이라는 말이 눈앞을 막아서서 자주 침울해지곤 했다.

항소심 역시 그다지 시간이 걸리지 않았다. 결과까지도 비슷했다.

예상한 바였다. 어차피 저들 스스로 각본을 개작하지 않는 이상 바뀔 것은 없었다.

　항소심 후에는 더 이상 육군교도소에 함께 가두지 않았다. 전국의 교도소마다 한 명씩 뿔뿔이 분산시켰던 것이다. 유인호 씨와 송건호 씨는 항소심이 끝난 일주일 후 형의 확정판결이 내려져 육군교도소를 출감하고, 나머지 사람들은 이제 제 몫의 굴레를 짊어지고 혼자서 살아가야 했다. 서로 헤어지면서도 남편들은 조금도 의지가 굽혀지지 않는 모습이었다. 교도소 숫자가 모자랐던지 한승헌 변호사는 김천의 소년교도소로 가게 되었는데, 자신이 소년 같아서 선택되었다며 가족들에게 즐거운 얼굴까지 해주었다.

　이제 제일 걱정되는 것은 추위였다. 11월. 벌써부터 아침저녁으로는 초겨울 날씨를 보이고 있었다. 설악산과 오대산에 첫서리가 내렸다는 소식이 들린 지도 오래였다. 온기라고는 전혀 없는 시멘트 바닥에서 또 어떻게 한겨울을 날지……. 박 장로는 남편의 발에 동상이 벌겋게 올라 진물이 흐르던 기억이 떠오른다며 다시 도지면 어떡하냐고 자주 눈시울을 붉혔다. 아이들 때문에 진작 보일러를 가동시켜야 했는데도 나는 아직 망설이고 있었다.

　이 박사는 김해교도소로 내려갔다. 형이 확정적이었기 때문에 지방으로 이감된 후에는 자유롭게 서신을 교환할 수가 있었다. 아이들 때문에 그렇게 자주 내려가지 못하는 대신 매일 편지를 쓰는 것이 중요한 일과였다. 안에 있는 사람에겐 밖의 사람들이 잊지 않고 있다는 믿음을 계속해서 확인시켜 주는 것이 무엇보다 큰 도움이 된다는 사실을 잘 알고 있었다.

　가능하면 자주 면회를 가는 것은 물론이었고, 시간이 날 때마다 여럿이 함께 내려가기도 했다. 면회 올 사람이 별로 없는 이신범 씨 같은 사람에겐 이모라고 속이고 대신 면회를 해주기도 했다.

　예전처럼 많이 가보지는 못하는 대신, 우린 서울에서 구명운동을 가일층 열심히 펼쳐나갔다. 이즈음부터는 농성까지도 서슴지 않았다. 몰래 플래카드를 만들어 기독교회관 6층의 인권위원회 사무실로 몰려들었다. 문을 걸어 잠근 뒤, 창문을 열고 그 동안 속에 담고 있던 말들을 모조리 거리에 쏟아부었다. 발 밑에는 전경들만 새까맣게 몰려 있어서 시민들은 멀찌감치 떨어진 곳에서 바라보고 있었지만, 우리는 개의치 않고 열심히 그들에게 소리쳐서 진실을 알려주었다.

항상 3일째가 가장 위험한 법이다. 그즈음 우리는 지쳐 있었다. 농성에 지친 것이 아니라 비워둔 집과 아이들 걱정에 너도나도 안절부절못하고 있었다. 하지만 농성이라는 것이 언제나 그렇듯이 시작보다 끝이 중요했다. 우리는 어떻게 하면 멋있게 끝낼 수 있을까 고민했지만, 마땅한 방법이 없었다. 슬그머니 집으로 돌아가는 맥 풀린 모습을 보일 수는 없는 노릇이었다. 방법이 없었으므로 이제나저제나 목 빼고 기다릴 수밖에 없었다. 아니나다를까, 3일째 밤이 되자 기다리던 사람들이 나타났다. 한밤중에 새까맣게 기어 올라오는 것은 틀림없이 전경들이었다. 우리는 다시 원기 있게 옹골찬 구호를 외치며 멋있게 진압되어 주었다.

농성장에는 문익환 목사님 댁 식구가 많이 와 있었다. 문 목사님의 모친, 아들 문성근 씨, 그리고 손자 바우 군까지 4대가 모두 와서 농성 시작부터 끝까지 참여했다. 박 장로는 손자를 교회에 가자는 말로 데려온 모양이었다. 며칠이 지나자 바우 군이 지쳤는지 할머니더러 다시는 이런 교회에 오지 말자고 투정 부리는 것이었다.

한 가지 다행스러운 것은 아이들이 주름 없이 잘 자라준다는 것이었다. 학교에 아이들 아버지를 빨갱이로 몰아가는 공문이 내려왔는데도 불구하고 아이들은 제 아버지를 이해하고 믿었다. 이 박사의 큰딸은 이 문제를 심각하게 받아들이는 눈치였지만, 이제 사리를 분별할 줄 아는 나이였으므로 김석중은 그 애가 잘 생각할 것으로 믿고 있었다. 김석중의 고1인 아들은 사내라서 그런지 모든 걸 그리 심각하게 생각하지 않았다. 오히려 학교에서도 제가 먼저 나서서 아버지가 잡혀갔다고 친구들에게 너스레를 떨어버리는 것이었다. 문제는 중학교에 다니는 막내딸이었다. 그 아이는 표현을 잘 안 했다. 그래서 늘 신경이 쓰였는데, 다행히 우울해하거나 고민하는 기미는 보이지 않았다.

　박 장로야 자제분들이 다 장성했으니 걱정 없고, 이해동 목사 댁이 가장 걱정이었다. 그 집 아이들은 이문영 박사 댁보다 어린 편이어서 충격을 받지 않을까 조심스러웠다. 하지만 이런 기우는 쓸데없는 것이라는 것을 곧 알게 되었다. 이 목사 댁 큰아들이 고2였는데, 어느 날 담임선생님이 부르더니 네 아버지는 훌륭한 분이고 훌륭한 일을 하시다가 고초를 겪고 계신 것이라며 아이를 다독거려주었다는 것이다.

　그 소리를 전해 듣고서, 우리는 한동안 세상 사람들에 대해 서운한 감정을 가졌던 것이 못내 부끄러웠다. 보이지 않는 곳에서 우리의 올바른 투쟁을 밀어주고 있는 사람들이 의외로 많은 것이었다. 김석중 역시 아이 학교의 교장선생님이 등록금을 면제시켜 준 적이 있지 않은가. 지금은 너무나 악독한 사람들의 횡포에 억눌려 잠시 숨죽이고는 있지만, 언젠가는 그들이 다시 일어서줄 것을 믿어 의심치 않았다. 역사 속에서 그런 일들이 얼마나 많았던가 말이다. 그런 믿음이 있었기에 남편과 동지들은 끝까지 신념을 지키는 것이고, 또 우리 가족들도 그들에게 진실을 알려줄 의무를 다해야 한다고 믿고 있는 것이었다.

　겨울 추위가 절정에 이르렀던 이듬해 1월 23일, 김대중 씨의 대법원 판결은 사형을 확정지었다. 그때 김대중 씨는 잠시 고개를 떨구었지만, 그 판결이 김대중 씨의 의지까지 꺾지는 못했다. 마찬가지로 남편과 다른 사람들, 그 가족들의 신념 또한 이전과 전혀 변함이 없었다. 오히려 그 겨울을 나면서 더 강인해졌다. 또한 그 재판을 지켜

본 많은 사람들로 하여금 이제 움츠렸던 몸을 펴고 기꺼이 일어나야 한다는 약속을 스스로 하게 만들었다고 생각한다. 이 기억은 절대 지워지지 않고 있다가 훗날 우리 모두의 염원인 민주쟁취를 실현하는 동인의 하나가 되었다.

제3장

'5·17 김대중 내란음모사건'의 진실과
그 역사적 의의

'5·17 김대중 내란음모사건'의 진실과 그 역사적 의의

이 만 열(숙명여대 교수, 한국독립운동사연구소장)

1. 머리말

'5·18 광주민주화운동'에 대한 연구는 1980년대 이래 양적·질적 축적이 이루어져 왔으며,[1] 연구영역도 항쟁의 원인과 성격을 밝히는 것에서 한 걸음 나아가 보다 다양하게 확대되고 있다.[2] 그러나 광주민주화운동 촉발의 직접적인 계기가 되었던 '5·17 김대중 내란음모사건'(이하 '5·17사건'으로 약칭)에 대한 학계의 연구는 거의 전무한 형편이며, 몇몇 관련자들의 증언과 주장을 중심으로 한 저널류의 글

---

1) 대표적으로 다음과 같은 단행본들이 있다. 한국현대사사료연구소, 〈광주5월민중항쟁: 광주5월민중항쟁 10주년 기념 전국학술대회〉(풀빛, 1990); 정해구 외, 〈광주민중항쟁연구〉(사계절, 1990); 정상용·유시민 외, 〈광주민중항쟁〉(돌베개, 1990); 광주매일 정사 5·18 특별취재반, 〈正史 5·18〉(사회평론, 1995); 학술단체협의회, 〈5·18은 끝났는가〉(푸른숲, 1999) 등. 그리고 자료집으로는, 한국현대사사료연구소 편, 〈光州五月民衆抗爭史料全集〉(풀빛, 1990); 광주광역시 5·18 사료편찬위원회, 〈5·18 광주민주화운동자료총서〉 1·2·3집(1997·1998·1999) 등이 있다.

들이 대부분이다.[3]

　주지하는 바와 같이, 1997년 대법원은 두 전직 대통령을 비롯한 5·18 진압책임자들에게 유죄를 확정하였다. 이들에 대한 사법적 심판은 5·18 유가족, 부상자, 구속자 들의 명예회복을 가능케 하였다. 뿐만 아니라, 이 심판은 '성공한 쿠데타도 처벌된다'는 판례를 남김으로써 앞으로 한국정치의 전개과정에서 군부의 정치개입 가능성을 완전히 봉쇄하였다는 역사적 의미를 갖는다.[4]

　'5·17사건' 관련자에 대한 몇 차례의 사면복권이 이루어지기는 하였지만, 그것이 '유죄'라는 사법적 판결은 여전히 기록으로 남아 있다. 따라서 1999년 12월에 사건연루자 25명이 서울고법에 재심을

---

2) 최근의 '5·18' 연구는 정치적·사회경제적인 측면보다는 제3세계, 혹은 동아시아의 '민주주의'와 '인권'이라는 좀더 포괄적인 범주 속에서 논의되고 있다. 1997년부터 시작된 '동아시아 평화 및 인권 국제학술대회'와 '5·18 20주년 기념 국제학술대회'(「새 천년을 열며 : 세계의 민주주의와 인권」) 등에서 국내외 학자들이 공유한 문제의식은 우리의 4·3항쟁이나 광주, 그리고 대만의 2·28사건 등이 단지 특정지역의 문제가 아니라, 급박하게 겪은 동아시아 현대사의 전개과정 속에서 빚어진 모순의 결과물이라는 점이다. 이러한 경향들은 '5·18' 연구영역을 새롭게 확장시키는 것이라고 하겠다. 그리고 이것은 세계적 냉전체제 형성의 역사적 결과물인 국가테러리즘에 대해 공동으로 대처하고자 하는 보다 실천적인 의지가 담긴 것이라고 해석된다.

3) '내란음모사건'이 터진 직후 이를 조작한 측에서 간행한 듯한 선전용 책자로는, 내외문제연구소, 〈누구를 위한 내란음모인가 ― 김대중일당사건의 진상〉(1980. 8., 78쪽)과 저자·발행처·간행일시 미상의 〈김대중일당의 내란음모사건 진상〉등이 있다. 그 뒤 이 '사건'의 실체를 알리는 책과 인터뷰, 취재 등이 나왔는데, 전대열,〈날조된 김대중 내란음모사건〉(고려서당, 1988); 청탑편집부,〈망월동의 노래 : 국회청문회 광주특위 증언〉2(청탑, 1989); 최홍순,〈김대중 내란음모사건의 조작 진상〉(엔터프라이즈, 1988. 8.); 박성원,「DJ판 역사바로세우기」―김대중 내란음모사건」,「김대중 내란음모사건 재심 필요하다 ― 한승헌 감사원장 인터뷰」(《신동아》 1998. 6.); 이기동,「남산 지하실에서 만난 김대중·김홍일·한화갑」(《신동아》 1999. 7.) 등이 있다.

청구한 바 있다.[5] 일부에서는 이미 사면복권이 이루어진 마당에 굳이 재심을 청구할 필요가 있겠느냐며, 사법적 심판보다는 역사적 판단의 문제로 다루어야 한다는 견해도 있다.[6] 물론 이 문제를 다시 사법부에서 다루기에는 많은 어려움이 있다. 그 사건의 핵심에 있었던 김대중 대통령(이하 'DJ'로 약칭한다)은 '잘못된 역사는 바로잡아야 하지만, 통치권자로서 사법부에 부담을 주고 싶지 않다'는 입장을 피력하며 재심청구에 참여하지 않았다.[7] 실제 사법부가 정치적 중립을 지키면서 이 사건을 객관적으로 다루는 데는 많은 어려움이 따를 것이다. 사실 1997년 7월 22일, 대법원에서 유죄확정 후 특별사면을 받은 경우에는 재심을 청구할 수 없다는 취지의 판결이 났기 때문에[8] 재심이 받아들여져 무죄판결을 받기까지는 해결해야 할 여러 법적 절차들이 있다. 그러나 법률적인 절차의 문제보다는 왜곡된 역사를 바로잡는 일이 더 우선적으로 고려되어야 할 것이다. 역사적 심판과 사법적 심판은 별개로 진행될 수 없다. 왜곡되고 굴절된 역사를 바

---

4) 김용철, 「광주항쟁과 한국정치의 민주화 ─ 탈군부정치의 역사결정적 국면의 원천으로서 광주항쟁」(5·18 20주년 기념 학술연구 연구결과보고 학술발표회, 2000. 1. 27.); 박연철 변호사는 '이 사건 판결에 의하여 우리가 쟁취한 것은 표면적으로는 불법적 절차에 의하여 정권을 탈취한 자들을 언제든지 처벌할 수 있다는 국민주권주의적 역량이다'라고 적극적으로 평가했다(박연철, 「12·12, 5·18사건에 대한 사법부 판결의 역사적 의의」, 광주시 주최 5·18 학술심포지엄 발표문, 1997).

5) 《조선일보》 1999. 12. 23.; 《중앙일보》 1999. 12. 24. 청구인은 고 문익환 목사의 부인 박용길 장로 · 예춘호 · 김상현 · 이해찬 · 설훈 등 내란음모 관련자 9명, 한승헌 · 한완상 · 송건호 등 계엄법 위반 및 위반교사 관련자 10명, 김홍일 · 김옥두 · 한화갑 등 계엄법 위반 및 방조 관련자 6명이다.

6) 《중앙일보》 1999. 12. 24.

7) 《중앙일보》 1999. 12. 24.

8) 박성원, 「김대중 내란음모사건 재심 필요하다 ─ 한승헌 감사원장 인터뷰」, 《신동아》 1998. 6., 370쪽.

로 세우는 작업은 잘못된 사실 하나하나를 엄밀히 바로잡을 때 비로소 가능한 것이다. 전직 대통령들에 대한 유죄판결은 '12·12가 우국충정의 거사이며, 5·18이 폭도들의 난동이다'라는 사고를 더 이상 가능하지 않게 했다. 아니, 그런 뒤바뀐 역사의식을 갖는다는 사실 자체가 이미 죄가 됨을 일깨워주었다. 그만큼 사법적 판결은 우리 사회에서 정의를 곧추세우는 데 가장 중요한 기제인 것이다. '5·17 사건'도 정치적인 고려나 복잡한 법적 절차의 문제를 떠나 좀더 대승적인 차원에서 재논의되어야 할 것이다. 그리고 '5·18'이 단지 '광주' 지역만의 문제가 아니듯, '5·17사건'도 DJ나 이 사건관련자들만의 문제는 아니다. 이제는 연구 외적인 여러 조건들을 떠나 이 사건을 객관적인 연구대상으로 끌어올려야 할 것이다. 이 글이 그 하나의 단초가 되었으면 한다.[9]

2. 사건의 배경·경과 및 쟁점

'5·17사건'은 반공·안보이념을 최대한 활용한 집권자의 권력공고화 작업의 일환으로 꾸며진 사건이다.[10] 이 조작된 사건의 주역은 국군보안사령관 전두환을 중심으로 하여 당시 합수부를 맡고 있던 정치군인들이었다.

1972년 11월에 성립된 유신체제는 3권분립이나 의회제도를 부정하는 1인 지배체제였다. 대통령이 국회의원의 3분의 1을 지명할 수 있었을 뿐 아니라, 대통령의 선출을 통일주체국민회의에 위임함으로써 대통령의 종신 임기가 실질적으로 보장되었다. 또 대통령은 판사

---

9) 그런데 이 사건은 다수의 현역 정치인들이 관련되어 있기 때문에, 5·6공 시기는 말할 것도 없고, '국민의 정부'하에서조차 접근하는 데 어려움이 있다. 하지만 사건의 미화나 어용시비 등 여러 연구 외적인 문제들을 떠나, 이제는 '5·18 연구의 심화'라는 측면에서도 분명 새롭게 연구되어져야 할 것이다.
10) 김영명, 〈한국현대정치사 ― 정치 변동의 역학〉(을유문화사, 1992), 354쪽.

임명권과 긴급조치권을 부여받아 국정의 모든 분야를 직접 장악하여 고도의 권력집중화를 이루었다.[11] 이 유신체제는 ①정권구조의 개인화와 정치사회의 위축, ②총력안보체제로 불린 준군사적 동원체제, ③민간사회에 대한 국가통제의 강화 등을 특징으로 한다.[12]

1970년대 말 탄압적인 준동원체제는 급속한 산업화에서 비롯되는 사회구조적 모순과 저항세력의 도전으로 급격히 와해되어 갔다. 이것은 정책적 효율성과 대내외적 안보를 강조하는 '개발독재' 대 공정한 분배와 민주적 가치를 중시하는 '반개발독재'의 대립이라는 사회적 균열로 나타났다. 그리고 이러한 사회적 균열은 군부 기술관료 재벌로 이루어진 이른바 '발전연합'과 야당, 대학생, 종교인, 지식인 등으로 구성된 일종의 느슨한 '민주화연합'의 대결이라는 형태를 띠었다.[13] 민주화세력의 반독재투쟁은 박 정권의 철권통치에 대항하여 점점 확대 강화되어 갔다. 1973년 10월 서울대 문리대생들의 유신 반대 시위를 시작으로, 1976·1977년부터는 본격적으로 민주화연합세력의 지도부가 형성되기 시작하였다.[14] 1976년 명동성당 3·1절 기념미사에서 낭독된 '3·1민주구국선언'은 이후 반체제운동을 광범하게 확산시키는 계기가 되었다. 또 1977년에는 일부 재야세력들이 '민주구국헌장'을 선포하였으며, 해직교수 13인이 '민주교육선언'을 발표하기도 했다. 이를 기반으로 1978년 7월 5일, 보다 적극적인 정

---

11) 김영명, 앞의 책, 331쪽 ; 임현진·송호근, 「박정희 체제의 지배이데올로기」, 〈한국정치의 지배이데올로기와 대항이데올로기〉(역사비평사, 1994), 197~198쪽.
12) 김영명, 앞의 책, 310~330쪽.
13) 김용철, 앞의 논문.
14) 1976년 3월 1일 윤보선, 김대중, 함석헌, 정일형 등은 명동성당에 모여 긴급조치 철폐와 구속인사 석방, 국회 기능회복, 사법부의 독립을 요구하면서 박 정권의 퇴진을 주장하는 '3·1민주구국선언문'을 발표하였다. 또 1977년 3월 윤보선, 지학순, 천관우 등 10여 명은 '민주구국헌장'을 통해 유신헌법 철폐를 요구하였으며, 4월에는 천주교정의구현사제단이 '77선언'을 발표하였다.

치투쟁에 초점을 맞춘 '민주주의국민연합'이라는 연대기구가 결성되었고,[15] 이 기구는 1979년 3월 1일 김대중, 윤보선, 함석헌을 공동의 장으로 하는 '민주주의와 민족통일을 위한 국민연합'으로 확대되었다.[16] 이렇게 반유신·반독재운동이 확산되는 상황에서, 1979년 8월 11일의 이른바 'YH사건'과 10월 4일 당시 김영삼 신민당 총재의 국회의원직 박탈은 '부마사태'라는 대규모 저항시위로 이어졌던 것이다.[17]

따라서 이때 발생한 10·26사건은 반독재 민주화세력에게는 새로운 민주정부를 수립할 수 있는 좋은 계기였었다. 그러나 계엄사령관을 비롯한 당시 군 수뇌부들이 정치적 중립을 선언했던 것과는 달리, 보안사령관의 자격으로 합동수사본부장을 맡고 있던 전두환 소장을 중심으로 한 이른바 신군부세력은 정치변동이 가져올 수 있는 기득

---

15) 여기에는 한국인권운동협의회, 천주교정의구현사제단, 자유실천문인협의회, 민주청년인권협의회, 양심범가족협의회, 민주회복구속자협의회, 해직교수협의회, 자유언론수호투쟁위원회, 한국교회사회선교협의회, 전국노동자인권위원회, 전국농민인권위원회 등이 참여하였다(한국기독교교회협의회 인권위원회, 〈1970年代 民主化運動〉Ⅳ, 1987, 1718~1721쪽).
16) '민주주의국민연합'은 민주전선적 조직을 지향하고 탄생하였으나(이종범, 「광주민중항쟁의 배경에 대한 연구」, 5·18 광주민중항쟁에 대한 재조명 ― 5·18 20주년 기념 학술연구 연구결과보고 학술발표회, 2000. 1. 27.) 발기대회가 당국의 탄압으로 좌절됨으로써 공식적인 집행부조차 구성하지 못하고 성명전으로 체제를 유지하였다. 그런 가운데 1976년의 '3·1민주구국선언'으로 투옥되었던 김대중이 형집행정지로 풀려나게 됨으로써 기존의 체제를 개편하여 '민주주의와 민족통일을 위한 국민연합'으로의 발전을 선포하게 된 것이었다. 1979년 3월 4일 윤보선 전대통령의 자택에서 기자회견을 통해 선포된 발족선언문은, 유신체제의 철폐와 민주정부의 수립을 당면목표로 밝히고, 민주주의와 민족통일을 위해 평화적으로 투쟁할 것을 천명했다(한국기독교교회협의회 인권위원회, 앞의 책, 1726~1728쪽).
17) 이행봉, 「부마민주항쟁과 한국의 민주화」, 5·18 20주년 기념 국제학술대회, 2000. 5. 15.

권 상실을 대단히 우려하는 입장이었다. 이들 신군부세력은 정규 육사 출신의 '하나회' 장교 집단으로 유신체제하에서 박정희의 비호하에 성장한 군의 소장파 그룹을 형성하고 있었으며, 정치변동을 둘러싸고 군의 정치적 중립을 강조하는 정승화 계엄사령관을 비롯한 군수뇌부와 대립하고 있었다. 이에 12·12 쿠데타를 통해 군부를 장악한 전두환 신군부세력은 박정희 사후 진행되던 민주화 이행 움직임을 지연시킴과 동시에 권력장악을 위한 작업을 은밀히 진행시켰다. 당시 헌법개정 문제는 가장 중요한 정치적 이슈였다. 쟁점은 개헌의 시기와 내용, 그리고 주도세력이었다. 최규하 대통령은 정부 주도의 점진적인 방법을 원했고, 학생과 재야세력은 대통령 중심제를 내용으로 하는 국민 주도의 즉각적인 개헌을 주장하였다. 정당들은 대통령제를 선호하면서 국회가 주도하는 조속한 개헌을 원하였다. 이러한 움직임에 대해, 신군부는 최규하 정부를 무력화시키는 작업과 민주화세력을 국민으로부터 유리(遊離)시키는 작업을 진행시켰다. 먼저, 12월 14일 신군부세력은 내각 개편에 개입하여 국방과 치안을 관장하는 국방부 장관 그리고 정부인사를 관장하는 총무처장관에 자파의 인사를 충원시켰다. 동시에 군 내부인사에 개입하여 12·12 쿠데타 당시 자신들의 편에 섰던 이희성 중앙정보부장 서리를 육군참모총장 겸 계엄사령관에, 노태우 9사단장을 수경사령관에, 정호용 50사단장을 특전사령관 등에 임명하여 군권을 완전히 장악하였다. 이후 1980년 4월 14일 전두환 보안사령관은 중앙정보부장직까지 겸직하여 실질적인 최고권력자로 부상하였고, 이에 따라 최규하 대통령 이하 신현확 내각은 껍데기에 불과한 존재로 전락하였다.[18]

신군부의 집권욕이 노골화되자, 그 동안 과격한 정치투쟁을 자제해 오던 대학생들을 중심으로 한 민주화세력은 대대적인 시위에 나

---

18) 김용철, 앞의 논문.

서기 시작했다. 1980년 5월 13~15일 서울, 부산, 대구, 광주 등지에서 37개 대학 학생들은 비상계엄 해제와 유신잔당 타도 등의 구호를 외치면서 가두시위를 벌였다.[19] 학생들의 대규모 시위를 구실로 신군부는 정치권력 장악을 위한 본격적인 행동에 착수했으며, 5월 17일 급기야 시위의 배후조종 혐의로 DJ 등 26명을 연행하기에 이르렀다.[20] 이것이 이른바 '김대중 내란음모사건'이다. 이어 신군부는 5월 18일 0시를 기해 비상계엄 전국 확대를 선포하고, 계엄포고령 제10호를 통해 모든 정치활동의 중지, 대학교의 휴교, 국회의 폐쇄, 직장이탈 및 파업 금지, 언론 사전검열 등의 조치를 취했다.[21] 그리하여 한국현대사의 최대 비극이자 영광인 '광주항쟁'이 발발하게 되었다.

한편 계엄사는 5월 22일, 사건관련자들을 체포한 지 5일 만에 DJ가 국민을 선동해 민중봉기와 정부전복을 획책했다는 내용의 중간 수사결과를 발표하였다.[22] 서둘러 발표된 중간 수사결과는 항쟁이 격렬화되고 있던 광주에서의 무력적 진압을 정당화하기 위한 것이었다. 이어 7월 4일 계엄사령부는 DJ를 비롯한 37명을 우선 내란음모, 계엄포고령 위반 등의 혐의로 육군본부 검찰부에 송치했다.[23] 군검찰부는 보강조사를 거쳐 DJ를 비롯, 문익환 · 김상현 · 이신범 · 이

---

19) 《동아일보》 1980. 5. 14~16. 전국적으로 확산된 학생시위는 수천 명이 밤늦은 시간까지 횃불시위를 하여, 15일을 기해 정점에 다다르게 되었다.
20) 《동아일보》 1980. 5. 18.
21) 《동아일보》 1980. 5. 18; 《조선일보》 1980. 5. 18.
22) 《동아일보》 1980. 5. 22. 당시 중앙정보부 대공수사관으로서 DJ와 김홍일을 수사했던 이기동 씨는 「아직까지 단 한 줄의 수사관 조서도 작성하지 않은 채 사건에 관련된 사실을 확인하는 초기단계인데, '수사과정에서 드러난 범죄사실 발표'라니……」, 「수사를 맡고 있는 중앙정보부로서는 어처구니없는 일이었다」라며 비정상적으로 진행된 당시의 수사상황을 증언하였다. 이기동, 「독점공개' 김대중 내란음모사건 담당 전 중앙정보부 대공수사관 증언—남산 지하실에서 만난 김대중, 김홍일, 한화갑」(《신동아》 1999. 7., 258쪽).

해찬·설훈 등 13명을 내란예비음모 등의 혐의로, 그리고 한승헌·한완상 등 11명을 계엄법 위반 혐의로 보통군법회의에 구속기소했다.[24] 군검찰부가 기소한 내용은 다음과 같다. 문익환·이문영·예춘호·고은(고은태)·한승헌 등은 '국민연합'을 중심으로 민주화촉진국민운동을 추진하였으며 장기표·심재권 등을 만나 학내 소요를 정치적인 이슈(계엄령 해제, 정부 주도 개헌작업 포기, 정치 일정 단축, 유신잔당 퇴진)로 전환할 것을 지시하였다는 것이다. 김상현은 DJ의 조직기반 구축을 위해 젊은 층의 저변조직 확대를 책임 맡고, 한국정치문화연구소를 중심으로 DJ의 연설 녹음 테이프를 각 대학 및 재야정치인들에게 배포하였으며, DJ를 대통령으로 옹립하여 새로운 정부수립을 결심하고 민중봉기자금으로 정동년을 DJ와 연결시켜 시위자금을 전달하였다는 혐의다. 한완상은 유신체제 비판을 이유로 1976년 교수 재임용에서 탈락되어 반정부투쟁을 하던 중, 10·26 이후에는 DJ를 대통령으로 옹립하기 위하여 그의 자문역할을 담당하

---

23) 그 중 이용희, 송창달, 김재위, 이현배, 김승훈, 함세웅, 김동길, 이영희 등은 훈방조치되었다(《동아일보》 1980. 7. 4.).

24) 「공소장(기소)」(육군계엄보통군법회의 검찰부, 1980. 7. 31.) 별지 1 '피고인 등 인적사항'에 의하면, 구속 기소된 사람의 본적·생년·죄명은 다음과 같다. 김대중(전남/1925/가, 나, 다, 마, 바, 사), 문익환(함북/1918/가, 다), 이문영(서울/1927/가, 다), 예춘호(부산/1928/가, 다), 고은태(고은/군산/1933/가, 다, 라), 김상현(전남/1935/나, 다), 이신범(충남/1950/가, 다), 조성우(경북/1950/가, 다), 이해찬(충남/1952/가, 다, 라), 이석표(서울/1953/가, 다), 송기원(전남/1947/가, 다), 설훈(마산/1953/가, 다), 심재철(광주/1958/가, 다), 서남동(전남/1918/다), 김종완(서울/1932/다), 한승헌(전북/1934/다), 이해동(전남/1934/다), 김윤식(경기/1914/다), 한완상(경북/1936/다), 유인호(진주/1926/다), 송건호(충북/1927/다), 이호철(원산/1926/다), 이택돈(경기/1935/다), 김녹영(전남/1924/다) 이상 24명(가—내란음모, 나—내란선동, 다—계엄법 위반, 라—계엄법 위반 교사, 마—국가보안법 위반, 바—반공법 위반, 사—외국환관리법 위반).

고 지지세력을 규합했다는 것이다. 유인호는 DJ로부터 받은 자금으로 학생 데모를 주도하고 정부전복을 교사하였다는 것이며, 이해동은 서남동 등과 함께 종교계의 DJ 지지세력 규합 및 조직확대를 도모하였다고 하였다. 송건호·이호철 등은 '지식인 134인 시국선언문'을 작성 발표했다는 것이었고, 이택돈·김녹영은 DJ 대통령 옹립을 위해 DJ 관련책자를 배포하고 불법집회를 계획하였다는 혐의를 받았다. 또 5월 22일 전국 민중봉기를 계획하려다 5·17로 무산되자 지하로 잠입한 각 대학 DJ 추종자들인 조성우(민청협회장, 국민연합 중앙위원 겸 기획국장)와 이신범(서울대 복학생)·이해찬(서울대)·설훈(고려대)·이석표(중앙대) 등은 학생들을 동원, 정부 비판 및 반정부 시위를 유발할 목적으로 각종 선동 유인물을 제작 살포하였다는 것이며, 심지어는 화염병과 대침(독침)을 제작 소지하고 다니면서 복학생을 규합하고 특공대를 조직, 구로공단 등에서 폭력시위를 일으키는 등 정부 전복을 기도하였다는 것이다.[25] 군재판부는 1980년 9월 17일, DJ에게는 사형을, 문익환에게는 징역 20년을 선고하는 등 내란음모 관련 피고인 13명에게 최하 징역 7년을, 한승헌 등 11명에게는 징역 2~4년을 선고했다. 한때 대통령 후보까지 지낸 야당 지도자에게 이같이 엄청난 형량을 선고한 것은 자유당 정권 시절 조봉암에 대한 사형판결 이후 처음 있는 일이었다.

  7월 4일 발표한 수사결과에 의하면, 피고인들은 국민연합을 주축으로 학원시위를 배후조종하였으며, 민중봉기에 의해 정부를 전복하고, DJ를 수반으로 하는 과도정권을 수립하려는 내란을 획책하였다는 것이다. 중간 수사발표에는 없었으나, DJ가 전남대 복학생인 정동년에게 시위자금을 주어 5·18의 발단이 되었던 전남대 가두시위

---

25) 「공소장(기소)」(육군계엄보통군법회의 검찰부, 1980. 7. 31.), 80~84쪽 및 「피의자 신문조서」 제1~16회(1980. 5. 18.~1980. 7. 9.) 참조.

를 교사했다고 했다. 그래서 계엄당국의 5·17 조치 단행이 아니었더라면 공산당식 선동에 의한 민중봉기가 유혈사태를 초래, 일대 국가적 위기에 직면하였을 것이라고 결론지었다.[26]

이 사건의 진실은 지난 1988년 5공 청문회 당시 부분적으로 밝혀졌고, 또 몇 해 전 이 사건의 핵심에 관여했던 권정달 당시 보안사 정보처장이 '5·17 내란사건'은 실제보다 과장된 것이라는 견해를 피력한 바가 있지만,[27] 가장 쟁점이 되었던 두 가지—민중봉기에 의한 내란선동, 재일 한민통 관련 문제—에 대해서는 검토의 여지가 있다. 우선 첫번째, 내란음모 주장의 주요 근거는 ①민주연합청년동지회를 통해 학원시위를 선동하였으며, ②정동년 등에게 시위자금을 지원해 광주항쟁을 배후조종하였고, ③민중봉기를 통해 정부가 전복되면 정권을 즉시 인수할 수 있는 과도정권 역할을 담당할 수 있도록 민주제도연구소를 설립하여 과도정부를 구성할 수 있는 자들을 임명하였다는 것이다.[28]

실제로 DJ는 2월 29일 복권 이후 4, 5월에 걸쳐 명동 YWCA, 동국대학 등에서 옥내외 집회를 가진 바 있으나, 5월 14일 이후에는 '난국수습을 위한 비상대책회의 소집을 제의'(15일)[29]하는 등 시위자제와 질서유지를 촉구했으며, 16일 김영삼 총재와 공동으로 평화유지를 호소했다.[30] 그래서 같은 날(16일)에는 전국대학총학생회장단이 당분간 교내 및 가두 시위를 중단키로 결의한 바 있다.[31] DJ, YS 등 정치지도자들은 시위가 격화되자, 당시의 혼란이 일부 정치군인들에게 무력사용의 빌미를 줄 수 있을 것이라 판단하고 일단 시위를 자제하

---

26)《동아일보》1980. 7. 4.
27) 박성원, 「'DJ관 역사바로세우기'—김대중 내란음모사건」,《신동아》1998. 6., 347쪽.
28) 전대열, 앞의 책, 18~44쪽.
29) 「공소장(기소)」(육군계엄보통군법회의 검찰부, 1980. 7. 31.), 82쪽.

고 정국의 추이를 지켜보기로 했던 것이다. 따라서 학원시위를 부추겨 혼란을 가중시키고 이것을 민중봉기로 연결하려 했다는 점은 사실과 다르다. 당시 변호인이 주장했던 바와 같이 비상계엄하에서 각목을 가진 학생들이 군경과 대치하여 정부를 전복할 수 있다고 생각하는 것은 그야말로 상식에 어긋나는 일이다.[32]

여기서 주목해야 할 사실은 사건관련자들이 한결같이 고문이나 강압적인 수사방식을 주장하고 있다는 것이다.[33] 설훈은 DJ를 실제로 재판정에서 처음 보았으며, 자신이 이 사건의 공범으로 되어 있다는 것을 공소장을 보고 처음 알았다고 하였다. 그는 속옷이 다 찢겨지는 극심한 고문으로, 유치장에 들어갈 때도 경찰에 업혀서 들어갔다고 했다.[34] 사건관련자들이 한결같이 주장하는 바이지만, 미리 짜여진 도표에 따라 협조하라는 식의 수사방식은 이 사건이 인위적으로 꾸며진 것이라는 사실을 반증해 준다고 하겠다.[35]

시위자금을 대주어 광주항쟁을 배후조종했다는 문제도 모순이 많은 주장이다. 이것은 전남대 복학생인 정동년에게 5월 5일과 8일, 2회에 걸쳐 시위자금 5백만 원을 주어[36] 5·18의 발단을 이루었던 전

---

30) 김대중과 김영삼은 16일 오전 회동하여 시국수습 6개항을 발표하고, 정부는 물리적 힘으로 사태를 해결해서는 안 되며 학생들도 자제력을 발휘해 줄 것을 호소했다(《동아일보》1980. 5. 16.) ; 청탑편집부, 앞의 책, 16쪽).
31) 16일 오후, 전국 55개 대학 학생대표 95명은 이화여대에서 전국대학총학생회장단회의를 갖고 자중을 결의하였다. 따라서 16, 17일 대부분의 대학은 정상수업이 이루어졌다(《동아일보》1980. 5. 17.; 청탑편집부, 앞의 책, 16쪽).
32) 박성원, 〈'DJ판 역사바로세우기'—김대중 내란음모사건〉,《신동아》1998. 6., 358~359쪽.
33) 김옥두, 〈다시, 김대중을 위하여〉(살림터, 1995), 257~268쪽: 권노갑,「자신을 죽여서라도 仁을 구하라」,〈대통령과 함께한 사람들〉1 (맑은물, 1999), 39쪽: 이해동,「감옥에서 피어난 우정」,〈대통령과 함께한 사람들〉1, 196~199쪽.
34) 박성원,「'DJ판 역사바로세우기'—김대중 내란음모사건」,《신동아》1998. 6., 360~361쪽.

남대 가두시위를 배후조종하였으며, DJ의 사조직을 동원하여 유언비어를 날조하여 항쟁을 더욱 악화시켰다는 것이다.[37] 그런데 DJ는 정동년을 1985년에 처음 보았으며, 5·17 이전에는 이름도 들어본 적이 없다고 했다.[38] DJ와 정동년 모두 피의자 신문조서에서는 이와 같은 사실을 자백하고 있어 청문회 당시에도 논란이 되었다. 정동년은 청문회에서 고문에 못 이겨 합수부 측이 날조한 대로 진술을 해 준 것이라고 주장했다. 그리고 그에 대한 가책으로 플라스틱 숟가락을 뾰족하게 갈아 동맥을 잘라 두 번씩이나 자살을 기도했다고 했다.[39] 이처럼 DJ 등이 광주항쟁을 배후조종했다는 주장은 사건 당사자들의 증언을 근거로 본다면 강압적 고문에 의해 조작된 것이라고 판단해 볼 수 있다.

민주제도연구소를 설립하고 예비내각의 역할을 담당케 하였다는 것도 쉽게 납득할 수 없는 부분이다.[40] 물론 정책을 연구하고 장차 집권할 것에 대비하여 정치연구소를 만들었을 수는 있지만, 신군부 세력이 쿠데타로 등장한 상황 속에서 몇몇 재야 명망가들이 과도정

---

35) 《동아일보》 1980. 7. 4. 신문 1면에는 민주연합청년회, 민주헌정동지회, 한국정치문화연구소, 각 대학 복학생회 등의 조직이 유기적으로 연결되어 '5월 22일 일제봉기'를 목표로 활동했다는 것이 '김대중 내란음모사건 체계도'로 그려져 있다. 한국인권운동협의회, 자유실천문인협의회, 해직교수협의회, 백범사상연구소, 민주청년인권협의회 등의 재야단체가 내란음모의 지원조직으로 묘사되어 있는 것은 이 사건의 조작의도를 짐작케 하는 부분이다.
36) 「공소장(기소)」(육군계엄보통군법회의 검찰부, 1980. 7. 31.), 77쪽에 의하면, 1980년 5월 5일경 DJ는 김상현을 통해 소개받은 전남대 복학생 정동년이 요청한 시위자금 5백만 원 중 3백만 원을 주었고, 그 뒤에 2백만 원을 제공하였다는 것이다.
37) 전대열, 앞의 책, 26~27쪽.
38) 청탑편집부, 앞의 책, 24쪽.
39) 박성원, 「'DJ판 역사바로세우기'—김대중 내란음모사건」, 《신동아》 1998. 6., 359쪽.

부를 수립한다는 것은 정상적인 정치상식을 가진 사람으로서는 상상조차 할 수 없는 일인 것이다. 제1공화국 시절의 조봉암 이후, 합법적인 정치공간 내에서 활동하는 한국의 야당 정치지도자들 가운데 자유민주주의가 그 정치이념이 아닌 자가 없었으며, 폭력혁명(혹은 대중봉기)을 통해 정권장악을 노렸던 사람은 단 한 사람도 없었다. 자유당 정권 때 진보당의 조봉암은 당시로서는 진보적인 강령인 평화통일론을 내세웠으며, 그의 정치이념은 다분히 사회민주주의적 요소를 포괄하고 있었다.[41] 하지만 그가 사형된 이후 반정부적 야당 정치인들은 민주주의 요구의 수준차이는 있을지언정, 기본적으로는 자유민주주의적 정치이념을 가진 자들이라고 보아야 할 것이다. 사회민주주의적 이념을 가졌던 조봉암조차도 처형된 분단 한국에서, 과연 어느 정치지도자가 공산당식 폭력혁명론을 주장할 수 있겠는가? 더구나 강고한 조직체도 아닌 종교계나 학계의 '재야 명망가 그룹'이었던 국민연합이 어떻게 상식을 가진 현역 정치인으로서 학생들과 연계해 총칼을 거머쥔 군부를 타도하고 새로운 정부를 수립한다는 그런 망상을 가질 수 있었겠는가? 그 당시 국민연합을 주축으로 했던 시위는 정부 전복 노선에 의한 것이 아니라 신군부의 불법적인 권

---

40) 이 점과 관련, 「공소장(기소)」(육군계엄보통군법회의 검찰부, 1980. 7. 31.), 72~73쪽에는, '한국민주제도연구소를 결성하고, ……민족재생 담당에 김관석, 역사문화 담당에 백낙청, 종교교육 담당에 장을병, 노동 담당에 탁희준, 농업 담당에 유인호, 경제 담당에 임재경, 안보외교 담당에 양호민, 농업 담당에 문익환, 도의정치 담당에 안병무, 경제 담당에 한완상, 행정 담당에 이문영을 각 선임하고, 위 전문위원을 보좌할 자로서 노동 담당에 장기표, 농민 담당에 황한식, 종교 담당에 이태호(천주교)와 서경석(개신교), 여성 담당에 이옥경, 학원 담당에 김학민, 지역 담당에 김세균 등을 선임하는 등 정부 타도를 위한 폭력시위 선동과 과도내각 역할의 조직을 구성하기로 합의하고'라고 했다.
41) 정태영, 〈조봉암과 진보당〉(한길사, 1991); 박태균, 〈조봉암연구〉(창작과비평사, 1995); 서중석, 〈조봉암과 1950년대〉 상 (역사비평사, 1999).

력찬탈 움직임을 경계하고 정치를 조속히 정상화시키자는 것이었다. 이러한 민주화 요구와 반정부 시위가 내란음모라는 황당한 올가미에 의해 저지되고, 또 많은 국민들이 이 거짓 조작을 사실로 받아들여 흥분했던 사실은 우리 역사의 가장 부끄러운 모습 중의 하나이다.[42]

그리고 또 한 가지, 재일 한민통 관련 부분도 논란이 많은 문제 중 하나이다. 공소장에 의하면, DJ는 1972년 10월 11일 신병치료차 도일하여 1973년 8월 귀국할 때까지 5회에 걸쳐 미국과 일본을 내왕하면서 각종 강연과 출판 또는 기자회견을 통해 국제적으로 반한(反韓) 여론을 조성하면서, 1973년 7월 6일에는 워싱턴 소재 메이플라워 호텔에서 재미반한교포 임창영·안병국·동원모·김성동·정기용 등 30여 명과 한국민주회복통일촉진국민회의 미국본부를 결성, 명예회장이 되었다[43]고 하였다. 그 후 DJ는 1973년 7월 8일 한국민주회복통일촉진국민회의 일본본부('한민통'으로 약칭) 결성을 위해 일본으로 와서, 결성 선언대회를 8·15 광복절 경축행사와 겸하여 개최하기로 하고 그 강령까지 마련하였으나 8월 초순경 강제귀국으로 실행하지 못했는데, 8월 14일 재일교포 김종충으로부터 국제전화로 「한민통 발기선언대회가 예정대로 1973년 8월 13일에 개최되어 한민통이 결성되었다」는 보고를 받게 되었다는 것이다.[44] 한민통은 그 강령에서 '파쇼적인 1인 체제를 분쇄하고 민주헌정 질서를 회복한다', '한반도를 중립화하고 남북연방제에 의한 점진적 통일을 실현한다' 등을 주장한[45] 데다가 일본본부가 재일 조총련과 연계되어 있었기 때문에 1978년 6월 13일 반국가단체로 판결이 났음에도 불구하

---

42) '5·17 내란음모사건' 공소장 발표 후 각계의 반응에 대해서는 전대열, 앞의 책, 134~137쪽 참조.
43) 「공소장(기소)」(육군계엄보통군법회의 검찰부, 1980. 7. 31.), 48~51쪽 참조.
44) 「공소장(기소)」(육군계엄보통군법회의 검찰부, 1980. 7. 31.), 51~55쪽 및 전대열, 앞의 책, 39~40쪽 참조.

고 DJ는 이후 1980년 3월 24일 재일 한민통 의장이 김재화로 바뀔 때까지 반국가단체 수괴로서 활동하였다는 것이다.[45] 그러나 DJ 본인의 주장이나 여러 정황을 살펴보면, 한민통이 결성될 당시 DJ는 일본에 있지 않았고 한국 정보기관원에 납치되어 서울로 온 뒤였다. DJ는 10월 유신 선포 이후 민주화를 위해 해외에서도 활동을 해야겠다는 생각으로 미국에서 한민통을 발기했지만, 일본에서는 그 결성에 참여하지 못했다. DJ는 '납치사건'으로 발기에 참여하지 않았고 그 의장직을 수락하지도 않았던 것이다. DJ의 한민통 발기의 두 가지 원칙은 대한민국 절대지지와 선민주 후통일이었다.[47] 이것은 반공이나 안보문제에 민감할 수밖에 없는 분단 한국의 정치지도자로서는 너무나도 당연한 원칙이다. 그럼에도 불구하고, 특정 단체가 반국가 단체로 규정된 이후에도 현역 정치인이 그 의장직을 계속 맡아 활동했다고 하는 것은 당사자들의 결백 주장이 굳이 아니더라도 현실적으로 가능하지 않은 유치한 조작임을 알 수 있다. 이 사건에 대해 권정달과 전두환은 DJ의 국보법 혐의사실은 자신들이나 이학봉 수사단장이 지시한 것이 아니라 중앙정보부 수사국이 박 정권때부터 조사해 오던 것을 수사 실무적 차원에서 조사하게 된 것이라고 증언한 바 있다.[48] 그러나 이해찬은 이러한 견해를 반박한다. 그에 의하면, 1973년 당시 한일 양국은 DJ의 재일 한민통 활동을 한국 내에서 문제삼지 않는 대신 한국의 중앙정보부 요원들이 DJ를 납치한 혐의도 일본에서 문제삼지 않는 것으로 합의했다는 것이다. 따라서 그 후 박 정권은 이것을 문제삼지 않았고, 5·17 때도 처음에는 한민

---

45) 「공소장(기소)」(육군계엄보통군법회의 검찰부, 1980. 7. 31.), 54쪽.
46) 전대열, 앞의 책, 41쪽.
47) 청탑편집부, 앞의 책, 52쪽.
48) 박성원, 「'DJ관 역사바로세우기'— 김대중 내란음모사건」,《신동아》1998. 6., 348쪽(12·12, 5·18 재판 당시 전두환 발언 부분).

통 관련 부분은 조사하지 않았다는 것이다.[49] 실제 DJ는 박 정권 때 한민통 문제로 조사를 받은 적이 없었다. 애초부터 이것이 문제가 되었다면, 중간 수사발표 때부터 이 엄청난 사실이 공표되었어야 했다. 그러나 5월 22일 서둘러 발표된 중간 수사발표에는 이러한 사실은 없고 다만 대중을 선동하여 정부 전복을 꾀했다는 매우 모호한 혐의만이 언급되어 있을 뿐이다. 바로 이런 점은 신군부세력들이 광주의 유혈참사 책임을 전가하기 위해 내란음모사건을 조작했음을 반증해 주는 것이다. 광주항쟁을 무력적으로 진압하는 것을 정당화시켜 주는 데 있어 국민의 레드콤플렉스를 자극하는 것만큼 효과적인 수단은 없었을 것이다. 따라서 신군부세력은 반정부 투쟁을 해왔던 DJ를 사상적으로 문제삼기 위해 재일 한민통과 연관을 지었던 것이다. 또 그렇게 되면 국가보안법을 적용해 정적(政敵)을 사형까지 시킬 수 있었기 때문에 집권을 노린 신군부세력들에게는 한민통 관련 부분이 여러 가지로 활용 가능한 유용한 기제였을 것이다.

DJ의 사상문제는 최근까지도 극우세력들에 의해 제기되는 문제인 바, 그 당시 신군부세력은 DJ의 과거 '건준' 참여 등까지 문제삼아[50] 애초부터 그의 사상에 결함이 있음을 강조하였다. 그런데 이 건국준비위원회라고 하는 것은 일반인들이 알고 있는 것처럼 좌익만의 기구는 아니었다. 1943년 비밀리에 건국동맹을 조직하여 일본의 패전에 대비했던 몽양 여운형은, 일본의 패전과 동시에 조선총독부로부터 치안권을 인수하고 그것을 기반으로 건국준비위원회(이하 건준)를 조직했다. 건준은 당초 여운형을 위원장, 안재홍을 부위원장으로 하는 좌우익의 통일전선체로 조직되었고, 치안유지 등을 주요한 활

---

49) 박성원, 「'DJ판 역사바로세우기'—김대중 내란음모사건」,《신동아》 1998. 6., 349~350쪽.
50) 전대열, 앞의 책, 39쪽.

동으로 하는 국가건설 준비기관이었다.[51] 물론 이후에는 좌우익의 분열로 안재홍 등의 우익세력들이 이탈하기는 하였지만, 중앙의 이런 모습과는 달리 지방의 건준지부들은 반드시 좌익 일색이었다고 보기엔 어려운 점이 많다. 그 후 DJ가 가입했다고 하는 백남운을 중심으로 한 남조선신민당도 전형적인 공산주의 그룹인 조선공산당이나 김두봉의 북조선신민당과는 달리 좌우연합정권 구성과 진보적 중간층의 결집, 민족통일전선 결성을 주목적으로 하던 세력이었다. 신민당과 여운형의 인민당에 공산주의적 성향을 가진 인물들이 포함되어 있었던 것은 분명하지만, 다수의 인물들은 중도좌파(좌파 기독교사회주의 및 급진적 인민주의, 사회민주주의 좌파, 혁명적 민족주의 등)라 일컬어지는 세력들이었다고 보는 것이 타당하다.[52] 사상적으로 다양한 편차가 있는 범좌파에 속해 활동을 하던 DJ는 장인인 차보륜의 권유로 신민당을 탈당하고 1947년 7월 한국민주당(한민당)에 입당하여 목포시 당상임위원을 맡았다. 그래서 DJ는 신민당 활동 시기와는 달리 이후부터는 명백하게 우익노선을 견지한 것으로 보인다. 그런데 또 문제가 되는 것이 보도연맹의 가입 부분이다. 보도연맹이라는 것은 좌익전향자들을 조직하여 사상전향을 목표로 하는 단체였다. DJ는 1949년 2월경에 목포시 보도연맹지부 운영위원으로 가입하여 2, 3회 정도의 운영자금을 내었다고 한다.[53] DJ 본인의 주장처럼, 실제 국민보도연맹의 조직체계는 이원화되어 있었다. 하

---

51) 서중석, 〈한국현대민족운동연구〉(역사비평사, 1991), 195~212쪽; 강만길, 〈20세기 우리 역사〉(창작과비평사, 1999), 203쪽.
52) 한국역사연구회 현대사연구반, 〈한국현대사〉1(풀빛, 1991), 155~156쪽. 당시 세간에는 신민당이 민족주체성을 강조하는 단체로 알려져 있었다는 신문기사도 있다. 김태준, 「歸國談」,《조선인민보》1945. 12. 7~8.; 방기중, 〈한국근현대사상사연구―1930·40년대 백남운의 학문과 정치경제사상〉(역사비평사, 1992), 247쪽.

부의 보도연맹원들과 별도로 지도위원회와 운영위원회라는 것이 있었는데, 주로 검·경 관계자나 우익들이 참여하여 조직의 관리, 재정지원, 지도 등을 맡았다.54) 따라서 보도연맹에 참여하였다는 사실 자체가 과거 좌익이었다는 사실을 반증해 주는 것은 결코 아니다. 그런데 더 중요한 것은 해방정국 당시의 좌익, 혹은 우익단체 활동을 현재의 편협한 관점에서 재단해서는 안 된다는 사실이다. 실제 DJ가 해방 직후 가졌던 이념적 지향이 무엇이었는지 정확히 알기는 어렵다. 그러나 분명한 것은 해방 직후의 조선청년들에게는 이념의 문제보다도 국가건설 활동이 더 우선시되었다는 점이다. 많은 청년들은 자신이 접하기 쉬운 단체에 들어가서 당시의 시대적 과제를 수행하려고 하였다. 자신이 참여한 단체가 좌익이면 좌익적인 방식으로 활동하였고, 반대로 우익이면 우익적 방식과 사상으로 활동하였던 것이다. 따라서 이러한 시대적 상황에 대한 이해 없이 현재의 관점 속에서 과거를 획일적으로 재단하는 것은 올바른 역사인식이라고 볼 수 없다. 사실 DJ는 그것이 장인의 권유라고는 하나, 비교적 일찍 (1947년) 한국의 정통야당인 민주당의 원류였던 한민당에 가입했다. 따라서 그의 사상문제가 재차 거론되는 것은 정치적 의도와 한국현대사에 대한 이해 부족 때문이다. 특히 5·17 당시 이 문제를 거론한 것은 한민통 관련 주장을 합리화하기 위한 의도였다고 해석된다.

3. 신군부의 '김대중 내란음모사건' 조작 의도

신군부가 왜 이러한 엄청난 사건을 조작했는지 그 의도를 다음과 같이 정리해 볼 수 있다.

---

53) 「피의자 신문조서」 제1회, 11쪽.
54) 한지희, 〈국민보도연맹의 결성과 성격〉 (숙대 석사학위논문, 1995), 25쪽.

첫번째는 계엄확대를 합리화하여 신군부의 정권장악을 용이하게 하기 위해서였다. 그러면 왜 이 시점에서 비상계엄의 확대가 필요하게 되었을까? 1996년 12·12 및 5·18 재판시 노태우와 전두환은 계엄확대의 이유로 '북의 위협과 전국적으로 확대된 소요'를 들었다.⁵⁵⁾ 그러나 엄밀하게 말해서 당시 실제로 우려할 만한 북한의 행동은 전혀 없었다. 중요한 사실은 그 당시 미국도 남한의 상황이 북의 공격 위협에 처해 있었다고 판단하지 않았다는 사실이다. 1988년 국회의 광주민주화운동 진상조사특별위원회의 서면질의에 대한 답변에서 미국정부는, 당시 북한이 공격을 가해올 의도가 있음을 시사해 주는 어떤 정보도 받은 일이 없으며, 미국 관리들은 남한 국내정세가 전면 계엄령이나 가혹한 탄압조치를 정당화할 수 있을 정도로 심각하다고 간주하고 있지 않았다.⁵⁶⁾ 이러한 견해를 전두환에게도 전달했

---

55) 「5·17 재판 지상중계 — 노태우 씨 신문」,《중앙일보》1996. 4. 2.
56) 대한민국재향군인회 호국정신선양운동본부,〈12·12, 5·18 實錄〉1997, 228~229쪽 주 3번 참조. 5·17 당시 북한의 동향에 대해서는 다음과 같은 엇갈린 견해들이 있었다.
① 국회 광주특위 평민당의 자료 요구에 대한 국방부 답변(1980년 5월 17일 전군 주요 지휘관회의 내용을 인용한 답변)에서 「당시 심각한 북한 동향과 국내 치안 상황에 대한 브리핑에 이은 회의 결과, 지역계엄을 전국계엄으로 확대하기로 결정하였다」고 하였다.
② 당시 국방부 장관인 주영복은 국회청문회 증언(1988. 11. 19.)에서 「당시 북한의 심상치 않던 동향과 '남침설'까지 있었다」고 증언하였다.
③ 국회 광주특위의 서면질의에 대한 미국정부의 답변(성명서)에서
- 미국은 이 성명서가 다루고 있는 기간 중에 북한이 공격을 가해올 의도가 있음을 시사해 주는 여하한 정보도 받은 일이 없으며, 미국 관리들은 남한 국내정세가 전면계엄이나 가혹한 탄압조치를 정당화할 수 있을 정도로 심각하다고 간주하고 있지 않았다.
- 존 위컴 장군은 5월 13일 전두환 장군과 만났다. 전 장군은 북한이 학생시위를 뒤에서 조종하고 있고, 남침의 결정적 시기가 가까워졌을지도 모른다고 말했다. 이에 대해 존 위컴 장군은 북한으로부터 침공이 임박했다는 징조는 없다

으며, 1980년 5월 13일에는 같은 요지의 성명이 워싱턴에서 발표되기도 하였다. 따라서 북한의 위협이라는 것은 하나의 구실에 불과한 것이었으며, 이것 자체가 계엄확대의 이유는 아니었다. 당시 신군부 세력은 자신들이 정치의 전면에 등장하기 위해서는 계엄을 전국적으로 확대하면서 민주화 시위에 위압적이고 폭력적으로 대처해야 한다고 인식했을 것이다. 그러기 위해서는 적당한 구실이 있어야 했는데 그것이 바로 학원소요와 북의 위협이라는 상투적인 요소였다. 이러한 두 요소를 적절히 결합시켜 결정적으로 국면전환을 노렸던 사건이 바로 5·17 관련자들의 체포였다. 광주항쟁이 점점 격렬해져 유혈참사를 빚게 되자 이 책임을 덮어씌우기 위해서 '김대중 내란음모사건'으로 확대시켰던 것이다.

두 번째는 일반 시민들과 민주화운동 지도자들의 연계를 차단하기 위한 것이었다. 즉 야당지도자와 학생·재야 세력을 사건에 연루시킴으로써 가장 저항력 강한 두 집단을 한데 묶어 제거하고, 또 그 효과로서 일반 시민들과의 연계를 차단하고자 했던 것이다. 신군부는 '시민사회'를 장악하기 위해 정권장악의 마지막 장애물인 민중·민주화 진영을 무력화시킬 필요성이 있었던 것이었다. 그런데 여기에서 '왜 하필 DJ였는가?'라는 문제제기를 해볼 수 있다. 이 문제는 '왜 하필 5·18이 광주였는가'라는 문제와 관련된다. 여기서 주목해야 할 점은 두 야당지도자 중 김영삼 신민당 당수는 구속대상에서 제외됐고, DJ만이 구속되었다는 사실이다. 이에는 일차적으로 두 야당지도

고 대답했다.

-5월 13일 워싱턴 당국은 윌리엄 글라이스틴 대사 및 존 위컴 장군의 보고와 그 당시 서울에서 유포되고 있던 북한의 활동에 대한 루머에 대응하며 미 국무성 대변인으로 하여금 다음과 같은 성명을 발표하게 했다. 「우리가 가진 정보로는 북한에서 통상적이 아닌 부대 이동이 탐지되지 않고 있으며 한국에 대한 어떤 형태의 공격이 임박했다고 믿을 만한 아무런 움직임도 탐지할 수 없다.」

자의 입장이 다른 점이 작용하였을 것이다. 즉 신민당의 김영삼은 당시의 시국에 좀더 낙관적인 견해를 가졌는데, 그는 군부를 자극하지 않으면서 제도권 내에서의 정치과정을 통한 민주화를 추구하였다. 이에 반해 김대중은 군부의 정치개입 가능성을 보다 더 우려하던 입장이었다.[57] 이러한 양 김의 정세인식의 차이는 당시 신군부세력들에게 DJ를 타깃으로 하는 데 중요한 원인으로 작용하였을 것이다. 그러나 5·17 내란음모사건을 조작한 데에는 이보다 더 중요한 이유가 있었다. 1980년 '서울의 봄'의 정국을 이끌어갔던 세력은 공화당이나 신민당이라기보다는 학생과 국민연합을 주축으로 한 재야세력이었다. 1979년 3월 1일 발족한 '민주주의와 민족통일을 위한 국민연합'(김대중, 윤보선, 함석헌 공동의장)은 1978년 7월 '민주주의국민연합'을 계승한 것으로서 반독재민주구국투쟁을 내세웠다. 1971년 40대기수론을 주장하며 대권에 도전했던 현실 정치인인 DJ의 '국민연합' 참여는 재야 시민운동에 큰 활력을 불어넣었다. 1980년 2월 29일 복권 이후 DJ는 신민당에 입당하지 않고 국민연합을 주축으로 한 재야·시민운동 세력의 중심적 위치에 있었기 때문에 신군부로서는 재야·시민운동 세력의 이러한 연계를 차단할 필요성을 절실하게 느꼈던 것이다. 이것을 위해 신군부세력은, 재야·시민 세력과 좀더 직접적인 연계를 유지해 왔고, 박 정권의 오랜 정치공작에 따라 '급진적' 이미지가 국민들 사이에 유포되어 있었으며, 지역기반 역시 소외된 호남인 DJ를 내란 혐의의 구속대상으로 삼는 전략을 택했던 것이다.[58] 바로 이상과 같은 이유들로 인해 12·12로 '내란'을 일으켰던 신군부세력들에 의해 민주화세력들을 탄압하고 정권장악

---

57) 김영명, 앞의 책, 348쪽: 김준, 「1980년의 정세발전과 대립구도」, 〈광주민중항쟁연구〉(사계절, 1990), 130~131쪽.
58) 손호철, 「80년 5·18항쟁」, 〈해방 50년의 한국정치〉(새길, 1995), 168쪽.

을 용이하게 하기 위한 5·17 내란음모사건이 조작되었던 것이다.

4. '김대중 내란음모사건'의 역사적 의미

5·18 광주민주화운동의 기폭제가 되었던 5·17사건은 다음과 같은 역사적 의미를 갖는다.

첫째, 이 사건은 광주민주화운동을 촉발시킨 결정적인 계기가 되었다. 광주항쟁 당시 구호는 '계엄철폐'와 함께 '김대중 석방'이 주류였다. 이것은 광주 외곽지역에서도 마찬가지였는데[59] 광주·전남 지역의 정치적 상징인 DJ의 구속은 이 지역민들을 자극하여 항쟁을 촉발, 전면화시키는 데 중요한 계기가 되었다. 따라서 이 문제는 왜 5·18이 광주에서 일어날 수밖에 없었는가를 이해하게 해준다.[60] 나아가 광주항쟁은 이후 1980, 90년대 한국민주화운동의 토대가 되었으

---

[59] 오유석, 「외곽지역의 항쟁으로 본 5·18 민중항쟁」, 〈5·18은 끝났는가〉(푸른숲, 1999).

[60] '광주'라는 지역에서 유혈참극이 빚어진 원인에 대한 논쟁은 아직도 분분하다. 이에 대해, 박현채는 박정희 체제의 후계를 노리는 신군부가 자신들의 힘을 과시하고 새로운 억압체제를 확립하기 위한 절호의 장소로 광주를 선택하였고 그 결과가 광주유혈참사였다고 주장한다[박현채, 「80년대 민족민중운동에서 5·18 광주민중항쟁의 의의와 역할」, 〈역사와 현장〉제1호(1990. 5.), 51쪽]. 반면, 김영명은 신군부가 권력장악을 위해 의도적으로 광주를 선택했다는 주장을 부인하고, 광주는 단지 신군부가 정치권력의 쟁취를 위한 계기를 찾던 중 우연하게 걸려든 선택지라고 주장한다[김영명, 〈한국현대정치사〉(을유, 1992), 352쪽]. 이러한 극단적인 주장에 비해, 손호철은 중간적인 입장을 취한다. 즉 광주항쟁은 일차적으로 신군부의 2단계에 걸친 '선별적 전략'—①5·17 비상계엄 확대조치와 김대중 구속, ②광주시민들의 '김대중 석방' 요구에 자극된 신군부의 유혈진압—에 의해 촉발되었고, 광주시민들의 강도 높은 저항은 자본주의 미발달과 계급적 미분화로 인한 호남·광주 지역의 구조적 민중성이 제공하는 공동체 의식과 연대가 밑거름으로 작용했다고 주장한다[손호철, 〈현대한국정치〉(사회평론, 1997), 359~363쪽].

며, 결국 이러한 힘이 50년 만의 정권교체를 이룩하게 한 것이다.

둘째, 이 사건은 80년 서울의 봄 당시 대항이데올로기였던 민주주의 이념을 일반 민중 속으로 확대시켰다. 기본적으로 당시의 대항이데올로기는 정치적인 측면에서 민주주의제도의 가치와 이념을 회복시킬 것을 주장하는 것이었다. 하지만 이러한 대항이데올로기는 처음에는 광주 지역의 학생들 차원에서만 작동하였고, 광주 지역 일반 민중의 이데올로기로 확산되지는 못했다. 초기 광주시민들은 전두환을 비롯한 신군부가 저지른 불법적인 행동을 즉자적으로 규탄하는 수준이었다. 그러다가 민주주의라는 대항이데올로기가 항쟁에 참여한 광범한 민중 수준으로 확대되었던 것은 항쟁의 과정 속에서였고, 그 확산의 중요한 한 계기를 이 사건이 제공했던 것이다.[61] 그리고 그 확산이 비단 광주·호남뿐만 아니라 전국적으로 확대되는 데에도 이 사건은 크게 공헌하였다.

셋째, 5·17사건은 DJ와 광주·전남 지역의 결속을 더욱 강화시켰다. 호남 지역의 정치적 상징이었던 DJ 탄압은 광주 지역의 공동체 의식을 자극하였다. 이것은 또 지역감정을 더욱 자극하는 기제로 이용되었다. 광주문제에 떳떳하지 못했던 5·6공 세력은 5·18 광주항쟁의 문제를 '광주'라는 지역적 문제로, 혹은 DJ의 문제로 국한시키면서 지역감정을 조장하여 DJ를 고립시키려는 정책을 폈다. 아이로니컬하게도 DJ를 고립시키려고 조장한 이 지역적 분할정책과 지역감정 조장 정책은 다시 광주시민들의 단합을 강화하여 역으로 지역감정의 골을 더욱 깊게 만드는 또 하나의 요인으로 작용하기도 했다. 악순환의 연속이었다. 따라서 이 사건은 현재 한국의 중요한 정치균열이라고도 할 만한 지역감정 문제를 전면화시킨 역사적 계기

---

61) 김무용, 「한국현대사와 5·18 민중항쟁의 자화상」, 〈5·18은 끝났는가〉(푸른숲, 1999), 118쪽.

였다. 또 한편으로 이 사건은 당시 신군부의 불법적인 정권찬탈을 반대하고, 군사독재의 재생가능성에 대응, 투쟁했던 민주화운동 세력에 대한 신군부의 폭압적인 대응이라는 점에서도 일정하게 역사적 의미를 갖는다고 할 것이다.

여기서 우리가 꼭 짚고 넘어갈 것이 있다. 바로 역사창조를 위해 당하는 고난과 진통이 역사에 남겨놓은 고귀한 가치다. 정의를 위해 당하는 아픔이 바로 역사를 순화시키는 청량제 역할을 감당하며, 군사독재정권으로부터 억울하게 당한 고문이 우리 사회의 민주주의를 훈련하는 채찍으로 승화되었던 것이다. '의로운 자'들이 겪는 고난은 바로 역사를 새롭게 창조하는 원동력이다. 우리는 자신을 희생하여 한 알의 밀알이 되고 수백 배의 열매를 맺는 역설적인 기적을 이 사건에서 보게 된다. 5·17사건은 우리 민족사에 '정의를 위하여 고난을 당하는 것' 자체가 축복이라는 진리를 체득(體得)시켜 주었다.

5. 맺는 말—앞으로의 과제

지금까지 5·17사건의 배경과 진행과정, 음모의 의도 및 사건의 의의에 관해서 언급했다. 개요에 불과한 이 글이 기대하는 것은 이것이 광주민주화운동과 그 이후 한국의 민주화운동에 결정적인 계기를 만들어준 5·17사건에 대한 본격적인 연구를 촉진시키는 한 계기가 되었으면 하는 것이다. 아울러 앞으로의 5·17사건 연구에 관련된 몇 가지를 제언하면서 이 글을 끝내려 한다.

우선 5·17사건과 관련, 해명해야 할 과제들이 아직도 많이 있다는 점을 지적하고 싶다. 5·17사건이 언제, 누구에 의해, 그리고 어떤 이유에서 계획되고 준비되었는가에 대한 사실이 밝혀져야 한다. 12·12, 5·18 재판을 통해 간접적인 사실들 몇 가지가 밝혀지기는 했으나 아직도 정확한 사실에는 근접하지 못한 느낌이다. 올바른 역사적 평가를 위해서는 정확한 사실규명이 선행되어야 한다. 아울러 이 사건과 '광주 5·18'과의 연관성에 대한 연구도 본격적으로 진행되어야 한다. 이 사건이 광주민주화운동을 유발한 결정적인 사건이었는지,[62] 아니면 5·17사건 조작세력에게 '광주항쟁'은 의도하지 않았던 '비의도적 결과'였는지 등의 문제가 좀더 학문적으로 검토 연구되어야 할 것이다. 끝으로 관련자들의 증언과 관련자료들이 좀더 체계적으로 정리되어야 할 것이다. 현재 생존해 있는 대부분의 관련자들의 증언이 아직 체계화되어 있지 않다. 개별화된 인터뷰로서가 아니라, 종합적이고 유기적인 작업을 통해 증언자료로서 남길 필요가 있다. 또한 현재 흩어져 있는 관련자료들을 한데 모으는 작업도 동시에 진행시켜야 할 것으로 생각한다.

---

62) 최정운, 「폭력과 사랑의 변증법 : 5·18 민중항쟁과 절대공동체의 등장」, 〈세계화시대의 인권과 사회운동〉(나남, 1998), 279쪽.

김대중 내란음모의 진실

초판 1쇄 인쇄일 · 2000년 11월 10일
초판 1쇄 발행일 · 2000년 11월 15일
지은이 · **김대중 외**
펴낸이 · **임성규**
펴낸곳 · **문이당**

등록 · 1988. 11. 5 제 1-832호
주소 · 서울시 성북구 동소문동 4가 111번지
전화 · 928-8741~3(영) 927-4991~2(편)
팩스 · 925-5406
ⓒ 2000 김대중 외

홈페이지 http://www.munidang.com
전자우편 webmaster@munidang.com

ISBN 89-7456-146-8 03080

값은 표지 뒷면에 표시되어 있습니다.

잘못된 책은 바꾸어드립니다.
저자와의 협의로 인지는 생략합니다.
이 책의 판권은 지은이와 문이당에 있습니다.
양측의 서면 동의 없는 무단 전재 및 복제를 금합니다.